W0289653

CLÉOPÂTRE

ALBERTO ANGELA

CLÉOPÂTRE

Traduit de l'italien par
MARC LESAGE

Harper
Collins

Titre original :

CLEOPATRA

La Regina che sfidò Roma e conquistò l'eternità.

© 2018, HarperCollins Italia et RAI COM.
© 2019, HarperCollins France pour la traduction française.

Tous droits réservés, y compris le droit de reproduction de tout ou partie de l'ouvrage, sous quelque forme que ce soit.

Toute représentation ou reproduction, par quelque procédé que ce soit, constituerait une contrefaçon sanctionnée par les articles 425 et suivants du Code pénal.

Cartes : © Studio Leksis, Milan (pour Rome, source Archeo, Time Publishing).
Adaptation française Cédric Escarbelt.

HARPERCOLLINS FRANCE
83-85, boulevard Vincent-Auriol, 75646 PARIS CEDEX 13
Tél. : 01 42 16 63 63

www.harpercollins.fr

ISBN 979-1-0339-0412-0

À Riccardo, Edoardo et Alessandro.
À tous les jeunes, garçons et filles,
qui ont l'avenir dans les yeux
et tous nos espoirs dans le cœur.

Sommaire

INTRODUCTION

Cléopâtre. Il suffit d'entendre ce nom pour qu'une foule d'images se dessine dans notre esprit. Parmi elles, un visage, celui d'une femme magnifique, intelligente et élégante, au regard profond et à la sensualité irrésistible. Nous voilà d'emblée sous le charme envoûtant de l'Égypte ancienne et de Rome, celle de César et de Marc Antoine, avec qui elle a vécu deux des plus grandes histoires d'amour de tous les temps... Peu de figures historiques exercent une telle fascination, et qu'importe si elles ont vu le jour à une époque lointaine, très lointaine. Il y a plus de 2 000 ans, en l'occurrence.

Comment est-ce possible ? Comment une si petite femme, seule dans un monde antique dominé par les hommes, a-t-elle permis au royaume d'Égypte de connaître une expansion aussi fulgurante qu'inédite ? Comment est-elle parvenue à le faire briller au firmament de l'Histoire ? Autant de questions auxquelles j'ai tenté de répondre dans ce livre : j'ai essayé de découvrir qui était réellement Cléopâtre, par quels moyens elle a séduit et conquis quelques-uns des hommes parmi les plus puissants de Rome, et d'où venait sa grande intelligence en matière de géopolitique.

Comme vous le verrez, cette enquête nous permettra de dresser le portrait d'une femme très différente de ce que nous pensons. Et incroyablement moderne. Une « modernité » qui a d'ailleurs permis à Cléopâtre de se tailler une place de choix dans l'histoire de l'Antiquité et d'exercer une influence déterminante sur son temps. Mais tout porte à croire qu'elle aurait su marquer de son empreinte la politique, l'industrie et la haute finance du XXIe siècle !

Parmi les raisons qui m'ont conduit à écrire cet ouvrage, je tenais à comprendre le poids qu'a eu la figure de Cléopâtre à l'un des moments les plus cruciaux de l'Antiquité. Personne n'ignore que cette reine a vécu à une période charnière entre deux grandes civilisations, l'Égypte ancienne et Rome. Ce n'est pas tout : Cléopâtre a connu un moment bien particulier, marqué par la fin de la longue histoire des rois d'Égypte, y compris celle des pharaons, et le début de l'Empire romain, à travers le principat d'Octavien. Quelques mots suffiraient à résumer l'époque et la vie de la souveraine : le crépuscule d'un royaume et l'aube d'un empire.

Ce livre se concentre précisément sur cette étape décisive de l'Histoire, cette période de quatorze ans qui court du mois de mars de l'an 44 avant J.-C. jusqu'au mois d'août de l'an 30 avant J.-C. Ces quelques années ont joué un rôle fondamental pour l'Occident tout entier. Notre récit démarre en effet avec six grands noms liés au pouvoir – César, Cassius, Brutus, Marc Antoine, Octavien et Cléopâtre. Il n'en restera qu'un seul, Octavien. Une fois débarrassé de tous ses rivaux, il aura le temps et la sagesse nécessaires pour jeter les bases d'un des plus grands empires qui aient jamais existé, Rome.

D'où la question suivante : dans quelle mesure Cléopâtre a-t-elle laissé s'engager ce processus et permis indirectement à Octavien de rester seul au pouvoir ? La reine d'Égypte a eu, vous le verrez, un rôle capital. Car elle n'était pas seulement une femme fascinante et une habile dirigeante. Elle a aussi été un incroyable « catalyseur » pour l'Histoire.

Le voyage dans lequel va vous entraîner cet ouvrage se déroulera dans un cadre extraordinaire : celui de l'Antiquité classique, avec pour décors pas moins de trois continents – l'Europe, l'Asie et l'Afrique. Du Nil aux étendues montagneuses d'Arménie, des palais de Cléopâtre à la demeure de César, en passant par le Phare d'Alexandrie, le sénat romain, les côtes grecques et les étendues arides du Moyen-Orient, il vous fera parcourir des milliers de kilomètres et traverser plusieurs fois la Méditerranée. Vous assisterez à de grandes batailles en pleine mer et à des combats acharnés sur la terre ferme, vous explorerez la résidence somptueuse de Cléopâtre, à Alexandrie, et les hautes sphères du pouvoir romain. Avec la sensation de plonger au cœur des lieux et des atmosphères de cette époque.

Ce parcours m'a demandé de consulter de nombreuses sources, qu'il s'agisse d'ouvrages d'historiens, d'experts et de chercheurs modernes, de textes d'auteurs antiques ou de descriptions de découvertes archéologiques. Reconstituer les événements et les lieux que vous découvrirez n'a pas été facile. Plus de 2 000 ans après les faits, il est parfois nécessaire de s'en remettre aux témoignages et aux écrits des auteurs antiques. Avec toutes les limites qu'ils peuvent comporter et dont il faut être conscient : si certains étaient hostiles à Cléopâtre et à Marc Antoine, d'autres étaient profondément marqués par une propagande en faveur d'Octavien et contre la reine. De nombreux épisodes du passé y sont décrits de façon lacunaire – quand ils n'en sont pas complètement absents.

Ajoutons à cela qu'il est impossible de savoir avec certitude à quoi ressemblaient les lieux fréquentés par ces illustres personnages. Et pour cause : ils n'existent quasiment plus. Les palais, les marbres, les vêtements, les meubles précieux ; tout a disparu. Le Phare légendaire d'Alexandrie s'est écroulé, des cités entières se sont évanouies. L'Alexandrie de Cléopâtre a été démolie au fil des siècles ; elle est aujourd'hui recouverte d'immeubles modernes. Quant à Antioche, qui était jadis la troisième ville de Méditerranée, elle a tout simplement été rayée de la carte. À titre de comparaison, imaginez que Paris, Francfort, Londres, New York ou Washington aient disparu en l'espace de 2 000 ans. Serait-on capable de les imaginer s'il fallait s'appuyer sur des textes et des descriptions d'un autre âge ?

Par ailleurs, nous ne savons pas non plus à quoi ressemblait vraiment l'héroïne de notre récit…

Alors que faire ? Adopter la seule démarche possible. Si la réalité n'existe plus, il est tout de même possible d'élaborer des évocations *vraisemblables*, fondées sur ce que nous savons de cette époque et sur des données archéologiques. Mais aussi en nous appuyant sur l'expertise d'historiens contemporains. Chaque partie « romancée » de cet ouvrage repose sur une reconstitution fidèle des lieux et des mœurs de l'époque.

L'écriture aide à « donner vie » à cette histoire vécue qui est restée nichée – parfois à l'état de simples bribes – au cœur de ces précieux textes antiques. À condition, bien sûr, que cette démarche soit menée avec rigueur ou avec le plus de vraisemblance possible en cas d'absence d'informations.

Décrire les états d'âme de Cléopâtre, César, Antoine ou Octavien a été encore plus difficile. J'ai parfois fait référence à des sources antiques, parfois non – la scène est alors racontée en soulignant qu'il s'agit d'une reconstitution, plausible, mais qui reste une simple hypothèse. C'est à mon avis la seule façon d'être présent aux côtés des personnages au moment où l'Histoire prend naissance. Il existe de nombreux livres d'histoire de l'Antiquité, et les sources (inépuisables) d'informations, de données et de citations sont très riches. Mais ces textes sont souvent trop arides : tout cela manque de « vie ». L'Histoire est aussi un récit. Peut-on marier les données historiques et un style narratif ? Associer le plaisir que procure la lecture d'un roman à la rigueur d'un texte « universitaire » ? Je pense que oui. C'est cette autre voie que j'ai voulu explorer avec ce livre : redonner vie à l'Histoire et proposer un ouvrage détaillé mais écrit dans un style différent, afin qu'il vienne se placer près des références classiques sur l'Antiquité – mais certainement pas pour les remplacer. S'il comporte des erreurs, j'en assume toute la responsabilité. Ce n'est pas tous les jours qu'on a la chance de se retrouver aux côtés de Cléopâtre...

Bonne lecture,

Alberto ANGELA.

LE CRÉPUSCULE D'UNE RÉPUBLIQUE

15 mars 44 av. J.-C.

Elle a le regard tourné vers un horizon lointain, très lointain, comme si elle voulait se perdre dans des sensations et des souvenirs aussi doux qu'apaisants.

Un voile en soie gonflé par le souffle d'une brise légère encadre son visage. Il se serait déjà envolé si elle ne le tenait pas d'une main ferme. C'est le seul signe de force de ce corps nu, délicatement allongé dans le creux d'un coquillage gigantesque. La faible lumière de l'aube ne dessine pas encore ses contours. Au reste, ce serait impossible : sa beauté est constituée de milliers de carreaux de pierre qui composent ces formes arrondies. Celles de Vénus. La mosaïque est progressivement caressée par un bruissement. Une tunique vaporeuse approche du centre de la salle en frôlant le sol.

Soudain, tout s'arrête, et sur la hanche de la déesse, un pied se pose, petit et soigné, avec la délicatesse d'une plume. Il s'attarde un instant sur l'œuvre d'art, puis avance sans un bruit, accompagné par le seul glissement de cette tunique d'une blancheur éclatante sur les dalles. À chaque pas, elle ondoie en suivant les mouvements cadencés de ce corps à la façon d'un danseur passionnément agrippé à sa partenaire. Ils sont imprimés par ces hanches qu'on entrevoit entre les pans de tissu comme des dauphins au ras de l'eau. Elles apparaissent puis échappent au regard, en laissant aux longs plis un bref instant pour se remettre d'aplomb. Le vêtement semble flotter dans le couloir à moitié plongé dans le noir. Seuls quelques rais de lumière fendent l'obscurité et projettent cet éclat immaculé sur les fresques murales. C'est une caresse lumineuse qui frôle les peintures, aussi légère qu'un nuage.

Un peu plus loin, près d'une fenêtre, la silhouette se découpe dans le contre-jour. La tenue semble alors se dissoudre pour devenir un halo autour du corps qu'il enveloppe. Celui d'une jeune femme de vingt-cinq ans, petite et frêle, certes, mais dont les formes sont parfaitement dessinées. Chacun de ses gestes suggère un mélange indéfinissable d'harmonie, de rondeur et d'élégance, tout en exprimant une profonde sensualité. Son pas lent et le jeu de ses hanches se chargent du reste. Le charme de cette femme est aussi impalpable que les effluves de parfum qu'elle laisse dans son sillage. Et, comme pour un parfum, son vrai secret ne réside pas dans sa beauté, mais dans les sensations qu'elle éveille. Un secret qu'elle a habilement appris à doser et à employer, comme les préparations médicinales et les poisons qu'elle maîtrise depuis de longues années.

Cette femme, c'est Cléopâtre.

Et contrairement aux idées reçues, son nom n'est pas égyptien… mais grec.

Il signifie littéralement « gloire du père », au sens de « descendante d'une lignée glorieuse », et vient de *kleos* (κλέος), « la gloire », et *patros* (πατρός), « le père ». Cléopâtre n'est pas égyptienne, mais gréco-macédonienne. Elle appartient à une dynastie d'envahisseurs dont les coutumes et la langue (le grec) ne sont pas celles de leurs sujets. Voilà près de 300 ans que le trône d'Égypte est occupé par les Ptolémées (également appelés les Lagides, en référence à Lagos, le père du fondateur de la dynastie, mais nous avons choisi d'utiliser la dénomination la plus connue). Son nom complet est Cléopâtre Théa Philopator (Θεὰ Φιλοπάτωρ, c'est-à-dire « déesse qui aime son père »). Même s'il s'agit à nos yeux d'un nom unique dans l'Histoire (quoi de plus normal pour un tel personnage ?), elle n'a pas été la seule à le porter. On connaît en effet six autres Cléopâtre avant elle, tant et si bien que les historiens l'appellent aujourd'hui Cléopâtre VII afin d'éviter toute confusion. Seulement, pourquoi tant de Cléopâtre ? La raison tient au fait que les Ptolémées avaient pour tradition d'utiliser les mêmes noms dynastiques, un peu comme l'ont fait les rois de France avec le prénom Louis. Voilà pourquoi les princesses de cette lignée se sont systématiquement appelées Arsinoé, Bérénice… ou Cléopâtre, précisément.

L'Égypte de Cléopâtre ne correspond en rien à l'image que nous avons tous en tête. Les autres Égyptiennes célèbres, comme Néfertari (l'épouse du pharaon Ramsès II), Néfertiti (l'épouse du pharaon Akhenaton) et Hatchepsout, ont vécu, respectivement, 1 200, 1 300 et plus de 1 400 ans avant elle ! Autant comparer une femme de l'ère moderne avec une habitante de l'époque de Charlemagne ou de Clovis… Le fait est que notre héroïne vit dans un environnement bien différent. Envahi et gouverné par les Perses pendant plusieurs siècles, puis conquis par Alexandre le Grand, le royaume d'Égypte est finalement passé entre les mains de la dynastie gréco-macédonienne des Ptolémées : elle va rester sur le trône environ trois siècles.

À la naissance de notre héroïne, l'Égypte semble destinée à finir entre les griffes de Rome, la nouvelle puissance mondiale. Mais ce sera bien elle, cette immense femme d'État doublée d'une grande stratège, qui assurera la pérennité de l'Égypte.

Elle lui donnera même de nouvelles terres et de nouvelles richesses ! Grâce à son sens politique, capable de faire tomber César puis Marc Antoine dans ses filets, le royaume parviendra à contrôler l'ensemble des rivages de la Méditerranée orientale, de la Turquie à la Libye actuelles. Une réussite extraordinaire, qui n'est due qu'à son talent. Ce sera la dernière grande période de domination d'un royaume égyptien, avant qu'il ne soit englouti pour toujours par l'Histoire. Cléopâtre régnera vingt et un ans seulement, mais elle bouleversera le destin du monde antique, ce qui fera d'elle l'une des femmes les plus puissantes et influentes de tous les temps. Aucune autre reine ne rééditera un tel exploit, hormis Élisabeth Ire d'Angleterre.

Elle mourra pourtant avant d'avoir quarante ans.

Dans un monde dominé par les hommes, le sort de l'Occident va donc se retrouver entre les mains d'une toute jeune femme à un moment crucial, alors que Rome cesse d'être une république pour devenir un empire. Cela n'aurait pas été possible sans Cléopâtre, ou du moins pas avec les conséquences qui remplissent les pages de nos livres d'histoire. Car c'est aussi elle qui va déclencher cette lutte de pouvoir entre Antoine et Octavien. Une lutte au terme de laquelle il ne restera qu'un seul combattant, Octavien. Celui-ci vivra et gouvernera assez longtemps pour poser les bases solides d'un empire qui durera des siècles.

Les titres de celle qui marche en silence dans ces salles recouvertes de fresques sont innombrables : reine des rois et des reines, reine de Haute et de Basse-Égypte, reine de Chypre… Mais plus de 2 000 ans après, le nom de Cléopâtre évoque surtout une femme au charme irrésistible et exotique, cultivée, indépendante, habile à dominer les hommes et à les conquérir en leur inspirant une passion dévastatrice. On peine à croire que toutes ces qualités aient pu se développer chez une jeune dirigeante de vingt-cinq ans à peine. Et pourtant…

Cléopâtre est entrée dans une *pergula*, une sorte de balcon recouvert par une grille en bois ouvragé qui le sépare du monde extérieur. Ses doigts frôlent l'entrelacs d'arabesques et sentent souffler l'air vivifiant de cette matinée qui vient tout juste de commencer, avec son odeur fraîche et pénétrante, reconnaissable entre mille. Elle ferme les yeux un instant pour prendre une longue inspiration. Puis ses paupières s'entrouvrent en dévoilant un regard aussi chaud, intense et lumineux que le soleil de sa terre natale, lorsqu'il se lève dans le silence des déserts sans fin d'Égypte.

Mais pour l'heure, c'est une autre terre, et surtout un autre monde qui se reflète dans ses yeux, entre deux battements de ses longs cils. En nous approchant de son regard, l'image qui s'y révèle est celle d'une ville immense, de l'autre côté d'un grand fleuve. C'est Rome, telle qu'elle apparaît quand on l'observe depuis le Trastevere, qui abrite les *Horti Caesaris*, la grande propriété où Jules César accueille la reine d'Égypte lors de ses visites…

On perçoit l'immensité de la ville, la plus grande du monde méditerranéen. Jour après jour, elle s'impose comme l'actrice incontournable de son temps. Exactement comme l'a été l'Égypte, des siècles durant. Mais les choses ont changé, désormais…

Nous voilà au plus près du regard de Cléopâtre… Les contours de la ville qui se reflète dans ses yeux sont nets, si nets que nous pouvons nous engager dans ses artères et l'explorer…

Rome à l'aube

Nous sommes en 44 av. J.-C., et c'est la fin de la République. Une génération entière nous sépare de la naissance du puissant Empire romain. Mais Rome est depuis longtemps cette ville chaotique et cosmopolite qui sidérera les écrivains de l'Antiquité comme les archéologues d'aujourd'hui. Elle est déjà somptueuse.

Un vent fort a balayé les nuages et la pluie des dernières heures. Le soleil vient de se lever et ses premiers rayons ont timidement frappé le Capitole, en éclairant le grand temple de Jupiter Capitolin, aux colonnes immenses. À l'intérieur, les quelques prêtres chargés de préparer les rituels matinaux passent au milieu des statues de Junon et de Minerve. Juste à côté trône celle du dieu suprême, Jupiter. Un vrai chef-d'œuvre, probablement fait d'ivoire et d'or, et aux proportions gigantesques. En réalité, c'est l'ensemble de l'édifice qui est d'une beauté à couper le souffle, avec ses presque soixante mètres de côté. D'après certaines sources, les magnifiques colonnes aux chapiteaux corinthiens proviennent de la lointaine Grèce. Le général Sylla les aurait fait venir directement du temple de Zeus Olympien d'Athènes, en 86-84 av. J.-C. Une âme grecque au cœur de Rome. La preuve de la force de cette nouvelle puissance, mais aussi une façon d'éclairer son avenir avec une lumière venue du passé. Voilà ce que souhaitait le chef de guerre romain. Avec le lever du soleil, les statues en bronze doré et les reliefs du fronton du temple s'illuminent progressivement. Puis, presque soudainement, elles semblent s'embraser comme des flambeaux. Un spectacle grandiose et symbolique, auquel on peut assister depuis pratiquement n'importe quel endroit de la ville.

L'aube inonde de lumière les bâtiments de la Ville éternelle et anime ses couleurs. Ce voile gris qui l'enveloppait jusqu'à l'aurore disparaît peu à peu pour laisser émerger le rouge des toits. À cette heure où le jour s'éveille, Rome ressemble à une mer houleuse, une étendue infinie, constituée d'innombrables vagues qui correspondent à des bâtiments de hauteurs différentes, avec des terrasses, des greniers et de vrais « escaliers » de toitures qui font face aux collines. Çà et là, comme des fleurs dans un champ, pointent les sommités vertes et scintillantes des temples, réalisées avec des tuiles de bronze doré, désormais oxydé.

On croirait voir le rêve fou d'un architecte. Le réveil de la vie ressemble presque à une partition virtuose jouée sur un immense clavier. Partout s'élèvent de petites colonnes de fumée blanche dans l'air vivifiant, signe que quelqu'un a allumé un feu – pour préparer à manger, célébrer un rite au temple, allumer les grands fours des thermes et, plus simplement, pour se mettre au travail dans une boutique.

Et puis il y a les murailles. Rome est encore une ville en brique. C'est Octavien, le futur Auguste, qui fera d'elle une ville en marbre, comme il se plaira lui-même à le dire. Mais on suppose que ces murs présentent un revêtement d'une blancheur éclatante. À cet instant, le soleil l'éclaire pour habiller la ville de lumière, une lumière qui s'enfonce progressivement dans les ruelles encore plongées dans une demi-pénombre, telle une vapeur lumineuse. Dans l'une d'elles, un homme marche en essayant d'éviter l'eau qui ruisselle sur le sol en terre battue. Au-dessus de sa tête, on entend des panneaux en bois s'ouvrir avant de claquer contre le mur : les fenêtres en verre sont une vraie rareté, certainement peu connues de la plèbe romaine. L'homme presse le pas. Il le sait : l'ouverture d'un volet signifie souvent qu'on va vider des pots de chambre. Des siècles durant, avoir des toilettes chez soi sera un luxe dans tout l'Occident, sauf pour les riches. À Rome, ces derniers vivent dans les premiers étages des bâtiments (les plus nobles) et ont également accès à l'eau, un bien précieux dont ne bénéficient directement qu'une poignée de chanceux – en règle générale des familles issues de l'aristocratie, des hommes aisés... ou avec de « bons pistons » dans l'administration.

Le petit peuple, lui, se masse dans les étages les plus élevés, sans commodités ni eau courante, à l'intérieur de modestes appartements de location dont les différentes pièces sont elles-mêmes sous-louées – et parfois morcelées à l'aide de rideaux et de cloisons intérieures afin que des personnes étrangères les unes aux autres puissent partager le même espace. Tout cela est monnaie courante dans la Suburre, le quartier le plus populaire de la ville.

S'il est rare que l'eau soit un bien privé à Rome, il s'agit d'un bien public répandu et disponible à très grande échelle : elle ne manque jamais. Il faut néanmoins descendre au niveau de la chaussée. On se retrouve alors face à une myriade de fontaines publiques stratégiquement positionnées dans les rues. La distance qui les sépare n'est jamais excessive. On peut ainsi remplir des seaux et des cruches, puis les rapporter chez soi sans faire trop de chemin. Un système de distribution particulièrement développé et destiné à étancher la soif de la plus grande ville du monde occidental.

Satisfaire les besoins de près d'un million d'habitants. Voilà peut-être le vrai secret de Rome… Car si elle a reçu de nombreux surnoms au cours de l'histoire (*Caput Mundi,* la Ville éternelle), peu de gens se souviennent qu'on l'a également appelée *Regina Aquarum*, la « Reine des Eaux », tant elles abondaient dans l'Antiquité ! À une certaine époque – postérieure à celle de notre récit –, onze aqueducs vont permettre à Rome de recevoir un million de litres d'eau courante… par jour ! Une quantité considérable qui ne sera égalée et dépassée qu'à l'époque moderne (et plus précisément en 1964). Rappelons cependant que la Rome des Césars (sous les Antonins, notamment) dépassait de peu le million d'habitants, alors que la Rome métropolitaine d'aujourd'hui en compte près du double : nous pouvons donc affirmer que les ressources d'eau à la disposition de chacun étaient deux fois plus importantes au temps de l'Empire romain qu'à l'heure actuelle.

Mais revenons à notre homme. Le voilà arrivé au bout de la ruelle. Il s'arrête à une fontaine pour boire. Il passe le dos de sa main sur sa bouche et reprend son chemin. Derrière lui, un grand cri retentit, suivi d'une bordée d'injures. Quelqu'un vient de se prendre le contenu d'un pot de chambre en plein sur la tête… Une scène pareille peut faire sourire aujourd'hui. Pas à l'époque de notre récit. C'est même un crime, à tous les niveaux : les nombreuses lois du système juridique romain punissent également ce type bien particulier d'« agression aérienne », avec différentes sanctions en fonction de l'habit souillé, selon qu'il s'agit d'une tunique ou d'une toge. Et du statut social de la victime, cela va sans dire.

Même si le soleil s'est levé depuis quelques minutes à peine, les rues sont déjà envahies par une foule dense. Des esclaves et des serviteurs pour l'essentiel, qui s'acquittent des premières missions de la journée. Leurs silhouettes drapées dans des capes fendent le froid des ruelles en grelottant. Il y a des flaques partout, car il a beaucoup plu durant la nuit. C'était même une véritable tempête, avec des éclairs, des coups de tonnerre et des bourrasques de vent. Par terre et dans les ruelles, on voit de nombreux objets tombés des toits et des balcons : des vêtements qu'on avait mis à sécher, désormais réduits à l'état de loques informes, des paniers qui se sont envolés, des pots de fleurs – aussi surprenant que cela puisse paraître, ils sont déjà largement employés à l'époque romaine. Le printemps doit encore arriver. C'est l'affaire de quelques jours.

Un constat s'impose. À cette époque, Rome n'est pas encore la ville fastueuse et écrasante des films ou des romans. Elle est plus pauvre et plus simple, tant au niveau de ses monuments que de son architecture. Encore un peu « provinciale » aussi, si on la compare à la majesté qu'elle aura quelques décennies plus tard. C'est une ville chaotique et surpeuplée, à l'apparence modeste et à la saveur vaguement « moyenâgeuse ». Elle est en effet constituée d'un labyrinthe de ruelles étroites, de bâtiments élevés, souvent un peu branlants, colorés par des mosaïques de draps étendus. Au milieu de ces bâtiments, dans les rues en terre battue, au milieu des ruisseaux d'eau malpropres, la vie grouille. Les enfants courent en riant et en piaillant... Nombreux sont ceux qui critiquent l'état des rues de la Ville éternelle, surtout celui des *clivi* (les routes en pente). Un problème si criant que Jules César lui-même a ordonné de les faire paver, les jugeant excessivement poussiéreuses en été et trop boueuses en hiver... Mais ces travaux n'auront pas lieu. Pourquoi ? Cette journée qui démarre nous le révélera.

Quand le Colisée n'existait pas encore

Rome regorge de monuments et de bâtiments que nous connaissons tous. Comme s'ils avaient toujours été là. Or si des millions de touristes débarquent chaque année pour admirer ces chefs-d'œuvre de l'Antiquité, les Romains de l'époque n'ont pas eu cette chance ! Vous serez peut-être étonné(e) d'apprendre qu'au temps de Cléopâtre, certains hauts lieux de la capitale n'avaient pas encore été construits !

Voilà ce que Cléopâtre, Marc Antoine, mais aussi Jules César, Cicéron et Octavien n'ont jamais vu :

• Le Colisée sera inauguré plus d'un siècle plus tard – 124 ans après, pour être exact. Mais alors, où se battaient les gladiateurs ? Tout simplement dans des amphithéâtres en bois qu'on édifiait pour accueillir ces combats, les *munera gladiatorum*. Comme on le fait aujourd'hui avec les structures métalliques destinées aux spectacles et aux concerts en pleine ville.

• Le Panthéon sortira de terre 17 ans après, à l'initiative d'Agrippa, le gendre mais aussi le fidèle commandant en chef d'Auguste. Son aspect actuel remonte néanmoins à une époque encore plus éloignée de Cléopâtre. Endommagé par deux incendies, il sera reconstruit sous Hadrien, soit environ 160 ans après la journée que nous sommes en train d'évoquer, peut-être par Apollodore de Damas, un ingénieur que certains assimilent à un Léonard de Vinci de l'Empire romain – et qui a peut-être été assassiné, sur l'ordre d'Hadrien, justement.

• Les thermes de Caracalla seront construits plus de 250 ans après.

• Les thermes de Trajan verront le jour environ 150 ans plus tard.

• Les thermes de Dioclétien ouvriront leurs portes 350 ans après.

• Les Forums impériaux seront édifiés entre 42 (pour celui d'Auguste) et 156 ap. J.-C. (pour celui de Trajan).

• Au sein du Forum romain, l'arc de Titus et celui de Septime Sévère, régulièrement photographiés par les touristes du XXIe siècle, seront construits 130 ans et 246 ans plus tard, respectivement.

• Les catacombes n'existent pas encore à l'époque de Cléopâtre et de Jules César, cela va sans dire. Elles naîtront timidement, des années après, pour devenir peu à peu un immense dédale, et ce dès l'époque de l'empereur Constantin, au IVe siècle.

• Les palais impériaux du Palatin n'existent pas encore. Il n'y a guère que quelques somptueuses *domus*, décorées de fresques par les plus grandes familles de l'aristocratie romaine. Il faudra attendre le célèbre incendie de Rome, 108 ans plus tard, pour voir apparaître les palais où les empereurs romains vivront et exerceront leur pouvoir.

• La *Domus Aurea* verra le jour plus d'un siècle après, pour disparaître en l'espace de quelques décennies.

• Il n'y a pas non plus d'obélisques dans les cirques et sur les places. Ils se trouvent encore en Égypte. C'est Auguste qui apportera les deux premiers à Rome, à bord d'immenses bateaux construits dans ce seul but.

Inversement, en ce 15 mars 44 av. J.-C., jour de la mort de Jules César, Rome abrite des monuments et accueille des manifestations publiques auxquelles Cléopâtre a peut-être assisté – mais en tant que reine étrangère, avait-elle le droit de circuler à l'intérieur du *pomerium*, le cœur « sacré » de Rome ? Citons par exemple :

• une naumachie (ou combat naval) organisée par César au Champ de Mars, quelques années plus tôt ;

• le temple de Vénus Génitrix et l'espace sacré juste à côté (avec une statue de Cléopâtre à l'intérieur, face à la statue de la déesse) ;

• la *Basilica Iulia*, dont les travaux n'étaient pas complètement terminés ;

• d'immenses collections de pierres précieuses gravées et de coupes sculptées en pierre dure, rapportées à Rome par Pompée et par César lui-même, comme la tasse Farnèse (dite aussi tasse des Ptolémées).

On pouvait admirer une quantité impressionnante de statues en bronze pillées en Grèce, d'une beauté comparable à celle des deux bronzes de Riace, dont sont aujourd'hui conservées quelques splendides copies en marbre d'une époque plus tardive, et souvent abîmées. Le portique de Metellus (appelé par la suite portique d'Octavie en l'honneur de la sœur d'Auguste) comportait par exemple un magnifique groupe de statues représentant Alexandre le Grand galopant avec vingt-cinq de ses cavaliers, tombés lors de la bataille du Granique, en 334 av. J.-C. Il sera détruit et refondu au début du Moyen Âge.

Autant d'éléments qui n'existeront plus à l'époque moderne.

Pour autant, la Rome qu'ont connue César, Marc Antoine et Cléopâtre subsiste encore. Vous pouvez toujours admirer ses bâtiments, ses temples et ses monuments qui ont traversé les siècles, même s'ils ont subi de légères modifications au cours des générations, à l'initiative des Romains :

- Le Cirque Maxime, qui pouvait accueillir un nombre réduit de spectateurs (il était moins imposant en cette année 44 av. J.-C.).
- Le Forum, avec un grand nombre de ses temples, dont le temple de Vesta, où était gardé le feu sacré de Rome.
- Le Forum de César, inauguré depuis peu par le dictateur.
- Le Capitole, avec le temple de Jupiter Capitolin.

Bref, la Rome dans laquelle nous nous trouvons ne ressemble guère à celle que nous avons à l'esprit quand nous pensons à l'âge classique. Et il est important de le souligner, car les événements auxquels nous assisterons au cours de ce récit se situent à un moment de « formation » de la ville, avant qu'elle ne marque l'Histoire de son empreinte. Elle n'a pas encore donné naissance à un empire mais a déjà soumis de larges zones géographiques qu'elle a transformées en provinces. Si elle est déjà le centre politique du monde méditerranéen, elle n'a pas encore ce rôle de moteur culturel, économique et civilisationnel que tout le monde lui reconnaîtra. Elle l'acquerra à la fin de notre récit. On verra alors s'enclencher le processus qui fera naître l'Empire romain par le biais du principat d'Auguste. Mais sans les événements que nous allons décrire, l'Histoire aurait été bien différente. Il s'agit d'un moment critique et fondamental pour tout l'Occident. Difficile de dire à quoi ressemblerait le monde actuel sans les protagonistes de ce livre : Jules César, Octavien, Marc Antoine et, naturellement, Cléopâtre, la femme qui a lié leurs destins et décidé du destin de Rome. Et du monde.

La ville s'éveille

Continuons notre exploration des rues de Rome en suivant l'homme qui vient de sortir de la ruelle. Il est tombé sur un groupe de personnes qui discutent avec animation à un carrefour : deux chars essaient de passer mais se gênent. Un banal problème de priorité, mais qui tourne mal. Les cris volent, les insultes aussi. Autour d'eux s'est rassemblée une petite foule qui assiste à la scène avec un certain amusement. Ce spectacle urbain est récurrent dans la vie moderne, mais il n'était pas rare dès l'époque de Cléopâtre. Pour une raison précise : Rome étant surpeuplée, César a interdit aux chars de circuler durant la journée. Ce qui a transformé la Ville éternelle en une immense zone piétonne. Tous les véhicules qui livrent les boutiques, les magasins, les immeubles, etc., sont obligés de rouler la nuit, et tant pis si cela empêche de dormir ceux qui habitent tout près de la rue, entre les roues qui grincent et les vociférations des conducteurs. Ce qui se passe en ce moment même : si les deux charretiers s'entêtent, c'est parce qu'ils veulent quitter la ville au plus vite, avant les premières lueurs du jour, afin d'éviter les amendes et les sanctions.

Notre homme passe à côté de la foule, longe furtivement le mur d'un immeuble et s'éloigne. Il est grand, maigre, avec les joues creusées et des yeux cernés au regard pénétrant. La barbe noire et abondante qui descend sur son torse nous indique qu'il est philosophe. Un philosophe grec, pour être exact : il s'appelle Artémidore de Cnide. Depuis de nombreuses années, il enseigne à Rome la langue, mais aussi la philosophie et la littérature de son pays d'origine. Nous savons par l'historien Appien, grec lui aussi, que ce personnage à l'allure banale est en réalité un ami intime de Jules César. Si nous sommes au courant de sa présence dans ces rues, c'est également grâce à un autre écrivain et philosophe grec de l'Antiquité, Plutarque. Cet homme en train de marcher dans une rue qui va se transformer d'une minute à l'autre en une véritable fourmilière n'est donc pas un habitant comme les autres. Même si les sources nous manquent, il y a fort à parier qu'il tient un rouleau de parchemin contenant quelques lignes susceptibles de changer la face du monde antique et de tout l'Occident, pour les siècles à venir…

Nous voilà presque plongés dans un roman d'espionnage. Ce petit rouleau peut-il faire basculer l'histoire de la civilisation ? Pour le savoir, ne perdons pas de vue Artémidore.

La ville se réveille autour de lui. On croirait assister à la préparation d'un spectacle, avec les machinistes qui organisent la scène. Voilà une boutique qui ouvre ses volets. Oui, ses volets. Il n'existe pas de vitrines ou de rideaux de fer : chaque échoppe (ou *taberna*) est fermée de l'intérieur par une série de panneaux en bois disposés verticalement et maintenus par un long verrou. Le grincement du mécanisme rouillé est un bruit désormais familier pour tous ceux qui habitent dans les parages, tout comme celui des panneaux quand on les soulève avant de les reposer bruyamment contre le mur de part et d'autre de la boutique. Un son qui prélude à l'apparition d'un petit nuage de poussière.

En passant devant, Artémidore jette un rapide coup d'œil à l'intérieur. Dans l'obscurité, il aperçoit un père entouré de ses deux fils qui commencent à préparer les marchandises qu'ils exposeront à l'extérieur de la *taberna*. En l'occurrence, des tissus de toutes les couleurs. Le plus jeune des deux enfants grimpe en haut d'un long mât en bois avec une aisance stupéfiante et accroche des coussins au plafond. Pas de doute, c'est bien l'échoppe d'un vendeur d'étoffe, en mesure de fournir n'importe quel type de draps, de couvertures, de coussins et « même les soies les plus rares et les plus raffinées d'Orient », comme se plaît à le dire le propriétaire, qui se trouve dans le fond de la pièce. On n'entrevoit que son visage, éclairé par la lueur d'une lanterne. L'homme récite ses prières matinales en offrant du vin et de la nourriture à des statuettes en bronze placées à l'intérieur d'une niche ornée de colonnes en bois. C'est le laraire, une sorte de temple domestique de poche, d'une importance cruciale dans la vie quotidienne des Romains. À travers ces offrandes, ils s'assurent la protection des dieux lares contre les vols, les incendies, les maladies et les mauvaises ondes.

Ce n'est d'ailleurs pas un hasard si l'on voit souvent des sexes en érection accrochés, peints, voire gravés sur la chaussée devant un magasin. Mais ils n'indiquent pas l'entrée d'un lupanar (une maison close, si vous préférez), contrairement à ce qu'on entend parfois dire. Il s'agit en réalité de simples porte-bonheur. Ils permettent de rester en bonne santé, d'obtenir de l'énergie vitale, de s'assurer des bénéfices et, surtout, d'éloigner les invectives des passants ou des autres commerçants envieux, tels des « paratonnerres ». Il arrive, comme dans le cas présent, qu'une des statuettes du laraire représente Mercure, divinité protectrice des commerçants, mais aussi… des voleurs. Et la différence peut être mince, dans ces rues.

Artémidore poursuit sa route. La boutique suivante est celle d'un potier, avec des amphores, des assiettes peintes et des cruches qui sont délicatement exposées sur des tables et des escabeaux en bois à l'entrée. Parmi ces multiples objets, on distingue également des céramiques « sigillées », dont les décorations somptueuses donnent aux coupes et aux assiettes une patine brillante et une couleur rouge vif reconnaissable au premier coup d'œil. Ces couverts produits en série grâce à des moules sont ornés de motifs en relief raffinés. Cette technique, aujourd'hui appelée « à la barbotine », consiste à appliquer de l'argile diluée avec un pinceau ou une spatule, de manière à créer de petits grumeaux ou des vagues crénelées. L'équivalent romain de la céramique de Capodimonte ou de Sèvres, en quelque sorte. Chaque famille respectable en possède : c'est le service qu'il convient de présenter à ses hôtes. Cléopâtre s'en est-elle servie ? Sans doute, même si elle devait trouver ces objets vulgaires, habituée qu'elle était à des plats en argent, à des coupes et des verres en albâtre ou en verre, à un niveau de vie plus élevé et luxueux encore.

Un bruit amène soudainement Artémidore à tourner la tête. Un esclave vient de faire tomber une cruche par inadvertance. Le propriétaire réagit sans ménagement : c'est une avalanche de propos que la pudeur oblige à ne pas traduire, presque aussitôt suivie par un déluge de gifles et de coups de pied. Voilà qui nous rappelle à quel point cette société est violente par rapport à la nôtre. Employer le terme de « civilisation » à propos de la Rome antique n'est évidemment pas usurpé : on n'a jamais atteint un tel niveau d'organisation sociale et de raffinement artistique et culturel à ce moment l'histoire de l'humanité. Mais par rapport à aujourd'hui, dans bien des domaines (et surtout ceux qui concernent la liberté et les droits individuels), la civilisation romaine sait encore être très dure et cruelle avec les plus faibles, les esclaves. Et pas seulement avec eux. Outre l'esclavage, la pédophilie, la peine de mort ou les massacres aux frontières sont encore jugés normaux et ne créent pas de scandales ou d'indignation.

Artémidore presse le pas, toujours plongé dans l'atmosphère de la Rome de César et de Cléopâtre, tandis que la ville se réveille avec ce jour nouveau. Quelques mètres plus loin, il est accueilli par un bruit sourd. Puis un autre, et encore un autre. Un boucher vient d'assener des coups de hachoir sur un billot de bois à trois pieds pour séparer les côtes d'un bœuf. Chaque coup de cette lame étincelante est accompagné par les bruissements d'ailes effrayés de poules attachées non loin de là. Peut-être se doutent-elles de ce qui les attend… Au fond de l'échoppe, derrière une rangée de têtes de porc, des nuées de mouches et des agneaux accrochés, une femme est assise. C'est l'épouse du boucher, qui attend le premier client en nettoyant un grand boulier. Dans la Rome antique, ce sont presque toujours les femmes qui tiennent la comptabilité des boutiques et qui s'occupent de la caisse, sûrement parce qu'elles sont très fortes en calcul et surtout plus fiables que leurs maris en matière de gestion des sesterces.

Artémidore fait une grimace et éloigne d'un geste les mouches qui bourdonnent autour de la boucherie, avant de traverser la rue. Désormais, c'est le parfum piquant des épices exposées dans la *taberna* face à lui qui l'enveloppe. Une caresse pour ses sens… mais infiniment moins agréable que celle du pain tout juste sorti du four qui s'échappe de la porte suivante. C'est celle d'une *popina*, le bar de l'époque romaine. On en voit encore les traces de nos jours, dans des sites archéologiques comme ceux d'Ostie et de Pompéi, avec leurs deux éléments caractéristiques – un comptoir en maçonnerie en forme de L, percé de grands trous. On vous dira peut-être que ces formes circulaires marquaient l'emplacement de jarres contenant du vin, mais ce n'est pas le cas. Le vin se trouve dans des amphores alignées le long du comptoir – Artémidore les aperçoit sans doute du coin de l'œil. Dans ces trous, le tenancier puise en réalité des légumes secs, du blé, de l'épeautre et d'autres denrées qui sont vendues aux clients. À l'époque, les bars sont aussi des épiceries, où l'on peut boire et acheter de quoi manger.

Quelques clients sirotent du vin chaud en mangeant des œufs durs et des fougasses au miel. Une sorte de « petit déjeuner continental » de la Rome antique. Rappelons que le premier repas d'un Romain est toujours très abondant et comprend, selon les bourses, du lait, de la viande ou du fromage, du vin et des fruits. Autant d'aliments qui contiennent l'énergie nécessaire pour attaquer la journée. Une journée qui démarre tôt, à l'aube, afin de profiter de toute la lumière disponible.

Un homme qui peut changer l'Histoire

Artémidore ne s'arrête pas dans la *popina* mais avance. Il n'a pas faim. Il est tendu et concentré sur sa destination. Ses mains sont moites, sa gorge sèche, ses sens en alerte. Il emprunte des ruelles et des raccourcis, évite les lieux trop peuplés. À plusieurs reprises, il se retourne brusquement pour s'assurer qu'il n'est pas suivi, avant de se glisser d'un pas vif dans des artères secondaires. Il n'a qu'un but : il doit absolument remettre le message qu'il porte au plus vite, et sans être intercepté. Question de vie ou de mort. À qui doit-il le donner ? Si cela est aussi urgent, pourquoi ne l'a-t-il pas fait livrer par un esclave de confiance ? Précisément parce que cet esclave, si rapide soit-il, risque d'être capturé. Le message serait lu, ce qui signerait l'arrêt de mort d'Artémidore lui-même, et surtout celui de la personne à qui il est destiné.

Nous avons dit que ces lignes sont susceptibles de changer l'Histoire. Mais qu'y a-t-il d'écrit de si important, sur ce rouleau fermé par un cachet en cire ?

À en croire Appien, ce message a réellement existé. Ce n'est pas tout. Le matin du 15 mars de l'an 44 av. J.-C., il se trouvait dans la main d'Artémidore, avec un seul objectif : sauver Jules César.

Dans ces quelques lignes, le philosophe prévient son ami qu'on complote dans son dos et qu'on va tenter de le tuer durant la séance au sénat. Peut-être mentionne-t-il également le nom de certains des conjurés, en espérant que César évite de les laisser s'approcher. À moins qu'il le supplie de ne pas participer à cette séance, tout simplement. Nous ne le saurons jamais. Seule certitude : si ce message arrivait à destination et si César le lisait, l'assassinat des ides de mars pourrait être déjoué, ce qui bouleverserait certainement les siècles à venir.

Ce rouleau est comme une clé capable d'ouvrir sur deux types de scénarios. D'un côté, l'histoire *sans* César, telle que nous la connaissons ; de l'autre, l'histoire *avec* César, et par conséquent sans l'affrontement entre Octavien et Marc Antoine, sans la relation amoureuse entre Marc Antoine et Cléopâtre, qui serait restée la compagne du vainqueur de la guerre des Gaules. Elle aurait certainement obtenu que les Romains respectent le royaume d'Égypte, qui ne serait donc pas devenu une province de Rome. On n'aurait pas assisté – ou du moins, pas dans l'immédiat – à l'ascension d'Octavien, qui n'aurait pas reçu ce nom-attribut d'« Auguste ». On n'aurait pas assisté à la naissance d'un empire créé avec patience et sagesse, au gré du développement du *cursus publicus* (le service postal fondé à l'époque impériale, d'une efficacité remarquable) et d'un réseau de 80 000 kilomètres de routes dont nous nous servons encore aujourd'hui. Ses lois et ses réformes n'auraient pas existé, elles non plus. Quelqu'un aurait-il pu obtenir un tel résultat à la place d'Auguste ? Peut-être, mais pas comme lui. Son extraordinaire longévité (il est mort à soixante-sept ans !) lui a laissé tout le temps de l'édifier soigneusement.

César, lui, n'aurait pas eu tout ce temps à sa disposition s'il avait vécu : c'était déjà un homme âgé. Ce détail mis à part, le monde qu'il aurait forgé grâce à ses réformes et à sa poigne aurait été différent.

À quoi ressemblerait notre univers actuel ? Difficile à dire…

Une chose est sûre : ces heures vont voir le cours de l'Histoire s'infléchir, avec un « effet domino » qui dessinera les siècles à venir, les générations futures et, en définitive, la vie de chacun d'entre nous… Car si les choses s'étaient passées autrement, ce 15 mars -44, nous n'aurions sans doute jamais vu le jour, ni vous ni moi…

Aussi incroyable que cela puisse paraître, ce philosophe grec tient – littéralement – le destin de milliards de personnes qui ne sont pas encore nées entre ses mains moites. Vertigineux, nest-ce pas ?

Les livres d'histoire nous apprennent comment les événements se sont passés. Vu les vingt-trois coups de poignard qui seront assenés quelques heures après cette scène matinale, nous devrions en conclure que César n'a jamais reçu ce message. Mais il n'en est rien… Et pour cause : Artémidore va remplir sa mission et remettre ce parchemin à César. Ce qui va suivre tient presque de la science-fiction.

La toilette de Cléopâtre

Les paupières de la reine d'Égypte sont fermées. Elles se contractent un bref instant quand sa coiffeuse, Eiras, appuie délicatement un bâtonnet doré. Du khôl, avec lequel elle dessine cette longue ligne noire qui part des yeux pour remonter jusqu'aux tempes, peut-être le trait le plus fameux, le plus caractéristique du maquillage à l'égyptienne. Le geste est lent mais précis, harmonieux. Le bâtonnet glisse sur la paupière inférieure, puis continue sur la peau. La femme répète le geste plusieurs fois, jusqu'à créer une bande noire parfaite, sans bavure. De toute évidence, Eiras est un atout de choix pour Cléopâtre : allongés avec ce trait de khôl, qui a éliminé ou caché jusqu'à la moindre imperfection, ses yeux semblent sertis dans un écrin noir, comme deux étoiles dans le ciel nocturne. Et quand la reine les rouvre, ce regard déjà fascinant a acquis une puissance surprenante.

On a dit que si Cléopâtre avait eu un nez plus court, la face du monde – en d'autres termes, son histoire – en aurait été changée. Nous découvrirons la vérité sur le nez de la souveraine plus loin dans notre récit. Une chose est sûre : ce maquillage égyptien, si marqué et intrigant, est une science secrète (et rarement évoquée). Peut-être encore plus déterminante pour le charme et le sex-appeal de Cléopâtre, devenus légendaires.

Eiras est la meilleure coiffeuse de la cour d'Égypte, mais vu ses rapports quotidiens avec Cléopâtre, est-ce son seul rôle ? Sans doute est-elle capable de l'écouter et de recueillir ses confidences sans la trahir. La preuve : la reine la voudra toujours à ses côtés. Elle sera là quelques années plus tard, lors de la fameuse bataille d'Actium, et l'accompagnera jusqu'à la fin, en toute discrétion. Cléopâtre mourra dans ses bras. Il est donc fort probable qu'elle se trouve ici, à Rome, avec sa maîtresse.

Comment maquille-t-on une reine ? Quels sont ses rituels de beauté ?

Ils ne diffèrent pas fondamentalement de ceux des autres Égyptiennes (hormis par la qualité des cosmétiques, des parfums et des instruments, les meilleurs et les plus coûteux de l'époque). En Égypte, les femmes utilisent des crèmes pour le visage composées de graisses auxquelles on ajoute des pigments (l'équivalent de la terracotta) pour donner une touche de couleur à la peau. À l'inverse de la mode actuelle, on essaie d'exhiber une peau non bronzée : elle doit être la plus claire possible. Ce qui implique l'emploi d'un « fond de teint » blanc à base de variétés spécifiques d'argile. Précisons que les ingrédients de base de leurs cosmétiques sont naturels. Ceux-ci peuvent être d'origine végétale (à base d'huile de ricin, de lin ou d'olive), mais sont très coûteux, ou d'origine animale, bien meilleur marché. Pour apporter de la couleur, on emploie des pigments naturels, presque toujours d'origine minérale : le bleu dérive de l'azurite, le vert de la malachite, le noir de substances brûlées ou d'un minerai, le jaune et le rouge de l'ocre, etc. Tous sont émiettés, réduits en poudre et mélangés à de la graisse sur de petites palettes en bois ou en ivoire. Exactement ce qu'Eiras fait chaque matin. Le tout est ensuite appliqué avec de petites spatules. Pour le maquillage des joues, on emploie en règle générale de l'ocre, qui donne de la chaleur et de la vitalité au visage, ainsi que sur les lèvres. Et justement, comment était fabriqué le rouge à lèvres de Cléopâtre et des Égyptiennes ? Oubliez les petits tubes de forme cylindrique. Une œuvre conservée au Museo Egizio de Turin, le « papyrus érotique », nous donne la réponse : on y voit une femme en train d'appliquer du maquillage sur ses lèvres à l'aide d'un long stylet, peut-être un long pinceau.

Les accessoires de maquillage ne sont pas faits pour être glissés dans un sac à main (qui n'existe pas, de toute façon). Ils sont moins pratiques que ceux de l'époque moderne, car on s'en sert chez soi, le matin. La trousse de maquillage consiste en une petite boîte en bois dont l'extérieur est personnalisé à l'aide de peintures et décorations. À l'intérieur, des flacons en verre contenant des onguents, des huiles, des cosmétiques divers et des parfums sont placés dans plusieurs compartiments...

Cléopâtre est assise, immobile, pendant qu'Eiras, aidée par quelques servantes, la prépare à cette journée qui ressemble à tant d'autres. Personne ne se doute de tout ce qu'elle réserve... Dans l'intervalle, les préparatifs se poursuivent, laborieusement. La souveraine a la main étendue sur une petite table : une servante peint ses ongles avec délicatesse. Les Égyptiennes se vernissent les ongles, comme les femmes d'aujourd'hui, mais de quelle substance se servent-elles ? La réponse risque de vous surprendre : du henné…

L'art égyptien du maquillage recèle bien des détails curieux. Son but est double, esthétique et protecteur. Les crèmes servent aussi à protéger la peau du soleil et d'un climat aride.

Prenons le khôl, probablement réalisé à partir de bois brûlé, de graisse et d'antimoine, un désinfectant et antiseptique naturel qui protège l'œil des agressions bactériennes, des mycoses, des parasites ainsi que des conséquences des irritations provoquées par le soleil et par le vent chargé de poussière du désert.

Pour les Égyptiens, se maquiller est donc avant tout une manière de défendre son corps.

Voilà qui permet de comprendre un autre aspect lié aux soins intimes. Si vous vous demandez comment Cléopâtre s'est présentée à César, la première nuit, nous pouvons affirmer avec certitude qu'elle avait le corps entièrement épilé. Aucun texte ni aucun auteur de l'Antiquité n'évoque cette question, mais qu'importe. L'habitude d'éliminer tous les poils de la surface du corps (à l'exception des cheveux, des cils et des sourcils, cela va sans dire) découle d'une recherche d'hygiène, en privant les parasites d'un terrain propice. De petits peignes aux dents très fines, trouvés dans des tombes égyptiennes ou à Pompéi, nous prouvent à quel point la lutte contre les poux a été une constante, dès l'Antiquité. La présence de lames tranchantes, de tailles diverses, ou de petites pinces élaborées, comme celles qui ont été retrouvées en parfait état dans le célèbre tombeau de Khâ, nous indique que cette pratique était courante dans toutes les classes sociales. Et une autre pièce de cette collection extraordinaire, conservée au Museo Egizio de Turin, en l'occurrence un pot contenant encore de la cire, suggère l'emploi de substances émollientes qui étaient appliquées sur le corps après le rasage.

Ajoutons que les Romaines avaient pour habitude de s'épiler, elles aussi. Les hommes se rasaient la barbe tous les jours, certes, mais ne s'épilaient jamais... hormis Octavien. L'historien Suétone rappelle qu'il avait coutume de brûler les poils de son corps avec des noix chauffées à blanc afin d'avoir la peau lisse. Une pratique étonnante de la part d'un homme qui fut habitué à la rudesse de la vie militaire.

Détail intéressant : le maquillage et les produits de beauté sont unisexes en Égypte. Les hommes et les femmes se maquillent et s'épilent. Ils mettent aussi des perruques.

C'est d'ailleurs ce que s'apprête à faire Cléopâtre. Une façon de parachever cette longue séance de maquillage (encore plus longue pour une personne de son rang), particulièrement sophistiquée. Étant gréco-macédonienne, elle n'a pas l'habitude de porter la perruque égyptienne classique. Mais dans le cas présent, par respect pour la tradition, pour la religion et pour la puissante caste des prêtres, elle va le faire. Elle doit en effet célébrer un rituel. De toutes les souveraines de la dynastie des Ptolémées, Cléopâtre est la plus proche du peuple et de la culture égyptienne, même si c'est peut-être par calcul plus que par conviction.

Une servante apporte une grande boîte en bois. Une fois ouverte, celle-ci révèle une volumineuse perruque noire qui est extraite avec doigté. Des effluves puissants d'huiles parfumées se répandent dans la pièce. La perruque est faite de vrais cheveux, soyeux et d'un noir profond, soigneusement réunis en fines mèches ondulées qui retombent de tous les côtés comme les jets d'une fontaine. Elles se terminent par une petite tresse très serrée et presque solide. De quoi donner du poids à la perruque et l'empêcher de s'envoler.

La perruque est coiffée de manière à former trois grandes parties. L'une descend derrière, sur la nuque, pour s'arrêter à la hauteur des omoplates, les deux autres descendent de chaque côté de la tête, derrière les oreilles, en s'arrêtant sur la poitrine, au-dessus des seins. C'est justement cette disposition « tripartite » qui lui donne plus de stabilité. Des siècles durant, en Égypte, tout le monde a porté une perruque similaire, les hommes comme les femmes, même si les modèles différaient en fonction des moyens de chacun. Les vrais cheveux sont donc cachés et vous ne pouvez que les imaginer – qu'ils soient raides, longs, très courts (une habitude très répandue) ou totalement rasés. Dans la vie de tous les jours, on porte également les cheveux détachés, cela va sans dire, peignés de différentes manières et toujours entretenus avec des applications d'huiles.

Ça y est, la perruque a été posée sur la tête de la reine et retouchée avec des peignes en ivoire et des épingles en or. Une dernière phase est consacrée aux parfums, aspergés sur la tête et sur les vêtements, en plus de quelques gouttes dans le cou. Ainsi se termine une longue opération, commencée par le choix des tenues à porter, une mission confiée aux servantes de confiance. Un rituel qui se répète chaque jour, depuis des années.

Cléopâtre se regarde dans le miroir en bronze poli qu'Eiras lui présente. Un petit sourire malicieux s'esquisse involontairement sur son visage… La voilà prête. Elle peut affronter cette journée.

Un charmant voyou

Cléopâtre se lève et s'engage sous une galerie couverte, d'un pas différent. Royal. Celles et ceux qui la croisent s'inclinent en silence. Mais la voilà qui disparaît derrière une porte.

Par-delà les arcades de la galerie qu'elle vient de traverser, la colline du Capitole se dessine au loin, dans toute sa majesté. Un vrai spectacle. À ses pieds, on distingue le Forum et, sur le côté, une grande *domus*. À l'intérieur, un esclave attend que son maître sorte de sa chambre. Il tient un plateau en argent avec une coupe remplie de vin et une préparation médicinale à prendre chaque matin.

Toute la nuit, le propriétaire des lieux a ronflé bruyamment. Logique, après un banquet où le vin a coulé à flots. Il aime s'entourer de personnes à la réputation douteuse, des bons vivants en compagnie de qui il peut passer des soirées entières à rire et à boire. Une chose est sûre : il a fait l'amour avec une femme, peu importe laquelle. Et même s'il est marié, cela fait des années qu'il a adopté ce style de vie.

Dans le passé, l'une de ses aventures a défrayé la chronique. C'était avec une beauté sulfureuse, Lycoris, une actrice de mime également connue sous le nom de Cythéris. Une femme fatale qui fréquente les salons et surtout les hommes qui comptent... Comme nous le verrons plus loin, elle lui a vraiment fait perdre la tête. Lui et sa maîtresse osaient même se promener dans Rome à bord d'une litière, précédés par des licteurs ! Il aura fallu que Jules César en personne lui demande de revenir dans le droit chemin, vu sa charge de consul. Et il s'est exécuté.

Un gladiateur : voilà comment le décrit Cicéron. À force de développer ses muscles, il en néglige son cerveau, estime le célèbre orateur. Notre homme joue d'ailleurs beaucoup sur son physique avantageux, exhibant un torse large et musclé, mais aussi un sourire éclatant, dont les rides charmeuses ont une force désarmante. Résultat : ses conquêtes et ses amis lui pardonnent tout.

Le nom de ce charmeur aux airs de voyou ? Marcus Antonius. Marc Antoine.

L'esclave qui se tient devant la porte secoue la tête et s'éloigne d'un air résigné…

La demeure du consul est immense. Elle jouxte celle de César sur la Velia, une petite colline comprise entre le Palatin et l'Oppius, qui a également disparu pour permettre la construction de la via dei Fori Imperiali. Elle s'étend sur plus de 2 200 mètres carrés. D'après l'archéologue Andrea Carandini, « il s'agissait d'une demeure considérable si on la compare aux habitations de dimensions moyennes du Palatin, dont la superficie oscillait, à la même époque, entre 915 et 1 340 mètres carrés ». Cela n'a pas empêché Antoine de se plaindre, dès son achat, qu'elle « n'était pas assez spacieuse pour lui » : il l'a donc fait agrandir.

La *domus* comporte un grand jardin intérieur entouré par une élégante colonnade, le péristyle (*peristylium*), de 86 mètres de long. C'est un véritable palais au cœur de Rome. La partie centrale de ce jardin intérieur révèle une facette de la personnalité d'Antoine : elle a été transformée en gymnase. Et ce n'est pas tout.

Par la colonnade carrée, on accède à la partie de la *domus* destinée aux soins du corps, avec un grand *balneum* équipé d'un sauna privé (*laconicum*).

Cette somptueuse demeure appartenait autrefois au grand rival de Jules César, Pompée, et, encore avant, au père de ce dernier, Cnaeus Pompeius Strabo. Comment a-t-elle fini entre les mains d'Antoine ? D'une façon assez malhonnête, mais qui découle de la victoire de César. À la mort de Pompée, en -48, son patrimoine a été confisqué puis mis aux enchères. Nous parlons d'une fortune gigantesque : à en croire Cicéron, la vente des biens du général vaincu a rapporté au moins 700 millions de sesterces ! Une vente dont César a confié l'organisation à Marc Antoine… qui n'a eu aucun mal à récupérer cette demeure (ainsi que d'autres propriétés du Champ de Mars), pour une bouchée de pain. Cette maison a donc traversé l'Histoire... jusqu'à nous.

Une fête romaine

À chaque minute, Rome se remplit d'une foule qui descend par petits groupes des *insulae*, les grands immeubles qu'on voit se dresser partout. Des hommes ont des sacs remplis de nourriture, d'autres portent de petites amphores de vin sur leurs épaules et plaisantent avec leurs amis. Et puis il y a des femmes avec des draps, des couvertures et des coussins. Avant d'être cernés physiquement par la foule, nous sommes enveloppés par sa présence impalpable – des parfums féminins, des odeurs de nourriture, des senteurs épicées, mais aussi un brouhaha entrecoupé d'éclats de voix et de rires. Où vont tous ces gens ? Aujourd'hui, ce sont les ides de mars – c'est ainsi que les Romains indiquent la moitié du mois, le premier jour étant les « calendes ». Et pour les habitants de la ville, cette date ne signifie qu'une seule chose : la fête annuelle d'Anna Perenna. Afin d'honorer cette divinité populaire, ils se rendent dans un lieu bien précis, une petite vallée verdoyante encadrée de collines recouvertes de bois sacrés, où il est interdit d'abattre des arbres, de ramasser du bois et de chasser des animaux. Celle-ci se trouve à quelques kilomètres de la ville. Pour la rejoindre, rien de plus facile : il suffit de suivre la via Flaminia. Au centre se trouve une source sacrée, consacrée à Anna Perenna, un nom qui ne nous évoque rien (on croirait celui d'une actrice italienne des années 1970 !). Il appartient en réalité à une divinité très importante pour les Romains car elle préside au cycle annuel et à son renouvellement immuable. Nous faisons en réalité allusion à elle dès que nous employons des mots comme « pérenne » ou

« pérennité ». Chose étonnante, à la date du 15 mars, la vallée se remplit pour devenir une sorte de « festival » de l'ère romaine. On célèbre des rites religieux, on boit l'eau de la source sacrée, mais surtout, on festoie jusqu'à l'aube, allongé par terre, en laissant le vin couler à flots.

La tradition veut qu'une femme fasse l'amour pour la première fois à cet endroit : c'est réputé de bon augure. Était-ce vraiment le cas ? Difficile de l'affirmer. En tous les cas, à la faveur de la nuit, beaucoup utilisent de simples draps pour monter de petites tentes improvisées et avoir un peu d'intimité. D'autant qu'il fait nuit et que les lumières sont rares… Le lendemain matin, les rescapés de cette nuit de passion et d'excès regagneront la ville.

La source sacrée existe encore – on peut même la visiter. Ces vestiges, assez difficilement reconnaissables, consistent en un mur de briques encore debout. On voit également des plaques de marbre gravées d'inscriptions parfaitement lisibles. La source se trouve à quelques mètres de profondeur, à côté d'un restaurant. Elle a été retrouvée par hasard, comme souvent à Rome, durant la construction d'un parking souterrain. Les collines boisées, elles, n'existent plus : elles ont été remplacées par une forêt d'immeubles modernes. Quant aux prés, ils ont été recouverts par du bitume, sur lequel des milliers de voitures transitent tous les jours. Pour les Romains de l'Antiquité, cet endroit était un site sacré, un lieu incontournable. Pour ceux du XXIe siècle, il s'agit simplement d'une place avec une grande église devant laquelle on peut se donner rendez-vous, au milieu d'une circulation infernale : la piazza Euclide. Combien de personnes savent qu'à l'emplacement de ce bâtiment se trouvait jadis un « Woodstock » de l'ère antique, dont les innombrables histoires ont été oubliées par le temps, tout comme celles et ceux qui les ont écrites ?

Mais revenons à cette journée du 15 mars -44…

Artémidore n'avait pas songé que les gens sortiraient si tôt de chez eux. Alors qu'il surgit d'une ruelle pour emprunter une artère plus large, il se retrouve face à une foule immense. Le philosophe grec ne peut plus changer d'itinéraire, le voilà cerné. Il se perd dans la cohue, en s'agrippant encore plus fort à son rouleau de papyrus. Nous le reconnaissons à son allure dégingandée mais décidée… Arrivera-t-il à temps pour voir Jules César ?

Le Nil sur le Tibre

Vous l'aurez compris : au cœur de cette ville, au cours de ces heures, l'Histoire se met en branle. Artémidore n'est que le simple pion d'un grand jeu d'échecs qui décidera du destin de Rome, mais aussi de celui de peuples entiers. Il n'est pas le seul. Quelque part, non loin de lui, un autre pion, Jules César. Un peu plus loin, Marc Antoine. Et puis Brutus, Cassius, et même Cicéron. Comme s'ils étaient attirés par un aimant gigantesque, tous convergent sans le savoir vers le même endroit, au même moment.

Et Cléopâtre ?

La reine d'Égypte a beau être en ville, elle ne sera pas impliquée dans ces événements qui feront d'elle la personnalité centrale des années à venir. Pour l'heure, elle est exclue de ce qui va se produire. Géographiquement, déjà, puisqu'elle se trouve de l'autre côté du Tibre (*trans Tiberim*, c'est-à-dire dans le Trastevere actuel), dans la somptueuse résidence de César, à l'extérieur de la ville. C'est dans ce quartier que résident traditionnellement de nombreux *peregreni*, des individus qui ne sont pas des citoyens romains. Comme elle. Ce n'est donc pas un hasard qu'elle vive ici : la loi romaine l'impose. À moins d'être officiellement invité en tant qu'« ami et allié » de Rome, aucun souverain étranger ne peut franchir le périmètre sacré qui entoure et délimite la ville, le *pomerium* (un mot qui dérive peut-être de l'expression *post moerium*, « au-delà du mur »). Tout ce qui se trouve à l'intérieur, à savoir les temples, le sénat, le Forum… et cette activité chaotique, représente la vraie ville. Il existe évidemment d'autres quartiers au-delà de cette limite, mais il ne s'agit plus de l'*urbs* à proprement parler – Rome est d'ailleurs mondialement connue sous ce terme, avec la majuscule de rigueur. Même s'ils en font partie, ils ont un autre « indicatif ».

S'il est aujourd'hui l'un des quartiers les plus emblématiques de la ville moderne, le cœur de la vie romaine branchée, en 44 av. J.-C., le Trastevere est une zone en relative déshérence. C'est une cuvette, en partie marécageuse à l'origine. Été comme hiver, l'air y est humide et lourd. Les moustiques sont légion et les inondations ne sont pas rares. Mais si l'on dépasse les maisons au bord du fleuve pour gravir la colline qui domine l'endroit, le Janicule, les choses changent du tout au tout. Plus d'inondations, plus de chaleur étouffante ! L'air est rafraîchi par la brise. Et de là-haut, la vue sur Rome est spectaculaire. C'est précisément pour cette raison que Jules César y a acheté l'une de ses fabuleuses propriétés, les *Horti Caesaris*. Nous sommes sur la via Portuensis, à la hauteur du premier mille. Hélas, aucune description des *Horti Caesaris* ne nous est parvenue, mais à partir de ce que nous savons sur les jardins romains, essayons d'imaginer l'endroit où s'était installée Cléopâtre. Un endroit doté de jardins somptueux, d'allées, de fontaines, de statues, de petits temples.

Le chant du rossignol qui s'était fait entendre aux premières lueurs du jour a désormais laissé place à celui d'innombrables oiseaux. De quoi transformer les Jardins de César en une véritable volière à ciel ouvert. Ici, nous sommes loin du tumulte des grandes artères, des voix qui s'échappent des boutiques et des vociférations des conducteurs de char. Nous nous trouvons dans un bois, au cœur d'une nature préservée, enveloppés par le parfum de résine intense de pins au tronc immense et par les odeurs de l'herbe que la rosée a imprégnée d'humidité.

Devant nous se dresse une rangée de cyprès. De l'autre côté, tout change. La végétation n'est plus libre de pousser comme bon lui semble, elle est littéralement domptée par l'homme. Voilà qu'apparaissent des arbres et des arbustes dont le feuillage a été savamment taillé, ainsi que de longues haies qui entourent des plantes parfumées. Nous apercevons des buissons de myrte et de buis, puis, non loin de là, des pelouses tondues au millimètre près. À leur centre, d'énormes pins romains, avec leur forme de parasol reconnaissable au premier coup d'œil. De vrais géants, les seuls qui ne semblent pas s'être pliés à la volonté de l'homme. Nous nous enfonçons dans un petit dédale d'allées soignées, avec des clôtures basses. À intervalles réguliers, nous voyons surgir des statues en bronze doré, des petits temples, des autels multicolores avec des guirlandes de fleurs, sans oublier quelques colonnades permettant de s'abriter à l'ombre pour discuter. Bref, c'est un éden miniature.

D'après l'historien Suétone, Jules César aurait acheté cette propriété en 49 av. J.-C. pour laisser vivre en liberté les chevaux avec lesquels il avait franchi le Rubicon : ils étaient désormais considérés comme sacrés. Au centre du domaine se dressait déjà une splendide *domus*, mais elle n'avait rien à voir avec ce que Cléopâtre peut admirer en cette journée du 15 mars -44. Le bâtiment a été transformé, agrémenté de colonnades et d'arcades flambant neuves, de fresques et de mosaïques, pour devenir une demeure royale, plongée dans une petite forêt de pins. La propriété compte également un sanctuaire dédié à la déesse Fortune – qui existait déjà. Non loin de là, de l'autre côté de haies taillées avec goût, nous apercevons un autre temple. Une femme y finit d'accomplir un rite en l'honneur d'une divinité égyptienne, Isis. Elle est entourée de prêtres au crâne entièrement rasé, torse nu, et vêtus d'une longue tunique qui descend jusqu'au sol. Certains chantent des prières, d'autres marquent le rythme avec des sistres qui produisent un son cadencé et obsédant, proche de celui d'un grelot. D'autres instruments accompagnent la cérémonie, comme chaque matin. La femme s'est inclinée devant la statue de la déesse en prononçant des formules rituelles. Les mèches de sa perruque noire maintenue par un diadème couvrent son visage. Sa robe blanche aux plis innombrables nous est familière… À certains endroits, comme sa poitrine, son ventre ou ses hanches, le tissu épouse son corps comme un gant. Là, elle lève la tête, les yeux clos, et écarte les bras, les mains vers le plafond, en psalmodiant tout haut des phrases en démotique. Le moment est solennel. Ce sont les derniers mots de la cérémonie. L'espace d'un instant, tout s'arrête. La femme finit par se relever, elle se retourne : c'est Cléopâtre.

La reine s'éloigne sans tarder, au milieu des prêtres qui s'inclinent sur son passage, en cascade. Elle a retrouvé ce pas qui était le sien ce matin – léger, éthéré, sensuel. Elle semble presque voler au-dessus du sol. Elle est suivie à bonne distance par deux de ses plus fidèles serviteurs et, plus discrètement, trois gardes armés. Cléopâtre est en territoire étranger, et à Rome, nombreux sont ceux qui ne la voient pas d'un bon œil, surtout à cause de sa relation amoureuse avec Jules César. Sans surprise, le dictateur à vie la fait protéger par un détachement entier. En plus de surveiller la villa, ces soldats le tiennent informé sur les personnes que la reine rencontre. Il va sans dire qu'elle est suivie de près par ses gardes du corps personnels, venus d'Alexandrie.

Vacances romaines

Tandis que la tunique de Cléopâtre ondoie gracieusement sous nos yeux, nous nous apercevons d'une chose. Les *Horti Caesaris* ne sont pas seulement une villa entourée d'un parc, c'est un petit morceau d'Égypte transporté à Rome.

La reine est venue habiter dans cette demeure luxueuse deux ans plus tôt, en 46 av. J.-C. César est rentré à Rome depuis quelque temps déjà, à la suite de sa campagne victorieuse en Afrique. C'est à ce moment-là qu'il l'a fait appeler.

Cléopâtre est-elle restée à Rome deux année d'affilée, jusqu'à ce jour des ides de mars ? Impossible à dire. Selon toute vraisemblance, elle a regagné son royaume lorsque son amant est parti pour l'Espagne, avant de revenir à l'automne 45 av. J.-C., quelques mois avant l'assassinat de celui-ci. Elle a fait ce choix par amour, oui, mais aussi par calcul. Rome s'apprête à lancer une expédition contre les Parthes, en Orient, et l'Égypte va y jouer un rôle stratégique en fournissant des navires et des hommes. Ce n'est qu'un détail, mais il révèle l'intelligence de Cléopâtre. Malgré son jeune âge elle est une chef d'État qui souhaite jouer les premiers rôles pour le bien de son pays.

Après avoir redressé l'économie et l'administration du royaume, elle a soigneusement préparé son voyage à Rome, en expliquant à son peuple qu'elle partait pour le défendre et porter ses intérêts. L'opération a été délicate : il n'avait pas été facile de s'éloigner de l'Égypte, récemment déchirée par des affrontements internes, pour affronter un voyage de 2 000 kilomètres. Mais elle a bien joué ses cartes : elle s'est liée à César par le biais d'un enfant « officiel » (en dépit de nombreux doutes, nous le verrons). De son côté, il a garanti la stabilité du pays grâce à ses troupes en lui permettant de venir à Rome. César nourrit-il des doutes sur sa paternité ? Peut-être, mais sa mère étant étrangère, cet enfant n'a de toute façon aucun droit aux yeux de la loi romaine, il n'héritera de rien. Par ailleurs, l'Égypte est un royaume très riche : c'est un vrai coffre-fort pour Rome, pour César lui-même et pour ses ambitions. Enfin, l'idée d'une Égypte hostile ou peu fiable n'est pas pour lui plaire, et Cléopâtre est la meilleure garantie de stabilité pour Rome. Bref, au-delà des sentiments, ces deux-là sont animés par d'autres intérêts, plus concrets…

La souveraine n'en reste pas moins une femme. Une femme de vingt-cinq ans, même. Même si elle est d'une intelligence au-dessus de la moyenne, ce voyage à Rome ne s'explique pas seulement par des calculs politiques : il a été motivé par une envie irrésistible de profiter de l'animation et des ambiances de la ville, la plus grande et la plus puissante du monde connu. Et pourquoi pas de vivre au cœur du pouvoir qui contrôle désormais l'ensemble de la Méditerranée. Sans compter que cette position stratégique lui permet de mieux présider au destin de son pays.

Est-ce la première fois que Cléopâtre vient à Rome ? Sans doute pas. Il est possible qu'elle soit déjà venue dans l'Urbs à douze ans, en compagnie de son père Ptolémée XII Aulète (« le joueur de flûte »), alors qu'il cherchait refuge. Alexandrie venait de voir éclater une révolte orchestrée par la sœur de Cléopâtre, Bérénice, en compagnie de son mari Archélaos de Comana. Le temps que les troupes de Rome écrasent la rébellion, Ptolémée XII avait été réinstallé sur le trône avec une garnison romaine pour le défendre. C'était en 55 av. J.-C.

Pour ce nouveau séjour, Cléopâtre a suivi l'exemple de son père, en faisant étalage de sa richesse ou en choisissant de se déplacer en litière – c'est ce qu'estiment de nombreux historiens. Une chose est sûre : Rome la traite avec tous les honneurs. La preuve : on la considère officiellement comme une reine alliée. César a même fait réaliser une statue en bronze doré qu'il a placée dans le temple de Vénus Génitrix, la divinité protectrice de sa lignée, la *gens Iulia*. Elle et son fils Ptolémée César, également appelé Ptolémée XV ou Césarion, le « petit César », ne sont pas traités en esclaves, mais en amis et en alliés. C'est un grand succès politique pour elle.

Dès son arrivée, Cléopâtre a assisté aux triomphes de César. Sa sœur cadette Arsinoé était présente… mais parmi les vaincus, couverte de chaînes. Curieuse situation : Cléopâtre était à la tribune en tant qu'alliée de Rome tandis que sa sœur défilait sous ses yeux, en qualité d'ennemie de la République (elle avait tenté de s'emparer du trône d'Égypte en tuant Cléopâtre et César au passage). Celui-ci a finalement résolu cette incongruité en libérant Arsinoé qui a trouvé refuge dans le temple d'Artémis, à Éphèse. En « terrain neutre ».

Sans surprise, la reine a emporté un peu de sa terre avec elle. Grâce à l'aide de César, les *Horti Caesaris* du Trastevere se sont progressivement transformés en une cour égyptienne. La jeune femme séjourne ici avec des conseillers, des hommes de confiance, des servantes, des esclaves de toute sorte et même des eunuques. À ces individus s'ajoutent des médecins, des philosophes, des couturières, des cuisiniers… et même du personnel chargé de s'occuper de son fils Césarion.

Elle est sûrement accompagnée par Ammonius, son principal conseiller, un homme sage et rusé. Cicéron le déteste car il refusera de lui donner de précieux ouvrages issus de la Bibliothèque d'Alexandrie (c'est une quasi-certitude) et promis par la souveraine, peut-être en échange d'un service. Un ordre qui n'a pas été exécuté à cause de la mort brutale de César.

Il y a également Sérapion, un vieux conseiller du père de Cléopâtre. Il était présent à Rome lors du voyage en forme d'exil du roi Ptolémée XII. De toute la cour, c'est lui qui connaît le mieux la Ville éternelle et les rouages du pouvoir.

Il y a peut-être Apollodore de Sicile, son fidèle serviteur, au physique de colosse. Il a conduit Cléopâtre jusqu'à César, le jour de leur première rencontre, dans le plus grand secret.

Enfin, il y a le vieil Olympos, le médecin personnel de la souveraine. Probablement celui qui l'aidera à se suicider…

Cléopâtre a demandé (et obtenu) d'avoir près d'elle des dizaines de fonctionnaires et de personnes de haut rang, comme celui qui se prosterne en ce moment à ses pieds : un scribe bedonnant et dégarni qui lui tend des rouleaux de papyrus. Mais au-delà des aspects administratifs, les membres de la cour ont surtout pour mission de lui tenir compagnie et de maintenir ce style de vie « alexandrin », à la fois mondain et cultivé, qui lui manque tant.

Cléopâtre n'est pas une femme obsédée par le pouvoir ou qui n'aime que le quotidien frivole de l'aristocratie et de son univers privilégié. C'est une personne cultivée, assoiffée de savoir, qui adore enrichir ses connaissances. Exactement comme Hypatie, Théodora de Byzance, Aliénor d'Aquitaine, Catherine Sforza, Isabelle d'Este, Catherine de Médicis, Élisabeth Ire d'Angleterre et Catherine II de Russie, des siècles plus tard. En deux ans, la demeure de César est donc devenue l'un des lieux où l'on respire le plaisir de la culture. Dans les jardins, on parle surtout de philosophie. Et même si nous sommes à Rome, au sein d'un microcosme égyptien qui plus est, la langue dans laquelle on disserte n'est ni le latin, ni l'égyptien ancien, non. C'est le grec, la langue de la sagesse.

Durant les banquets, on peut évoquer les systèmes de pensée les plus élaborés avec Philostrate, l'un des plus célèbres orateurs d'Alexandrie. Par le passé, il avait été le précepteur de Cléopâtre et lui avait enseigné la philosophie, la rhétorique et l'art oratoire.

À d'autres occasions, c'est avec Sosigène d'Alexandrie, peut-être le plus grand astronome de l'époque, qu'il est possible de converser. Cléopâtre l'a présenté à César durant le séjour en

Égypte du dictateur à vie. Et à en croire certaines sources, il a participé à la conception du nouveau calendrier julien, qui sera utilisé jusqu'à la Renaissance, période à laquelle il sera remplacé par le calendrier grégorien.

En se promenant dans les jardins, on croise parfois un homme assis sous une treille et entouré par un public qui l'écoute avec attention : c'est Didymus, le célèbre grammairien, l'un des intellectuels les plus écoutés à la cour de Cléopâtre. Il appartient à l'école fondée à Alexandrie par Aristarque, où lui-même a longtemps enseigné. D'après Sénèque, il est l'auteur d'une œuvre titanesque, riche d'au moins 3 500 livres et traités. Cette « boulimie » littéraire lui vaut d'ailleurs le surnom de *Chalcentère* (« entrailles de fer ») et un autre, plus affectueux : *Bibliothas* (« oublie-livres »). De temps à autre, il lui arrive de se contredire lui-même quand il oublie ce qu'il a affirmé dans l'un de ses précédents ouvrages...

Les aristocrates qui fréquentent le salon de Cléopâtre sont frappés par le talent avec lequel elle crée toujours l'ambiance adéquate, par tant de raffinement, par ce luxe si typiquement oriental. Les femmes s'empressent de copier la nouvelle mode capillaire lancée par la souveraine tandis que leurs maris sont troublés par ces tuniques blanches dignes d'une prêtresse qu'elle porte très près du corps... Comment ne pas être frappé par cette jeune reine si différente des matrones romaines, peu instruites et rarement si charismatiques ? Elle combine l'éducation d'un homme, et le charme de la femme la plus désirable du monde. Tandis que sa voix vous enveloppe, son intelligence vous prend dans ses filets.

Dans l'ensemble, la villa où réside Cléopâtre est mieux qu'un salon cultivé : c'est une véritable oasis. Repas, musiques, conversations, ambiances : tout ramène à Alexandrie. Au delta du Nil. À l'Égypte... Même l'embarcation royale est amarrée à un ponton privé. Ce monde incroyable qui se dressait de l'autre côté du Tibre n'a pas laissé de vestiges archéologiques, contrairement à la Villa Adriana ou à d'autres résidences somptueuses. Tout a disparu au fil des siècles : impossible de décrire avec précision la vie quotidienne et les architectures.

Ensemble… mais mariés chacun de leur côté

Et Jules César ? Il est ici chez lui. Il a fait venir Cléopâtre en qualité de maîtresse, de reine et de trophée de guerre, mais il est tout à fait conscient du risque qu'il court. Rome n'est pas un terrain entièrement favorable, il a beaucoup d'ennemis en ville et une *vox populi* des plus pernicieuses circule : le conquérant aurait lui-même été conquis par la souveraine étrangère, par une femme qu'il accueille avec les plus grands honneurs. Il la laisse même prétendre qu'elle est la réincarnation d'Isis !

Pour autant, César n'est pas stupide. Même aujourd'hui, faire passer sa relation avec Cléopâtre pour une simple histoire d'amour serait une erreur. S'il la fréquente, c'est surtout parce qu'elle est une reine. Elle a donc un pouvoir politique. Et il a choisi de faire profil bas. Il la tient loin de Rome, du sénat, du bas peuple, dans un palais doré de l'autre côté du fleuve, l'endroit idéal pour passer du temps avec elle à l'abri des regards indiscrets. D'autant qu'il est un homme marié, rappelons-le… Son épouse Calpurnia l'attend tous les soirs chez eux, au cœur de la Ville éternelle.

En résumé, le dictateur a sa femme et sa maîtresse dans la même ville… et il les côtoie l'une et l'autre, aux yeux de tous. Pour n'importe quelle personnalité politique du XXIe siècle, officialiser cette double vie reviendrait à signer la fin de sa carrière. Pas dans la République romaine. Et le fait qu'il s'agisse de Jules

César n'y change rien. L'homme romain peut en effet avoir une femme et plusieurs concubines à la fois. La loi ne l'interdit pas. En revanche, il est interdit d'avoir deux épouses.

Et Cléopâtre ? Soyons honnête : sa situation n'est pas moins complexe. Elle aussi est officiellement mariée. Et elle vit dans la villa du Trastevere aux côtés de son mari. Un mari qui n'est autre que son propre frère, Ptolémée XIV. L'un et l'autre sont devenus mari et femme en raison d'une curieuse tradition « dynastique » : dans leur lignée, on se marie entre frères et sœurs afin de ne pas mélanger le sang de nature divine ou semi-divine. Mais pour la souveraine, il s'agit d'un époux symbolique plus que réel : elle ne couche pas avec son frère. César n'a d'ailleurs rien à craindre : le roi n'a que treize ans…

Il n'empêche : Cléopâtre est rusée. Et sa venue à Rome avec son frère-mari témoigne de sa grande clairvoyance politique. Au-delà des promesses de César et de la présence des garnisons romaines, il aurait été trop risqué de quitter l'Égypte en laissant derrière elle le jeune homme qui partage le trône avec elle.

La villa abrite une autre personne très précieuse aux yeux de la reine. C'est le plus jeune de ses occupants, un enfant d'à peine deux ans, Césarion, le fils de Jules César. Enfin, c'est ce qu'elle a toujours prétendu.

Le dictateur à vie est-il vraiment le père de cet enfant ? La question ne fait pas l'unanimité chez les historiens. Les reines de la dynastie ptoléméenne n'ont guère tendance à avoir de multiples amants, ce qui ferait pencher la balance en faveur du oui : César pourrait très bien avoir été le premier amant de la souveraine. Par ailleurs, malgré ses nombreuses aventures, il n'a eu qu'un seul enfant officiellement reconnu : sa fille Julie.

Et les sources antiques ? Elles divergent. Césarion était le fils de César, affirment Plutarque et Suétone. « Quelques écrivains grecs ont prétendu que ce fils ressemblait aussi à César par son physique et par sa démarche », insiste d'ailleurs ce dernier. D'autres, comme Caius Oppius et Dion Cassius n'en croient rien. L'auteur d'*Histoire romaine* ne cache pas ses doutes sur « ce fils qu'elle appelait Ptolémée mais surnommait Césarion en prétendant qu'elle l'avait conçu de César ».

Un autre élément complique encore un peu plus la donne : des doutes subsistent sur la date de naissance de Césarion. Certains la situent en 47 av. J.-C., d'autres quelques années plus tard.

Mais plusieurs raisons nous empêchent d'adhérer à cette thèse. Les connaissances dont nous disposons sur une période historique révolue depuis plus de 2 000 ans sont trop lacunaires et incomplètes. Avoir des certitudes sur un laps de temps aussi court que celui d'une grossesse serait très hasardeux. Par ailleurs, César et les siens ne sont pas naïfs. Ils savent très bien déterminer le moment où a été conçu un enfant. Leurs détracteurs aussi. Même chose pour les ennemis de Cléopâtre. À part Cicéron (qui vouait une haine terrible à la souveraine), personne à l'époque n'a jamais mis en doute la paternité de César. Il faut donc au moins envisager la possibilité que Césarion soit effectivement son fils.

En outre, Octavien fera tuer l'enfant, signe que personne n'avait la certitude que ce n'était pas le fils de César. Et à part ce dernier, il n'y a pas d'autres hypothèses crédibles sur l'identité du père du petit. N'oublions pas non plus que pour embellir son Forum, le dictateur a fait construire une statue en bronze doré avec les traits de Cléopâtre à la fin de l'an 45 av. J.-C. Bref, cet ensemble de considérations nous pousse à ne pas avoir d'avis tranché sur la question. Nous estimerons donc que Césarion était peut-être l'enfant de César, sans aller plus loin. *Mater semper certa est*, disaient les Latins. Seule l'identité de la mère d'un enfant ne fait jamais aucun doute. Nous avons donc choisi de nous en tenir à la thèse la plus accréditée, selon laquelle

Césarion serait né le 23 juin -47, avec pour mère Cléopâtre et pour père Jules César.

L'enfant court vers sa mère sous une colonnade, poursuivi par une servante préoccupée à l'idée qu'il puisse tomber. Il se blottit contre elle, longtemps, de toutes ses forces. Ses petites mains plongent dans la tunique de Cléopâtre pour y trouver ce contact protecteur. Et l'espace d'un instant, la reine la plus puissante d'Afrique devient la plus affectueuse, la plus prévenante des mères.

L'homme au poignard

De l'autre côté du Tibre, loin de la lumière des jardins de la demeure de Cléopâtre, des sourires et de la sérénité de ce monde préservé, un homme se bat contre mille démons qui se partagent son âme. Il est enfermé dans une pièce, assis devant une élégante table basse avec des pieds en forme de patte de lion. Dessus, on n'aperçoit qu'une lampe à huile dont la flamme éclaire son visage fatigué, aux traits creusés. Le plateau de la table est un disque parfait en marbre blanc. Au centre, on distingue une petite éraflure, quasi imperceptible. C'est à cet endroit qu'il a planté la pointe d'un poignard. Il referme les doigts sur le pommeau et, d'un geste sec, il fait tourner le poignard sur lui-même, à une vitesse folle. Il ne détache pas son regard de cette lame qui miroite à chaque tour. Un geste obsessionnel qu'il répète inlassablement, depuis le début de cette nuit blanche. Soudain, quelqu'un frappe à la porte. C'est son esclave de confiance. Veut-il qu'on lui serve son petit déjeuner ? L'homme lève les yeux, fixe la porte, mais ne répond pas. Cet homme, c'est Marcus Junius Brutus.

Il flotte dans l'air une présence insaisissable. Quelque chose d'impalpable, furtif et invisible. C'est un poison qui traverse les murs de la ville, se répand dans les rues, serpente dans les ruelles, fend les murs de vapeur des thermes en volant de bouche en bouche. Qui flotte au-dessus des salles à manger où se tiennent les banquets importants, s'immisce dans l'esprit des sénateurs durant les rendez-vous confidentiels... Il s'accompagne d'un mot sinistre : la mort. La mort pour Jules César.

Depuis longtemps, la ville abrite un complot, l'un des plus terribles de l'Histoire. Un complot dont la cible est un homme pourtant très aimé par le peuple de Rome, peut-être comme nul autre avant lui. Dans les siècles à venir, cet homme fera l'objet d'une admiration sans borne, au moins autant qu'Alexandre le Grand. Comment se fait-il qu'on ait voulu le supprimer ? À en croire Dion Cassius, célèbre historien du IIe siècle, plusieurs personnes, à des époques différentes, lui ont conféré un trop grand nombre d'honneurs, ce qui lui a très vite valu d'être envié, haï et assassiné.

En réalité, les motivations réelles des conjurés partent de plus loin, et elles sont profondes. En devenant le nouveau maître absolu de Rome, César a concrètement privé le sénat de son pouvoir. C'est lui qui décide, et non plus les sénateurs – avec tous les intérêts qu'ils représentent.

Depuis un temps immémorial, à Rome, les rênes du pouvoir et des affaires sont tenues d'une main de fer par l'aristocratie, représentée au sénat par les membres des différentes familles, drapés dans leurs toges. Sans surprise, chaque décision suit avant tout les priorités de cette poignée de citoyens. Pour beaucoup, en 44 av. J.-C., la République n'est plus cette solide aristocratie née au moment où le dernier roi de Rome a été chassé. Elle est désormais à bout de souffle, ses idéaux ne sont plus qu'un souvenir et les esprits éclairés et vertueux du passé n'existent plus, ou presque. Les rares survivants sont en nette minorité par comparaison avec ce qu'est devenu le sénat : un lieu de plus en plus miné par la corruption, l'affairisme et les abus de pouvoir. Un grand arbre pourri de l'intérieur, selon certains. Si les sénateurs ne peuvent pas directement se livrer à ces magouilles ignobles (ils laissent leurs affranchis s'en charger), leur avidité a plongé le régime dans la crise, ouvrant la porte à l'arrivée d'hommes forts. Et en particulier à un dominateur absolu comme Jules César. Lui aussi appartient à une famille de haut rang, mais il fait partie de la faction des *populares*. Il s'est même attiré la sympathie du peuple, qui le lui rend bien. Et qui le soutient, en grande partie. En parallèle, une partie de l'aristocratie la plus conservatrice lui voue une haine farouche (mais pas uniquement pour cette raison).

L'objectif des conjurés est simple : tuer César, qui agit désormais en monarque, pour créer un climat de confusion et d'incertitude, puisqu'il n'existe aucune figure charismatique susceptible de le remplacer. De cette manière, le sénat reprendrait son ancien rôle. L'idéal pour continuer de gouverner sans le moindre scrupule.

La « machine à salir »

Artémidore, l'homme que nous suivons à travers les rues de Rome, a décidé de s'enfoncer à nouveau dans ce dédale de ruelles. Le chemin est plus sûr que les artères noires de monde, pense-t-il. Les bâtiments qui l'entourent sont très proches, on peut même se serrer la main d'une fenêtre à l'autre, comme se plaira à le dire le poète satirique Martial dans ses *Épigrammes*. La lumière du ciel peine à atteindre le sol : ce n'est qu'une lame suspendue bien au-dessus de la tête d'Artémidore. Il a les pupilles dilatées à cause de la pénombre. Et de la peur, aussi. Il fait très sombre, et l'espace d'un instant, le philosophe s'interroge. Ne serait-il pas plus prudent de faire demi-tour ? Dans ces venelles malfamées, les agressions et les meurtres ne sont pas rares. Chaque matin, des corps sans vie sont retrouvés par terre, dans la boue. Des homicides sans coupables. Ce sont ses sens qui l'incitent à continuer. Les mauvaises odeurs sont derrière lui et il est maintenant enveloppé par le parfum douceâtre du lait en train de bouillir, quelque part. Ce qui le rassure, ce sont les voix qui lui parviennent de plusieurs directions – des fenêtres ouvertes au-dessus de sa tête, des balcons, des portes entrebâillées qui défilent devant lui, ou du fond des ruelles. Autant de caresses invisibles qui lui font comprendre qu'il traverse une véritable galaxie de vies parallèles, celles qui animent cette ruche humaine qu'est la Suburre, peut-être le quartier le plus populaire de Rome. Un peu comme si ses oreilles lisaient d'innombrables carnets de bord racontant l'existence de ces gens. Voilà une mère qui chante une berceuse, un homme qui récite ses prières matinales à voix basse, un esclave qui travaille en chantonnant un air venu du pays lointain où il a vu le jour. Une femme salue tendrement son mari qui quitte la maison. Plus loin, changement d'ambiance : une Romaine houspille son époux, coupable d'on ne sait trop quoi. Artémidore sourit et poursuit sa route. Il ne fait presque pas attention à cet enfant qui pleure. Un son qui n'a rien d'anormal dans un quartier populaire. Seulement, plus le philosophe avance, plus les cris gagnent en intensité. Étrange : ils ne semblent pas venir d'une maison, mais du bout de la ruelle, où l'on n'aperçoit ni portes ni fenêtres. Quelques mètres plus loin, Artémidore s'arrête, comme pétrifié. Au fond de la ruelle, au croisement, il distingue une colonne. Un socle surmonté d'un fût cassé, rien de plus. Mais à ses pieds, il voit un panier avec quelque chose à l'intérieur. Les pleurs viennent de là. C'est un bébé. Il y a également un billet, avec quelques explications. Celui ou celle qui trouvera cet enfant pourra ainsi retrouver sa famille. Celui-ci a été rejeté par ses parents, ou plutôt par son père, pour une raison mystérieuse. Soupçonne-t-on la mère d'avoir été infidèle ? L'enfant est-il gravement handicapé ? A-t-il trop de frères ou de sœurs du même sexe que le sien ? Manque-t-on de moyens pour assurer sa subsistance ? Impossible à dire. La loi et les traditions romaines permettent d'abandonner un nouveau-né dans la rue : n'importe qui peut le recueillir et l'élever comme son propre enfant. Certaines fois, l'enfant tombe sur une personne de valeur, émue par ce triste spectacle… ou sur un être sans scrupules qui le réduira en esclavage. La plupart du temps, les enfants sont abandonnés dans des lieux connus de tous, à l'image de cette colonne (la plus célèbre de Rome est appelée la *columna lactaria*, en référence au lait maternel, tout un symbole). Un bref message ou un objet personnel permettent à la personne qui recueille le bébé de le ramener à ses parents légitimes. En échange, il pourra demander une somme pour tout le temps de cette adoption « temporaire ». C'est la version antique des « tours d'abandon » dans lesquelles on déposait les enfants non désirés.

Artémidore s'attarde devant le nouveau-né. Mais ce n'est pas la vue de ce petit être abandonné qui l'empêche de poursuivre son chemin, non. C'est l'inscription laissée durant la nuit sur le mur jouxtant la colonne, afin que tout le monde la voie. Elle est encore fraîche. Deux gouttes coulent le long de la paroi en essayant péniblement d'atteindre le sol. La phrase s'en prend à Jules César. On l'accuse d'être un voleur. Pire : on insinue qu'il s'apprête à fuir à Alexandrie en compagnie de sa maîtresse Cléopâtre. Et avec tous les trésors de Rome.

Le philosophe secoue la tête et presse le pas. Il doit voir César coûte que coûte. Tant pis pour ce pauvre petit.

Au cours des derniers jours, les conjurés ont mis en route une véritable « machine à salir » pour discréditer Jules César. Des *fake news* ont été colportées dans le seul but d'amener le petit peuple à s'indigner. Si elles prennent parfois la forme d'inscriptions sur les murs, elles exploitent plus fréquemment la *vox populi*. Quoi de plus attirant qu'une information soufflée sur le ton de la confidence ? Et les caisses de résonance ne manquent pas, entre les échoppes des barbiers, les *popinae*, les banquets, les thermes, en plus du Forum, cela va sans dire.

Quelles sont ces rumeurs qui circulent sur le grand conquérant ?

On le peint comme un homme faible, lâche et atrocement dépravé, animé par une ambition sans limites qu'il assouvira seulement en devenant roi, un titre qui fait resurgir les fantômes du passé, de l'époque où l'Urbs était dominée par des souverains originaires d'Étrurie – finalement chassés du trône, tant bien que mal. Mais ça, César le sait, et il a préparé une contre-attaque. Un mois plus tôt, juste après avoir été nommé dictateur à vie, il a profité de la fête des lupercales pour organiser (en accord avec Marc Antoine) une cérémonie au cœur du Forum, sur les Rostres, les podiums des orateurs, ainsi désignés car ils sont décorés avec les *rostra*, les solides éperons en bronze prélevés sur les navires ennemis au moment de leur capture. Dion Cassius raconte que César était assis sur un trône en or. Antoine s'est approché avec un diadème, une sorte de couronne royale (plus qu'une couronne, il s'agissait d'après certaines sources d'une bande de tissu blanc ornée de perles), en lui disant : « Le peuple te le donne par mes mains. » Tout cela était évidemment préparé. César a refusé d'un geste aussi dédaigneux que théâtral, avant de dire : « Jupiter seul est roi des Romains. » Mais tout cela a-t-il réellement apaisé les esprits ? Rien n'est moins sûr…

Il nous reste maintenant à faire connaissance avec le personnage central de cette journée cruciale, César lui-même. Qu'a-t-il fait au cours des dernières heures ?

Le dernier repas

Quelques heures plus tôt, le grand conquérant était mollement allongé sur un triclinium, chez l'un de ses fidèles amis, Marcus Aemilius Lépide, *magister equitum*. En cette période de dictature, c'est le deuxième personnage de l'État. Outre les deux hommes, nous savons qu'il y avait Decimus Brutus, à ne pas confondre avec le tristement célèbre Marcus Junius Brutus. Decimus (nous le désignerons ainsi afin d'éviter toute confusion) est un général particulièrement compétent ainsi qu'un ami dévoué et un allié de César. Ou du moins, c'est ce que l'intéressé veut croire. Celui-ci l'ignore mais... Decimus fait lui aussi partie du complot. C'est même l'un des cerveaux de l'opération ! Bref, César dîne à côté de l'un de ses assassins, sans se douter de rien...

Les trois hommes ont conversé au gré des plats qu'on leur servait, au milieu des esclaves silencieux qui leur versaient du vin, et peut-être avec un peu de musique d'ambiance pour agrémenter le tout. D'après l'historien Appien, il a été question de la situation politique de l'Urbs, mais aussi d'une expédition militaire imminente. Dans trois jours, César doit en effet partir en guerre contre les ennemis jurés de Rome, les Parthes. Avec un royaume dont les frontières s'étendent de la Syrie à l'est de l'Iran et même plus loin, pour englober l'Irak, ils sont une véritable épine dans le pied des Romains. Ce que nous avons tous lu dans *La Guerre des Gaules* (*De bello gallico*, en VO) pourrait bien se répéter avec de nouveaux ennemis, avec le Moyen-Orient pour toile de fond. Plus exactement, tout cela *aurait bien pu se répéter*. Comme nous le savons, César va être assassiné. Des livres d'histoire entiers ne seront jamais écrits. Des siècles d'une histoire « différente » de celle que nous connaissons n'auront jamais lieu… Un autre univers parallèle d'existences, d'empires en mutation, de monuments et de grands événements qui n'ont jamais pris forme…

Mais revenons à ce dîner. Voilà que la conversation bascule. D'après Plutarque, « [il] scellait des lettres, selon son habitude, tout en étant étendu à table, lorsque la conversation tomba sur le point de savoir quelle est la meilleure des morts ». « César, devançant tous les autres convives, s'écria : "Celle à laquelle on ne s'attend pas." », ajoute l'historien. Si Appien affirme que le sujet a été lancé par César lui-même, c'est bien la mort qui vient de s'inviter… Ne se doute-t-il de rien, vraiment ? Pourquoi n'a-t-il pas réagi ? Bien des historiens tentent encore de répondre à cette question…

Cela fait au moins deux ans que les rumeurs sur d'éventuels complots se succèdent. Dans une lettre, Cicéron lui-même y a subtilement fait référence. L'une de ces machinations a été déjouée, mais contre toute attente, César n'a pas lancé d'investigations poussées. Il s'est contenté d'indiquer aux conjurés qu'il avait découvert leur plan. En dehors de cette simple annonce publique, personne n'a été arrêté et aucune enquête n'a permis de remonter aux vrais commanditaires et aux cerveaux de l'opération.

Tous ses soutiens, amis et alliés (les fameux « césariens »), sont inquiets. À leurs yeux, César est trop imprudent : il a même licencié ses gardes du corps, des soldats ibères qui l'entouraient à chacun de ses déplacements, l'épée hors du fourreau. Pour quelle raison ? Parce que le sénat et les sénateurs ont juré de le défendre. À ses yeux, aller et venir entouré d'une milice personnelle aurait été un signe de défiance à l'égard de l'institution républicaine.

Il n'empêche que les signes d'un attentat imminent sont là, et bien là. Quelques jours plus tôt, nous indique Plutarque, on a vu apparaître des inscriptions… qui exhortent Brutus à agir ! Leur contenu est on ne peut plus clair : « Dors-tu, Brutus ? » « Tu n'est pas un vrai Brutus », lance une autre en référence à l'un de ses aïeux. Ce dernier, qui s'appelait lui aussi Junius Brutus, avait chassé le dernier roi de Rome, un geste héroïque qui l'avait fait entrer dans l'histoire de la ville. D'où viennent ces messages ? Ils sont laissés au cours de la nuit par les esclaves d'une poignée de sénateurs et d'aristocrates impliqués dans le complot, dans un but précis : pousser Brutus à se réveiller et à passer à l'action. Et pour cause. Il hésite encore.

Reste une question : puisque César savait tout (depuis longtemps, qui plus est), pourquoi n'a-t-il pas réagi ? Selon certains spécialistes, la réponse tient au fait que le grand conquérant souffrait d'épilepsie et qu'il était déjà d'un âge avancé (pour l'époque). Il aurait donc préféré mourir, dans une sorte de « suicide programmé », plutôt que de voir sa santé décliner et d'avoir à quitter la scène. Pour autant, difficile de croire qu'un homme d'action et de pouvoir comme lui ait volontairement renoncé à terminer ce qu'il avait commencé, à mener ses réformes à leur terme, à remporter la guerre contre les Parthes, à savourer son succès absolu et à rompre avec Cléopâtre. D'autres experts avancent des hypothèses plus plausibles historiquement parlant. En résumé, César se serait dispensé de contre-attaquer. Un point de vue qui se comprend. À ceux qui désignent Brutus comme le chef potentiel d'un complot, il répond sans trembler qu'il est déjà d'un âge avancé. De son côté, Brutus a intérêt à attendre. Prendre le pouvoir avec l'étiquette d'assassin et celle, encore plus infamante, de traître lui porterait préjudice.

Pour autant, cette explication de César ne tranquillise pas ses amis, qui repèrent des comportements suspects un peu partout. Chez des adversaires déclarés comme Brutus ou Cassius, certes, et jusque dans les rangs des fidèles du dictateur à vie, comme

Antoine et Publius Cornelius Dolabella, le gendre de Cicéron. Devant tant de panique et de craintes, il répond par une formule qui résume son état d'esprit : « Ce n'étaient pas les hommes gras et chevelus qui l'inquiétaient, mais ceux qui étaient pâles et maigres », rapporte Plutarque. Si Brutus et Cassius entraient dans la première catégorie, Antoine et Dolabella appartenaient à la seconde…

Enfin, et c'est le point crucial, il semble convaincu qu'en dépit de ces signes avant-coureurs, un attentat n'aurait aucun sens. Cela ne serait guère « logique » vu la situation dans laquelle se trouve Rome. La République ne tirerait aucun bénéfice de sa mort, bien au contraire ! Elle risquerait même d'être entraînée dans des guerres civiles sanglantes, rappelle l'historien Antonio Spinosa. En d'autres termes, César estime que la stabilité et la puissance de Rome, qu'il a lui-même construites, profitent à tout le monde – à l'armée, aux institutions, au commerce, au peuple… Et il a raison. Après des années de guerre civile, cet équilibre est peut-être le bien le plus précieux. Bref, César a la conviction d'être la clé de voûte du monde romain dans son ensemble. S'il devait tomber, tout s'écroulerait aussitôt…

Sauf qu'il raisonne en homme d'État, le regard tourné vers l'horizon. Il ne songe pas une seconde que ses ennemis et les conjurés ne voient pas aussi loin. Leurs intérêts sont bien plus prosaïques, immédiats et personnels.

L'erreur de César est d'avoir surestimé ses adversaires, de ne pas avoir pris conscience de leur médiocrité et de leur stupidité : leur plan se retournera contre eux et les écrasera, ce qu'il avait prévu. C'est en fait l'ignorance et la naïveté d'une partie des conjurés qui vont tuer César. Aucun d'eux n'a compris que le temps du régime aristocratique est révolu. La généralisation de la corruption et, surtout, la soif de pouvoir effrénée (dont l'auteur de *La Guerre des Gaules* est une illustration parfaite) ont rabaissé et discrédité le sénat. Des siècles durant, il ne sera plus qu'une institution de second plan au service d'hommes forts. Une tendance initiée avec César et qui se poursuivra avec Auguste et son principat, puis avec tous les futurs empereurs. C'est eux qui joueront les premiers rôles au cours de près de cinq siècles d'empire.

César a également sous-estimé le danger, un comble pour un soldat qui a affronté et vaincu les Gaulois, les Germains, les Égyptiens, les Celtes de Bretagne, des tribus d'Ibérie et même des légions et des généraux romains, en risquant sa vie dans des combats sanglants ! Peut-être pensait-il que des sénateurs habitués au luxe plus qu'à l'art militaire ne seraient pas capables de se servir d'un simple poignard. Et c'est là qu'il s'est trompé. Ces mêmes sénateurs l'ont attiré dans le piège qu'ils lui avaient tendu avec ce qu'ils maniaient le mieux, les mots et la rhétorique. César n'aurait jamais fait preuve d'une telle naïveté sur le terrain. Reste qu'il était un soldat. Et à ce titre, il était habitué à avoir l'ennemi face à lui, pas dans son dos.

En fin de repas, avant de se retirer, le dictateur a sûrement vomi : nous savons par Cicéron qu'il pratiquait depuis longtemps un régime émétique. Il mangeait comme quatre avant de rendre tous ses repas juste après.

Autour de 22, 23 heures, il est allé se coucher… aux côtés d'une femme. Laquelle ? Grâce à Plutarque, nous le savons : « Après le dîner, il se coucha, comme à l'ordinaire, auprès de sa femme. » C'est sa dernière nuit avant la mort.

LA MORT DE CÉSAR

Villa de Brutus, le 15 mars, à l'aube
Pourquoi c'est aujourd'hui qu'il faut tuer César

Marcus Junius Brutus continue d'arpenter sa chambre d'un pas nerveux. Il respire bruyamment, le souffle court. Il n'a pas dormi de la nuit. La journée qui commence accapare son esprit, il est incapable de penser à autre chose. Face à lui, appuyée contre le chambranle de la porte, sa femme Portia ne le lâche pas des yeux. Elle a du mal à rester debout : elle a la jambe bandée à cause d'une vilaine blessure, une entaille profonde qu'elle s'est infligée toute seule pour montrer sa loyauté. Quelques jours plus tôt, en voyant son mari tendu, nerveux et distrait, elle lui a demandé ce qui le troublait tant. Sans succès. Aucun des conjurés ne s'est jamais confié à ses amis et à ses proches. Et encore moins à sa femme. Mais Portia n'est pas comme les autres, loin de là. Elle a des valeurs chevillées au cœur : c'est la fille de Caton d'Utique, un homme politique qui s'est suicidé à cause de César. C'est lui qui a appris à Brutus à combattre les rois, les tyrans et tous ceux qui détiennent le pouvoir absolu.

Et c'est précisément le cas de César, souligne Giovanni Brizzi, professeur honoraire d'histoire romaine à l'université de Bologne et expert renommé en histoire militaire de l'Antiquité. « Si tu respectes le droit, tu seras condamné. Si tu le violes, tu deviendras roi » : voilà ce que les soldats du grand conquérant n'ont pas hésité à dire en entendant César prétendre qu'il avait déclenché la guerre civile pour défendre son honneur et sa sécurité. Celui-ci, nous l'avons dit, ne pouvait pas réintégrer les rangs de la République, ni se retirer volontairement de la vie publique, à la façon de Sylla. La guerre qu'il a entreprise *pro dignitate* lui a tout donné mais il s'interroge. Que faire de sa position ? Rome est désormais gouvernée comme une cité conquise, qu'il administre selon son bon vouloir. Le sénat et les magistrats existent toujours, mais sont soumis à la volonté de César. Le sens des institutions lui manque. Pour lui, le sénat est surtout une addition de sénateurs, dont une grande partie ont été nommés par ses soins. Le sénat dans son ensemble ne signifie rien, ce n'est qu'une assemblée qui passe son temps à débattre, souvent en pure perte, et très difficile à manœuvrer. Il faut dire qu'il est devenu éléphantesque, avec plus de neuf cents membres. Si les institutions ne veulent rien dire pour lui, l'alternative entre république et monarchie n'a également aucun sens, quelle que soit sa perception du titre de roi. Il est maître de la charge de consul, qu'il attribue selon son bon plaisir, et nomme les sénateurs à sa guise. Il a même osé faire élire un consul – Caninius – le temps d'une journée, pas plus. Et désormais, les pouvoirs, les prérogatives, les distinctions honorifiques qu'il a reçues à plusieurs reprises dépassent toute mesure. À la fin de l'année -45, voici quels sont les dernières décisions en date :

• César pourra porter les tenues réservées au triomphe, partout et tout le temps.

• Il pourra consacrer aux dieux les dépouilles opimes (*spolia opima*, les pièces d'armure d'un adversaire) – un honneur immérité dans son cas puisqu'il n'a jamais tué un chef ennemi.

- Les faisceaux de ses licteurs seront toujours ornés de branches de laurier.
- Il obtient le titre de *pater patriae.*
- Le jour de sa naissance devient une fête publique.
- Le mois de sa naissance est rebaptisé *iulius* (notre mois de juillet).
- On dresse des statues à son effigie dans tous les temples de Rome et des villes italiques, tandis qu'on bâtit des temples à la Nouvelle Concorde et à la *Felicitas.*
- Il obtient l'immunité tribunicienne.
- Il disposera d'un siège en or au lieu d'un siège normal lors des séances du sénat.
- S'il porte depuis longtemps les hautes chausses rouges des rois albains en tant que descendant d'Énée, il pourra porter la couronne d'or des rois étrusques.
- Tous les sénateurs devront s'engager, sous serment, à défendre sa vie et on lui dédiera des jeux tous les quatre ans, comme un héros.
- L'image de César comme divinité, déjà approuvée et menée en procession au cirque, sera honorée dans un lieu sacré, à l'instar des autres dieux. On devra orner sa demeure d'un fronton, comme si c'était un temple.
- Lui et la *Clementia* auront droit à un sanctuaire ainsi qu'à un flamine, c'est-à-dire un prêtre chargé du culte d'une divinité particulière – Antoine est désigné pour occuper ce poste, mais le culte ne sera effectif qu'après sa mort.
- Il sera enterré à l'intérieur de la ville.
- Les décrets de divinisation seront gravés en lettres d'or sur des plaques en argent et posés au pied du temple de Jupiter Capitolin.
- Sa charge de censeur (*praefectura morum*) lui est accordée à vie, tout comme celle de dictateur.

Le caractère apparemment provisoire de ce pouvoir étant effacé par ces dispositions successives, César exerce une monarchie *de facto*, rehaussée de traits divins que les empereurs du Ier et du IIe siècle n'auront même pas. Reste une question. Pourquoi accepte-t-il tous ces honneurs alors qu'ils le mettent dans une position délicate ? Sans doute par envie de devenir immortel dans la mémoire de ses concitoyens. Une attitude qui tranche avec celle de son grand rival Pompée, estime Dion Cassius : « [Pompée] mettait son point d'honneur à être honoré par des gens qui le souhaitaient, [...] tandis qu'à [César] il était indifférent de commander à des gens contre leur gré, d'exercer le pouvoir sur des gens qui le haïssaient, de se donner des honneurs à lui-même. » Des honneurs dignes d'un dieu, comme ces vertus divinisées – *Felicitas, Concordia, Victoria* – dans lesquelles il se reflète. Une attitude particulièrement dangereuse – et qui lui sera fatale.

Portia nourrit donc une haine viscérale à l'égard du dictateur, une haine également alimentée par son premier mari, Bibulus, un ennemi farouche de César. Ces détails ne sont pas sans importance pour comprendre le rôle de cette femme qui exerce une grande influence sur les décisions de Brutus. Ils se connaissent depuis longtemps et s'aiment sincèrement – chose rare à une époque où les mariages sont arrangés. Par ailleurs, leurs familles sont liées, ce qui est tout à fait commun dans le monde romain : Caton était à la fois le père de Portia et l'oncle de Brutus. Celui-ci a donc épousé sa cousine.

Portia est également une femme très sensible et d'une force d'âme impressionnante. La preuve : en voyant son mari refuser d'avouer ce qui le tourmentait depuis des mois, elle a pris une décision stupéfiante. Pour savoir si elle était capable de résister à la douleur, elle s'est planté une lame tranchante dans la cuisse, quitte à se blesser grièvement. Constatant qu'elle tenait bon malgré tout, elle s'est approchée de son mari pour lui montrer cette entaille et lui a dit qu'elle méritait sa confiance. Elle ne parlerait jamais, même sous la pire des tortures. Devant ce spectacle effrayant, Brutus n'a plus hésité une seule seconde et lui a révélé l'existence du complot. Il lui a également fait part de ses doutes et de ses craintes. Depuis ce moment, Portia est devenue plus qu'un soutien pour son époux. Et il y a de fortes chances pour qu'il lui ait indiqué le moment et le lieu de l'assassinat.

Et d'ailleurs, pourquoi a-t-on choisi de tuer César aujourd'hui, le 15 mars, et au cours d'une réunion du sénat, par-dessus le marché ? Est-ce qu'il n'aurait pas été plus simple de l'attaquer en pleine rue ou lors d'un banquet en petit comité ?

La décision a été mûrement réfléchie et votée à l'unanimité lors de la dernière réunion entre les conjurés. Leurs motivations sont claires : impossible d'attendre plus longtemps. César va quitter Rome pour combattre les Parthes. D'ici quelques jours, il est censé arriver en Apollonie (dans l'Albanie actuelle), où l'attend l'armée. Parmi ces hommes se trouve également un jeune homme du nom d'Octavien, le futur Auguste, dont l'existence va être bouleversée par le destin – mais ça, il l'ignore encore. À partir de là, il se rendra au Moyen-Orient pour une campagne qui durera sans doute un bon moment. S'il rentre victorieux, le peuple l'aimera encore plus. Le tuer n'aura donc plus aucun sens.

Paradoxalement, c'est bien le début de cette guerre qui va aider Brutus et ses complices. D'après les livres sibyllins, « seul un roi pourra abattre l'Empire parthe ». Or César n'est pas un monarque. Le sénat doit donc se réunir pour lui attribuer la charge provisoire de roi, une charge symbolique qui ne servira que dans ce contexte et qui prendra évidemment effet une fois que le général sera sorti de Rome et du *pomerium*, le périmètre sacré de l'Urbs. Le pire cauchemar des sénateurs devient réalité :

César est en train de devenir roi, officiellement et légalement, grâce à l'institution où ils siègent.

Tout cela se produira à un moment précis – en l'occurrence au cours de la séance prévue pour le 15 mars, jour des ides. Soudain, tout s'imbrique à la perfection, les conditions idéales du meurtre sont réunies. Le 15 mars est un jour de fête, la ville sera à moitié vide et tournera au ralenti. Mieux : César entrera dans la salle des débats désarmé. Et surtout, il sera seul : il n'a plus ses gardes du corps, et vu qu'il « fait confiance » au sénat, il devra obliger sa cohorte de soutiens, d'amis, de clients qui le protègent à attendre dehors.

Oui, c'est maintenant qu'il faut agir. Après, ce sera trop tard.

Brutus s'est arrêté et fixe la faible lueur de la lampe à huile sur la table en marbre. Cette clarté qui illumine la pièce l'a presque hypnotisé. Puis il se tourne pour observer le visage pâle de Portia, les yeux intensément plongés au fond des siens. Celle-ci esquisse un sourire. C'est le mieux qu'elle puisse faire. Toutes ces nuits d'insomnie et cette blessure qui l'affaiblit l'écrasent. Elle le regarde approcher en silence. L'haleine chaude de son époux caresse ses joues froides. Portia lève la tête. Ses yeux essaient de s'agripper à ceux de Brutus. Ils semblent implorer quelque chose qui lui manque depuis ces trop longues semaines d'angoisse : la sérénité des jours heureux. Le long baiser que lui donne son mari fait brusquement revivre ces instants lointains. Mais tout disparaît et la voilà ramenée à la réalité. En se serrant contre Brutus, elle sent quelque chose de froid et de dur collé contre elle. Au milieu des plis de la toge de son époux, elle aperçoit un bout de métal scintillant. Le manche d'un poignard. Elle laisse ses petites mains fines glisser délicatement jusqu'à cet instrument de mort posé sur son ventre, fait pour donner la vie. Elle le caresse puis, d'un geste sec, le sort de la ceinture de son mari. Une longue lame apparaît. Elle tourne le poignard vers le haut et le place entre leurs deux visages. C'est l'arme traditionnelle des légionnaires, le *pugio*. Il est juste un peu plus long qu'une main. Et au lieu de se terminer par un pommeau, il est en forme de croix, ce qui n'est pas si fréquent – le *pugio* de l'autre membre important du complot, Cassius, présente quant à lui deux disques plats, comme en témoigne une pièce que Brutus fera frapper après coup, et sur laquelle figurent les deux poignards. Les yeux et les lèvres des deux époux se reflètent sur la lame de longs instants. Le regard de Portia court sur le fil tranchant des deux côtés. Elle embrasse alors lentement la lame froide et rend l'arme à son mari, qui la rengaine d'un geste sec, sans jamais détacher le regard de son épouse. Le temps d'un dernier baiser, d'une lente caresse sur son visage, Brutus sort de la pièce d'un pas décidé. Tous ses doutes ont l'air de s'être évanouis. En s'éloignant de la flamme tremblante de la lampe à huile, son ombre qui court sur les murs devient gigantesque. Elle dévore les fresques, éteint leurs couleurs. Comme le fera son geste sur l'Histoire.

Le lieu où le monde a changé pour toujours

Où se dirige Brutus ? Le trajet qu'il va faire comportera plusieurs étapes, mais une seule destination. En ce jour en apparence banal et heureux pour tout le monde, un monument de Rome va agir à la manière d'une clé immense et ouvrir une porte sur des scénarios historiques que nul n'aurait osé prévoir. Pas même les conjurés eux-mêmes. Ce monument, c'est le théâtre de Pompée. Avant l'édification du Colisée, et en dehors du Cirque Maxime, c'est l'édifice le plus imposant de la Ville éternelle. Durant plusieurs siècles, Rome n'a pas eu de théâtre en pierre. La morale corsetée de l'époque les considérait comme des lieux de perdition et de débauche. On érigeait donc des bâtiments temporaires, en bois, toujours à côté des temples ou des lieux de culte. Un moyen de rappeler à tout le monde l'origine religieuse des représentations théâtrales. Mais depuis deux générations, Rome est devenue une ville cosmopolite, ces règles semblent désormais dépassées et… « ringardes ». Le style de vie est plus ouvert et les gens aiment s'amuser. Les nouveaux genres dramatiques attirent un public toujours plus nombreux. Voilà pourquoi dix ans plus tôt Pompée, le grand rival de César, mort depuis peu, a fait construire à ses frais un immense édifice en pierre, digne de la puissance et de la suprématie romaine, qui s'étendait désormais de l'Espagne à la mer Caspienne. En réalité, ce projet cachait une habile manœuvre politique. En utilisant l'immense butin accumulé lors de ses guerres victorieuses en Orient, il a offert aux Romains le plus grand théâtre qu'on ait jamais vu dans la cité. Un moyen rêvé pour s'assurer un large soutien et gagner en popularité ! Afin de ne pas offenser la morale ancienne et les traditions religieuses, il a contourné la loi grâce à une astuce très « moderne », pour ainsi dire… Il a érigé un grand temple dédié à Vénus Génitrix en haut des gradins du théâtre. Ainsi, lorsque vous êtes assis à votre place, vous avez la scène devant vous et le temple derrière, tout en haut. Conclusion : les gradins constituent à la fois un escalier permettant d'accéder au temple et des rangées de sièges pour voir le spectacle. Une disposition « 2 en 1 » qui contente tout le monde, et tant pis pour l'hypocrisie.

Le théâtre de Pompée est un bâtiment gigantesque dont l'ampleur n'a jamais été égalée par les réalisations postérieures. Un chef-d'œuvre d'architecture, né d'une maîtrise parfaite des voûtes en arc et de l'emploi révolutionnaire du mortier (*opus caementicium*), inventé par les Romains. Il peut accueillir jusqu'à 17 500 spectateurs. Les rares vestiges de cet édifice sont aujourd'hui recouverts de bâtiments médiévaux, Renaissance et baroques de la Rome moderne. On ne devine son profil que depuis la célèbre place du Campo de' Fiori.

Mais ce théâtre n'est pas l'objectif des conjurés. Derrière la scène s'ouvre un petit paradis au cœur de Rome. Un gigantesque « foyer », en quelque sorte. Il s'agit d'un immense jardin, entouré de tous les côtés par une longue colonnade décorée d'œuvres de peintres et de sculpteurs. Au centre, on trouve deux bosquets de platanes avec de petites fontaines encadrant une allée centrale. Celle-ci relie le théâtre et le lieu où sera assassiné César : la curie de Pompée, une grande salle à laquelle on accède en empruntant une longue volée de marches. À l'intérieur, on trouve des marbres précieux et des colonnes décorées dans différents styles, tandis que les murs sont percés de hautes fenêtres à intervalles réguliers. C'est là que le sénat se réunira aujourd'hui.

Pourquoi ici et pas au Forum, où figure l'ancien siège de cette institution, la *Curia Cornelia* ? Parce qu'on est en train d'en faire un temple. En attendant la fin de la construction de la nouvelle *Curia Iulia* voulue par César, la curie de Pompée est momentanément devenue le centre névralgique où les décisions sont prises. Les sièges des sénateurs sont alignés des deux côtés. Celui destiné à César se trouve sur un podium. Derrière, une niche abrite une immense statue de Pompée, son ancien rival. Ce ne sont évidemment que de simples hypothèses, d'autant qu'il serait difficile de mener des fouilles archéologiques. La zone où se dressait jadis la curie de Pompée se trouve aujourd'hui sous une rue.

Avant de devenir la clé qui fera basculer l'Histoire, l'endroit remplit un autre rôle en ce début de journée. C'est un aimant gigantesque qui est en train d'attirer l'ensemble des protagonistes de l'événement, comme peut le faire un trou noir en engloutissant des étoiles et des galaxies entières dans un tourbillon de plus en plus rapide. De même que les voiliers convergent vers le phare qui les éclaire dans la nuit, tous approchent inéluctablement de ce lieu, les uns à pied, les autres en litière, qu'ils soient acteurs ou spectateurs de cet incroyable changement de trajectoire que va subir l'Histoire : Brutus, Artémidore, mais aussi Antoine, Cassius, Cicéron ainsi que les sénateurs qui font partie du complot. Sans oublier la victime sacrificielle, César.

Leur existence sera bouleversée et broyée dès l'instant où les poignards seront brandis. Personne ne pourra revenir en arrière. Une étoile qui tombe dans un trou noir (dont rien ne peut sortir, pas même la lumière) ne change-t-elle pas de forme avant de s'effacer ? Ces hommes perdront tout – leurs richesses, leurs rêves, leur bonheur et, pour nombre d'entre eux, leur vie. Alors essayons de les suivre tous en même temps en cette matinée pas comme les autres.

Villa de César, le 15 mars, à l'aube

Brutus n'est pas le seul à avoir eu une nuit agitée. C'est aussi le cas de César. Où se trouve-t-il à présent ? Assez longtemps, il a vécu dans une maison au sein du quartier populaire de la Suburre. Mais depuis dix-huit ans, il s'est installé dans une demeure autrement plus raffinée et spacieuse : la *Domus Publica*, au sein du Forum. C'est la résidence officielle du *pontifex maximus*, charge qu'il exerce depuis l'année -62. Cette maison a deux visages : il s'agit d'un lieu d'apparat, où l'on exerce des activités publiques, mais aussi d'un lieu privé, où César vit au quotidien. Il dispose même de thermes privés !

Une fois rentré de son banquet en compagnie de Lépide et Decimus, César s'est allongé aux côtés de Calpurnia, sa femme. La nuit n'a pas été de tout repos. À en croire le récit de Plutarque, alors que tout était plongé dans les ténèbres et le silence, un bruit assourdissant a retenti. Les portes et les fenêtres se sont ouvertes en grand à cause du vent. César a dû se lever pour les refermer. Peut-être a-t-il été rejoint au dernier moment par un esclave de confiance, à moitié endormi… De retour dans son lit, il n'est pas arrivé à se rendormir. Le bruit du vent et le clair de lune étincelant l'ont empêché de fermer l'œil. Il a eu un geste plein de tendresse pour sa femme : il s'est rapproché d'elle pour la prendre dans ses bras, se serrer contre elle et peut-être aussi pour se réchauffer à son contact, la fraîcheur de la nuit s'étant glissée dans la pièce avec le vent. Là, il a noté quelque chose d'alarmant. Calpurnia dormait à poings fermés mais poussait des sons indistincts et des plaintes inarticulées, quand soudain, elle s'est réveillée en proie à une agitation profonde, proche de la panique. Il a dû la tenir longuement contre lui, avant de lui demander de quoi elle avait rêvé. Elle a raconté son cauchemar d'une traite, en se replongeant dans le drame de ses sens bouleversés. Plus de 2 000 ans après, nous avons différentes versions de ce rêve, toutes très impressionnantes, sous la plume d'auteurs variés. Chez Plutarque, Calpurnia a rêvé que le pinacle surmontant leur demeure tombait en défonçant le toit pendant qu'elle appelait à l'aide. Dion Cassius, lui, rapporte que dans ce rêve, leur maison s'était écroulée. Pire : « Son mari avait été blessé par quelques citoyens et […] s'était réfugié entre ses bras. » De son côté, Appien raconte que Calpurnia a rêvé du corps de César, dégoulinant de sang. Enfin, pour Suétone, « [elle] rêva que le faîte de leur maison s'écroulait et que son mari était percé de coups entre ses bras ».

On imagine que les traits du grand général se sont brièvement crispés, avant de se détendre. Blottie contre lui, Calpurnia est en larmes. Et pourtant, ce n'est pas une femme superstitieuse.

Une chose est sûre : ce cauchemar était vraiment prenant et très réaliste.

Il y a de fortes chances pour que le bruit du vent qui giflait la maison se soit invité dans le cauchemar de la Romaine, en lui donnant la sensation que le toit s'écroulait. Mais certains détails nous révèlent autre chose. Ne nous laissent-ils pas entendre qu'elle avait perçu des rumeurs autour d'un possible attentat contre son mari ? Il y avait de quoi avoir peur… À moins que César ne lui ait confié qu'on souhaitait sa mort.

Toujours d'après Suétone, il a fini par raconter à son épouse un rêve qu'il avait fait. Il décollait du sol et s'envolait très haut, tellement haut qu'il avait dépassé les nuages et serré la main de Jupiter.

Pour les psychanalystes, l'impression de voler est typique de ceux qui doivent affronter un examen ou une épreuve le lendemain. Ce qui attendait César, justement.

Malgré tout, un détail ne laisse pas de troubler : dans les deux cas, ces songes semblent anticiper le drame qui se jouera quelques heures plus tard. Reste évidemment à établir s'ils sont vrais ou s'ils ont été « créés sur mesure » après coup. Nous ne le saurons jamais. En admettant qu'ils soient véridiques, voilà qui nous permet de comprendre l'état d'esprit de Calpurnia, et surtout celui de César. Depuis des jours, les deux époux sont plongés dans une véritable nuée de soupçons, de complots mais aussi de prophéties menaçantes et de mauvais présages. L'un et l'autre se seraient-ils laissé influencer par leur inconscient ? Cela n'aurait rien d'étonnant… Ces rêves ne seraient donc pas des visions prémonitoires, mais des « alarmes » déclenchées par cette ambiance pesante et anxiogène qui planait sur leur demeure et sur leurs esprits au cours des dernières heures. Comme s'ils étaient bien conscients des risques dont chaque journée s'accompagnait.

Quoi qu'il en soit, la liste des mauvais présages susceptibles d'avoir influencé César et Calpurnia est aussi longue que surprenante. En voici une, non exhaustive, qui s'appuie sur les textes des auteurs de l'Antiquité.

Au cours des journées précédant les ides, il y aurait eu des « lueurs dans le ciel », des « bruits nocturnes entendus en plusieurs endroits », des « oiseaux de proie [descendus] sur le Forum », aux dires de Plutarque. Certes, tous ces phénomènes pourraient être liés à un printemps orageux, mais en adoptant la mentalité antique, habituée à voir des signes et des présages un peu partout, tout apparaît sous un jour nouveau. Plutarque rapporte également le témoignage du géographe Strabon, un contemporain de César. Avant le 15 mars, « beaucoup de gens crurent voir accourir des hommes embrasés ». Mais pas seulement : « Le valet d'un soldat fit jaillir de sa main une grande flamme. [...] Les spectateurs crurent qu'il brûlait, et [...] lorsque le feu s'éteignit, l'homme n'avait aucun mal. » Au-delà de ce dernier élément, où l'on serait tenté de voir un simple truc de prestidigitateur ou d'illusionniste, un autre événement est encore plus inquiétant pour la mentalité antique, comme nous le lisons dans ces mêmes *Vies parallèles* : « Lors d'un sacrifice offert par César lui-même, on ne trouva pas de cœur à la victime, prodige qui parut effrayant, puisque la nature ne saurait produire un animal dépourvu de cœur. »

Suétone raconte une autre anecdote survenue en Campanie. Des vétérans et des colons de la région démolissaient des nécropoles anciennes afin de construire leurs maisons, en vertu de la loi Julia. Dans la tombe de Capys, le fondateur de Capoue, on aurait retrouvé une plaque de bronze avec une inscription en grec qui prévoyait la mort de César : « Quand on aura découvert les ossements de Capys, un descendant d'Iule tombera sous les coups de ses proches et bientôt l'Italie expiera sa mort par de terribles désastres. » Ce même Suétone raconte que « les derniers jours avant sa mort, César apprit que les troupes de chevaux, qu'en franchissant le Rubicon il avait consacrées au dieu du fleuve et laissées errer sans gardien, se privaient obstinément de nourriture et versaient d'abondantes larmes ». « La veille de ces mêmes ides, un roitelet portant un rameau de laurier volait vers la curie de Pompée, lorsque des oiseaux de différentes espèces quittant les arbres voisins le poursuivirent et le mirent en pièces dans cette même salle », ajoute-t-il peu après.

Dion Cassius rapporte, lui, que les boucliers sacrés de Mars qui étaient gardés dans la *Regia* se sont mis à vibrer et à faire du bruit, la nuit précédant le meurtre !

Enfin, mentionnons Spurinna, un haruspice étrusque, c'est-à-dire un prêtre chargé d'examiner les entrailles d'animaux durant les sacrifices. Les Romains avaient une grande considération pour ces personnages – de nombreux hommes politiques de premier plan avaient même un devin attitré, comme l'indique l'historien américain Barry Strauss ! Spurinna était *summus haruspex*, c'est-à-dire le prêtre principal. C'est lui qui avait accompli les sacrifices en prévision des célèbres lupercales des 13 et 14 février, un mois avant les ides de mars. Les augures avaient été particulièrement négatifs, le premier comme le deuxième jour, mais cela n'avait pas inquiété César, semble-t-il. Le 15 février, l'officiant l'avait regardé droit dans les yeux et mis en garde en prononçant une phrase immortalisée par Shakespeare, des siècles plus tard : « Garde-toi des ides de mars. »

Reste que le dictateur à vie n'était pas comme la majorité des Romains : à titre personnel, il ne croyait pas aux présages et aux signes funestes. Et s'il ne s'élevait pas contre des telles superstitions, c'était d'abord pour se conformer aux traditions et contenter tout le monde. Mais il n'a pas tenu compte de cette menace proférée par l'haruspice étrusque, c'est une certitude. Sans doute lui a-t-il répondu par un haussement d'épaules !

Villa de Cassius, en début de matinée

Brutus n'est pas le seul à diriger le complot. L'opération compte une autre figure importante, Cassius. Un homme au tempérament sanguin, brusque, à la limite de l'arrogance. Ces traits de caractère lui ont permis de s'imposer comme un excellent général dans les légions romaines, même s'il était bien moins grand et intelligent que César. Il règne une certaine agitation chez lui ce matin. Les esclaves achèvent de faire le ménage. Les pièces sont propres et étonnamment rangées. Certains – ceux qui sont là depuis des années – ont les yeux qui brillent. Que font-ils, au juste ? Ils préparent une grande fête. En quel honneur ? Soyons clair : cela n'a aucun rapport avec l'assassinat de César, dont personne ne se doute.

Coïncidence étonnante (mais ce sont des choses qui arrivent), c'est précisément aujourd'hui, en cette journée du 15 mars, que le fils de Cassius devient pour ainsi dire « majeur ». En l'occurrence, il doit prendre la toge virile (*toga virilis*). À l'instar de son père, il s'appelle Caius Cassius, et il a entre quatorze et seize ans. La veille, avant d'aller dormir, il a commencé les rites qui marquent officiellement le début de sa vie d'adulte. Il a pris sa toge de jeune garçon (la *toga praetexta*, reconnaissable à son liseré de couleur pourpre) ainsi que sa *bulla*, ce pendentif contenant des porte-bonheur qu'il portait depuis toujours autour du cou, puis les a déposées à l'intérieur du petit autel domestique où se trouvent à la fois les lares, ces fameuses divinités protectrices dont nous avons déjà parlé, et les masques mortuaires des ancêtres les plus illustres de la lignée. Il est ensuite allé se coucher, vêtu, comme le veut la tradition, d'une tunique d'une blancheur immaculée (*tunica recta*).

Nous pouvons imaginer l'état d'esprit du père, obligé de sourire et de montrer sa fierté à un moment où il a certainement la tête ailleurs, le cœur inquiet et dans un état de stress invraisemblable. Il a dû jouer son rôle de parent heureux, et faire mine d'être détendu. Mais dans son cœur, il aura maudit César d'avoir « gâché » cette journée si importante pour sa famille.

Son fils porte à présent une autre toge, blanche elle aussi, mais réservée aux hommes adultes – la fameuse toge virile. Il est particulièrement ému. La tradition et la loi prévoient que père et fils se rendent au Forum et qu'ils le traversent d'un bout à l'autre, avant de monter au sommet du Capitole et d'inscrire le nom du jeune homme dans les registres du *Tabularium*.

Ils ne seront pas seuls : les amis, les proches et les clients du père les accompagneront, ainsi que des personnes qui n'étaient pas prévues au départ.

C'est justement avec ces invités de dernière minute que Cassius s'entretient en ce moment même. Aux yeux de tous, ces hommes sont des amis et des collègues sénateurs venus fêter l'événement en signe d'amitié. Pour beaucoup, c'est la preuve de la notoriété et de la puissance du maître des lieux. Personne ne se doute que ces hommes font en réalité partie des conjurés qui se rendront à la réunion du sénat avec Cassius.

Il aurait pourtant suffi d'être un peu plus attentif pour remarquer ces curieux échanges de regards, de coups d'œil et de demi-phrases soufflées tout bas. Au sein du petit groupe, l'un des visages ne nous est pas inconnu. Marcus Junius Brutus vient de surgir de derrière une colonne, pâle et tendu.

Après un dernier rituel, un énième sacrifice rapide et quelques phrases de circonstance prononcées par Cassius, le groupe quitte la villa en passant sous les guirlandes de fleurs porte-bonheur accrochées au-dessus de la porte. Le maître de maison est tout sourire aux côtés de son fils, intimidé par cette journée hors normes. Derrière eux, la cohorte des invités avance, en parlant et en blaguant bruyamment. Le dernier d'entre eux finit par sortir de la villa et le cortège s'engage dans la rue. Ça y est, nous pouvons dire avec certitude que la machination est en marche.

Île Tibérine, 6 h 20

En refermant la porte, un esclave lève la tête et aperçoit une forme sombre qui plane dans le ciel. C'est un rapace, peut-être une buse, au vol lent et majestueux. Il est en reconnaissance, à la recherche de proies potentielles, pigeons, tourterelles ou rongeurs, qui ne manquent jamais dans les villes. Sa présence n'a pas échappé à un haruspice qui officie dans un temple voisin. Ce dernier l'observe depuis de longues minutes, il attend de repérer un signe divin, positif ou négatif, dans les trajectoires qu'il emprunte. Il fronce ses sourcils broussailleux : la silhouette de l'oiseau se découpe sur la partie la plus lumineuse du ciel, à l'est, avant de faire demi-tour, sans cesser de décrire de grands cercles dans l'air. Et maintenant, que va-t-il faire ? Pourquoi les dieux ne se décident-ils pas à « pousser » le rapace dans une direction précise ? Au moins, leur message serait clair. Malheureusement pour l'homme de foi, l'animal n'est pas guidé par une quelconque divinité, il ne fait que suivre son instinct pour chercher de la nourriture. Aucune proie facile ne se profilant à l'horizon, le rapace décide de se déplacer. Tout à coup, il bat violemment des ailes et s'éloigne dans la direction opposée au soleil qui se lève, pour traverser le Tibre et rejoindre les bois et les campagnes vierges. L'haruspice a noté ce brusque changement de direction, il suit l'oiseau un long moment, jusqu'à ce que celui-ci ne soit plus qu'un point minuscule, au loin. Il grimace, les yeux rivés au sol, perdu dans ses pensées. Le message est clair… et de mauvais augure. Une buse volant vers le couchant signifie que quelque chose de terrible se prépare. Quelque chose lié au pouvoir.

L'oiseau survole maintenant la forme allongée de l'île Tibérine. Sous ses ailes, une petite armée est en marche. Des légionnaires très lourdement équipés, leur bouclier d'un côté, leur *pilum* de l'autre, traversent l'un des deux ponts de l'île pour s'éloigner de Rome. Vues d'en haut, les centaines de capes qui s'agitent à chaque pas transforment cette colonne en un fleuve rouge foncé. Le tintement des armes, des cuirasses et d'innombrables objets en métal accompagne les soldats qui chantent en cadence, comme à leur habitude. Ils quittent la ville, au milieu des curieux et des passants. De nombreux volets s'ouvrent et des gens se penchent au-dehors pour voir le spectacle. Cette armée représente la force de Rome. Des siècles durant, elle lui permettra d'écrire l'Histoire.

Précisons que l'île Tibérine n'accueille sans doute pas une légion complète – elle serait trop petite pour abriter 5 000 soldats – mais plusieurs centuries. Qui sont ces militaires ? Impossible à dire. D'après Barry Strauss, il s'agit de vétérans, ou du moins de soldats très expérimentés, pas de jeunes recrues. Des hommes qui ont passé des années à marcher aux côtés de César et à se battre pour lui. Ils sauraient le défendre, le sauver de la mort. Il suffirait d'une poignée d'entre eux, et peut-être même d'un seul, vu leur habileté et leur expérience. Sauf qu'ils s'en vont… Inconsciemment, ils l'abandonnent à son destin. Ces soldats partent-ils en guerre contre les Parthes ? Non, ce sont ceux de Marcus Aemilius Lépide. Quelques heures plus tôt, lors de ce fameux banquet, César lui a confié qu'il recevrait de nouvelles fonctions. Dans quatre jours à peine, il deviendra gouverneur des provinces de Narbonnaise et d'Hispanie citérieure. Ces hommes le suivront. Il y a de fortes chances pour qu'il ait passé la nuit sur l'île, avec eux. Les voilà maintenant qui sortent de Rome pour un entraînement dans les environs de la capitale. Lépide est sûrement à la tête de la colonne, visible de tous, sur un cheval blanc. Lui aussi laisse César face à son destin…

Villa de César, 6 h 20 environ

La journée commence fort. Un vent puissant gifle la ville sans relâche. Il se glisse partout dans les ruelles et les maisons, obligeant les habitants à s'envelopper dans des capes et des manteaux lourds, ainsi qu'à allumer des braséros. Le soleil n'arrive même pas à réchauffer l'air.

Dans la *Domus Publica*, la demeure de César, les esclaves ont déjà mis de l'eau à chauffer et préparé le petit déjeuner de leur maître. Un petit déjeuner rapide, comme à l'accoutumée.

À cet instant, il est de dos, assis sur une chaise curule, un de ces sièges pliables et sans dossier qu'on voit souvent dans les tentes des campements. Deux esclaves le coiffent avec soin, en se servant d'onguents et de peignes qu'ils manipulent doucement. C'est un homme rugueux, habitué à vivre à la dure, mais il tient beaucoup à son apparence. Si ses cheveux poivre et sel le rendent attirant aux yeux des femmes comme des hommes, ils se font de plus en plus rares, ce qui pose un vrai problème… D'après les auteurs de l'Antiquité, César souffrait beaucoup que l'âge lui fasse perdre ses cheveux. Comment y remédiait-il ? En ramenant ceux qui lui restaient sur le dessus, ce que montrent les statues à son effigie. Et c'est ce que font en ce moment les deux esclaves.

Pendant ce temps, à l'extérieur, les clients de César sont massés depuis de longues minutes sur des bancs en pierre disposés autour des murs d'enceinte. Tous ces gens sont là pour lui demander audience et obtenir des services, son intervention pour résoudre leurs problèmes ou des recommandations. Rien que de très normal, puisqu'il va s'absenter pendant des mois. Soudain, le bruit des cadenas qui maintiennent la lourde porte d'entrée les interrompt. Ils voient sortir un petit homme dégarni et grassouillet, une tablette en cire dans une main et un stylet dans l'autre. C'est le *nomenclator*, l'esclave chargé d'identifier les clients et de « faire le tri » de manière à ce que l'entrevue aille le plus vite possible. Il se met à prendre leurs noms.

Voilà comment a démarré la dernière journée de César sur cette terre. Comme une journée parmi tant d'autres. Mais pas forcément très agréable. D'après Suétone, le grand conquérant est épuisé par cette nuit agitée. Peut-être a-t-il eu une crise d'épilepsie. L'historien va même plus loin : les derniers temps, il aurait souffert d'évanouissements, de cauchemars et, à au moins deux reprises, de crises d'épilepsie, une pathologie qu'il aurait développée depuis l'époque où il était en Afrique, au moment de la bataille de Thapsus – même s'il n'a peut-être pas participé à l'assaut décisif. Nous ne pouvons rien affirmer sur ce sujet. D'après certains chercheurs (dont Barry Strauss), cette maladie aurait même été inventée de toutes pièces ! L'information aurait ensuite été diffusée habilement par les partisans du défunt, après coup, afin de couvrir l'erreur d'appréciation manifeste qui lui a coûté la vie.

Villa de César, 7 heures environ
Le retour des devins

Calpurnia n'en démord pas. Elle est vraiment inquiète. Elle tente de convaincre son époux de ne pas quitter leur demeure et de repousser la réunion au sénat au lendemain. À juste titre : la crainte de possibles attentats est bien plus profonde qu'à l'époque moderne. La preuve, César avait beau ne pas être superstitieux, « il fut longtemps à se demander s'il ne devait pas rester à la maison et remettre les affaires qu'il s'était proposé de traiter devant le sénat », comme le souligne Suétone. Au bout du compte, il cède et ordonne qu'on convoque les devins. Pour certains, la véritable raison serait ailleurs : cette volonté de repousser la réunion cacherait un malaise physique réel. Il aurait été inconcevable que César fasse décaler une séance d'une telle importance dans le seul but de rassurer sa femme… Si c'était le cas, on peut raisonnablement penser qu'il ait fait appeler Antistius, son médecin personnel. Celui-là même qui examinera son corps sans vie, quelques heures plus tard.

Curie de Pompée, 7 heures
Les gladiateurs arrivent

Un esclave balaie des feuilles et des saletés que le vent de la nuit a poussées jusque devant la *domus* de son maître. Le boisseau de branches serrées qui font office de balai racle le trottoir à un rythme quasi hypnotique. On dirait de grands coups de brosse. Mais leur plainte lente et cadencée sur les dalles en pierre se mêle à un autre bruit, plus indistinct, qui s'intensifie à chaque seconde qui passe. C'est le pas régulier d'une multitude d'hommes qui occupent toute la chaussée. L'esclave s'arrête et les regarde, l'air ébahi. Les muscles, l'aspect massif et trapu de ces corps qui se ressemblent comme deux gouttes d'eau lui font aussitôt comprendre que ces gaillards s'entraînent tous les jours. Qui sont-ils ? Des légionnaires ? On ne dirait pas. Des lutteurs ? Non, ils ont une sorte de couette sur le dessus de la tête. Ils ont tout l'air d'être… des gladiateurs ! Les yeux écarquillés, l'esclave finit de balayer avec deux fois plus d'ardeur. Là-dessus, il regagne la *domus* et referme la lourde porte couverte de clous en bronze juste avant que les colosses n'arrivent. Ils ont la mine concentrée, le pas solennel. Nombre d'entre eux sont reconnus par les habitants : ce sont des champions qui font partie de leurs favoris.

Que font ces gladiateurs en pleine rue, à une heure pareille ? Ils ont été payés par l'autre convive du banquet de la veille, Decimus. Peut-être appartiennent-ils à une école de gladiateurs privée. En tous les cas, ils sont nombreux – près de cent. Ils savent se servir d'armes de combat rapproché comme peu. Leur mission sera donc d'empêcher les fidèles de César d'intervenir, quitte à bloquer les portes de la curie si nécessaire.

Ils pénètrent peu après dans le grand jardin du théâtre de Pompée. Personne ne se doute de rien : il y a généralement des combats lors des réunions du sénat. Et si quelqu'un venait à poser trop de questions, on lui répondrait qu'ils sont là pour enlever un gladiateur qui a violé le contrat qui le lie à son maître… En silence, tels des fauves prêts à se jeter sur leur proie, ils se pressent sous la colonnade. La séance commencera sous peu, à 8 heures, en principe.

Dans l'intervalle, Cassius a accompagné son fils au *Tabularium* pour l'inscrire sur les registres d'état civil. Il l'a serré dans ses bras et renvoyé à la maison avec presque toute la petite bande. De là, Brutus, les autres sénateurs et lui ont poussé jusqu'au théâtre de Pompée. Difficile de ne pas l'apercevoir depuis le Capitole, avec sa taille imposante et ses blocs de marbre d'une blancheur éclatante. On a l'impression qu'il les appelle avec force… et d'un air de défi.

Villa de César, 7 h 45
César décide qu'il n'ira pas au sénat

Les conjurés en marche ne peuvent pas savoir que César a pris une décision à l'instant même où ils ont quitté le Capitole : il ne participera pas à la réunion. Les nouveaux sacrifices effectués par les devins ont donné des réponses négatives. Il est encore là, le regard posé sur l'animal mort et éviscéré. Il observe la lame tachée de sang qui a entaillé le ventre de la victime tandis que Calpurnia lui adresse un regard implorant. Il sourit et caresse son visage pour la rassurer. Il n'ira pas, lui répète-t-il.

Il se tourne alors vers son secrétaire pour lui dicter un message à l'intention d'Antoine, qui habite non loin de là. Il lui demande de se rendre au sénat et de renvoyer les sénateurs chez eux, ce que lui permet sa charge de consul.

Soulagée, Calpurnia se laisse tomber sur un triclinium tout près d'elle, sous le coup de l'épuisement. Le poids de cette nuit d'insomnie et de ces angoisses qui la tenaillent depuis des jours a pris le dessus.

César relit son message, le signe puis, suivant l'une de ses curieuses habitudes, il replie le papyrus de manière à former plusieurs pages, comme un carnet de notes – Suétone souligne que le dictateur à vie était le seul à avoir cette étrange manie de replier les parchemins en accordéon, alors qu'auparavant « les consuls et les généraux écrivaient toujours leurs rapports sur toute la largeur de la feuille ». Après avoir terminé cette espèce d'« origami », il tend le message à son secrétaire. D'un pas décidé, celui-ci se dirige vers la sortie de la *Domus Publica*.

Curie de Pompée, 8 heures environ
Les conjurés arrivent et prennent position

Il va sans dire que les sénateurs et les conjurés ne sont absolument pas au courant de la décision de César. Malgré son absence, l'assemblée commence normalement ses travaux. Brutus étant préteur urbain, il doit examiner des requêtes et résoudre des contentieux ainsi que différentes questions judiciaires. Il le fait sous les arcades qui entourent le grand jardin du théâtre de Pompée, où ont été disposés des fauteuils. Il s'acquitte de sa tâche avec une extrême froideur, en souriant chaque fois au quémandeur qui se présente devant lui, en se montrant concentré et serein. Mais ce sont d'autres sentiments qui l'animent. Au fond de lui, c'est un véritable tourbillon d'émotions, de peurs et de tensions diverses et variées. De temps à autre, il lance un œil aux gladiateurs assis plus loin, dans la pénombre des arcades. Il comprend que l'opération est en marche, même si elle risque d'être suspendue à tout moment. Il croise à plusieurs reprises le regard de Cassius. Lui aussi semble avoir perdu l'assurance qu'il affichait ce matin. On le sent presque déboussolé. Il regarde souvent par terre, mais quand il relève la tête, l'aplomb qu'il avait perdu semble être revenu.

Les autres sénateurs et les conjurés sont tendus, eux aussi, mais ils affichent un calme olympien. D'un côté de la galerie couverte, de manière absolument anonyme, leurs secrétaires portent des boîtes en bois de hêtre, d'une hauteur équivalente à la taille d'une main et capables de contenir une demi-douzaine de rouleaux de parchemin – en l'occurrence les documents dont se serviront les sénateurs au cours de la journée. Personne ne se doute qu'à l'intérieur de ces boîtes, cachés au milieu de ces papiers, se trouvent aussi quelques-uns des poignards qui tueront César… Plusieurs siècles avant les films d'espionnages, les conjurés ont réussi à faire entrer des armes dans la grande salle de réunion de la curie, en passant par une porte de service.

Villa d'Antoine, 8 heures
Antoine reçoit le message de César

Le serviteur punique qui a ouvert la porte de la *domus* de Marc Antoine est tombé nez à nez avec une silhouette immense, tout en muscles, avec des yeux verts, une barbe rousse et la peau très claire – un esclave gaulois. Sans doute a-t-il ressenti la même chose que les légionnaires de César quand ils combattaient ces guerriers dont le physique imposant suscite immédiatement la crainte. Ils forment un peuple fort, fier et issu d'une histoire aux traditions séculaires. Comme le sien. Un Punique face à un Gaulois… À eux seuls, les deux hommes résument l'expansion de la domination romaine en Méditerranée et en Europe. Mais aucun des deux serviteurs ne se fait ce genre de raisonnement historique. Pour l'époque, tout cela est normal. Les Gaulois et les Carthaginois avaient eux-mêmes des esclaves, issus de populations conquises ou dominées.

Le Gaulois a un message à remettre. Un instant plus tard, il est dans l'atrium de la grande maison d'Antoine, cerné par les couleurs éclatantes des fresques qui couvrent les murs et par cette forte odeur de bois travaillé du plafond à caissons récemment rénové. Le silence de cette demeure élégante est à peine troublé par le bruit d'un filet d'eau qui s'écoule d'une statue d'Hermès avant de tomber dans un bassin. En débordant, elle tombe directement dans la vasque de l'*impluvium* au centre de la salle, en créant une série de vagues concentriques qui reflètent la lumière du soleil sur les murs.

L'esclave de César n'a pas à attendre longtemps pour que son message soit personnellement récupéré par le secrétaire d'Antoine, qui le congédie avant de se rendre auprès de son maître. Suivons-le.

Après avoir traversé le grand jardin intérieur, l'employé approche du consul. Il est de dos, torse nu. Un esclave termine de coiffer les boucles volumineuses de sa chevelure. D'un geste, il l'éloigne et se retourne.

La première chose qu'on remarque chez Antoine, c'est ce torse large et puissant, sculpté par l'exercice. Puis ses grands yeux noirs, entourés de rides séduisantes qui s'élargissent vers ses tempes comme des rayons de soleil. Il a des lèvres charnues. Chacun de ses sourires forme deux plis au coin de sa bouche qui donnent de la sensualité à ce visage fort et viril, aux pommettes saillantes et à la mâchoire robuste. Lorsqu'ils sont longs, comme aujourd'hui, ses cheveux épais et ondulés se terminent par une cascade de boucles. Un visage dont on remarque immédiatement la force et la vitalité. Celui d'un homme de trente-neuf ans plein d'énergie.

De ses grands yeux noirs, il fixe son secrétaire d'un air inquisiteur. Ce dernier s'incline et lui tend le courrier de César. Tout en le lisant, le visage d'Antoine s'illumine. Apprendre que la séance du jour va être annulée le met d'excellente humeur. Aujourd'hui, un homme qu'il déteste aurait dû être élu au rang de consul : Dolabella. Et pas sûr qu'une autre occasion se représente de sitôt, vu que César va être absent de Rome un bon moment. Décidément, cette journée commence de la meilleure des façons.

Une domus *sur l'autre rive du Tibre, 8 h 20*
Cléopâtre

À quelques kilomètres de la demeure d'Antoine, de l'autre côté du Tibre, une autre main serre un papyrus. Les ressemblances s'arrêtent là, car les phrases ne sont pas écrites dans l'alphabet latin, mais en grec. Ces lettres, tracées avec soin par un scribe quelques semaines plus tôt, à Thèbes, sont caressées par le regard profond de Cléopâtre. C'est la missive d'un haut fonctionnaire qui l'informe de la façon dont est géré un grand temple en son absence. Même si un délai de plusieurs semaines nous paraît énorme pour avoir des nouvelles, à l'époque, c'est l'équivalent d'une « visioconférence » du Conseil des ministres. Les informations n'ont jamais circulé aussi « rapidement » !

Sous les Ptolémées, la lignée à laquelle Cléopâtre appartient, la langue officielle de l'administration est le grec, qu'elle parle couramment. Mais elle aurait su lire ce message s'il avait été rédigé en démotique, la langue pratiquée à l'intérieur des terres égyptiennes, et donc à Thèbes. Dès sa naissance, Cléopâtre a été habituée à baigner tous les jours dans des langues, des cultures et même des écritures différentes. Un phénomène qu'on peut observer aujourd'hui à Londres, Vancouver, Hong Kong ou Dubaï.

Cette réalité est importante pour comprendre à quel point la mentalité de cette femme est moderne : si les machines à voyager dans le temps existaient, Cléopâtre aurait pu être P.-D.G. d'une grande multinationale, sauter dans des avions privés pour se rendre à des réunions de l'autre côté de l'océan et fréquenter la jet-set, sans la moindre difficulté. Et elle aurait très certainement pris le dessus sur ses collègues de sexe masculin…

Bref, Cléopâtre est une femme moderne dans une époque antique. Émancipée, sans complexe, puissante et incontournable à une période où les autres femmes sont prisonnières de carcans culturels et s'effacent dans le quotidien d'une société machiste.

La souveraine s'arrête un instant, lève les yeux en passant de ce qui est inscrit sur le papyrus à une tourterelle qui roucoule sur une branche de l'autre côté du balcon en marbre. Elle porte son regard plus loin pour se perdre dans le panorama de l'Urbs, tel qu'il apparaît depuis le Trastevere.

Avec Jérusalem, Rome est sans doute la ville de Méditerranée, d'Europe et peut-être du monde où l'on entend le plus grand nombre de langues en même temps, sans parler des dialectes, bien plus répandus et importants qu'aujourd'hui – de celles des Gaulois à celles des Ibères et des Germains, en passant par l'hébreu, l'araméen, le punique, l'étrusque et, selon toute vraisemblance, des langues venues de contrées plus reculées, comme la Nubie, la Syrie, l'Arménie et l'Inde, grâce aux marchands et aux navigateurs.

Il va sans dire que le latin et le grec sont très répandus. La classe dominante est donc souvent bilingue. Mais hors de la péninsule italienne, tout change. Plus on se rapproche de l'Orient et moins on parle latin. Le grec devient la langue majoritaire. En Grèce, forcément, mais aussi en Turquie, dans l'ensemble du Moyen-Orient, jusqu'en Égypte. Voilà peut-être le plus grand monument que nous ont laissé la culture grecque et (surtout) Alexandre le Grand. La Huitième Merveille du monde antique existe, et c'est la culture hellénistique qui a baigné de sa lumière un territoire immense englobant des continents et des populations diverses et variées. Ce sera le cas pendant plusieurs siècles. Les Évangiles seront rédigés en grec, et ce n'est pas un hasard. Ce n'est pas un hasard non plus si Cléopâtre parle grec même avec l'homme qu'elle aime : César.

Curie de Pompée, 8 h 30
Le stress gagne les sénateurs

Pendant ce temps, à la curie de Pompée, les conjurés n'en mènent pas large. César tarde à arriver et personne ne s'explique pourquoi. L'assemblée compte deux frères, les Casca. Selon Plutarque, l'un des deux finit par être approché par un homme qui l'attrape par un bras pour lui souffler : « Tu nous as caché ton secret, Casca, mais Brutus m'a tout révélé. » Pétrifié, celui-ci laisse son interlocuteur ajouter : « Comment, heureux homme, es-tu devenu assez riche en si peu de temps pour briguer l'édilité ? » L'intéressé écarquille les yeux. Trompé par cette phrase ambiguë, il a bien failli révéler qu'un attentat était imminent !

Mais l'histoire ne s'arrête pas là. Le dictateur n'est toujours pas arrivé et les coïncidences se multiplient. De quoi rendre les conjurés encore plus nerveux. Au bout de quelques minutes, un homme rejoint Brutus et Cassius, les meneurs du complot. C'est le sénateur Marcus Popillius Laenas, qui les salue, plus courtoisement qu'à l'accoutumée. Il se penche alors pour lâcher : « Je vous souhaite d'accomplir ce que vous avez en tête, et je vous engage à ne pas tarder, car l'affaire s'ébruite. » Et sur ces mots, le voilà qui s'éloigne. Les deux autres échangent un regard terrorisé. Et si le complot avait été éventé ? Et si, au lieu de César, c'étaient ses gardes du corps qui passaient par cette porte pour les arrêter ? Ils ont envisagé ce cas de figure. S'ils doivent se suicider, ils le feront.

Toujours est-il qu'on ne peut pas attendre plus longtemps. C'est maintenant ou jamais…

Les conjurés sont arrivés par petits groupes, les uns avec Cassius et Brutus, les autres de leur côté. La tension est à son comble. Certains caressent le pommeau du poignard caché dans les plis de leurs toges. D'autres font les cent pas. Mais qui sont ces hommes, exactement ? Et combien sont-ils ? Difficile à dire. Une chose est sûre : ils représentent une minorité par rapport à la foule qui remplit la salle. À l'époque de César, le sénat compte environ 900 membres, mais ils ne sont pas tous là en ce jour des ides de mars, loin s'en faut. Si chaque réunion se traduit par un taux d'absentéisme élevé, il faut également tenir compte des dimensions de la salle (375 mètres carrés) et des défections dues au retard de César. Pour certains, ils sont au moins 400. Pour d'autres, comme Barry Strauss, entre 100 et 200. Seule certitude : les vrais assassins sont nettement moins nombreux. Plus de soixante à en croire Suétone, une trentaine pour d'autres sources. Quoi qu'il en soit, un tel nombre de conjurés signifie que cette séance ne rassemble pas uniquement des sénateurs. D'autres membres de l'aristocratie sont également sur place.

Dans la salle, il y a aussi Cicéron. Il est au courant de tout, mais n'a pas été impliqué dans la dernière phase de l'opération, le meurtre proprement dit. Peut-être parce qu'on le jugeait trop peu fiable et trop bavard.

L'élément le plus frappant, c'est qu'une bonne partie des assassins doivent beaucoup à César – si ce n'est tout. Certains lui doivent d'avoir survécu sur les champs de bataille. Ceux qui ont fait partie de ses adversaires les plus acharnés et ont combattu aux côtés de Pompée, avant d'être graciés par César en personne, après la guerre. Une bonne façon de leur rendre leur dignité et leur position politique au sénat, en leur accordant parfois des charges importantes. À nos yeux, c'est la pire trahison qu'on puisse imaginer, humainement parlant. Il y a également quelques fidèles déçus, mais aussi des partisans de Pompée désireux de venger sa mort et des sénateurs qui agissent par intérêt personnel, notamment pour arranger leurs affaires.

Pour autant, le cas de Brutus a de quoi laisser bouche bée.

Il appartient à l'une des familles les plus en vue de Rome. C'est même le descendant d'un des fondateurs de la République. Son père a été tué sur ordre de Pompée, mais cela ne l'a pas empêché de s'allier avec lui contre César. Ensemble, ils l'ont affronté lors d'une bataille restée célèbre, à Pharsale. De son côté, César a toujours eu de la tendresse pour le jeune homme… Peut-être parce qu'il était le fils de son premier grand amour, Servilia. Ou son propre enfant. Nous ne le saurons jamais.

D'après l'historienne Eva Cantarella, « Servilia a eu avec César une relation sans rapport avec les innombrables histoires du dictateur. C'est la seule femme à qui il est resté lié pendant des décennies. Une longue période pendant laquelle il ne s'était certainement pas privé de se distraire ailleurs, vu son goût bien connu pour les aventures sentimentales. Quoi qu'il en soit, Servilia est la seule femme avec qui il a gardé une relation qui n'était pas uniquement sexuelle. Et à en croire de nombreuses rumeurs (non dénuées de fondement), Brutus était l'enfant de César. »

Ainsi, avant la bataille, César avait ordonné à ses généraux de ne pas le tuer et de le laisser s'enfuir si jamais il refusait de se rendre. Et c'est ce qui s'est produit. Brutus a pris la fuite après la défaite. Depuis son refuge (à Larissa, en Thessalie), il a envoyé un message à César. Heureux de le savoir en vie, celui-ci l'a invité à le rejoindre afin qu'ils se réconcilient. Lors de leur rencontre, Brutus a intercédé auprès de César afin de sauver son ami Cassius… appelé à devenir l'un des organisateurs du complot ! Preuve de sa considération pour le fils de son ancien amour, César l'avait même nommé gouverneur de la Gaule cisalpine.

D'ici quelques heures, l'intéressé le remerciera d'un coup de poignard.

Une dernière réflexion. À l'origine, le complot prévoyait également de tuer Antoine, un fidèle parmi les fidèles de César. À qui doit-il d'avoir eu la vie sauve ? À Brutus, justement. Son idée était de faire comprendre aux Romains que l'objectif était uniquement d'éliminer un tyran, et pas ses partisans. Il était même convaincu qu'Antoine se rangerait de son côté après le meurtre. Une autre erreur d'appréciation tragique de la part de Brutus et de l'ensemble des conjurés.

9 heures environ
César ne viendra pas

Les réflexions et les conversations des conjurés sont brusquement interrompues. Antoine vient de faire son entrée. Tout le monde se presse autour de lui. En quelques mots, il annonce sèchement que César ne viendra pas. Pourquoi ? Les auspices révélés lors des sacrifices exécutés par les devins ne sont pas favorables… Passé la stupeur et l'étonnement, des voix, des cris et des acclamations retentissent. Certains se dirigent vers la sortie d'un pas solennel, furieux d'avoir perdu leur temps. D'autres hurlent et protestent. Un esclave emporte déjà le siège doré de César. Puisqu'il ne viendra pas… Les conjurés se réunissent aussitôt et s'interrogent sur la suite des opérations. Pour la première fois, on peut les voir tous ensemble. Le seul à véritablement s'en rendre compte est peut-être Cicéron. Ils décident d'envoyer quelqu'un à qui César témoigne une confiance aveugle, pour qu'il le persuade de les rejoindre.

Le choix se porte sur Decimus, qui est son représentant, son allié et son ami intime de longue date. Tout cela ne l'empêche pas de faire partie du complot ! Quelques minutes plus tard, il est dans les rues noires de monde, le regard concentré, l'esprit animé par mille pensées. S'il ne parvient pas à le convaincre, César partira pour l'expédition contre les Parthes. Le complot étant maintenant sur les lèvres de tout le monde, tout sera révélé et ce sera la fin pour chacun d'eux, lui y compris. En tournant au coin de la rue, il ne se rend même pas compte qu'il heurte un autre homme, l'air absorbé, et tout aussi déterminé que lui. C'est Artémidore, le philosophe grec qui souhaite mettre César au courant du complot imminent. Il a la gorge sèche, les mains moites. Mais il tient toujours le papyrus, prêt à changer le cours des événements. Les deux hommes se regardent une fraction de seconde. Ils représentent les deux directions opposées que peut prendre l'Histoire : l'une avec César, l'autre sans... Le philosophe étant un affranchi, il doit aussitôt baisser les yeux devant le puissant politicien romain, pencher la tête en signe de respect et le laisser passer. Exactement ce que fera l'Histoire, d'ici peu...

Villa de César, 9 h 45
Decimus arrive

Decimus n'a aucun mal à passer outre à la file des clients qui attendent d'être reçus. Sitôt qu'il l'aperçoit, l'esclave chargé de faire le tri parmi les visiteurs, le *nomenclator*, le conduit jusqu'à son maître. Le patricien se retrouve face à César, qui note aussitôt une chose. Son ami de longue date n'est pas dans son état normal : il est hors d'haleine, le front ruisselant de sueur, et, nerveux, parle à une vitesse folle. Mais au lieu d'être sur ses gardes, il essaie de se montrer à l'écoute et de comprendre ce qui le trouble.

« Comment, César ? Est-ce qu'un homme comme toi va prêter attention à des rêves de femmes et à des présages stupides ? » : voilà ce qu'aurait d'abord lancé Decimus d'après l'écrivain de l'Antiquité Nicolas de Damas. S'il se moque des devins, il prévient surtout César que cette décision de ne pas se présenter à la réunion sera prise comme un affront par le sénat. On imagine d'ici les calomnies, les invectives, les accusations… Après quoi, Decimus accuse Calpurnia. Si elle n'avait pas fait ces cauchemars, que serait-il arrivé ? Avancer de tels arguments pour renoncer à venir risque d'être interprété comme une marque d'arrogance et de désintérêt. Pire : cette attitude stérile va retomber sur tous ses fidèles, dans l'impossibilité de le défendre. Où est passé le sens du dévouement qu'il est censé témoigner aux Romains et au sénat ?

Durant ce discours, César note que les veines du cou de Decimus sont particulièrement gonflées… N'aurait-il pas sous-estimé les conséquences de ce choix ? En réalité, il a eu raison de s'éviter cette sortie. Mais il va être trahi par la confiance qu'il porte à son grand ami, qui lui offre une solution diplomatique idéale sur un plateau d'argent, comme le raconte Nicolas de Damas. S'il juge vraiment ce jour néfaste, autant qu'il fasse le déplacement pour annoncer que la séance est repoussée à plus tard.

De l'autre côté de la porte, quelqu'un écoute tout : c'est Calpurnia. Elle écoute chaque mot le souffle court, avec l'espoir que son mari ne se laisse pas convaincre…

Villa de Brutus, 10 heures environ

Portia, la femme de Brutus, se ronge les sangs. Comment se déroule la réunion ? Elle n'en sait rien. Elle respire mal et peine à rester debout. Au moindre éclat de voix venant de la rue, elle court dehors pour voir. Elle n'arrête pas de demander des nouvelles aux gens qui viennent du Forum. Dans le même temps, elle charge plusieurs personnes de prendre des nouvelles de son époux…

Portia, Calpurnia. On parle toujours des maris de ces deux femmes, mais jamais d'elles. Et pourtant, leurs comportements et leurs émotions nous en disent long sur les sentiments qui les animent. Portia est angoissée. Mais cette fois, elle a atteint un point de rupture. Elle pâlit, essaie de dire quelque chose, mais sa bouche entrouverte ne laisse pas échapper le moindre son. Soudain, elle s'écroule. Les servantes se mettent à crier. Tout le monde accourt, y compris les voisins, qui frappent à la porte. Une rumeur se met à courir : elle serait morte… C'est ce que dit Plutarque, en tout cas. Mais ce qui suit est encore plus surprenant.

Au bout de quelques minutes, Portia revient à elle. Entretemps, la nouvelle de sa mort a déjà voyagé de bouche en bouche. Pour parvenir jusqu'aux oreilles de Brutus, grâce à un esclave arrivé ventre à terre. On imagine facilement les sentiments qui le traversent. Cette envie de courir jusque chez lui, de faire quelque chose, et surtout de savoir exactement ce qui est arrivé à son épouse… Mais il reste impassible. Il sait pertinemment qu'il doit se concentrer sur le meurtre de César, et sur rien d'autre. « Brutus […] fut naturellement fort troublé, mais il n'abandonna pas l'intérêt public et résista au chagrin qui le poussait à s'élancer vers ses affaires domestiques », écrit Plutarque.

Villa de César, 10 h 20
César se prépare à sortir

César a toujours les yeux plongés au fond de ceux de Decimus. Puis il les détourne et suit les mouvements d'un petit oiseau, un grimpereau, au milieu des branches d'un buisson de myrte dans le jardin. Son visage se détend et il regarde à nouveau son ami. C'est d'accord, il accepte de se rendre auprès des sénateurs…

Mais il ne sort pas tout de suite. César prenant grand soin de son image, il choisit de porter une tunique en laine (vu le climat encore froid et venteux) et, par-dessus, une toge pourpre brodée d'or, réservée aux généraux victorieux au moment des triomphes – une tenue que le sénat l'a autorisé à porter en toutes circonstances. Aux pieds, il a des sandales dorées. Des esclaves passent de longues minutes à le recoiffer – tant bien que mal.

Vient ensuite le moment de le ceindre de la couronne de laurier. Il la porte toujours et très volontiers – parce que c'est son seul moyen de cacher son crâne dégarni, disent les mauvaises langues. Cette fois, il est prêt.

Pourtant, alors que César et Decimus s'apprêtent à quitter la *domus*, un événement imprévu survient – un événement que les siècles à venir considéreront comme l'un des « présages » les plus éloquents. Une statue de César qui se trouve dans le vestibule bascule brusquement et vole en éclats. Les deux hommes se retournent et restent muets quelques secondes. Decimus tend le poing et maudit cette coïncidence malvenue. Heureusement pour lui, César ne change pas d'avis et se dirige vers la porte d'entrée.

En regardant son mari s'éloigner, Calpurnia devine encore plus nettement la tragédie dans laquelle il se laisse lentement entraîner. Soudain, il s'arrête, se tourne vers elle et la regarde dans les yeux. Un regard très intense. Le dernier de leur vie ensemble, même si aucun des deux ne s'en doute. Là-dessus, le général sort de la maison, devant laquelle l'attend une chaise à porteurs, ainsi qu'une petite foule d'accompagnateurs. Calpurnia, elle, reste immobile, presque paralysée, incapable de dire ou de faire quoi que ce soit. Elle regarde son époux s'en aller. La lourde porte se referme, ne laissant dans la maison qu'un grand vide… et la chaleur réconfortante de cet ultime regard.

Villa de César, 10 h 25
Un esclave veut avertir César

César vient tout juste de mettre un pied dehors quand une rafale de vent manque de lui arracher sa couronne de laurier. Alors qu'il la retient d'une main, il remarque un esclave, un jeune garçon aux cheveux frisés et au teint hâlé, posté à côté de la porte. Celui-ci tente d'approcher pour lui dire quelque chose. Mais il est immédiatement écarté et noyé par la masse de personnes venues voir César. Il retente sa chance, à plusieurs reprises, en essayant de se frayer un chemin au milieu des corps et des mains tendues qui acclament le dictateur, jusqu'à ce que les bras puissants d'un des licteurs qui le protègent se referment sur lui et le bloquent contre un mur. Sa mission a échoué.

Qui est cet esclave ? Et que voulait-il dire à César ? Ces questions, les historiens de l'Antiquité se les sont longtemps posées. D'après Plutarque, cet esclave appartenait à une autre famille de sénateurs. Nous ignorons s'il a agi de son propre chef ou s'il a été envoyé par son maître, peut-être un ami de César, présent à la curie de Pompée et qui a compris ce qui se tramait. Peut-être a-t-il vu l'étonnement des conjurés à l'annonce de l'absence de César. Et, surtout, l'étrange réaction de Brutus, qui n'a pas bougé d'un cheveu alors que son épouse était censée être morte. Ce que nous pouvons dire, c'est que cet esclave (ou celui qui l'a envoyé) ignore les détails de l'attentat. Le jeune garçon choisit alors la seule solution qui lui reste, comme le raconte Plutarque : « Se voyant incapable de percer la foule pressée autour de lui, [il] se fraya de force un chemin jusqu'à la maison et se remit aux mains de Calpurnia, en la priant de le garder jusqu'au retour de César, parce qu'il avait à lui faire une communication importante. »

10 h 30
César marche vers la mort

César est monté sur sa chaise à porteurs et s'est allongé confortablement, dans la même position que quand il participe à un banquet. Il a congédié son détachement de gardes du corps, constitué de soldats ibères qui le suivaient, leurs glaives hors du fourreau, mais il n'est pas seul. Il est accompagné par une véritable foule qui donne à ce voyage des airs de procession. Il y a également vingt-quatre licteurs, de nombreux magistrats, des collaborateurs de César (en tant que *pontifex maximus*), et puis une multitude de citoyens, d'affranchis, d'esclaves et d'étrangers.

La chaise à porteurs est progressivement soulevée par huit esclaves avant de se mettre en branle, les rideaux brodés s'agitent à chaque pas. Le cortège se met en marche sous les yeux des curieux qui s'arrêtent. D'autres acclament César depuis les fenêtres et les balcons. Tout le monde le considère déjà comme un grand personnage de l'Histoire, ses partisans comme ses adversaires.

La litière est portée au-dessus des têtes. Elle est donc visible même de loin. Certains sortent des *tabernae* pour voir de près le grand général, d'autres soulèvent leurs enfants pour leur montrer César allongé. Plus loin, un petit groupe a le courage de le contester, mais il est aussitôt muselé par les insultes et les invectives de ses sympathisants. Qu'importe si c'est la fête d'Anna Perenna : de très nombreuses personnes entourent le cortège. Pour l'essentiel, ce sont des partisans du dictateur à vie, mais d'autres sont là pour lui demander son aide, pour lui tendre des lettres, pour espérer une recommandation pour leurs proches, lui soumettre des pétitions… Quel a été le trajet de la litière ? Nous ne le connaissons pas, mais il a sans doute couvert entre 1 250 et

1 400 mètres et duré environ trois quarts d'heure, vu l'ampleur de la foule, les montées et les descentes.

César a-t-il conscience qu'il voit pour la dernière fois cette ville de Rome qui défile devant lui, dans toute sa splendeur, comme un ultime salut à l'homme qui a tant fait pour sa grandeur ? Ce cortège a un goût d'enterrement...

Qu'a pu voir César en cours de route ? Parmi tous les monuments, les temples et les bâtiments sur lesquels ses yeux se sont posés durant le trajet qui le mène de la basilique Julia aux Rostres, deux lui ont procuré une émotion profonde. Pourquoi ? Parce qu'ils sont liés à deux personnages qui ont marqué son existence, en lui offrant, respectivement, la gloire et l'amour : Vercingétorix et Cléopâtre.

La prison Mamertine, devant laquelle la litière est en train de passer, le ramène plusieurs années en arrière, au moment de la guerre des Gaules et de la reddition de celui qui l'avait affronté sans relâche, le chef des Gaulois, Vercingétorix. C'est là, de nombreuses années après la victoire, le cortège triomphal et un long emprisonnement, qu'il l'a fait étrangler. Les années de cette campagne, César y repense avec nostalgie : elles étaient mouvementées et riches en événements dramatiques, mais tellement pleines de vie...

Peu après, au sein de ce Forum qu'il a voulu (l'un des rares projets qu'il a pu voir achevés de son vivant), son cœur se serre. Il se souvient parfaitement bien de l'inauguration, qui commémorait les triomphes sur la Gaule, sur l'Égypte, sur le Pont et en Afrique. C'est d'ailleurs à cette occasion qu'il a fait écrire sur un immense écriteau VENI VIDI VICI (« Je suis venu, j'ai vu, j'ai vaincu »). Une inscription qui accompagnait le butin et les vaincus enchaînés – dont la sœur de Cléopâtre, rappelons-le – d'un bout à l'autre du trajet.

Pour l'Égypte, il a fait défiler une immense peinture représentant le Nil, puis une maquette du Phare d'Alexandrie. On a également mis en scène une grande bataille navale avec 4 000 rameurs et une profusion de navires égyptiens qu'il avait lui-même capturés avant de les envoyer à Rome pour l'occasion. Et comment oublier la stupeur des Romains quand ils avaient vu défiler des girafes, animaux que personne n'avait jamais vus sous ces latitudes ! On les avait rebaptisées « camélopards », car elles ressemblaient à des chameaux couverts de taches de léopard.

Mais c'est en passant à côté du temple de Vénus Génitrix qu'il sent l'émotion le gagner. Il songe aux innombrables chefs-d'œuvre qui sont gardés à l'intérieur. Parmi eux, une statue à laquelle il est très attaché, celle de Cléopâtre, qu'il a fait réaliser. Elle est en bronze doré, et c'est une splendeur. Placée à côté de celle de Vénus, elle y restera pendant des générations. Personne n'osera jamais la toucher, peut-être parce qu'elle avait été exigée par César, que tout le monde considérait comme l'un des personnages majeurs de l'histoire de Rome. Selon toute vraisemblance, elle a les traits d'Isis, la divinité que les Égyptiens associent à l'amour et qu'on peut donc assimiler à Vénus. Voilà pourquoi les deux statues sont côte à côte… D'après certains chercheurs, la déesse était représentée nue. Une hypothèse contestée par d'autres experts. Seule certitude : elle représentait une femme à la fois belle et sensuelle. Magnifique, même, à en croire Appien, dont les écrits nous indiquent que la statue se trouvait encore dans le temple près de deux cents ans après les événements du 15 mars -44. Et s'il est vrai que le temple renferme des butins de guerre, cette sculpture symbolise une conquête bien particulière. Celle du cœur de César. Représenter une reine étrangère dans un temple sacré, au sein du Forum, au cœur de Rome, est un hommage exceptionnel.

Curie de Pompée, midi environ
Jules César arrive

La litière de César fait son entrée dans le grand péristyle du théâtre de Pompée. L'œil entraîné du grand général remarque aussitôt le rassemblement de gladiateurs. Leurs corps entraînés se détachent de manière éloquente. En le voyant froncer les sourcils, Decimus, qui a marché à ses côtés d'un bout à l'autre du trajet, minimise aussitôt en justifiant leur présence par une chasse au « déserteur »…

Après tous les pièges que César avait tendus lors de sa campagne contre les Gaulois (et qu'il raconte dans *De bello gallico*), pourquoi n'a-t-il pas de soupçons ? Peut-être est-il distrait par l'agitation qui règne sous les arcades, avec ce tourbillon de personnes en pleine plaidoirie, ou par les innombrables activités administratives qui ont lieu sous cette colonnade.

Cette arrivée de la future victime redonne le moral aux conjurés. Nous y sommes, le plan peut être mis à exécution… D'innombrables yeux fixent le dictateur à vie tandis qu'il descend de sa litière, aidé par ses esclaves. Leur curiosité cède le pas à l'étonnement quand ils aperçoivent un sénateur approcher de la future victime. C'est celui qui avait interpellé Brutus et Cassius, celui qui était au courant de leurs intentions et qui leur avait conseillé de se dépêcher : Popillius Laenas. Ils le voient se frayer un chemin dans l'assistance pour être le premier à voir César. Il entame la conversation avec lui. Brutus et Cassius se regardent, les yeux écarquillés. Les autres membres du complot en font autant. N'entendant pas les mots du sénateur, ils redoutent le pire – en d'autres termes qu'il révèle le complot. Ce sont des moments interminables, tout le monde est perdu. Cassius et plusieurs complices ont déjà la main posée sur le manche froid de leurs poignards, prêts à se suicider. Brutus note alors que Laenas ne semble pas vouloir les dénoncer, il a plutôt l'air implorant. Il ne peut pas avertir les autres car il est entouré de personnes étrangères au complot, mais l'expression de son visage rassure. Il n'y a qu'à attendre.

De fait, Laenas embrasse la main droite de César et s'éloigne tranquillement. De toute évidence, il a évoqué des questions personnelles. Et si ça se trouve, le sénateur n'a même pas compris que l'attentat aurait lieu aujourd'hui même. Les conjurés se détendent. Certains se laissent tomber de tout leur poids sur leur siège, l'air hagard.

César se trouve maintenant près d'un petit autel où sera exécuté un énième sacrifice. C'est l'usage avant une réunion du sénat. Une fois encore, les présages ne sont pas favorables. Contrarié, il se tourne vers ses amis, mais Decimus le persuade à nouveau de ne pas se soucier de ces sottises. Autant s'occuper des affaires de l'État…

À cet instant précis, dans la foule, César aperçoit un visage familier : c'est Spurinna, le devin qui lui avait prédit des Ides de mars néfastes. Le visage du général s'éclaire et, selon Plutarque, il éclate de rire : « Eh bien, les voici venues, les ides de mars », lui lance-t-il. « Oui, les voici, mais elles ne sont pas encore passées », répond l'autre. Nous ignorons si l'haruspice savait quelque chose, s'il a voulu aider César…

Ce dernier traverse le péristyle pour rejoindre l'entrée de la salle de la curie, où doit se tenir la réunion. Imaginez la scène. De nombreuses personnes entourent César pour lui demander quelque chose, pour lui donner un parchemin à lire, pour lui adresser une supplique. Il parle, plaisante, rassure, et avance.

Avec sa toge pourpre au liseré doré et sa couronne de laurier posée sur ses cheveux blancs, il est facilement repérable, comme un rubis serti sur un diadème.

Sans le perdre de vue une seule seconde, un homme écarte la foule de ses mains moites. Il est hors d'haleine, le cœur battant à mille à l'heure et les tempes qui bourdonnent. Cela fait des heures qu'il le cherche… Incommodé par son odeur, un sénateur à la coiffure soignée et parfumée se tourne brusquement pour l'éloigner. Mais ce qu'il voit le laisse sans voix. L'homme planté devant lui est un vrai géant, il a une barbe broussailleuse inquiétante, des cheveux bouclés en bataille, et surtout, l'air hagard, le visage baigné de sueur. La seconde d'après, le sénateur s'efface. Plus rien ne sépare César et cet homme. Le grand conquérant se tourne et leurs regards se croisent. Il le reconnaît tout de suite et sourit : c'est son ami Artémidore. Le philosophe, nous l'avons vu, doit lui donner ce rouleau de papyrus qui pourrait changer le cours de l'Histoire… Le voilà qui touche au but, enfin : il est face à César. Mais il n'a qu'une fraction de seconde pour lui remettre le message. Problème : le général reçoit une quantité de billets et de rouleaux de parchemin. Chaque fois, César les attrape sans les lire et les passe à son secrétaire personnel. Pas question que le sien subisse le même sort ! César penche la tête d'un air curieux en voyant son ami philosophe hésiter. Artémidore n'a pas le choix : il tend doucement la main comme on le ferait pour pointer un doigt accusateur et lui tend le parchemin. Peu à peu, il approche. Une fois à la hauteur de son oreille, il lui glisse : « César, lis ce papyrus sans le montrer à personne, et vite. Il contient des informations que tu dois absolument savoir. » Ce dernier fait une grimace étonnée, le regard toujours plongé au fond de ces yeux noirs. Il y avait toujours senti tant d'aplomb quand Artémidore lui expliquait les choses de la vie ! Et pourtant, on dirait qu'il le supplie… Il observe le papyrus mouillé de sueur et légèrement froissé. Il le déroule et commence à le lire…

Hélas, la foule l'interrompt brusquement et réclame son attention pour lui adresser de nouvelles suppliques ou d'autres compliments. Mais il ne se débarrasse pas du message d'Artémidore. Il le met dans les papiers qu'il tient dans sa main gauche : il n'aura qu'à le lire tout à l'heure… C'est en tout cas ce que voit le philosophe – et c'est ce que nous racontent les auteurs de l'Antiquité, Suétone en tête. Il s'arrête net, tandis que la foule passe autour de lui en jouant des coudes. Mission accomplie. Il a remis le message à César. Il voit la cohue autour de la toge pourpre du grand conquérant, dont la tête blanche couronnée de laurier s'éloigne avant de disparaître à l'intérieur du sénat. Artémidore est épuisé, éreinté, vidé. Il s'en va, sortant d'une Histoire qu'il n'est peut-être pas parvenu à changer.

César a reçu le message et le philosophe lui a demandé de le lire sans perdre une seconde. Pourquoi les choses se seraient-elles passées autrement ?

Aujourd'hui encore, cette question reste sans réponse. Cet événement inexplicable s'est déroulé contre toute logique, en condamnant le grand général. Et ce n'est pas le seul. Prenons un instant pour y réfléchir. Il y a également les doutes éveillés par les devins et par tous ces mauvais présages – César a beau être sceptique, il reste un homme de l'Antiquité, où la superstition domine. S'ajoutent à cela les peurs et les mots de Calpurnia, ainsi que les craintes de ses partisans et les soupçons que lui-même nourrissait certainement, mais auxquels il n'a pas prêté attention. Pourquoi n'a-t-il pas écouté tous ces indices, ces signaux, ces alertes ?

Dans la vie comme dans l'Histoire, les tragédies sont le produit d'innombrables cercles concentriques. Une fois imbriqués les uns dans les autres, ils créent un gouffre mortel dans lequel la victime bascule. Il suffit qu'un seul de ces cercles ne se forme pas pour éviter le drame. Très souvent, c'est le cas, et personne ne s'aperçoit qu'on est passé à deux doigts du désastre. Dans le cas de César, l'alignement dû au complot, au hasard et au fait qu'il ait sous-estimé le danger était parfait. Le plus célèbre homicide de l'Histoire est sur le point d'être commis.

12 h 15 environ
L'assassinat de César

À quelques dizaines de mètres, à l'extérieur de la salle, d'autres bruits de pas, beaucoup plus rapides et nerveux, résonnent sur les dalles en marbre du grand péristyle. C'est Marc Antoine. Il s'était éloigné, mais en apprenant que César a accepté de venir, il s'est précipité à la curie, contrarié. Il est convaincu que le sénat va nommer son rival Dolabella au poste de consul. Il ignore qu'il va se produire quelque chose de bien plus grave, qui bouleversera sa vie comme celle de millions de personnes vivant sous la férule de Rome.

Lui aussi a remarqué les gladiateurs. Tous sont debout, comme s'ils attendaient un ordre. Il monte l'escalier pour entrer dans la curie, en les observant d'un air inquiet. Il y a anguille sous roche, il l'a bien senti. Une main l'arrête. Il détourne le regard des gladiateurs et fixe l'homme qui l'a retenu. C'est Caius Trebonius. Les deux hommes s'observent brièvement. Antoine n'a même pas le temps de l'interroger sur la présence de ces combattants car son interlocuteur le noie aussitôt sous une série de questions sur des problèmes restés en suspens. Tout cela n'est visiblement pas d'une importance capitale, mais Trebonius parle avec aplomb et d'une voix forte : il est obligé de lui répondre, d'une façon ou d'une autre. Et c'est ce qu'il fait. Mais cela ne suffit pas.

Son interlocuteur pose de nouvelles questions, insiste, l'attrape par le bras et le bloque sur les dernières marches en invoquant de simples prétextes. Le tout dans un seul but : l'empêcher d'être auprès de César pour le défendre. Le complot se déroule parfaitement. Un vrai mécanisme d'horlogerie dont les rouages s'enclenchent les uns après les autres.

César entre dans la curie de Pompée, l'air sévère et l'allure solennelle. Ses sandales dorées foulent lentement le sol couvert de dalles en marbre coloré. L'assemblée des sénateurs se lève et lui rend hommage, suivant l'usage.

Il s'arrête et observe la salle. Outre les sénateurs, il aperçoit le ballet habituel des collaborateurs et des fonctionnaires (*apparitores*) qui assistent les politiciens et les magistrats. On dirait vraiment une réunion parmi tant d'autres. Il reprend son chemin et rejoint son siège d'un pas majestueux, comme à l'accoutumée. Curieusement, il se trouve sous une grande statue de Pompée, son ancien rival désormais disparu. A-t-il remarqué que les conjurés se sont placés debout derrière son fauteuil ?

Certains voient Cassius fixer la statue de Pompée et l'invoquer. Est-ce le signal ? En attendant, la victime s'assied.

Les membres du complot convergent vers lui, telle une meute de loups. On pourrait croire qu'ils approchent pour discuter d'un problème, rien de plus. Sauf que nombre d'entre eux ont la main plongée dans les plis de leurs toges, posée sur leurs poignards…

Le premier à l'atteindre est le sénateur Tillius Cimber. César a envoyé son frère en exil, et c'est justement de ça qu'il souhaite lui parler. Il le supplie de laisser le malheureux rentrer à Rome… mais ce n'est qu'un prétexte. Le début de la fin.

D'autres complices approchent, en faisant mine d'unir leurs suppliques à celles de leur collègue. Le cercle se resserre. La salle est plongée dans le silence, tout le monde regarde ce petit groupe qui entoure étrangement César.

On entend distinctement les voix. César rejette leurs demandes. Devant leur insistance, il les rappelle à l'ordre, l'un après l'autre. Tant de fermeté nous pousse à penser qu'il ne se doute encore de rien. Il n'a pas compris qu'il s'agit d'un piège… qui va se refermer d'une seconde à l'autre.

Tillius Cimber empoigne la toge de César et la tire pour révéler le cou et une partie de son torse. Le voilà vulnérable. C'est le signal. « Qu'attendez-vous, mes amis ? » s'exclame-t-il, à en croire Appien.

Le premier à dégainer son poignard et à frapper est le sénateur Publius Servilius Casca. Il vise le cou, mais touche l'épaule gauche, un peu au-dessus de la clavicule. Peut-être est-ce même César qui a le réflexe d'esquiver le coup. Qui n'est ni mortel, ni profond. Il bondit hors de son siège et attrape le poignard de Casca, qu'il bloque d'une main ferme. Les deux hommes commencent à hurler. « Maudit Casca, que fais-tu ? » aurait crié César, d'après Plutarque. De son côté, le sénateur appelle son frère, sénateur lui aussi.

La salle se tait d'un coup. L'incertitude et l'indécision dominent. Tout le monde est sous le choc, à commencer par les personnes impliquées dans ce sombre projet. À cet instant, personne n'a le courage d'agir. Pas facile de tuer un homme de sang-froid. Et les autres, ceux qui n'étaient pas dans le complot ? « [Ils] furent saisis d'un frisson d'épouvante en voyant ce qui se passait, et n'osèrent ni fuir, ni défendre César, ni même proférer un son », est-il écrit dans les *Vies parallèles*.

D'après Suétone, César saisit le bras de son agresseur et le transperce à l'aide d'un stylet (*graphium*). Le fait qu'il se soit défendu et qu'il ait frappé au moins un de ses agresseurs est peu connu et mérite d'être souligné. Mais alors qu'il tente de se débattre, il est atteint par un nouveau coup, assené par Caius Servilius Casca, le frère de Publius Servilius. La lame étincelante s'enfonce dans le corps de César. Le coup est terrible, le général est touché en pleine poitrine, et parmi tous ceux qui atteindront leur cible, ce sera le seul coup mortel. Le sang coule déjà sur la peau de César.

Au même moment, l'ensemble des conjurés dégainent leurs armes et se précipitent sur lui.

« Enveloppé de toutes parts, [il] ne voit en face de lui, de quelque côté qu'il se tourne, que des glaives acharnés à le frapper au visage et aux yeux ; ballotté entre les mains de tous, il se débat comme un fauve », écrit Plutarque. Après les frères Casca, c'est au tour de Cassius de frapper. Le père de famille détendu qui accompagnait son fils majeur au temple a disparu. « [Il] le frappe en travers du visage », raconte Nicolas de Damas. Peu après, ajoute l'historien, on voit approcher l'ami intime de César, Decimus, qui « lui transperce alors les flancs de part en part ».

Une pluie de coups s'abat sur César.

Tous les conjurés doivent symboliquement le frapper, enfoncer leurs poignards, « prendre part au sacrifice et goûter au meurtre », comme le dira Plutarque. Mais avec la confusion et la tension qui règnent sur la salle, certains finissent même par se blesser les uns les autres.

Cassius, qui tente de lui assener un nouveau coup, le loupe et touche la main de Brutus. Un autre, Minucius, rate également sa cible et blesse sérieusement son collègue Rubrius à la cuisse…

César tente de se débattre comme il peut, il essaie de réagir, repousse ses agresseurs, s'écarte pour esquiver les attaques, s'étrangle de douleur quand la lame s'enfonce. Les sénateurs ne voient que des toges blanches qui s'agitent dans tous les sens.

On aperçoit de temps en temps cette fameuse tenue pourpre, mais aussi des poignards qu'on brandit avant de les abattre violemment.

Hémorragies internes et externes empêchent le sang et l'oxygène d'arriver jusqu'au cerveau de César, qui sent ses forces et sa lucidité l'abandonner. Tout à coup, il voit que Brutus dégaine lui aussi un poignard et approche. C'est la fin, et il le sait. Il grimace, gonfle ses poumons avec le peu de force qui lui reste et hurle : *Tu quoque, mi fili ?* « Toi aussi, mon fils ? » Des mots que nous avons tous appris à l'école, mais qui auraient été prononcées en grec (« *Kaï sù, téknon* », Καὶ σὺ τέκνον).

Le temps de pousser ce dernier cri, il se laisse tomber, à bout de forces. En sentant la mort arriver, il couvre son visage avec sa toge. Une tentative instinctive pour protéger son corps des attaques ? Peut-être. À moins qu'il ne soit en train de répéter le geste qu'on exécute pendant les sacrifices pour consacrer la victime aux dieux. Dans le cas présent, c'est lui qui a endossé le rôle de la victime sacrificielle… La nuit descend sur son corps.

Les sénateurs s'arrêtent, le souffle court, leurs toges maculées de sang. Le sang de César dégouline encore des poignards qu'ils ont à la main.

Certains compriment leurs blessures en poussant des gémissements sourds, d'autres fixent le corps du général agité par d'ultimes soubresauts.

Autour de la toge pourpre apparaît une flaque de sang rouge vif qui s'étend sur le sol en marbre en suivant les rainures qui séparent les dalles. On dirait que le liquide chaud cherche un nouvel horizon, comme si la vie abandonnait ce corps pour aller à la rencontre de l'Histoire et de sa promesse d'immortalité.

Au-dessus du mort, la statue de Pompée, son ancien rival, le surplombe. On croirait une vengeance posthume. Est-ce un hasard si l'assassinat a eu lieu sous cette statue ou cela était-il prémédité ?

Tout s'est produit très vite, peut-être plus vite que pour lire la description de l'assassinat. César a reçu pas moins de vingt-trois coups de poignard, dont un seul (le deuxième) était mortel, comme l'affirmera Antistius, son médecin personnel.

Mais comment se peut-il que personne n'ait tenté de le sauver ? L'action a beau avoir été rapide, deux personnes ont essayé de le faire. En l'occurrence, des sénateurs pas comme les autres – César, nous le savons, a fait entrer au sénat un grand nombre de ses hommes de confiance, et même d'anciens centurions. Deux d'entre eux, des habitués des champs de bataille, ont tenté d'intervenir mais ils n'étaient pas armés et les assassins étaient trop nombreux pour qu'ils puissent le sauver.

Il ne règne désormais qu'une grande confusion. Brutus essaie de s'adresser aux sénateurs et hurle pour leur expliquer les raisons de cet assassinat. Ce ne sont que quelques mots, lapidaires et dramatiques, de ceux qui sont appelés à passer à la postérité… Quelque chose comme : « Ne craignez rien, César était le seul qui devait tomber, nous vous avons rendu votre liberté. » Dans la salle, c'est un sauve-qui-peut général, au milieu d'un tas de fauteuils et de chaises renversés. Beaucoup redoutent que ces poignards soient retournés contre eux. Très vite, la curie de Pompée se vide. Pris de panique, tous les sénateurs se sont enfuis en hurlant, qu'ils fassent partie du complot ou pas. Il ne reste plus que le corps à la renverse de César. Seul, et de plus en plus froid.

ROME PLONGE DANS LE CHAOS

Un meurtre, des meurtres

Le plus frappant dans cet épisode, c'est que ces quelques instants ont suffi à assassiner non pas une personne, mais plusieurs... En effet, une grande partie des principaux conjurés périront de mort violente en l'espace de quelques mois ou de quelques années. Sans compter les milliers de personnes qui perdront la vie au combat, sur le continent ou en mer, ou à cause des listes de proscription. Tout cela n'a rien d'étonnant : au-delà des légendes suscitées par le destin brutal qu'a connu l'ensemble des conjurés, la mort de César ne pouvait qu'entraîner des torrents de sang, des vengeances et une violence inouïe. C'était inévitable. Par ailleurs, lui-même l'avait prévu...

Il suffit de jeter un œil au sort d'une vingtaine des principaux conjurés pour s'en convaincre.

Caius Trebonius, qui avait bloqué Antoine sur les marches menant à la curie de Pompée, sera le premier à mourir. Il sera tué et décapité onze mois plus tard, au mois de février -43, à Smyrne, en Asie Mineure, par les hommes de Dolabella. Détail particulièrement glaçant : les soldats ont joué au ballon avec sa tête.

Lucius Pontius Aquila, tribun de la plèbe à l'époque de l'assassinat de César, mourra treize mois plus tard, en affrontant l'armée d'Antoine durant la bataille de Modène, le 21 avril -43.

Servius Sulpicius Galba, arrière-grand-père du futur empereur Galba, sera condamné et exécuté dix-sept mois plus tard, en vertu de la *Lex Pedia*, une loi qu'Octavien a fait approuver au mois d'août -43 et qui instituait des tribunaux d'exception contre les conjurés.

Decimus (Decimus Junius Brutus Albinus), le fidèle ami de César, mais aussi son « grand traître », trouvera la mort dix-huit mois plus tard de manière rocambolesque, alors qu'il essayait de fuir l'Italie déguisé en cavalier gaulois. Il sera démasqué, condamné et exécuté par une tribu gauloise à la fin du mois de septembre -43. Sa tête sera livrée à Antoine.

Lucius Minucius Basilus, un autre de ces fidèles lieutenants de César qui s'étaient retournés contre lui, sera assassiné dix-huit ou dix-neuf mois après par ses esclaves, à l'automne -43. Une vengeance personnelle.

Cicéron, qui soutenait les conjurés, sera assassiné à Formies sur ordre de Marc Antoine, un peu plus de vingt mois après, le 7 décembre -43.

Cassius (Caius Cassius Longinus), l'un des cerveaux du complot, ordonnera à l'un de ses affranchis de le tuer au terme de la première bataille de Philippes, près de deux ans et demi après, le 3 octobre -42. Le jour même de son anniversaire, nous dit Plutarque.

Lucius Tillius Cimber, l'homme qui avait donné le feu vert pour agir, mourra au cours des combats à Philippes, à l'automne -42.

Publius Servilius Casca, le premier à avoir poignardé César, trouvera la mort à Philippes, comme Tillius Cimber. À l'instar de nombreux conjurés, tous ses biens seront mis aux enchères. Une table gravée à son nom sera achetée par un riche habitant de Pompéi et placée à la vue de tous dans l'atrium de sa *domus*, au cœur de la ville. On peut encore la voir.

Brutus (Marcus Junius Brutus), l'autre meneur du complot, se suicidera après avoir perdu la seconde bataille de Philippes, le 23 octobre -42.

Pacuvius Antistius Labeo, un célèbre juriste, mais aussi un ennemi acharné de César, se suicidera à Philippes, au terme de la bataille.

Petronius, qui s'était réfugié dans le temple d'Artémis d'Éphèse, au terme de la défaite de Philippes, sera exécuté sur ordre d'Antoine, au début de l'année -41, un peu moins de trois ans après la mort de César.

Publius Decimus Turullius, le commandant en chef des flottes de Brutus et de Cassius, sera tué à Cos après la bataille d'Actium, par les hommes d'Octavien, au début de l'année -30, près de quatorze ans après les ides de Mars.

Caius Cassius Parmensis, poète et auteur de pamphlets grinçants contre Octavien, trouvera la mort à Athènes, où il sera condamné à mort sur ordre du futur Auguste, à la fin de l'année -30, un peu moins de quinze ans après la mort de César.

À cette liste déjà longue, il faut ajouter les conjurés dont nous ne connaissons pas le sort avec précision.

Marcus Spurius, sénateur ou chevalier.

Caius Servilius Casca, le frère de Publius Servilius, le deuxième homme à avoir frappé César, l'auteur du seul coup mortel.

Rubrius Ruga, qui soutenait précédemment Pompée.

Quintus Ligarius, militaire appartenant à la classe équestre, qui fut l'un de ces partisans de Pompée graciés par César au terme des guerres civiles. Avec ses deux frères, il sera sûrement victime des proscriptions ordonnées par Octavien, Antoine et Lépide.

Bucilianus et son frère Caecilius, deux sénateurs proches de Brutus.

Publius Sextius Naso, sénateur ou chevalier.

Même si nous ignorons les circonstances de leur mort, nous pouvons délimiter la période à laquelle ils ont disparu. À la fin de l'année -30, aucun d'eux n'est encore en vie. Comme le raconte l'historien Velleius Paterculus, Cassius Parmensis a été le dernier des conjurés à mourir. Bref, en moins de quinze ans, tous les responsables du crime le plus célèbre de l'Histoire ont été éliminés.

Antoine prend la fuite

Les coups de poignard, les cris, cette confusion terrible ; tout cela est survenu à l'intérieur de la curie de Pompée. Dehors, personne n'a rien vu. Cet événement crucial n'a eu pour témoins que les sénateurs, leurs secrétaires et le personnel présent dans la salle. Mais à l'extérieur, que s'est-il passé ? Essayons de le savoir à travers les yeux d'Antoine.

Les premiers instants, celui-ci ne prête guère attention à l'insistance de Trebonius qui s'est planté en travers de son chemin et l'a retenu par le bras. Les deux hommes sont amis depuis longtemps, et plus exactement depuis la campagne en Gaule, pendant laquelle ils s'étaient distingués par leurs compétences et leur courage. Leur conversation s'engage. Mais si Antoine commence par écouter son ami, en répondant à toutes ses questions pressantes, cela ne dure pas. Où veut en venir Trebonius ? Voilà ce qu'il se demande sûrement, même s'il n'a pas le temps de perdre patience. La discussion est soudain interrompue par un cri déchirant à l'intérieur de la curie : c'est César qui hurle de douleur ! On imagine sans peine l'étonnement d'Antoine, ses sourcils froncés et le regard inquisiteur qu'il adresse à Trebonius. Au même moment, il remarque un mouvement de foule sur la droite. La masse des gladiateurs converge vers lui, leurs épées hors du fourreau. On peut certainement lire de la stupeur dans ses yeux. A-t-il le réflexe de chercher un glaive au côté droit ? Peut-être, mais cela n'aura servi à rien. Nous ne sommes plus en Gaule et il est ici en qualité de consul. Il n'est donc pas armé ! L'espace d'un instant, il se sent perdu. Puis il se rend compte que les gladiateurs passent à côté de lui, sur l'escalier, pour se positionner devant la porte de la curie, leurs armes dégainées, empêchant quiconque d'entrer. À ce moment seulement, la main de son ami se referme sur son bras. Trebonius a dû puiser dans sa détermination pour lui intimer de rester calme et lui expliquer ce qui se trame. À savoir qu'on est en train de tuer Jules César mais que le général est la seule cible du complot. Lui n'a rien à craindre. Et s'il a la vie sauve, c'est grâce à Brutus.

Il n'est pas sûr que ces évènements soient une surprise pour Antoine. Près d'un an plus tôt, à l'été -45, Trebonius avait proposé à Antoine de rejoindre les rangs de la conjuration. Il avait refusé... Bizarrement, il n'avait rien révélé à César. C'est d'ailleurs ce que lui reprochera Cicéron dans ses fameuses *Philippiques*. Dans ce cas, savait-il qu'un assassinat se préparait ? Il n'est pas exagéré de le penser. Une chose est certaine : il ne se doutait pas qu'il aurait lieu en ce jour des ides de mars. Mais on peut avancer une autre hypothèse. Et si, au moment de bloquer Marc Antoine au milieu de l'escalier, Trebonius n'avait pas tergiversé et lui avait tout de suite annoncé qu'on allait tuer Jules César ? Exactement comme il le lui avait proposé un an plus tôt ? La vieille complicité entre les deux hommes expliquerait pourquoi c'est précisément Trebonius qui s'est chargé de retenir Antoine. A-t-il également ajouté que lui et sa famille ne seraient pas inquiétés s'il ne s'opposait pas ? Voilà qui expliquerait son absence de réaction. Ce ne sont évidemment que des hypothèses. Seule certitude : devant les armes des gladiateurs et le sauve-qui-peut des sénateurs, Antoine a eu peu de temps pour prendre une décision.

Brusquement, les portes en haut de l'escalier s'ouvrent en grand et les gladiateurs s'écartent. Un véritable torrent humain fuit la curie dans la plus grande confusion. La masse descend dans sa direction.

Personne n'explique ce qui s'est passé. Les sénateurs courent en hurlant et en jouant des coudes. Effrayés, les gens qui se trouvent à l'extérieur de la salle des débats fuient à leur tour… « Fuyez, fermez les portes, fermez les portes ! » En un clin d'œil, une rumeur se propage : on est en train de commettre un meurtre dans la curie ! C'est la panique la plus totale. Imaginez la scène : partout, on entend les cris de ceux qui n'ont pas participé à l'assassinat mais qui craignent que la tempête s'abatte sur tout le monde, y compris sur ceux qui ont accompagné César dans son trajet en litière. Les personnes présentes sont convaincues que le crime est l'œuvre du sénat, aidé par un groupe armé, comme l'indique la présence de ces gladiateurs.

Le torrent humain se répand sous les arcades, en emportant tout sur son passage, puis dans le grand jardin, en direction des sorties les plus proches, avant de s'éparpiller dans les rues de Rome. La terrible nouvelle se diffuse à tout vitesse.

Face à cette anarchie, Antoine prend la seule décision possible : il s'enfuit. Étant un fidèle parmi les fidèles de César, il est une cible potentielle, et ça, il l'a bien compris. Est-on en train de le chercher pour le tuer ? Il n'en est pas complètement sûr. Mais en ces moments d'agitation, tout est possible. Voilà pourquoi il choisit vraisemblablement de se mêler à la foule des sénateurs qui tentent de s'échapper. À un moment de sa fuite, il a dû se réfugier dans une maison ou dans une échoppe pour se débarrasser de sa tenue consulaire et la troquer contre des vêtements plus simples, ceux d'un esclave, peut-être. À moins qu'il n'ait ordonné à un esclave de sa suite de lui donner les siens. Là-dessus, il a repris le chemin de sa *domus* d'un pas vif mais qui n'éveille pas les soupçons.

Peut-être s'est-il retourné au bout de quelques pas. Auquel cas, il aura vu les conjurés sortir calmement de la curie, leurs poignards sanglants à la main…

Curie de Pompée, 12 h 45

Les conjurés sortent de la salle.

Plutarque nous raconte la scène : « Brutus et ses compagnons, encore tout chauds du meurtre et brandissant leurs épées nues, se groupèrent tous ensemble au sortir du sénat et se dirigèrent vers le Capitole […] avec des visages radieux et pleins d'assurance, appelant le peuple à la liberté. »

Sous le péristyle de la curie de Pompée, le groupe s'est réuni pour faire le point sur la situation. Les toges sont couvertes de sang et les esprits se sont échauffés. Certains proposent de jeter le cadavre de César dans le Tibre, mais Brutus s'y oppose. D'autres proposent à nouveau d'éliminer Antoine. Là encore, Brutus est contre : les gens doivent impérativement savoir qu'on a voulu éliminer un tyran, pas toute une cohorte d'adversaires. Ce crime n'est pas politique : il visait à supprimer le dictateur pour rendre sa liberté à Rome (et à la République). Voilà le message qu'il faut faire passer au peuple.

De fait, dès qu'ils reprennent leur chemin dans les rues de Rome, d'aucuns semblent planter au bout d'une lance un bonnet phrygien en feutre, celui que portent les affranchis, c'est-à-dire les esclaves libérés. Une façon de marquer la fin de la tyrannie… Le groupe des conjurés, menés par Brutus et Cassius, se dirige vers le Capitole. Ils marchent sans se presser. En cours de route, ils sont rejoints par d'autres sénateurs qui les soutiennent. Pourquoi sont-ils aussi calmes ? Sûrement parce qu'ils sont convaincus du bien-fondé de leur projet. Mais aussi parce qu'ils peuvent compter sur la présence concrète de la petite armée de gladiateurs de Decimus qui les escortent dans les rues, leurs épées dégainées.

La nouvelle se répand dans Rome

Un événement aussi exceptionnel ne peut qu'être suivi par une réaction tout aussi exceptionnelle. L'agitation et la panique commencent par se concentrer dans un lieu précis : la sortie de la curie de Pompée. Ces portes qui s'ouvrent brusquement, avec les sénateurs qui fuient dans le plus grand désordre, sont en quelque sorte le « patient zéro » d'une épidémie qui se répand dans toute la ville. Voir tous ces gladiateurs armés et si nombreux suscite une véritable angoisse. Les habitants prennent leurs jambes à leur cou en se mélangeant aux sénateurs effrayés… Que peut avoir compris un commerçant dans son échoppe ou un client d'une *popina*, devant ce mouvement de foule ? On prétend qu'une armée de gladiateurs a tué tous les membres du sénat. On prétend aussi qu'après cet assassinat sanglant, c'est Rome tout entière qui est mise à sac. De nombreuses boutiques ferment leurs portes, les habitants se barricadent chez eux. Durant ces longues heures d'incertitude, on signalera des saccages de boutiques et d'entrepôts, des troubles à l'ordre public et des crimes gratuits (des règlements de comptes, sans doute).

La nouvelle court de bouche en bouche, de maison en maison, en passant d'un quartier à l'autre comme l'ombre d'un nuage noir sur Rome. Et elle remonte jusqu'aux oreilles d'une bonne partie des personnalités que nous avons croisées depuis le début de la journée.

La femme de Jules César, Calpurnia, tout d'abord. Les sources antiques ne nous disent pas quelle a été sa réaction, mais on peut facilement imaginer son désespoir et son regret de ne pas avoir su empêcher César de se rendre à la curie. Elle l'a épousé à l'âge de seize, dix-sept ans. Aujourd'hui, elle en a trente et un. Elle s'imagine sans doute un avenir difficile… et solitaire. Il y a de grandes chances pour qu'elle passe de longs moments à ressasser ses souvenirs et sa tristesse en regardant la mer depuis l'immense villa de son père, Lucius Calpurnius Pison, à Herculanum. Comme cela arrive parfois, l'Histoire et l'archéologie se rejoignent : la célèbre villa des Papyrus, ensevelie par l'éruption du Vésuve en 79 ap. J.-C., appartenait au beau-père de César, le père de Calpurnia.

Presque à la même heure, la nouvelle remonte jusqu'à une autre épouse, celle de Brutus. La réaction de Portia est bien différente. Rassurée par le déroulement des événements, elle lui envoie probablement un messager pour l'informer qu'elle va bien et pour le féliciter.

La confirmation de la mort de César remonte également aux oreilles de Lépide, alors qu'il regagne l'île Tibérine en compagnie de ses soldats. Sans doute est-il affecté et peiné par la disparition de son ami, qu'il souhaiterait venger. Et sans doute se pose-t-il une quantité de questions sur l'avenir, qui restent sans réponse.

N'oublions pas non plus Artémidore de Cnide. Comment a-t-il appris la nouvelle ? Peut-être aura-t-il constaté l'agitation et la panique régnant dans les rues. Comme de nombreux Romains, il s'est sûrement approché pour comprendre les évènements grâce aux rumeurs naissantes. Il y a des chances pour que son regard caché par ses épais sourcils se soit terni, avant de plonger dans le vague. Il passera le reste de ses jours à se demander s'il n'aurait pas pu faire un peu plus ou agir autrement pour sauver César. À quel moment s'est-il trompé ? Aurait-il dû lui annoncer directement qu'on comptait l'assassiner, sans attendre qu'il lise le parchemin ? Mais se torturer l'esprit ne sert plus à rien désormais...

Domus *d'Antoine, 13 h 20*

D'un pas décidé, celui qu'on prend pour une longue marche, un esclave se glisse dans la ruelle perpendiculaire à la *domus*, l'une des plus grandes et plus somptueuses du Palatin. Dans le voisinage, tout le monde se rappelle que c'était autrefois la demeure du célèbre tribun Publius Clodius Pulcher, mort assassiné quelques années plus tôt. Désormais, elle est habitée par sa veuve (qui lui avait donné deux enfants). En réalité, celle-ci s'est remariée, d'abord avec un autre tribun de la plèbe, le riche et puissant Caius Scribonius Curion, qui sera également tué en Afrique par les partisans de Pompée puisqu'il combattait aux côtés de César. Puis avec Marc Antoine.

L'esclave s'immobilise devant l'une des portes à l'arrière de la *domus*, une entrée de service généralement utilisée par les esclaves pour livrer des provisions en cuisine. Il frappe au battant. Vu de dos, il n'a pas fière allure. Il porte une tunique usée et pleine de taches de graisse, alors que sa *paenula* n'est plus de la première jeunesse. Elle est même trouée à plusieurs endroits. On dirait un « poncho » en cuir qui se termine par une espèce de cône qui enveloppe et protège la tête, comme un heaume médiéval. Avec l'écharpe qui couvre son visage, il est tout à fait méconnaissable. Même s'il a cogné plusieurs fois, personne n'ouvre. Il regarde autour de lui, l'air inquiet, puis frappe à nouveau. Finalement, le bruit du verrou lui redonne espoir. La porte s'entrouvre. Apparaît alors le visage d'un esclave de la maison, au crâne dégarni et à la barbe grise, qui le dévisage d'un air suspicieux. Que veut cet homme à l'allure si misérable ? Il remarque alors un détail étrange : cet homme a des mains soignées. Et surtout, il porte une bague en or massif ornée d'une pierre. Une bague qui ne lui est pas inconnue. Ce visiteur n'est pas un vagabond venu demander l'aumône ! Au même instant, l'inconnu retire sa capuche et son écharpe, avant de révéler son visage et son identité : c'est Antoine, son maître !

Peu après, le consul est au cœur de sa *domus* et serre fort contre lui ses fils, Iullus et Antyllus (le diminutif d'Antonillus, c'est-à-dire « petit Antoine »), qui n'ont qu'un et deux ans. Et à cet instant dramatique, sa première pensée a été pour ces deux enfants qui ne vivent pas dans l'élégante demeure où nous l'avons croisé ce matin. Cette dernière est une maison d'apparat, où il organise des banquets officiels et reçoit des invités de marque, ainsi que des femmes. En réalité, sa famille vit ici. Et c'est ici qu'il s'est aussitôt précipité, parce qu'il redoutait le pire. Quelqu'un lui adresse un regard inquisiteur : c'est sa femme, Fulvia. Que fait-il ici, habillé en esclave par-dessus le marché ? En quelques mots, Antoine s'empresse de lui expliquer ce qui s'est passé et pourquoi il a été obligé de mettre cet accoutrement.

Fulvia comprend aussitôt la gravité de la situation. Ce n'est pas une femme comme les autres. C'est un personnage de premier plan, une vraie tsarine dans les coulisses de la Rome « qui compte ». Une femme décidée, ambitieuse et calculatrice, très différente de la matrone traditionnelle. Elle n'est pas séduisante, loin de là. Velleius Paterculus a écrit à son sujet qu'elle « n'avait d'une femme que le corps ». Si elle conquiert les hommes, c'est surtout grâce à son esprit et à son caractère. Quelques mois plus tard, nous indiquent les sources antiques, elle prendra plaisir à planter une longue épingle dans la langue de Cicéron, qu'elle avait fait décapiter. Par la suite, lors de la « guerre de Pérouse », menée contre Octavien, Fulvia sera la seule à porter une épée et à recruter une armée – c'est ce que nous raconte l'historien Barry Strauss. Le fait qu'elle soit une femme à poigne est très important dans notre récit sur Cléopâtre. Ce n'est donc pas un hasard si nous nous arrêtons sur le caractère et la personnalité de Fulvia.

Au temps de leur mariage, l'un et l'autre se connaissent déjà depuis longtemps. Pour Antoine, qui était l'ami des précédents maris de Fulvia, cette union lui a permis de redorer son image – il venait de mettre fin à son histoire mouvementée et très discutée avec Lycoris, cette actrice qui s'exhibait lors des banquets en plus d'être une prostituée de renom. C'était également une bouffée d'air, financièrement parlant, puisque Fulvia était riche à millions. À une époque où les mariages arrangés sont la norme, leur relation est certainement animée par des sentiments sincères. Mais elle n'est pas équilibrée. C'est elle qui a le dessus dans le couple, Antoine doit sûrement se plier à sa volonté.

Être un soldat courageux, un chef militaire compétent, un excellent orateur qui ne tremble jamais devant son auditoire, avec un ascendant réel sur les sénateurs et sur le peuple, n'y change rien : Antoine est faible face aux femmes, et incapable de s'imposer. Faut-il en conclure qu'il est un « mâle bêta », sans commune mesure avec César – un vrai « mâle alpha » ? Une chose est sûre, il cherchait la compagnie d'une femme forte et protectrice, auprès de qui il pouvait se réfugier. Ce que Cléopâtre comprendra très bien.

Rappelons cependant que les unions, dans l'Antiquité, sont guidées non pas par une attirance physique ou sentimentale, mais surtout par la volonté de sceller des unions de pouvoirs, politiques et financiers. Drôles de rapport de couple, reposant uniquement sur des intérêts communs.

Horti Caesaris, *13 h 30*

Cléopâtre reçoit la nouvelle.

Sur l'autre rive du Tibre, dans la somptueuse villa de César, la nouvelle n'est pas encore arrivée. Cléopâtre est élégamment allongée sur un lit couvert de coussins. Elle a le bras posé sur un montant qui se termine par deux têtes de guépard sculptées. Elle est en pleine discussion avec Charmion, sa dame de compagnie. Celle-ci lui avoue l'émoi qu'elle éprouve pour un séduisant sénateur romain aux yeux bleus comme le ciel. Le vin qu'elles sirotent a été agrémenté d'épices en provenance de l'Inde. Non loin de là, un braséro diffuse dans toute la salle un parfum douceâtre d'encens mêlé à d'autres essences. On se croirait non pas à Rome, mais à mi-chemin entre l'Égypte et l'Inde…

Soudain, au bout de la salle, trois hommes font leur apparition : Ammonius, le principal conseiller de la reine, le vieux Sérapion, à qui Cléopâtre fait aveuglément confiance, et Olympos, son médecin attitré. La jeune femme se raidit et les regarde approcher. Derrière eux, une partie non négligeable de sa garde rapprochée les suit et vient discrètement se poster de manière à défendre la salle. Les gardes romains, eux, s'arrêtent à l'entrée. La reine comprend tout de suite qu'il s'est passé quelque chose de grave… mais quoi ? Le sage Sérapion approche. Malgré son sourire rassurant, il a les traits tendus. Il s'assied à côté de Cléopâtre. Les yeux plongés au fond des siens, il lui apprend la mort de César, en précisant que ce ne sont que des rumeurs. Personne ne peut en dire plus. Il n'empêche : la ville est gagnée par la panique et un plan de protection de la villa a été déclenché afin qu'elle et Césarion ne courent aucun danger.

Le regard de Cléopâtre perd brusquement tout son aplomb. Elle a l'impression de basculer au fond d'un gouffre. Elle manque d'air. Elle menace de s'évanouir. Olympos, son médecin personnel, se précipite auprès d'elle, mais elle se reprend en s'agrippant au bord du lit. Ses doigts plongent dans le matelas comme des serres. Tandis qu'elle fixe Ammonius, puis Sérapion, elle sent ses yeux se remplir de larmes qu'elle peine à retenir. De longues, de très longues secondes s'écoulent. Tout a disparu : César, l'homme qui est au centre de son existence, mais aussi leurs projets ensemble et l'autre enfant qu'ils auraient pu avoir. Sans oublier l'Égypte, qui se retrouve subitement dans une situation précaire. Qu'adviendra-t-il du royaume maintenant que César n'est plus là pour le protéger ? Quelques mots ont suffi à réduire à néant toute son existence. Elle est sous le choc, le regard perdu dans le vide. Tout à coup, une porte s'ouvre et la sort de ce cauchemar. Un visage souriant apparaît : c'est celui de Césarion, qui court vers sa mère, suivi par la servante qui s'occupe de lui. Cléopâtre le prend dans ses bras – elle ne le serrera jamais aussi fort. La reine profite de ce geste de tendresse pour baisser la tête, comme si elle voulait disparaître.

Au bout de quelques secondes, elle la relève. Son regard s'est transformé, il s'est à nouveau rempli de force et de vitalité. On y voit briller une colère digne d'un lion blessé. Cléopâtre fixe à nouveau Sérapion et Ammonius. Elle leur ordonne d'envoyer des messagers. À charge pour eux de recueillir le plus d'informations possible. Ces derniers mois l'ont habituée aux intrigues de palais. Elle sait qui sont les ennemis de César. Elle sait également toute l'hostilité que l'élite traditionnaliste de Rome nourrit envers elle. Elle ignore encore l'identité exacte des conjurés mais soupçonne fortement Brutus et Cassius. Elle se méfie aussi de la duplicité de certains – comme Cicéron et tant d'autres sénateurs.

Elle attendra le retour des messagers pour décider de la suite.

13 h 30
Le corps de César est ramené chez lui

Depuis près d'un quart d'heure, les conjurés, leurs poignards encore dégainés, se sont retranchés sur le Capitole. Jusqu'ici, tout se passe selon leurs plans. Officiellement, ils sont là pour prier les dieux. En réalité, la colline leur sert de forteresse. À différents endroits, le terrain est très escarpé, et donc facilement défendable. Et du fait qu'elle domine le Forum, elle occupe une position stratégique.

Le corps de César, lui, est resté allongé au milieu de la curie, sous la statue de Pompée maculée de sang, sans vie depuis près d'une heure, désormais. Ils sont venus nombreux pour le voir, même de la rue, mais personne n'a osé le toucher. Tous ses partisans se sont volatilisés, de peur d'être tués. Initialement, souvenez-vous, les conjurés voulaient jeter le corps de César dans le Tibre, avant de renoncer. Parce que Brutus s'y était opposé, certes, mais aussi à cause des troupes de Lépide en garnison sur l'île Tibérine. Cela aurait été trop risqué.

Trois esclaves fidèles à César finissent par ramasser le corps, en le soulevant avec beaucoup de précautions. Peut-on parler encore de dignité ou majesté face au cadavre désormais froid de cet homme si grand et si puissant qui glisse de tous les côtés quand ils le transportent vers la litière ?

Derrière les esclaves, il ne reste qu'une grande flaque de sang qui commence à se figer et les traînées rouges sur le socle de la statue de Pompée, qui resteront longtemps, comme le souligne Plutarque. On a l'impression d'être face à un film montrant César alors qu'il s'écroule lentement sous les coups impitoyables de ses assassins.

Dans le silence général, mélange de gêne et de déférence, le corps sans vie est étendu délicatement sur la litière en ivoire et en or qui l'avait conduit ici le matin même. Quelqu'un ramasse respectueusement la couronne de laurier à côté du cadavre.

Commence alors le dernier voyage de César. Un voyage lent, puisque les esclaves ne sont que trois. La litière se dirige peu à peu vers le Forum en évitant le Capitole – pour des raisons évidentes. C'est un trajet émouvant : on a presque l'impression de la voir passer dans les rues, au ralenti, au milieu des Romains qui la regardent, pétrifiés, depuis les trottoirs, les maisons, les boutiques. Beaucoup de gens pleurent. On en entend se lamenter et s'adresser aux dieux. Par respect, certains se couvrent la tête avec leurs capes. Une façon de reconnaître le caractère sacré de cet homme.

Le spectacle qui s'offre à eux est glaçant. Les rideaux qui protègent les côtés de la litière sont soulevés. Rien n'empêche de voir le corps martyrisé et le visage frappé par les coups de poignard. Et puis il y a ce détail qui restera gravé pour toujours dans les mémoires : le bras de César qui pend dans le vide au moindre pas des trois esclaves…

Les mots de Nicolas de Damas décrivent très efficacement la scène : « Comme les rideaux de la litière étaient soulevés des deux côtés, on pouvait voir pendre ses mains et les blessures de son visage. Personne ne pouvait retenir ses larmes à la vue de cet homme qui avait naguère longtemps été honoré comme un dieu. Il fut porté en procession et accompagné, partout où il passait, des lamentations et des sanglots des gens qui gémissaient depuis les toits, dans les rues et aux portes des maisons. »

L'arrivée à la villa est particulièrement dramatique. Calpurnia sort en hurlant et en pleurant, entourée de ses servantes et des esclaves. L'a-t-elle pris dans ses bras, comme une mère serre son enfant ? Elle a sûrement eu du mal à reconnaître ce visage froid, cireux et creusé par la mort. Où est passé l'homme fort, plein d'aplomb et protecteur, qui l'avait tenue dans ses bras quelques heures plus tôt ? La mort d'un mari, d'un homme comme Jules César, dépasse n'importe quel seuil de tolérance. Ce n'est pas juste un homme qui meurt, mais un socle sur lequel repose une maison pleine de vie (celle de Calpurnia), une ville qui fabrique l'Histoire (Rome) et un territoire qui s'étend sur l'ensemble de la Méditerranée.

Peu de temps après avoir été ramené à la villa, le corps est examiné par Antistius, le médecin attitré de Jules César. On imagine facilement son émotion, sa difficulté à dissocier son rôle de médecin et celui d'ami de longue date. Il a dû longuement pleurer après l'autopsie. Rappelons que c'est lui qui a repéré la seule blessure mortelle parmi toutes celles qui ont été infligées à César : la deuxième, en pleine poitrine. A-t-elle transpercé le cœur ou un poumon ? Quoi qu'il en soit, elle a très vite provoqué la mort. En l'espace de quelques secondes si c'était le cœur, un peu plus pour le poumon, vu l'hémorragie massive qu'elle a provoquée.

14 heures-16 heures environ
Brutus tente de convaincre la foule

Brutus et Cassius ont très probablement vu la litière transportant le corps de César passer au pied du Capitole. Si nous ignorons ce que ce spectacle leur a inspiré, on peut raisonnablement penser qu'ils ont exulté. Peu après, à la demande de leurs partisans, ils descendent au Forum pour parler à la foule qui s'est rassemblée, escortés par une cohorte de gladiateurs et d'esclaves. Parmi les nombreuses personnes qui se félicitent de l'événement, on compte également des citoyens importants. Les deux hommes montent sur la tribune des Rostres capturés en 338 av. J.-C., au terme de la bataille contre les Antiates, auxquels s'étaient ajoutés ceux pris aux Carthaginois lors de la bataille de Milazzo, en 260 av. J.-C. La foule se tait aussitôt. Brutus prend la parole, imité par Cassius. Ils s'avouent heureux. Rome a suivi l'exemple des anciens qui avaient chassé les rois et reconquis sa liberté. Ces discours calment la foule, qui semble à présent regarder les conjurés avec plus de sympathie. Même s'ils regrettent César, comme en témoigne leur profond silence, ils respectent Brutus. Mais les choses changent quand intervient Cinna, un parent éloigné du général – c'est le frère de la première épouse du défunt. Depuis peu, celui-ci l'avait nommé préteur. Cela n'empêche pas Cinna de le qualifier de dictateur et d'arracher sa toge de préteur en signe de mépris. Funeste erreur. La foule devient hostile, Brutus et Cassius sont contraints de battre en retraite et de se réfugier à nouveau sur le Capitole.

« Les conjurés, observe l'historien Giovanni Brizzi, ont beau avoir préparé efficacement le meurtre du tyran (Romulus lui-même avait été tué au nom de cette idée), ils n'ont rien prévu pour s'emparer à coup sûr du pouvoir, ce qui laissait une marge de manœuvre au sénat et aux magistrats – à commencer par Antoine, qui était consul, et Lépide, qui représentait César en qualité de *dictator*. Ils semblent croire, au moins pour les plus optimistes d'entre eux, que la République renaîtra avec la mort du tyran. Ce qui permet à Cicéron d'affirmer que le complot a été planifié "avec un esprit d'homme, mais une intelligence d'enfant". On a dit au sujet de l'assassinat de César qu'il avait été une erreur plus qu'un crime. Pour autant, même s'il s'était éteint de mort naturelle, les choses ne se seraient sûrement pas passées autrement. La République vivait ses dernières heures, il y aurait forcément eu un Octavien pour comprendre que la grandeur de César était également sa faiblesse. Exactement comme certains grands personnages du passé (et peut-être même davantage), il avait été "un homme digne de mémoire, mais dans l'art de la guerre plus que dans l'art de la paix". Sans comprendre que, dans l'inévitable pouvoir personnel sur le point de naître, les justifications comptaient plus que les oripeaux. »

Quelqu'un contribue à souligner la confusion qui règne à cet instant. C'est Dolabella, l'homme qui aurait dû être nommé consul, au grand dam d'Antoine. La mort de César a repoussé son investiture, mais cela ne l'empêche pas de se présenter au Forum vêtu de sa toge – il s'autoproclame consul, en un sens. Le temps de monter sur les Rostres, il tient un discours d'une extrême violence contre César et en faveur des conjurés. C'est un homme peu fiable, qui tourne casaque dès que le vent tourne. Cette fois, il monte sur le char des vainqueurs. Ou du moins, ceux qu'il estime, à tort, être les vainqueurs. Son discours terminé, il gravit le Capitole pour participer aux réjouissances. Ce n'est pas le seul : il y a aussi Cicéron, qui ne cache pas son enthousiasme. Pour l'heure, la majorité des députés est favorable aux conjurés, qui envoient des messagers à Antoine et à Lépide afin de s'accorder avec eux de manière officieuse et sans effusions de sang.

En fin d'après-midi, autour de 16 h 30, Rome est frappée par un orage d'une grande violence, avec des éclairs et des coups de tonnerre assourdissants. Le vent et la pluie qui tombe à verse dispersent les derniers groupes de personnes qui discutent de l'assassinat de Jules César. Tel un rideau qui tombe sur l'une des journées les plus dures de l'histoire de Rome.

20 heures
Antoine et Lépide envisagent la suite

Ce sont des heures compliquées pour les fidèles de César, Antoine et Lépide. Que faire, à présent ? Une chose est sûre : les deux hommes ont échangé des messages. Nous savons également qu'ils se sont vus, mais où ? Impossible à dire. Lépide est un homme d'action, impulsif, il dispose d'une légion en ville et propose d'agir sans attendre en attaquant les assassins de César. Antoine, lui, est plus prudent et préfère temporiser. Il craint que le sénat soutienne les conjurés. Auquel cas, cela signerait leur arrêt de mort. Ils reprennent courage en s'apercevant que les meurtriers de César hésitent sur la suite des événements. Ont-ils un plan digne de ce nom ? Pas sûr. Quant au soutien de la foule, il n'a pas paru si franc que ça. Ils décident donc de passer à l'attaque et de prendre l'initiative. Le lendemain, à l'aube, les troupes de Lépide se positionneront au Forum, prêtes à donner l'assaut sur le Capitole, si nécessaire. Dans le même temps, Antoine envoie des messagers en dehors de la ville pour rappeler les vétérans de César. Il n'a aucun mal à les convaincre : avec la mort de leur général, ils risquent vraisemblablement de perdre toutes les terres qu'ils avaient reçues en récompense de ces campagnes militaires victorieuses.

Minuit
Première nuit sans César

À Rome, personne ne s'endort tranquillement. Les légionnaires en garnison sur l'île Tibérine sont sur le qui-vive, comme s'ils se trouvaient en territoire ennemi. Les rues sont vides, battues par le vent froid.

Les gens sont rentrés après la fête dédiée à Anna Perenna. Les voilà enfermés chez eux. Dans chaque *domus*, chaque *insula*, chaque appartement, les habitants sont réunis et angoissés, ils s'interrogent sur l'avenir. César était du côté du peuple, on l'a toujours aimé. Malgré les rumeurs qui couraient sur lui et Cléopâtre, il valait bien mieux que la clique de ces sénateurs corrompus qui viennent de reprendre le pouvoir, cul et chemise avec les familles de l'aristocratie… Et maintenant, que va-t-il se passer ?

L'ambiance est bien différente dans les riches *domus* de nombreux sénateurs. La mort de César apparaît comme une opportunité de récupérer le pouvoir et les privilèges passés du sénat. Beaucoup trinquent et festoient, heureux de ce changement de cap.

Dans les temples, on exécute des sacrifices pour déterminer ce qui attend l'Urbs. Antoine et Lépide tiennent des réunions avec leurs alliés, dans un climat tendu. Calpurnia pleure toutes les larmes de son corps. Portia ne cache pas sa joie. Le temps des réjouissances passé, Brutus et Cassius s'interrogent. Que faire ? Ils devinent que la mort de César n'a pas créé un monde idéal où régnerait la concorde. Au contraire : le meurtre du général a profondément déstabilisé la situation politique, en créant des problèmes encore plus difficiles à affronter.

Ainsi se termine l'une des journées les plus importantes de l'histoire de l'humanité...

Et Cléopâtre ? Elle est enfermée dans sa demeure sur l'autre rive du fleuve, entourée par des gardes du corps postés dans chaque recoin, dans chaque couloir. Dans sa chambre, faiblement éclairée par plusieurs lampes à huile, elle est pelotonnée sous des draps dont les plis, pareils à une tempête en mer, racontent tout son désespoir. Charmion caresse ses cheveux en silence, en tâchant de l'apaiser, mais elle ne semble même pas s'en apercevoir. Elle a les yeux grands ouverts, plongés dans le vide. Voilà comment lui apparaît l'avenir, désormais. Elle ne s'est jamais sentie aussi seule, aussi vulnérable. Dans ses bras, elle serre la seule certitude qu'il lui reste, en tant que femme et en tant que mère : Césarion. Le petit dort à poings fermés, sans se douter de rien, les cheveux collés sur le front par la chaleur. Cléopâtre inspire profondément cette odeur apaisante.

Les dés sont (à nouveau) jetés

Les jours qui suivent les ides de mars sont mouvementés. Si nous avons voulu raconter la mort de César minute par minute, c'est parce qu'elle lance les protagonistes des prochains chapitres comme autant de dés sur le tapis vert de l'Histoire. Cléopâtre et Antoine, tout d'abord, puis Brutus, Cassius et de nouveaux visages comme Octavien, Agrippa, Mécène... Au fil des mois et des années, ces dés vont rouler et rebondir sans cesse. Avant de s'arrêter pour de bon, ils seront en passe de gagner, puis de perdre, puis à nouveau de gagner, et ainsi de suite. Qui va prendre le dessus sur les autres ? La tension sera telle qu'on ne le saura qu'au moment où ils finiront par s'arrêter, en révélant ce que le destin a décidé pour chacun des acteurs présents sur scène. Difficile de raconter dans un simple livre quatorze ans d'événements politiques, de combats acharnés, de batailles navales épiques, d'amours, de naissances, de disparitions… Tout décrire n'étant pas possible, nous essaierons de traverser cette période cruciale en nous concentrant sur les faits les plus déterminants. D'autres seront traités de manière moins approfondie.

Le lendemain de la mort de César, à l'aube, Lépide déplace ses troupes de l'île Tibérine vers le Forum. Comme une bonne partie des Romains, Cléopâtre a sûrement vu les soldats en marche. Personne n'aura manqué de craindre que la situation ne dégénère. Laisser une armée entrer dans la ville en franchissant le *pomerium* est un sacrilège. L'un des interdits les plus sacrés du gouvernement de Rome vient d'être enfreint. Une violation qui permet de comprendre le niveau de tension ambiant. Encore un peu et c'est la guerre civile.

Une fois sur place, les légionnaires menés par Lépide se positionnent au pied du Capitole, où ils sont rejoints par Antoine, paré de ses attributs de consul… De toute évidence, l'assaut n'est qu'une question de minutes.

Retranchés sur le Capitole, Brutus et Cassius sont à portée de voix, ils entendent très clairement les ordres des centurions à leurs soldats. Cette fois, ils commencent à craindre le pire.

Antoine et Lépide excitent la foule qui s'est massée sur le Forum, en affirmant que l'assassinat de César ne doit pas rester impuni. La foule réagit, elle est en ébullition… Nous sommes à un cheveu d'un massacre dans les lieux les plus sacrés de la ville, le Capitole et le Forum.

Cléopâtre reçoit des informations confuses et contradictoires. Elle penche du côté d'Antoine et Lépide, évidemment, mais vers qui peut-elle se tourner dans une période si troublée ?

Selon toute vraisemblance, elle a envoyé des messagers aux hommes de confiance de César – Lucius Cornelius Balbus, un véritable « Mazarin » de César, ou Caius Oppius, que certains auteurs modernes considèrent comme « les yeux et les oreilles » du grand conquérant. Ce sont les seuls qu'elle a déjà contactés directement. Mais quel pouvoir ont-ils, maintenant que leur chef est mort ? Pour le reste, il n'y a guère qu'Aulus Hirtius, l'un des plus fidèles lieutenants de César et un ami du défunt. Elle le connaît bien car il était présent à Alexandrie au cours de ces longs mois qu'ils avaient passés à se défendre, retranchés dans le quartier du palais royal et du grand port. Une fois encore, il s'agit d'une situation critique, et il y a de grandes chances pour que Cléopâtre ait confiance en lui. De toute manière, elle n'a pas d'autre alternative. Elle attend dans l'angoisse, en regardant briller dans la nuit les feux des bivouacs des militaires sur le Forum et sur l'île Tibérine, puis ceux des conjurés sur le Capitole…

Nombreux sont ceux qui souhaitent attaquer le Capitole et en finir avec Brutus et Cassius. Mais bizarrement, c'est Antoine qui va sauver la situation. Il décide de négocier avec les conjurés et leur propose une rencontre dès le lendemain, autour d'une réunion du sénat. Il apparaît ainsi comme un habile stratège, un excellent négociateur, mais aussi un homme politique capable de voir loin. Il abat pourtant sa meilleure carte en toute discrétion, en rendant visite à Calpurnia, la veuve du défunt. Elle lui confie d'emblée tous les papiers de son mari et une bonne partie de sa fortune. Tout cela sera entre de meilleures mains, pense-t-elle… En l'espace de quelques minutes, Antoine reçoit une somme à donner le vertige : 4 000 talents, l'équivalent de 100 millions de sesterces. La conversion est difficile mais cela tournerait autour de 600 millions d'euros. On croirait un joueur de poker empochant une montagne de jetons d'un coup. Financièrement parlant, il a un matelas suffisant pour essayer de l'emporter.

Mais ces papiers sont une autre carte qu'il joue avec maestria. À en croire Plutarque, il s'agit de notes portant sur tout les projets de César. Voilà comment dans les mois suivants, Antoine ajoutera aux listes de César de nouveaux noms – des personnes qu'il apprécie et qu'il nommera aux postes de magistrat ou de sénateur. Chaque fois, il dira qu'ils figuraient dans les notes de César... De la même façon, il fera sortir des amis de prison et rappellera d'autres citoyens de leur exil. Les Romains – qui sont loin d'être stupides – s'étonneront de voir ces miraculés sauvés de façon douteuse par un homme dans l'autre monde depuis longtemps. Ils les appelleront donc les « charonites », en référence à Charon, le passeur des Enfers.

Lorsqu'il rend visite à Calpurnia, Antoine a certainement vu le cadavre de César. Selon la tradition, la dépouille a été lavée et enduite d'onguents par les *pollinctores* (les « croque-morts »), qui glisseront une pièce dans sa bouche pour que le défunt puisse payer l'obole à Charon, dans l'au-delà. Après avoir été vêtu d'habits d'apparat, le corps a été exposé dans l'atrium de la *domus* plusieurs jours avant l'enterrement.

Si, pour César, le temps s'est arrêté, dehors, un avenir encore très incertain s'écrit à toute vitesse.

Le soir même, Antoine ordonne aux soldats de se poster aux portes de Rome. Les négociations se poursuivent jusqu'au bout de la nuit. Les Romains ont commencé à s'apercevoir que les conjurés et leurs partisans sont peu nombreux. Résultat : la balance de l'opinion se met à pencher en faveur d'Antoine, de Lépide et, plus largement, des césariens.

Le lendemain, les sénateurs se réunissent dans le temple de Tellus, la déesse de la Terre, symbole de fécondité. Parmi eux, on aperçoit le fameux Dolabella. Ayant deviné qui a l'avantage, il a encore changé de bord. Le voilà du côté des soutiens de César. Dehors, la foule des vétérans crie vengeance. Antoine peine à les calmer en discutant avec eux. Mais ce sont les gladiateurs armés de Decimus qui lui répondent. « La paix pour la République ! » crient-ils. L'atmosphère est électrique, à l'extérieur comme à l'intérieur du temple. Et la discussion dégénère. Antoine prononce alors un discours magnifique qui convainc tout le monde. Par quel moyen ? En proposant un compromis – en l'occurrence d'accorder l'impunité aux assassins de César et, dans le même temps, de continuer d'appliquer chacune de ses décisions (les *acta Caesaris*). En apparence, cette idée sauve tout et tout le monde. Les vétérans conserveront leurs terres et ceux qui ont été élevés par César au rang de sénateur ou désignés pour devenir gouverneur, préteur ou autre garderont leurs charges et leurs privilèges. En outre, personne ne tuera les conjurés. Tout le monde est gagnant, cela va sans dire. On met de côté les glaives et les poignards pour discuter et construire l'avenir avec des lois et le sénat. Un véritable exemple de démocratie. Rome est également sauvée – car on évite la guerre civile. Il n'empêche : beaucoup savent qu'il s'agit là d'un simple moyen de repousser l'heure des comptes. Ce sera pourtant un fleuve en crue qui alimentera les années à venir avec des guerres, des accords, des conquêtes, des trahisons… et des rencontres, comme celle d'Antoine et de Cléopâtre.

Cette réunion du sénat marque la victoire des césariens et la défaite des césaricides – c'est ainsi que les historiens appellent les deux camps. Mais il s'agit surtout d'un chef-d'œuvre politique d'Antoine, lui qui n'a pas de troupes à sa disposition, pourtant. Si la situation avait débouché sur un conflit armé, Lépide aurait pris le dessus. C'est à lui qu'on aurait attribué la victoire, pas à Antoine. Par ailleurs, en continuant d'appliquer les décisions de César, ce dernier se rend surtout service à lui-même, car il conserve sa charge de consul… et l'immense pouvoir qui l'accompagne. À sa sortie du temple, il est acclamé comme le sauveur de la patrie.

Afin de bien comprendre ce qui se passera par la suite, ajoutons que les provinces sont distribuées sur la base des dispositions prises par le grand disparu. Brutus obtient la Crète, Cassius l'Afrique, Trebonius l'Asie, Cimber la Bithynie et Decimus la Gaule cisalpine. De quoi dessiner (involontairement) une « géographie » des affrontements à venir.

Plusieurs auteurs directs de l'assassinat, comme Brutus, Cassius et tant d'autres, vont se dispenser de participer à cette réunion, de peur d'être tués. En revanche, sont présents dans la salle tous les sénateurs qui les soutiennent. Ces derniers descendront ensuite du Capitole pour serrer la main d'Antoine et de Lépide au Forum. Néanmoins, preuve de la méfiance qui subsiste, ils vont d'abord exiger… un échange d'otages ! Antoine et Lépide acceptent et envoient leurs enfants sur le Capitole. À tout juste deux ans, Antyllus devient ainsi un gage de la stabilité de Rome.

La soirée est marquée par des banquets de réconciliation croisés. Brutus, la main encore bandée, va dîner chez Lépide tandis que Cassius se rend chez Antoine. « Eh bien, as-tu maintenant encore quelque poignard sous ton aisselle ? » aurait lancé le maître des lieux. Réponse de son invité : « Oui, et un très grand, si tu aspires à la tyrannie. »

Un testament surprenant

Un moment crucial marque cette période : l'ouverture du testament de Jules César, gardé par les vestales à l'intérieur de leur temple. Détail intéressant : ce n'est pas la veuve du défunt, Calpurnia, qui a exigé qu'il soit lu en public. Ce n'est pas elle non plus qui est allée le chercher, mais son père, le propriétaire de la fabuleuse villa des Papyrus d'Herculanum, Lucius Calpurnius Pison. Pourquoi ? Nous sommes dans une société encore essentiellement patriarcale, malgré une ouverture indéniable en direction de l'émancipation des femmes. Dans de nombreuses familles, les décisions sont toujours prises par le mari. En son absence, on se rabat sur l'homme « le plus important » qu'on ait sous la main. Lorsqu'un homme et une femme se marient, l'union peut être *cum manu* ou *sine manu*, le terme *manus* renvoyant à la possession de l'épouse. Dans le premier cas, la « propriété » de la femme passe du père au mari ; dans l'autre, la femme, même mariée, reste la « propriété » de son père. Son époux n'a donc aucun pouvoir légal sur elle. Voilà pourquoi on avait coutume de « demander la main » d'une jeune femme à son père. Contrairement à ce que l'on croit, on ne la demandait pas pour la prendre symboliquement par la main et l'emmener vers un autre moment de sa vie : on demandait à son père d'en devenir le « propriétaire ». Une formule malheureuse que le temps s'est chargé de transformer.

Le mariage de César et Calpurnia était donc *sine manu*, car ce n'est pas la veuve qui a récupéré le testament du défunt, mais son propre père.

Nous pouvons imaginer le beau-père de César, la barbe non rasée en signe de deuil, alors qu'il est reçu par la *virgo vestalis maxima*, la doyenne des vestales. Les vestales sont les six prêtresses vouées au culte de Vesta, la déesse romaine du Foyer. Si leur temple, ainsi que le « monastère » qui s'y rattache, se trouve au cœur du Forum, c'est parce que ce culte et le temple lui-même représentent le « cœur » de la culture romaine. Le feu qui brûle à l'intérieur du temple ne doit jamais s'éteindre, sous peine de signer la mort de la responsable (qui est alors enfermée dans une pièce souterraine dans le *campus sceleratus*, près de la porte

Colline, sur le Quirinal, jusqu'à ce qu'elle meure de faim et de soif). Un sort similaire est réservé aux vestales dont la pureté est souillée par des rapports sexuels avec un homme – elles doivent en effet rester vierges pendant les trente ans durant lesquels elles remplissent ce rôle (elles étaient choisies à l'âge de dix ans, et « libérées » à quarante), mais peuvent se marier à la fin de cette période. Le testament de César, reçu par Calpurnius Pison des mains de la doyenne des vestales, se composait certainement de différents parchemins soigneusement reliés, avec le sceau de César bien en évidence. Il y a de grandes chances pour qu'ils aient été conservés dans une boîte en bois, scellée elle aussi.

La lecture du testament n'a pas eu lieu chez César, mais dans la demeure d'Antoine – celle réservée aux événements officiels.

Dans cette *domus*, le personnel est habitué à voir défiler de nombreux personnages de haut rang ou des invités officiels. Mais en cette matinée du 19 mars, vers 9 heures, le spectacle qui s'offre au regard dépasse l'entendement. Il y a là des sénateurs des deux camps, des magistrats, de nombreux collaborateurs et des fidèles de César, dont quelques soldats, et des membres de la famille du défunt, pour finir. Ce que les esclaves perçoivent, par rapport à toutes les autres visites, c'est cette ambiance pesante qui plane sur la *domus*. Un mélange de tension, de tristesse, de solennité et d'impatience. Après l'ouverture du testament, le monde ne sera plus comme avant. On perçoit une crainte diffuse. À quoi vont ressembler les dernières paroles, et surtout les dernières décisions de César ? Nous savons qu'il possède une fortune considérable. En plus des 4 000 talents qu'Antoine a reçus de Calpurnia, il y a de nombreuses propriétés à Rome et dans d'autres villes. Mais ces parchemins révéleront un bien plus précieux encore que de l'or : « l'héritage politique » de César. La personne désignée comme étant son héritier aura une place prédominante dans cette phase de la vie de la République.

Les parchemins sont déroulés dans un silence total. Avant que les dernières volontés de César ne soient lues, le temps s'écoule à une lenteur insoutenable. Antoine retient son souffle, les yeux posés sur ce rouleau tenu par une main qui tremble légèrement. Le silence est alors brisé par la voix chargée de lire ces lignes. On se concentre sur le sens de chaque phrase, par peur de mal comprendre. Peu de gens s'aperçoivent que c'est encore César qui parle. Même mort, il décide du futur de Rome.

À la surprise générale, les héritiers du défunt sont ses trois neveux : « Caius Octavius aura les trois quarts, Lucius Pinarius et Quintus Pedius auront le reste. » Par la suite, ce Caius Octavius deviendra Caius Julius César Octavien, le futur Auguste… Le lien de parenté est éloigné, mais il est clair. Le jeune homme est le fils d'Actia, qui est elle-même la fille de la sœur de César, Julia Minor. Le raisonnement peut paraître tiré par les cheveux, mais en y regardant de près, il a une logique pour une société machiste où la pureté du lignage est sacrée. Par ailleurs, César suit un principe cohérent : la fille et le petit-fils de sa sœur sont forcément du même sang que lui. En revanche, rien ne dit que ce soit le cas de sa propre fille, Julia. Elle pourrait très bien être le fruit d'une relation adultérine de son épouse avec un autre homme…

Un autre élément prouve que César souhaite faire d'Octavien son successeur. À la fin de son testament, il ajoute une disposition importante. Comme nous le raconte Suétone, « il [déclare] même adopter Caius Octavius en lui léguant son nom ». Autrement dit en le faisant entrer dans la *gens Iulia*. Ce faisant, il accorde à Octavien le droit – s'il en a envie – de s'appeler Caius Julius César Octavien. En quelques mots, il vient d'offrir un pouvoir immense à un tout jeune homme. Ainsi qu'un rôle majeur dans l'Histoire.

Certains ont estimé qu'il s'agissait d'un testament provisoire, car César n'imaginait pas qu'il disparaîtrait si prématurément.

Il n'avait pas conscience du grave danger qu'il courait, la suite du testament le montre clairement. Dans l'éventualité où Octavien (et ses autres neveux) refuserait l'héritage, César nomme d'autres héritiers « de rang subséquent », selon la formule en vigueur. De qui s'agit-il ? Antoine – logique, puisqu'il faisait partie de ses plus fidèles partisans – et... Decimus, l'un des chefs du complot ! La liste comporte d'autres noms – ceux de ses assassins, là encore.

Étrangement, le document ne laisse rien à Cléopâtre, ni à Césarion, qui pourrait être son fils. Mais une autre mauvaise surprise les attend...

Dans son texte, le général défunt a également pensé au peuple de Rome et décidé de léguer 300 sesterces à chaque citoyen, une somme énorme... Ce n'est pas tout. Il offre à la ville ses propriétés sur l'autre rive du Tibre afin qu'elles soient transformées en jardin public. En l'occurrence, les *Horti Caesaris*, où Cléopâtre vit en ce moment.

Traduction : la reine et Césarion sont mis à la porte.

Après avoir été lu chez Antoine, le testament est lu également en public, de manière à ce que l'ensemble des Romains connaissent ses dernières volontés.

La disparition d'un homme aussi exceptionnel que généreux a sans doute suscité une profonde tristesse chez son peuple.

Cléopâtre réagit, Antoine aussi

Cléopâtre, selon toute vraisemblance, n'a pas tardé à apprendre le contenu du testament. L'un de ses conseillers était certainement présent chez Antoine et s'est empressé de l'informer. C'est une femme intelligente, elle ne se faisait pas d'illusions. Étant une reine étrangère, elle n'aurait jamais pu figurer dans le testament de son amant – ce dont elle était consciente.

César était le chef suprême de Rome, il ne pouvait pas léguer sa fortune à un souverain étranger, et encore moins faire de lui son héritier politique – un titre dont Octavien lui-même ne peut se prévaloir : il devra se battre pour l'obtenir. Le raisonnement vaut aussi pour son fils, Césarion. Y a-t-elle songé pendant ses nuits d'insomnie ? Sans doute que oui. En revanche, la reine ne s'attendait sûrement pas à ce que son amant offre au peuple le lieu où elle réside, les *Horti Caesaris*.

Cléopâtre comprend alors une chose. Les adversaires de César et, surtout, le peuple percevront le fait qu'elle soit exclue du testament comme un signe de faiblesse indéniable. Normal, vu le peu de considération qu'il a eu pour elle ! L'hostilité qui n'était que latente risque à présent d'exploser. Rome n'est plus un lieu sûr. Dans l'après-midi, au terme d'un entretien avec ses conseillers, elle donne l'ordre de préparer son départ. Elle doit quitter la ville, et vite. Destination : Alexandrie.

Si Cléopâtre a pu envisager un scénario de ce genre, quelqu'un a dû avoir une très mauvaise surprise : Antoine. Aucun historien de l'Antiquité ne s'est intéressé à ce qu'il a ressenti, mais nous sommes en droit de penser qu'il a été profondément déçu. Peut-être espérait-il même être adopté. Il aura donc vécu la lecture du testament comme une sorte de « rejet ».

L'héritier désigné, Octavien, ne lui fait pas peur : c'est encore un adolescent. Antoine préfère se concentrer sur l'enterrement, prévu pour le lendemain. C'est lui qui a été choisi pour prononcer l'oraison funèbre en qualité de consul, d'ami et de parent éloigné du défunt (sa mère, Julia, était la cousine de Jules César). Après la lecture du testament, il s'est très vraisemblablement dépêché de tenir un conseil restreint avec ses proches et ses amis. Son but : préparer le discours et étudier l'organisation de la cérémonie. On peut penser que c'est sa femme Fulvia qui lui a soufflé une solution spectaculaire pour que tout le monde voie les blessures reçues par César : une statue en cire qu'on dresserait à côté de sa dépouille, au cœur du Forum. Une idée qui était tout sauf anodine : elle avait tenu à montrer les blessures mortelles infligées à son précédent mari, Clodius, trucidé par les hommes de Milon, son rival.

Les funérailles de César et le discours d'Antoine

C'est le matin du 20 mars qu'a lieu l'enterrement de Jules César, soit cinq jours après son assassinat. Le programme prévoit le transfert de la dépouille jusqu'au Forum et le discours solennel d'Antoine. Le cercueil sera ensuite conduit au Champ de Mars, où se trouve la tombe de la fille du disparu, Julia, morte en couches à un âge précoce. C'est là que sera dressé le bûcher funèbre. Mais les événements se dérouleront d'une toute autre manière… et un rôle décisif sera dévolu à Antoine, exclu du testament mais décidé à exploiter politiquement cette journée hors normes.

Dès les premières lueurs de l'aube, le Forum voit se rassembler une foule énorme. Il n'y a pas seulement la population de Rome. Au cours des heures et des jours précédents, de nombreuses personnes sont arrivées des villes voisines, en plus des soldats prêts à partir pour l'expédition contre les Parthes et des vétérans de César. Habilement aiguillonnés par Antoine, ils joueront un rôle décisif dans les événements du jour.

Le cortège funèbre approche du Forum, précédé par des hommes portant des torches. Ils sont accompagnés de plusieurs pleureuses qui chantent les louanges du mort tout en se lamentant de façon théâtrale. Tout le monde voit la dépouille de César déposée sur la litière en ivoire recouverte de pourpre et d'or, portée par des magistrats, en charge ou pas. D'après la reconstitution de Barry Strauss, il y a également des acteurs portant des masques en cire à l'effigie du mort et vêtus de ses habits de triomphe. Ils gesticulent de façon outrée, comme le veut la tradition des enterrements romains, et rappellent les cinq triomphes du chef de guerre. Appien ajoute que ses vétérans figurent également dans le cortège, afin de l'escorter dans cet ultime voyage, comme s'ils étaient ses gardes du corps. Derrière, les amis et les proches suivent le cercueil.

Certains brillent par leur absence, comme les conjurés. Ce n'est pas le moment de se montrer, et ils l'ont bien compris. Mais surtout, Cléopâtre manque à l'appel. Étant une reine étrangère, elle n'a pas le droit d'entrer à l'intérieur du *pomerium*. Il n'empêche : sur l'autre rive du Tibre, dans sa riche demeure, elle pense sans cesse à son amant, tandis que les préparatifs du départ battent leur plein. Tout change pour elle. Une fois de plus.

Au moment où le cortège fait son entrée dans le Forum, l'émotion est immense et la foule fond en larmes, comme un seul homme. C'est une plainte retentissante qu'on entend partout dans Rome. Des larmes coulent sur le visage des femmes, mais aussi sur ceux, durs et sillonnés de rides, de ses anciens soldats. Tout le monde a le sentiment d'avoir perdu davantage qu'un général. C'est un père qui vient de les laisser orphelins. À ce son lugubre vient se mêler celui des vétérans qui frappent leurs boucliers, comme c'est l'usage chez les légionnaires pour impressionner l'ennemi. Cette fois, c'est aussi une façon de saluer leur chef. Représentez-vous rien qu'un instant l'atmosphère, avec ces grands cris, ces pleurs et ces boucliers frappés en cadence. De nombreuses personnes approchent du cercueil, les bras tendus, comme pour le toucher ou le protéger.

La litière funèbre sur laquelle repose le corps de César est portée jusqu'aux Rostres et placée à l'intérieur d'une petite construction préparée en amont, presque identique au temple de Vénus Génitrix si cher au cœur de César. De façon symbolique, Cléopâtre est là, elle aussi, pourrions-nous dire, car le bâtiment dont s'inspire la maquette contient la statue en bronze doré qui la représente.

Au-dessus de cette espèce de baldaquin brillant, on accroche bien en évidence la toge que César portait au moment de son assassinat, maculée de sang. Tout le monde saisit que le discours d'Antoine sera chargé de tension. De fait, la foule se tait dès qu'il monte aux Rostres, à côté de César, pour la dernière fois. Il lève la main, le bras tendu, signe qu'il s'apprête à prendre la parole. Sa tête est recouverte d'un voile. Les personnes les plus proches remarquent également sa barbe de cinq jours, en signe de deuil.

Un écho qui arrive jusqu'à Shakespeare

Que dit-il à la foule ? Seuls deux auteurs antiques, Dion Cassius et Appien, nous ont rapporté les paroles d'Antoine, reconstituées (c'est une quasi-certitude) sur la base des idées qu'il a exprimées en l'espace de quelques minutes et dont la tradition a conservé le souvenir. Ces témoignages nous aident néanmoins à comprendre la dimension théâtrale de son intervention. Essayons donc de retracer ce moment crucial de la vie d'Antoine et de l'histoire de Rome. Par ailleurs, il n'est pas inintéressant de voir comment était conçu un discours politique vieux de 2 000 ans, même s'il ressemble à une oraison funèbre.

Dans un silence irréel, Antoine a dû regarder la foule muette avec un mouvement de tête solennel, d'un bout à l'autre du Forum. Le temps de baisser les yeux, comme s'il voulait rassembler ses idées, il a relevé la tête lentement. Voilà comment il a démarré, d'après Appien : « Il serait inconvenant, citoyens, que l'éloge funèbre d'un si grand homme vînt de moi, qui ne suis qu'un seul, et non de sa patrie tout entière. »

Suétone raconte qu'à cet instant, « en guise d'éloge funèbre, le consul Antoine fit lire par un crieur le sénatus-consulte qui avait décerné collectivement à César tous les honneurs divins et humains, ainsi que le serment par lequel tous les sénateurs s'étaient engagés à défendre la vie du seul César ; il n'ajouta lui-même que fort peu de mots ». D'emblée, Antoine souhaite souligner que la mort de César est le fruit d'une trahison innommable. Un bon moyen de présenter sous un mauvais jour ses adversaires…

Antoine reprend alors la parole. D'après Dion Cassius, il commence à parler des ancêtres de César, de sa lignée, avant de passer à ses qualités personnelles, en soulignant notamment sa générosité avec ses amis et la clémence qu'il a toujours témoignée envers ses ennemis. Il rappelle alors les exploits accomplis par le défunt au cours de son existence. Une longue liste de victoires militaires, agrémentée de tout ce qu'elles ont apporté au peuple romain : « Par la grandeur de son âme et de son courage, [il] a rendu accessibles des contrées auparavant inconnues, et navigables des eaux auparavant inexplorées. Si même quelques-uns, jaloux de lui, ou plutôt de nous, n'avaient excité des dissensions et ne l'avaient forcé à revenir ici avant le temps marqué, il aurait certainement dompté la Bretagne entière avec les autres îles adjacentes, toute la Germanie jusqu'à l'océan Arctique, en sorte que pour limites nous aurions eu désormais non plus la terre et les hommes, mais l'air et la mer extérieure. »

C'est néanmoins la dernière partie du discours qui va être la plus forte et la plus violente : « Eh bien, ce père, ce grand pontife, ce citoyen inviolable, ce héros, ce dieu, il est mort ! Il est mort, ô douleur ! non pas emporté par une maladie, non pas flétri par la vieillesse, non pas frappé dans une guerre au dehors, non pas fortuitement ravi par quelque coup du ciel, mais ici, dans l'enceinte de nos murs, trompé par la perfidie, lui qui avait en sûreté conduit une expédition jusque dans la Bretagne. Sous les coups des citoyens, lui qu'aucun ennemi ne put tuer [...] ; sous les coups de ses amis, lui qui souvent leur avait pardonné. À quoi t'a servi ta clémence, ô César ? À quoi t'a servi ton inviolabilité ? À quoi t'ont servi les lois ? À ce que toi, qui avais porté plusieurs lois pour empêcher que personne ne fût mis à mort par ses ennemis, tu fusses si cruellement assassiné par tes amis ; à ce que tu sois maintenant là, étendu égorgé dans ce Forum que tu as souvent traversé avec la couronne de triomphateur ; à ce qu'on t'ait jeté percé de blessures au pied de cette tribune d'où tu as souvent harangué le peuple. »

À chaque phrase, Antoine, théâtral, se tourne vers le cadavre de César, qu'il désigne. Appien décrit alors un geste bien particulier : « Il déchira sa toge, comme un illuminé, s'en ceignit de façon à avoir les mains libres. » Grâce à plusieurs auteurs, nous savons qu'Antoine aime montrer ses muscles et son torse. Voilà pourquoi il noue souvent sa tunique sur un côté, un peu à la façon d'Hercule.

C'est peut-être à ce moment-là qu'il décide de décrocher la toge imbibée de sang de Jules César et qu'il l'agite, afin que tout le monde la voie. Le ton se fait de plus en plus dramatique, nous raconte Dion Cassius. « Ô cheveux blancs baignés de sang ! Ô toge en lambeaux que tu sembles n'avoir revêtue que pour être égorgé dans ses plis ! » clame-t-il.

Là, il hausse la voix, la main tendue vers le Capitole, et tonne : « Pour ma part, ô Jupiter gardien de la patrie, ô dieux, je suis prêt à le venger comme j'en ai fait le serment et prononcé le vœu. »

Il y a de grandes chances pour que ces mots aient fait frissonner plusieurs sénateurs de tous leurs membres. L'orateur sait cependant doser sa voix comme le plus insidieux des poisons.

D'un ton plus apaisé, il retire en partie ce qu'il vient de dire, en estimant que le décret d'amnistie pour les assassins du général est une bonne chose. Il faut « considérer la situation présente plutôt que ce qui s'est passé [pour ne pas] retomber dans [ces] conflits précédents », ajoute-t-il. Malgré ces promesses, tout le monde sait que les jours de nombreux conjurés sont comptés. Comme Antoine l'a juré aux dieux.

Les Rostres sont devenus une scène de théâtre sur laquelle évolue l'acteur principal, Antoine, seul sur le plateau à côté du cadavre de César.

« [Il] se plaça près du cercueil, comme au théâtre, se penchant vers lui, puis se relevant. Il commença à célébrer César comme un dieu du ciel, [...] les mains vers le haut pour attester sa naissance divine », raconte Appien. Au cours de cette litanie (qui ne serait autre qu'une version hyperbolique de l'hymne funèbre romain traditionnel, à en croire différents historiens), la foule suit les mots d'Antoine, en prenant le relais quand il liste les hauts faits de César et son martyre. Un peu comme à l'église, durant la messe, quand les fidèles répètent les mots du prêtre. L'habileté d'Antoine consiste à impliquer émotionnellement la foule dans son discours, de manière à ce qu'elle ne soit pas seulement passive. À ce titre, c'est une vraie bête de scène, avec un sacré talent d'acteur et un charisme capable d'emporter le public.

Mais la cérémonie n'est pas encore terminée. Voilà que de véritables acteurs montent sur le « plateau » des Rostres, pour célébrer les exploits de César. L'un d'eux, qui interprète le dictateur en personne, provoque une émotion immense au sein de la foule quand il se lance dans la liste de ceux à qui il avait accordé des faveurs dans le passé – certains lui devaient même la vie. Parmi eux, on trouve différents conjurés : « Le peuple commençait à perdre patience, trouvant scandaleux que tous les assassins [...] capturés comme partisans de Pompée, puis, au lieu d'être châtiés, promus par César à des magistratures et à des commandements de provinces et d'armées, eussent ensuite conspiré contre lui. »

Antoine connaît bien les codes du théâtre, et il s'est préparé à la perfection. Ce n'est pas un hasard si cette intervention publique sera reprise par Shakespeare et représentée sur les scènes du monde entier, des siècles durant. Notre orateur a même prévu de quoi embraser la foule. On lit à nouveau le testament de César. L'assistance a presque un mouvement de révolte en entendant le nom de Decimus parmi ceux que le défunt a désignés comme ses héritiers – une nouvelle indication que nous tenons d'Appien.

Les mots d'Antoine ne font que jeter de l'huile sur le feu. Les Romains, déjà agités, sont chauffés à blanc. Et l'orateur décide de souffler encore sur les braises. Peut-être sur les conseils de Fulvia, et avec la complicité de ces nombreux amis dans le monde des planches (ces gens qu'il avait connus du temps où il fréquentait la sulfureuse Lycoris), il met en scène un véritable *coup de théâtre**. À savoir cette fameuse statue en cire du défunt.

Ce sont les mots d'Appien qui nous décrivent la scène, assez incroyable : « Le peuple se trouvait désormais bien près d'en découdre, quand, au-dessus du cercueil, on éleva une statue grandeur nature de César lui-même, faite en cire, tandis que son corps, reposant sur le fond du cercueil, n'était pas visible. Cette statue, grâce à un mécanisme, fut tournée de tous côtés, et l'on y vit les vingt-trois blessures qui lui avaient été portées sauvagement sur tout le corps et au visage. Cette vue parut si pitoyable au peuple qu'il perdit toute patience, poussa un grand

* Tous les mots marqués d'un astérisque sont en français dans le texte.

gémissement, puis entoura le bâtiment du sénat, où César avait été assassiné, et l'incendia. »

La situation est désormais hors de contrôle. Les soldats ont bien du mal à contenir la foule, mais ils ont peur que l'incendie touche les maisons, les théâtres et les temples. Les gens veulent brûler le corps de César, mais où ? Au cœur du temple de Jupiter Capitolin ou dans la curie de Pompée où il a été assassiné ?

L'action de deux hommes va s'avérer décisive. Probablement à la demande d'Antoine, ils ont attrapé des cierges allumés et essaient de mettre le feu au catafalque.

La situation commence à dégénérer. Plutarque nous décrit le chaos qui conduit à la crémation du corps de César : « Les uns crient qu'il faut tuer les assassins. Les autres [...] arrachent des boutiques les bancs et les tables, les entassent et en font un énorme bûcher, sur lequel ils placent le corps et le brûlent, au milieu de nombre de sanctuaires et de lieux d'asile inviolables. »

Le bûcher ne se trouve donc pas sur les Rostres où Antoine a prononcé son discours, ni à l'endroit où César a été tué. Il est au cœur du Forum, non loin du temple de Vesta, à un endroit où les touristes du XXIe siècle continuent de lancer des roses, des fleurs et des mots émouvants, plus de 2 000 ans après. Une nouvelle preuve de la grandeur de César.

Le bûcher est alimenté par les offrandes apportées par la foule, mais pas seulement. Des musiciens et des acteurs se dépouillent de leurs tenues pour les faire brûler. Ils ne sont pas les seuls : « Les vétérans de ses légions y jetèrent les armes dont ils s'étaient parés pour les funérailles », raconte Suétone. Et que dire de ces matrones qui vont jusqu'à lancer leurs bijoux ! Les soldats présents sur place ont toutes les peines du monde à empêcher que l'incendie se propage et détruise les bâtiments alentour.

Malheureusement, le bûcher met à disposition des brandons que les plus exaltés ramassent. La foule oriente à présent sa colère en direction des conjurés et veut se servir de ces morceaux de bois enflammés pour incendier les demeures des meurtriers de César. Un torrent d'individus déchaînés se dirige vers les *domus* de Brutus et Cassius, puis vers celle de Publius Servilius Casca, l'homme qui a porté le premier coup. Ils sont repoussés par les esclaves qui y travaillent ou par les gladiateurs de Decimus, mais on dénombre de nombreux morts, et la maison d'au moins un des conjurés, Lucius Bellienus, se retrouve en proie aux flammes.

On assiste également à un épisode glaçant dont le personnage principal est un ami de César, Helvius Cinna. Malade, il se rend vers le Forum d'un pas chancelant afin d'assister aux funérailles quand il tombe sur la foule. On le prend pour son homonyme, Lucius Cornelius Cinna, le préteur qui avait arraché sa toge avant de traiter César de tyran. Il est trucidé au milieu de la place. Là-dessus, ajoute Suétone, « [la plèbe] le mit à mort et promena sa tête à la pointe d'une pique ».

Ces attaques et cette chasse à l'homme auraient-elles été planifiées par Antoine ? C'est en tout cas ce que Cicéron déclare ouvertement. L'absence de protection de la part des soldats est un autre élément en faveur de cette thèse. En revanche, il faut bien admettre qu'Antoine va finir par perdre le contrôle de la situation.

Le bûcher sur lequel repose César, sans cesse alimenté, continue de brûler pendant des heures. Une foule interminable défile devant lui. Quand les flammes finissent par s'éteindre, les débris et les os calcinés du défunt sont ramassés par ses affranchis et transportés jusqu'à la tombe familiale, au Champ de Mars, avec cette maquette dorée en forme de temple de Vénus. À l'intérieur, on dépose sa toge ensanglantée.

Détail curieux : les cendres ont continué d'alimenter plusieurs légendes, bien après la mort de César. Une tradition médiévale, dont on retrouve la trace dans les *Mirabilia Urbis Romae*, sorte de « guide touristique » qui a commencé à circuler au XIIe siècle, estimait qu'elles étaient conservées dans le globe en bronze doré au sommet de l'obélisque qui se dresse au centre de la place Saint-Pierre. Si cette affirmation est fausse, l'histoire de cet obélisque est fascinante : il a été transporté d'Héliopolis au Forum Julius d'Alexandrie par Cornelius Gallus, premier préfet d'Égypte, puis rapporté à Rome par Caligula, en 40 ap. J.-C. Bien plus tard, en 1586, le pape Sixte V fera conduire l'obélisque jusqu'à la place Saint-Pierre, et remplacera le globe doré par une croix, celle que l'on voit aujourd'hui. Cette sphère métallique est aujourd'hui exposée aux Musei Capitolini – elle présente d'ailleurs les traces laissées par les coups d'arquebuse des lansquenets durant le sac de Rome, en 1527.

À la fin de cette journée mouvementée, Antoine est le maître incontesté de Rome. Il est clairement le leader des césariens, reléguant Lépide dans l'ombre. Avec une sagesse politique incroyable, il continue à consolider son pouvoir. En prenant prétexte des violences qui ont éclaté lors des funérailles, il fait voter une loi qui interdit à l'ensemble de la population d'avoir des armes (à l'exception des légionnaires). Ainsi, il empêche tous ses adversaires d'employer des gladiateurs ou des gardes personnels comme une petite armée privée, exactement comme l'a fait Decimus – qui, entretemps, est devenu l'un des hommes les plus détestés de la ville.

Les conjurés comprennent que leur plan a échoué sur toute la ligne. Ils quittent Rome par petits groupes. Les uns pour se retirer dans leurs villas dans les campagnes environnantes, d'autres pour occuper leurs charges dans les provinces accordées par César (et confirmées par la loi d'amnistie). Decimus, par exemple, part pour la Gaule cisalpine en compagnie de ses gladiateurs. À la mi-avril, Cassius et Brutus quittent la ville à leur tour. Rome est désormais aux mains d'Antoine et de ses alliés.

RETOUR À ALEXANDRIE

Cléopâtre et Antoine, la rencontre ?

Lorsque la dernière lueur des flammes du bûcher de César s'est éteinte et que ses cendres ont été placées à côté de celles de sa fille dans le tombeau du Champ de Mars, l'Histoire reprend son cours. Cléopâtre a décidé de rentrer en Égypte. Mais elle a besoin de garanties. Et désormais, seule une personne en est capable : Antoine. Entrer en contact avec lui est la meilleure solution. Avec la disparition de César, le consul représente la plus haute autorité en charge – avec Dolabella qui s'est « autoproclamé » consul. Après l'enterrement, il est également le chef incontesté des césariens.

Quelles garanties demande-t-elle ? Et surtout, est-ce que l'un et l'autre se retrouvent face à face ? C'est possible, même si nous n'avons aucune preuve. Peut-être se contentent-ils d'échanger des messages. De nombreux chercheurs estiment en effet qu'Antoine préfère ne pas s'afficher avec cette reine si mal vue. Cela lui porterait préjudice politiquement parlant.

Cléopâtre a au moins trois requêtes à formuler. Tout d'abord, elle veut être sûre qu'on ne leur fera aucun mal, à elle et à son enfant. Elle veut ensuite avoir la confirmation que la position de Rome vis-à-vis de l'Égypte ne changera pas, même si César n'est plus là. Les accords qu'il avait signés ont octroyé une place de choix au royaume, entré dans le cercle restreint des « amis et alliés du peuple romain ». En outre, il avait reconnu la souveraineté de l'Égypte sur l'île de Chypre, stratégique pour les routes commerciales et la politique en Méditerranée orientale. Enfin, au moins 16 000 légionnaires se trouvent sur le territoire égyptien : ils ont été laissés là-bas par César afin qu'ils prennent en charge la stabilité de la région. La question que Cléopâtre pose à Antoine est simple : à qui ces légionnaires sont-ils fidèles ? Aux césariens ou aux césaricides ? À Antoine, ou bien à Brutus et à Cassius ? Avant de prendre la route, la souveraine veut donc avoir la certitude qu'on ne tentera pas de la destituer. Ou de l'éliminer...

Antoine la rassure sur tous les points, en convenant qu'il vaut mieux qu'elle quitte la ville.

Nous ignorons s'ils échangent directement mais, ce que nous supposons, c'est qu'ils se connaissent. Il est plausible qu'ils se soient vus à plusieurs reprises durant le séjour de Cléopâtre à Rome. Des banquets et des événements officiels leur en ont sûrement donné l'occasion. Antoine s'est peut-être rendu dans cette somptueuse demeure, sur l'autre rive du Tibre...

Reste une autre hypothèse, encore plus intrigante. Ils pourraient s'être rencontrés en Égypte, quelques années plus tôt, bien avant que la relation entre la reine et César ne commence. À une époque où elle était une toute jeune princesse et lui un jeune officier plein d'énergie qui faisait ses premières armes...

De vieilles connaissances ?

Revenons en arrière, treize ans avant les ides de Mars, et plus précisément en 57 av. J.-C. Antoine est un jeune officier en garnison à Athènes. Il a vingt-six, vingt-sept ans – curieusement, nous ne connaissons pas son année de naissance, qui pourrait être -83 ou -82, alors que nous connaissons le jour exact, le 14 janvier. Sur place, il fait la connaissance de Gabinius, qui vient d'être nommé gouverneur de Syrie, une province aussi riche que stratégique, dont le territoire englobant les territoires compris entre la Cilicie, depuis le golfe d'Alexandrette, et l'Euphrate, alors qu'au sud elle recouvre le Liban et la Palestine. Gabinius demande à Antoine de le suivre, en le nommant préfet de cavalerie (*praefectus equitum*). Il accepte. Il est ambitieux, et c'est une occasion rêvée pour entamer une ascension vers le succès militaire, politique et personnel. De fait, il se distingue tout de suite par son énergie, son courage, sa ténacité et son intelligence sur le champ de bataille. S'il parvient à mater seul une révolte en Judée, il accomplit, sur ordre du gouverneur, des opérations d'exploration avec la cavalerie, à l'est, sur le territoire de l'Empire parthe, le grand ennemi de Rome. Mais son chef-d'œuvre reste la campagne militaire d'Égypte, qui vise à réinstaller sur le trône le père de Cléopâtre, Ptolémée XII Aulète, chassé au terme d'une guerre dynastique par sa propre fille, Bérénice, aidée par son mari, Archélaos de Comana. Pour Antoine, qui rêve de grands exploits, c'est a priori l'occasion rêvée. Conquérir l'Égypte n'a jamais été évident. La dernière armée à y être parvenue était celle d'Alexandre le Grand, près de trois siècles plus tôt. L'Égypte est en effet défendue par des déserts à l'est, au sud et à l'ouest, alors qu'au nord la mer est quadrillée par sa flotte très puissante. Antoine fait montre d'un courage remarquable et d'une grande habileté en conquérant la ville de Péluse, qui est un peu la porte d'accès à l'Égypte à partir de Gaza. Le reste de la campagne lui permettra de montrer son audace et son instinct stratégique. Il sera également magnanime avec les vaincus, en réservant des funérailles royales au chef ennemi, Archélaos, tué lors des combats. Tout cela renforce sa réputation, chez ses soldats comme auprès des populations révoltées. Les rebelles défaits, Antoine, Gabinius et Ptolémée XII n'auront plus qu'à entrer dans Alexandrie.

Antoine s'y arrête des semaines. C'est la première fois qu'il entre en contact avec le monde oriental, qui va profondément le marquer. Comme l'a observé l'historienne Giovannella Cresci Marrone, sa curiosité est comblée par cette culture d'inspiration hellénistique, avec des influences exotiques. Après avoir réinstallé Ptolémée sur son trône, il se rend souvent au palais royal, cela va sans dire. La cour le reçoit en diverses occasions. C'est lors d'une d'entre elles qu'il va rencontrer… Cléopâtre.

À l'époque, c'est une toute jeune princesse, âgée d'à peine treize ans. Une gamine qu'un homme de près de trente ans va sans doute à peine remarquer. Entre les deux, il n'y a rien de plus qu'une présentation officielle et publique. Rien qui laisse présager l'histoire qui bouleversera leur existence des années plus tard. Appien affirme, certes, qu'Antoine était toujours prêt à tomber amoureux, à en croire une rumeur très répandue, et qu'il s'était « embrasé » à la vue de Cléopâtre. Mais aucune source antique ne vient la confirmer.

Antoine, un militaire avec le « physique du rôle* »

À quoi ressemblait Antoine quand la toute jeune Cléopâtre a fait sa connaissance ? Si nous ne savons pratiquement rien sur l'adolescente qu'elle était, nous disposons d'une belle description d'Antoine en jeune officier, grâce à Plutarque : « Il avait aussi dans son extérieur un grand air de dignité : sa barbe majestueuse, son large front et son nez aquilin semblaient reproduire l'aspect viril que les peintres et les sculpteurs prêtent au visage d'Héraclès. Il existait d'ailleurs une antique tradition selon laquelle les Antonii étaient des Héraclides, qui descendaient d'Anton, fils d'Héraclès. Et il pensait confirmer cette tradition par son apparence physique, comme je l'ai dit, et par son accoutrement : toujours, lorsqu'il devait se montrer à la foule, il retroussait sa tunique sur la cuisse, portait suspendue à son côté une grande épée et revêtait une grosse casaque. »

Antoine a donc une allure d'athlète, musclée et puissante, qui le rapproche automatiquement du surhomme en vogue dans l'Antiquité : Hercule. On imagine sans peine comment tout cela se traduit dans une virilité qui frappe beaucoup les femmes.

Le caractère du militaire fascine également : il est extraverti, aime la compagnie et apprécie les plaisirs de la table. Comme nous le raconte Plutarque, « son habitude de se vanter, de railler, de boire en public, de s'asseoir auprès des dîneurs ou de manger debout à la table de ses soldats, tout cela inspirait à ses troupes une sympathie et une affection extraordinaires ».

Il possède également un autre atout : c'est un homme qui sait aimer avec douceur : « Ses amours non plus n'étaient pas sans grâce, et là encore il se rendait toujours populaire auprès de beaucoup de gens en servant leurs passions et en se laissant volontiers plaisanter sur les siennes. Sa libéralité et les faveurs qu'il accordait à ses soldats d'une main largement ouverte et sans compter lui frayèrent une route brillante vers le pouvoir. »

Ajoutons une information importante. Toute sa vie, Antoine a été endetté.

L'adieu à Rome

L'aube vient de se lever quand Cléopâtre quitte les *Horti Caesaris*. Le dernier d'une interminable série de préparatifs qui animent les occupants de la propriété. Selon toute vraisemblance, une petite cérémonie a été organisée la veille pour que la souveraine fasse ses adieux aux gardes et à la suite qui l'ont assistée (et protégée durant la période troublée qui a suivi l'assassinat de César) au cours de son séjour à Rome, des mois durant. Ce seront les seuls à rester sur place, contrairement à la cour et aux collaborateurs les plus proches de la reine : ils quitteront la demeure en même temps qu'elle. De quoi créer un immense cortège, digne d'une parade royale. Des chars de toutes sortes se sont déjà massés dans la ville, des plus simples, les *plaustra*, traînés par des mules ou des bœufs, qu'on emploie généralement pour le transport de marchandises, aux moins communs, comme les *redae*, de solides véhicules à quatre roues munis de sièges sur lesquels vont s'installer les membres de la cour. Sur de nombreux chars, on entasse les éléments de mobilier qui décoraient la villa – le trône de Cléopâtre, des rouleaux de soie précieuse, des tables à banquet somptueuses, des statues de divinités, etc. Ce n'est pas un simple déménagement, c'est tout un palais qui doit se déplacer. Dans les chars, on range également des documents, les objets de la cour et, pour finir en beauté, les luxueux effets personnels de la reine. D'innombrables vêtements précieux, des bijoux, mais aussi des assiettes, des carafes et des gobelets en or, en argent, en malachite ou en albâtre, délicatement enveloppés dans de la paille puis placés dans des caisses. Sans compter qu'en plus de la reine, il y a également un « roi » (son frère Ptolémée XIV) et le fils de Cléopâtre, Césarion. Chacun a ses propres objets personnels et des esclaves attitrés…

Elle arrive en dernier. Elle avance vers son carrosse d'un pas royal. Chacun s'incline à son passage. Avant de monter, elle s'arrête, la tête tournée dans un geste très humain, et observe le lieu où elle a vécu tous ces moments de sérénité et de bonheur. Ses yeux caressent les fenêtres, les colonnes avec ces rideaux agités par une légère brise printanière, et puis cette *pergula* à l'élégant grillage en bois. C'était souvent à cet endroit qu'elle regardait l'aube se lever sur Rome, en frôlant les arabesques en bois tandis que l'air vivifiant caressait son visage et ses cheveux… C'est également le cas ce matin. Cléopâtre ferme un instant les yeux et remplit lentement ses poumons, comme elle l'a toujours fait. Sauf que c'est la dernière fois. Elle rouvre les yeux. Soudain, son expression change. La voilà plus attentive, plus concentrée. Elle tourne la tête et monte dans son carrosse. C'est un *carpentum*, un véhicule solide et tout à fait somptueux, avec des colonnes qui soutiennent un toit en bois. On dirait presque un temple doré à quatre roues, avec des rideaux en soie de couleurs vives. Le temps d'un ultime regard, Cléopâtre se glisse à l'intérieur, avec ses dames de compagnie.

Un signal, et le cortège se met en route. Le char de la reine est au centre, protégé par un cordon non négligeable de gardes du corps. Certains sont même postés sur le char, l'épée au clair.

On a choisi de partir à l'aube pour des raisons de sécurité mais aussi pour profiter du fait que les rues sont dégagées. Les immenses portes en bronze de la propriété s'ouvrent majestueusement pour permettre au cortège royal de sortir à la lumière des derniers flambeaux. Il est attendu par la présence massive de soldats romains à cheval. C'est l'escorte considérable envoyée par Antoine pour garantir qu'il n'arrivera rien à la reine. Le cortège est interminable, il n'en finit pas de sortir des *Horti Caesaris*. C'est une caravane voyante et bruyante, elle réveille de nombreux Romains qui ouvrent les battants de leurs fenêtres, ébahis.

Quel chemin emprunte le convoi ? Vu la situation politique délicate, on a choisi de rejoindre Ostie par le trajet le plus rapide. C'est là que la reine embarquera. Même si elle dispose d'une embarcation splendide, amarrée au ponton privé des *Horti*

Caesaris, il aurait été risqué de l'emprunter. Le poète Horace rapporte que les jours précédant la mort de César, le Tibre a connu une crue exceptionnelle. Il est même sorti de son lit à plusieurs endroits. Il y a donc de grandes chances pour que le cortège traverse le fleuve sur le grand pont Sublicius, dans le sud de la ville, et rejoigne la *Porta Ostiensis*, l'entrée la plus importante de Rome. À partir de là, la caravane se dirige vers Ostie.

Aujourd'hui, ce trajet se fait en un peu plus de trente minutes en voiture. Alors qu'à l'époque de Cléopâtre, il faut au moins une demi-journée, voire une journée entière... Nous avons tendance à l'oublier, mais se déplacer dans l'Antiquité demande du temps et de l'énergie, qu'on s'appelle Cléopâtre ou pas.

De fait, une fois à Ostie, la souveraine n'embarque pas tout de suite. Il faut charger les bagages, ce qui prend plusieurs heures. Il est donc naturel qu'elle passe la nuit sur place (dans une riche villa) pour lever l'ancre le lendemain matin.

Un long voyage en mer commence

La reine et sa suite montent très certainement sur des embarcations plutôt petites, de 10-15 mètres de long – peu adaptées pour le grand large, mais idéales pour naviguer rapidement le long de la côte sans perdre de temps.

À quoi pense-t-elle, maintenant qu'elle sent de nouveau la mer sous ses pieds ? Une chose est sûre : à cet instant, elle comprend même physiquement que sa vie reprendra son cours lorsque ce roulis cessera et qu'elle touchera la terre ferme à Alexandrie. Elle pourra alors sentir dans l'air les parfums de cette terre d'Afrique qui lui manquent tant. L'avenir est là-bas, il l'attend.

Peut-être regarde-t-elle le port et son phare s'éloigner, Césarion serré contre elle et les cheveux au vent, consciente qu'une page de sa vie se referme pour toujours. Et pour cause : elle ne reviendra plus jamais à Rome. Même l'escorte d'Antoine la quitte pour regagner l'Urbs. Il lui faudra à peu près une journée pour rejoindre Pouzzoles (*Puteoli*). De grandes embarcations adaptées à la navigation en haute mer la conduiront enfin à Alexandrie.

Aucune source antique ne nous décrit cette première étape du voyage, mais on peut penser qu'elle a fait le trajet en bateau. En passant par la route, elle aurait mis trois ou quatre jours, au minimum. Sans compter que le trajet pourrait s'avérer risqué. Il valait mieux prendre la mer et suivre la côte – pour arriver plus vite. Et c'est ainsi qu'une flottille égyptienne part en bloc d'Ostie en direction du sud, vers Pouzzoles.

Dans la première partie du trajet, la mer est d'une couleur qui varie selon la profondeur et le courant. Elle peut être vert émeraude, avant de prendre brusquement les couleurs de la terre à cause des sédiments du Tibre. Au bout d'un moment, elle finit par devenir d'un bleu limpide et le navire de Cléopâtre est accompagné par les bonds des dauphins.

Ce n'est que le début d'un voyage de plus de 2 000 kilomètres, une distance immense pour l'Antiquité. Tout cela nécessite de se préparer sérieusement, en prévoyant des étapes et de grands stocks de vivres et d'eau douce. Une cour qui se déplace, avec armes et bagages, cela exige du temps… or c'est exactement ce qui manque à Cléopâtre. César est mort, les équilibres politiques ont changé, et elle est peut-être en danger. En outre, elle doit quitter son lieu de résidence. Sans doute profite-t-elle d'une coïncidence : les navires égyptiens étaient déjà prêts à lever l'ancre en vue de l'expédition de César contre les Parthes, ce qui a facilité ce départ « précipité ».

Mais il y a un autre problème : le mauvais temps. À l'époque romaine, les trajets en mer s'arrêtent presque entièrement à la période hivernale, à cause des tempêtes. D'un moment à l'autre, la Méditerranée peut devenir un monstre impitoyable. Les déplacements se concentrent donc entre le mois de mai et le mois d'octobre, c'est-à-dire aux beaux jours. En réalité, le trafic maritime ne s'interrompt pas complètement en hiver, mais il reste exceptionnel – on transporte des troupes, de la nourriture pour mettre fin à une pénurie, etc.

Le sort a voulu que César soit tué à une période de l'année où la navigation est encore jugée dangereuse. Ce n'est pas tout : se rendre en Égypte implique d'attendre l'arrivée des vents favorables – les étésiens, comme les appellent les habitants de l'Antiquité, qui facilitent la navigation vers le sud au cours de la période estivale. Produits par les hautes pressions sur la région des Balkans et par les basses pressions sur l'Égypte, ce sont des espèces de « toboggans » pour ceux qui veulent passer de l'ouest à l'est de la Méditerranée. En d'autres termes, de Rome à Alexandrie.

Voilà qui explique pourquoi Cléopâtre n'est pas partie tout de suite. Elle n'a pas seulement dû attendre qu'Antoine confirme les accords décrétés par César et organiser un voyage vraiment compliqué : il lui a également fallu patienter jusqu'à un moment propice pour s'en aller. C'est-à-dire au moins un mois après les ides de mars, afin de profiter des premiers vents étésiens, même s'ils ne sont pas encore constants. Elle choisit la première fenêtre de tir, en somme. De nombreux indices (dont des lettres de Cicéron) laissent en effet entendre que la reine a quitté Rome entre le 11 et le 14 avril, à l'aube.

Arrivée à Pouzzoles, elle a eu une vision familière : les grands navires égyptiens ancrés au large. Elle commence à savourer la puissance de son royaume.

Car à l'époque antique, Pouzzoles est une vraie plate-forme commerciale. Toutes les marchandises en provenance et en direction de Rome transitent par ce port – Ostie ne sera un port de premier plan qu'à l'époque de l'empereur Claude. Exactement comme dans un aéroport international du XXIe siècle, où des dizaines de routes mènent vers des dizaines de directions, on remarque des navires marchands de nationalités différentes. Dont des navires égyptiens. Mais ce n'est pas tout.

Si Cléopâtre se sent davantage chez elle, c'est parce que, comme dans la majorité de l'Empire romain, la langue grecque est largement pratiquée dans une grande ville de la région, Naples. C'est une cité d'origine grecque, de culture grecque, avec une planimétrie grecque…

Mais qu'importe. Il n'y a pas de temps à perdre. Elle doit rentrer en Égypte au plus vite, à bord de son vaisseau amiral. Elle dispose certainement d'une des embarcations les plus imposantes et les plus rapides de la flotte égyptienne, l'une des meilleures de l'époque. Les sources antiques ne nous permettent pas d'en savoir plus sur ce bateau, mais il y a de fortes chances pour qu'il s'agisse d'une galéasse, peut-être semblable à l'impressionnante *Antonia*, qu'elle utilisera lors de la future bataille d'Actium, avec une coque haute, une voilure immense et plusieurs rangées de rames. Nous parlons d'une embarcation de plus de 40 mètres de long, avec un équipage de 200 rameurs. Il y a également d'autres navires taillés pour la haute mer, de dimensions inférieures. Leur mission consiste à transporter au moins une centaine de personnes, des esclaves aux conseillers de la reine, sans oublier les intellectuels et les artistes qui avaient quitté Alexandrie avec elle. À ce groupe considérable s'ajoutent un nombre non négligeable de gardes du corps, ainsi que la suite de son frère et mari, Ptolémée XIV. Bref, c'est bien une petite flotte qui part de Pouzzoles.

L'arrivée soudaine de la reine d'Égypte ne doit pas être passée inaperçue, tout comme son départ rapide. On peut imaginer qu'une petite foule de curieux se soit massée sur le quai pour assister à l'ensemble des opérations, jusqu'au départ de la flotte.

Une ultime étape éprouvante

Le voyage ne sera pas de tout repos. Les bateaux de l'époque ne sont pas conçus pour transporter des passagers. En règle générale, il n'y a aucune cabine. On dort sur le pont, enveloppé dans des couvertures. On se lave et on mange sur le pont. En cas de pluie, les abris sont précaires. Sans surprise, Cléopâtre n'est pas logée à la même enseigne : elle dispose des commodités et du confort dus à son rang – le raisonnement vaut peut-être aussi pour certains membres importants de son entourage.

Il faut par ailleurs prendre en compte le caractère superstitieux des marins. Les Romains le sont tout particulièrement, et c'est sans doute la même chose pour les Égyptiens. À titre d'exemple, on se garde bien de danser en cours de route, on ne se coupe pas les ongles ou les cheveux. Éternuer en montant à bord est de très mauvais augure : la personne fautive est aussitôt renvoyée à terre ! Les rêves qui sont faits la veille du départ ont leur importance, eux aussi. Selon, par exemple, l'animal dont on a rêvé, on peut prévoir si le temps sera orageux ou au beau fixe. Si, avant de partir, on repère un bout de bois appartenant à un bateau en train de flotter, ou bien un corbeau se poser sur la vergue, il vaut mieux repousser le départ : voilà qui présage d'un naufrage assuré. Les sacrifices qu'on effectue quelques minutes avant d'appareiller ont pour but de donner le feu vert, ou pas. Enfin, certains jours sont néfastes pour voyager, comme le 24 août, le 5 octobre ou le 8 novembre. Et par-dessus tout, il est hors de question d'être en pleine mer le dernier jour de chaque mois…

En réalité, toutes ces superstitions sont typiques d'un monde préscientifique incapable de comprendre l'apparition des orages ou d'expliquer l'origine de la foudre… Au fond, ces comportements « irrationnels » limitaient le nombre de navires en mer, ce qui faisait mécaniquement baisser la fréquence des naufrages. Il y en avait malgré tout, et ils étaient tragiques. En pleine mer, la mort était assurée : il n'y avait ni chaloupes à bord, ni bouées de sauvetage. Et n'allez pas imaginer des équipes de secouristes ! Par ailleurs, rares étaient ceux qui savaient nager. Un voyage en mer était vraiment risqué…

Mais à cet instant, toutes ces considérations sont peut-être mises de côté. Cléopâtre est une reine, et on la considère comme la réincarnation de la déesse Isis. Un ordre de sa part et on lève l'ancre…

Le voyage est interminable. On a calculé que, pour aller de Rome à Alexandrie, Cléopâtre a mis entre deux et trois semaines.

Essayons de reconstituer le trajet. La flotte a d'abord pris le chemin du détroit de Messine, qu'elle a atteint en un jour et demi ou deux. De là, elle a traversé la mer Ionienne en suivant une route vers l'est, jusqu'à l'île de Zante, qu'elle a dépassée, avant de longer le Péloponnèse, pendant un jour et demi, jusqu'au cap Ténare. Après avoir laissé le cap sur sa gauche, l'embarcation de Cléopâtre a fait route vers l'île de Crète, qu'elle a atteinte au terme d'un grosse journée de navigation. De là, elle a mis le cap vers Alexandrie, mais il y a de fortes chances pour qu'elle ait longé la Crète par le sud. Une fois à la hauteur de l'île inhabitée de Koufonissi, elle s'est élancée vers le grand large, pour une étape d'une semaine.

Cléopâtre a-t-elle fait une fausse couche ?

Même si les hommes et les femmes de l'Antiquité avaient coutume de faire face à des désagréments de toutes sortes, surtout par comparaison à nos standards actuels, de nombreux auteurs (à commencer par Cicéron, dans sa correspondance) affirment que le voyage a été stressant pour Cléopâtre. Au point qu'elle a fait une fausse couche.

Un drame personnel qui s'ajoute à cet ensemble de certitudes qu'elle a vues s'écrouler. Cléopâtre, au-delà de son statut de reine et de figure historique bien présente dans notre imaginaire, est aussi une femme, un être humain qui subit les revers de l'existence, comme chacun de nous.

Les sources antiques laissent entendre que la reine était enceinte au moment de son départ de Rome. Une grossesse qui intrigue depuis toujours. La reine et César ont-ils eu la possibilité de se donner l'un à l'autre dans cette demeure sur l'autre rive du Tibre ? Au milieu de ces gardes, des collaborateurs et des conseillers royaux, ont-ils réussi à trouver assez d'intimité pour continuer à vivre leur longue histoire d'amour ? Ne s'agissait-il pas plutôt de brefs moments de passion, de nuits d'amour, non pas sous le ciel étoilé d'Alexandrie, mais sous celui de Rome ? Ils avaient tout intérêt à ne pas se montrer trop ensemble : César était au centre de l'attention et Cléopâtre était assez mal vue. En outre, le grand conquérant avait déjà une épouse à Rome. Nous ne saurons donc jamais ce qu'il en était vraiment.

Lorsque Cléopâtre aura quitté Rome pour rejoindre Alexandrie, Cicéron va écrire pas moins de six lettres (entre le 16 avril et le 14 juin -44) à l'une de ses connaissances, Atticus, un « capitaine d'industrie » de l'époque. Il s'y réjouit de la fuite de la reine et évoque plusieurs fois des rumeurs autour d'une fausse couche présumée, sans avoir aucune certitude. Certaines phrases laissent d'ailleurs entendre que le célèbre orateur était fou de joie à l'idée que Cléopâtre puisse avoir perdu l'enfant qu'elle attendait…

Mais au fond, peu importe que ces rumeurs soient fondées ou pas. Approchons-nous plutôt de cette femme. Assise à la proue du navire, face à la mer tranquille, à l'abri des regards (mais avec des gardes du corps prêts à intervenir), elle observe l'horizon plongé dans le noir, un poids énorme sur le cœur et sur l'âme.

Une lumière amie dans la nuit

On n'entend que les vagues lécher la coque du bateau, comme si les flots gémissaient en se brisant contre la proue du vaisseau amiral. La mer est d'un noir d'encre, mais Cléopâtre la voit comme une « amie » qui la berce en faisant doucement tanguer l'embarcation. Ses pensées sont accompagnées par le bruit des gréements, dont les sommets craquent et grincent, tandis que la voile claque avec un bruit sourd, gonflée par la brise. Les yeux de la reine se lèvent vers le ciel. Il est plus clair que la mer. Dans ses yeux, des milliers de petits points lumineux se reflètent. On croirait voir des lucioles, un soir d'été. Par ces latitudes les étoiles ne sont pas des astres, mais des diamants étincelants. On croirait pouvoir les toucher. Leur lueur ténue éclaire jusqu'aux visages des passagers.

En mer, au mois d'avril, on distingue Orion, mais aussi Cassiopée, la reine d'Éthiopie, une constellation citée par Ptolémée.

Cléopâtre cherche les constellations que ses précepteurs lui ont appris à repérer, depuis son enfance. Elle a presque la sensation d'entendre leurs voix. Elle a toujours aimé écouter les histoires et les mythes qu'on lui racontait. Elle adore Homère et connaît très bien l'*Iliade* et l'*Odyssée*, avec l'incroyable voyage d'Ulysse. Elle a peut-être appris des passages entiers de ces œuvres par cœur, comme le faisaient de nombreux Grecs de son époque. Dans le monde hellénistique, l'enseignement est vraiment stimulant pour un esprit aussi curieux et assoiffé de savoir que le sien. Les poèmes d'Homère dépassent le cadre de la littérature : on y trouve également des notions d'histoire, de religion, de droit, de technologie… Même chose avec la mythologie, qui n'est pas seulement constituée de récits sacrés, avec les divinités et leurs hauts faits, mais qui est une véritable encyclopédie. Dès cette époque, c'est également un paradigme culturel : on enseigne différentes matières à l'aide d'un seul texte. Une approche du réel pluridisciplinaire, mais aussi un aspect typique de la mentalité hellénistique, l'expression d'une grande ouverture d'esprit qui est à la base de la pensée occidentale.

Le regard rempli de doux souvenirs du passé, mais aussi de questions glaçantes sur son avenir, Cléopâtre est interrompue par la voix du timonier, à la barre au bout du vaisseau : « Le Phare ! » Un cri libérateur et attendu. Devant eux, à la frontière entre la mer noire et le ciel étoilé, une petite lumière semble flotter à la surface de la Méditerranée. C'est celle du Phare d'Alexandrie.

Tantôt elle disparaît derrière une vague, tantôt elle tremble à cause des déplacements d'air… Nous sommes encore très loin de la ville, mais la flotte de Cléopâtre entre dans son rayon d'action.

La reine doit être soulagée. À bord, tout le monde laisse éclater sa joie. On cherche le Phare, on le pointe du doigt. Après des semaines en mer, la fin du voyage est imminente.

De minute en minute, d'heure en heure, sa lumière devient de plus en plus visible et forte. Le Phare d'Alexandrie projette un faisceau lumineux qui peut atteindre les limites de la courbe terrestre, c'est-à-dire l'équivalent de 48 kilomètres. Comment est-ce possible ? Cette construction est le fruit de l'intelligence des ingénieurs de l'Antiquité, et de cette époque extraordinaire en particulier. On doit sa conception et sa construction à un architecte, Sostrate de Cnide, qui s'est lancé dans ce projet sur ordre de Ptolémée Ier. Il a cependant été terminé sous le règne de Ptolémée II, un ancêtre de Cléopâtre. C'était en 280 av. J.-C., une vingtaine d'années avant les guerres puniques. En un sens, Sostrate de Cnide est une sorte d'« architecte star » de l'époque. Le coût du projet était exorbitant : 800 talents. Mais pour quel résultat ! Rien de moins que l'une des Sept Merveilles du monde antique.

Pour projeter un faisceau de lumière aussi loin, il était tout d'abord nécessaire de construire une tour immense. L'architecte a donc réalisé une structure d'environ 120 mètres de haut, l'équivalent d'un immeuble de 40 étages, en trois parties. La base est carrée, le corps central est un « mât » octogonal et le sommet a la forme d'un cylindre ouvert, sans doute constitué de nombreuses colonnes. Tout en haut brille la statue dorée d'Alexandre le Grand (ou, d'après certains, celle de Zeus ou de Poséidon). En dessous, au milieu des colonnes, brûle le feu qui sert de point de repère à tous les marins qui naviguent la nuit. La flamme est grande, alimentée par de l'huile. Reste à savoir comment sa lumière peut être aperçue à près de 50 kilomètres des côtes et avoir une portée équivalente à celle d'un phare du XXIe siècle ? L'astuce tient à la présence d'une série de miroirs qui concentrent la lumière pour créer un faisceau intense, en mesure d'atteindre des endroits où la côte n'est plus visible. Mais cela ne suffit pas. Il se pourrait qu'un autre élément contribue à concentrer ce faisceau de lumière : de grands disques en verre taillés de façon particulière (avec un « bulbe » et des « degrés »), de véritables miroirs paraboliques, comme ceux des phares modernes. Si on n'arrive pas à obtenir des matériaux aussi purs qu'aujourd'hui, l'époque de Cléopâtre possède déjà les connaissances nécessaires pour réaliser ce genre de disques en verre.

Charmion approche de Cléopâtre. Ensemble, elles fixent cette lumière, comme hypnotisées, tandis que des mèches de cheveux frôlent leurs joues. Derrière elles, un passé à oublier. Et devant, un avenir à construire et à défendre.

Cléopâtre est de retour chez elle…

Le ciel s'éclaircit rapidement et une teinte bleue éteint progressivement l'ensemble des étoiles, pour n'en laisser qu'une seule, étincelante, posée sur le profil noir de la côte : le Phare d'Alexandrie. Le soleil ne va pas tarder à se lever. Les premiers rayons du jour donneront lieu à des offrandes et à des rituels, afin de remercier Râ ou Hélios de s'être éveillé, selon qu'on est égyptien ou grec. Les voyageurs rendront surtout grâce aux dieux d'être arrivés sains et saufs en Égypte.

Le spectacle qui se dévoile sous les yeux de Cléopâtre et de tous ceux qui se trouvent à bord est indescriptible.

La lumière du Phare semble brusquement se dédoubler. À côté de son éclat puissant, un autre, encore plus intense, fait son apparition : ce sont les premiers rayons du soleil qui se lève juste derrière le Phare. La flotte de Cléopâtre suit une route qui la place sur la même ligne que ce prodige architectural et l'astre qui se lève. Pendant quelques dizaines de secondes, la tour est encadrée par le soleil rouge qui apparaît à l'horizon. S'il est de cette couleur vive, c'est à cause de la poussière du désert en suspension dans l'air. Avril est en effet le mois où souffle le khamsin, un vent capable de déclencher de terribles tempêtes de sable – il y a environ cinq siècles, au cœur du désert égyptien, l'une d'elles a englouti tout un corps expéditionnaire persan qui n'a jamais été retrouvé. En s'élevant, le soleil finit rapidement par « se débarrasser » de la poussière du désert et vire à l'orange en quelques secondes, puis au rose et au jaune, avant de briller avec une intensité aveuglante. Cléopâtre est encore là, les yeux clôs. Elle accueille cette chaleur comme si elle pouvait redonner de l'énergie à son cœur. Elle les rouvre sur la ville, ainsi que de nombreuses voiles qui se dirigent en direction de son bateau. C'est l'intégralité de la flotte égyptienne qui vient de sortir du port pour souhaiter la bienvenue à sa reine. Un peuple en liesse l'attend…

Alexandrie accueille sa reine

Le grand vaisseau amiral, à l'arrêt à une certaine distance, est rejoint par la somptueuse embarcation royale de Cléopâtre, bien plus petite, certes, mais tellement raffinée et précieuse qu'elle brille comme un écrin dans la lumière vive du soleil matinal. Depuis le rivage, tout le monde peut admirer le scintillement de ses éléments en or, les mouvements ondoyants et élégants des drapeaux, des tissus et des rideaux en soie tendus entre les colonnes soutenant une couverture sous laquelle la reine s'est installée. Les rameurs ont ralenti l'allure, de quoi donner à la scène une atmosphère presque sacrée. En entendant la nouvelle, les habitants d'Alexandrie sont sortis en masse de chez eux et sont à présent massés le long des quais, du rivage, mais aussi sur les toits et sur les terrasses des habitations. Ils veulent voir la reine, lui faire sentir tout leur amour et leur soutien. Et pour cause : elle seule peut garantir leur indépendance et leur richesse. À mesure que le ponton royal approche, Cléopâtre entend de plus en plus distinctement les cris de ses sujets, le son des tambourins, des flûtes, des sistres, qui se transforment en une immense clameur lorsqu'elle se retrouve à portée de voix.

Nombreux sont ceux qui entonnent un de ces hymnes à Isis qui concluent les prières dans les temples dédiés à cette divinité. Progressivement, d'autres se joignent à eux : Cléopâtre finit par avoir la sensation que tout le monde chante pour elle d'une seule voix. Face à l'amour de ses sujets, elle s'aperçoit enfin qu'elle a longtemps vécu cernée par la méfiance et par la haine des Romains, enfermée dans sa prison dorée des *Horti Caesaris.* Debout sur l'embarcation, le regard fier, elle adresse un signe de la main à son peuple, qui pousse un grand cri. Le navire s'amarre au quai et les rameurs lèvent leurs rames vers le ciel bleu. Dans le silence, quelques hommes s'empressent de positionner une passerelle. Deux rangées de gardes royaux se sont déjà alignées devant le bateau tandis que les dignitaires de premier plan l'attendent au fond. Un peu à l'écart, mais avec leurs boucliers colorés et leurs cuirasses bien visibles, une cohorte de légionnaires dont on repère sans peine les enseignes entourent l'état-major des trois légions en garnison à Alexandrie et les chefs de chaque détachement, les légats. Leur présence en uniforme d'apparat, une manière de rendre hommage à la reine, confirme qu'Antoine a tenu sa promesse : il respectera les décisions que Jules César a prises vis-à-vis d'elle. Ce qui la rassure, d'autant que cela envoie un message d'une clarté limpide à la population d'Alexandrie : rien n'a changé, bien au contraire. La reine est peut-être encore plus forte qu'avant. La preuve : elle est respectée même si César n'est plus là pour la protéger. On entend alors résonner des roulements de tambour, pareils au tonnerre qui gronde au loin. Leur rythme se perçoit à des kilomètres à la ronde – dans les champs, où les paysans disséminés çà et là lèvent la tête, mais aussi sur les barques dans les marais du delta du Nil. Ce sont maintenant les instruments à vent, les harpes et des dizaines de sistres qui scandent un rythme obsédant. La reine émerge de cette forêt de rames et descend à terre d'un pas lent. Malgré ce long voyage et le peu de confort à bord, Eiras et ses assistantes ont fait des merveilles. Cléopâtre surprend tout le monde par son teint frais et naturel. Elle avance d'un pas solennel entre les rangées de soldats avant de rejoindre les dignitaires qui ont tenu les rênes de la ville en son absence. Devant elle, tout le monde hormis les légionnaires s'incline et se prosterne. Le temps de prononcer quelques phrases de circonstance et d'effectuer des rituels de bienvenue (dont nous ne savons rien, hélas), Cléopâtre grimpe sur une litière couverte qui la hisse au-dessus des têtes. Commence alors le trajet qui la mènera au palais royal. Elle est entourée par la foule en liesse, difficilement tenue à distance par les gardes.

Cléopâtre garde la tête haute et adresse lentement des gestes approbateurs à son peuple. Mais un tourbillon d'émotions l'anime. Quelques secondes ont suffi à la plonger dans une explosion de couleurs, de visages radieux, de sourires heureux, ceux de gens qu'elle n'avait pas vus depuis des mois, mais aussi d'odeurs reconnaissables entre mille – l'odeur âcre de la terre ferme, celle, piquante, des plantes marécageuses, celle, fruitée, des fleurs, et celle, intense, du désert. Oui, elle est de retour chez elle. Accueillie par une terre au charme aussi puissant qu'intemporel, l'Afrique.

*Une ville sortie de l'*Odyssée *d'Homère*

Laissons Cléopâtre continuer son trajet vers le palais royal. Attendons que la foule s'éloigne à sa suite… Il y a encore quelques pages, nous étions à Rome, avec ses foules, ses bâtiments immenses, ses temples innombrables et la fraîcheur de son climat printanier. Quel dépaysement ! La première chose que nous remarquons, c'est ce soleil qui cogne. Chaque rayon semble concentré par une loupe et nous écrase. Par rapport au bateau, où il y avait toujours un peu de vent, ici, nous sommes en sueur. Le temps est chaud et humide. Et pour cause : nous sommes en Afrique, et à la pointe du delta du Nil qui plus est. Le grand fleuve est invisible parce qu'il s'est ouvert, comme les racines d'un arbre, pour former un vrai labyrinthe de canaux et de petits cours d'eau (c'est un delta « en patte d'oie »). Avant de se jeter dans la mer, ils alimentent une immense zone humide et marécageuse, si grande qu'elle est visible depuis l'espace. Les mouches sont innombrables, elles ont l'air d'être attirées par notre peau et nos yeux. Le temps de les chasser d'un geste, partons à la découverte de la ville.

En cette année -44, Alexandrie est la deuxième ville de Méditerranée et du monde antique, après Rome. Sur une carte du delta du Nil, elle se trouve sur la côte, un peu excentrée à gauche, vers l'ouest.

La capitale du royaume d'Égypte ne se trouve pas au cœur de son territoire, contrairement à la fameuse Thèbes, c'est-à-dire la zone où l'on peut aujourd'hui admirer Louxor, Karnak, la Vallée des Rois et la Vallée des Reines, mais tout près de ses frontières, avec un pied dans la mer. Pour quelle raison ? Parce qu'elle n'a pas été fondée par des Égyptiens, mais par Alexandre le Grand en 332 av. J.-C. – peu de villes ont une date de naissance si précise. Le grand conquérant macédonien avait une idée très précise : la cité devait devenir l'une des principales plates-formes commerciales de son temps. Elle s'appuyait sur le Nil, avec ses terres particulièrement fertiles grâce aux crues, qui l'alimentait en produits agricoles très demandés. De l'Orient, elle recevait toutes sortes de marchandises, destinées principalement à la Grèce et, plus largement, à l'Occident. À quoi bon créer une ville au cœur du désert le long du Nil ? Dans cette position, perchée sur la côte, Alexandrie constituait le point de contact idéal entre ces différentes routes commerciales, une sorte de Hong Kong des mers antiques, capable d'enrichir Alexandre et de renforcer son emprise sur la Méditerranée.

Mais une autre raison, plus symbolique, explique le choix de ce lieu et l'orientation de la ville, qui regarde la Grèce, à plusieurs niveaux. Alexandre le Grand adorait Homère, et l'*Odyssée* en particulier. L'île de Pharos, sur laquelle sera construite le Phare d'Alexandrie, est citée au chant IV. Le conquérant aurait donc décidé de se lier à cette œuvre et de lui rendre hommage, en fondant une ville à un endroit décrit dans l'épopée. Une lubie personnelle qui a donné naissance à celle qui deviendra la capitale d'une longue dynastie, celle des Ptolémées, qui a elle-même donné naissance à Cléopâtre…

On raconte que la forme de la ville est le résultat d'un autre choix excentrique du grand général macédonien. Alexandre a exprimé le désir que la planimétrie reproduise fidèlement une chlamyde, c'est-à-dire un manteau court, léger et fermé par une agrafe, qu'il aimait porter. Pour tous les Grecs, la chlamyde était un symbole de pouvoir masculin et de virilité. Elle était portée par les chefs de guerre et on en donnait une aux enfants au moment où ils atteignaient leur puberté, une façon de souligner leur entrée dans la virilité.

Malheureusement, Alexandre le Grand n'a jamais vu sa ville achevée. Il faut dire qu'il a bâti pas moins de sept centres urbains portant ce même nom, un peu partout dans son immense empire, au Moyen-Orient et en Asie : Alexandria Asiana, Bucéphalie, Alexandrie d'Égypte, du Caucase, de Troade, Eskhate et Nicée. Alexandrie n'a pas été construite *ex nihilo*. Il y avait déjà un noyau habité, appelé Raqote, une sorte de citadelle fortifiée qui défendait la côte des incursions des pirates. Ce petit centre a servi de point de départ, avant de devenir le quartier le plus ancien et le plus populaire de la ville, sous le nom hellénisé de Rhakôtis. C'est ici que vivait la majorité de ses habitants égyptiens, tandis que le reste de la ville était largement peuplé de Grecs. Ce qui nous permet de comprendre une chose : sous le règne d'Alexandre le Grand comme celui de toutes les dynasties des Ptolémées (Cléopâtre y comprise), l'Égypte est dirigée par des Grecs, autrement dit par un peuple d'envahisseurs qui s'est établi à Alexandrie, pour l'essentiel. Le reste du pays est occupé par sa population d'origine, les Égyptiens, qui sont cependant assimilés, dans l'ensemble, à des citoyens de seconde zone. Les rois sont grecs, la langue officielle est grecque, le nom de Cléopâtre est grec, nous l'avons dit. Même chose pour certains noms que nous croyons tous égyptiens – le mot « obélisque », par exemple. En grec, cela signifie « brochette », et c'est le terme qu'employaient les envahisseurs grecs pour décrire de façon méprisante ces monuments pourtant impressionnants. Y avait-il du « racisme » à l'égard des Égyptiens, les descendants des pharaons ? Oui, mais sans qu'on en vienne à un apartheid ou une discrimination violente. Y avait-il une différence de traitement entre Grecs et Égyptiens devant la loi et les impôts ? La réponse est encore oui. Le monde où naît Cléopâtre est donc celui d'un peuple de conquérants qui a pris les rênes d'une nation et qui tient ses habitants sous sa coupe, ce que les Perses avaient fait dans le passé et ce que le feront les Romains par la suite. Cléopâtre est néanmoins la seule représentante de sa lignée à s'ouvrir à la population locale, à parler sa langue, à aller vers elle, à la respecter. D'où l'amour qu'elle suscite.

En regardant autour de nous, nous apercevons une ville pas aussi étendue que Rome, mais densément peuplée, avec des places, des temples et des palais dont les styles architecturaux se mélangent. Le plus frappant, c'est surtout cette masse grouillante de personnes et cette agitation fiévreuse à chaque coin de rue qui la rendent vivante, pareillement à toutes les grandes villes portuaires. On y voit se croiser des marchandises, des nationalités, des ethnies et des cultures différentes qui trouvent le moyen de vivre ensemble au même endroit, avec leurs coutumes propres.

Construire Alexandrie n'a pas été facile. Le terrain sur lequel elle se dresse est sablonneux. Alexandre a peut-être vu la réalisation des premières structures, mais pas davantage : il s'est ensuite rendu en Asie pour ses grandes conquêtes, dont il n'est pas revenu vivant. À la disparition du chef de guerre, ses généraux se sont réparti l'immense empire au prix d'une série de luttes, d'alliances et d'affrontements. L'Égypte est tombée entre les mains de Ptolémée, qui a fondé la dynastie du même nom, celle dont Cléopâtre est la dernière descendante montée sur le trône. Voilà pourquoi elle parle le grec, pourquoi elle s'habille comme une Grecque et pourquoi elle a une culture grecque. Nous sommes bien loin de l'histoire de l'Égypte que nous avons tous en tête, celle des dynasties de pharaons entrés dans la légende, comme le grand Ramsès II ou l'astucieux conquérant Thoutmosis III.

Le grand bâtisseur d'Alexandrie a donc été le successeur d'Alexandre, Ptolémée. Comprenant que cette ville deviendra la nouvelle capitale du royaume d'Égypte, il déplace ici sa cour (qui était auparavant à Memphis). Par la suite, chacun de ses successeurs a ajouté de nouveaux bâtiments, transformant ce qui n'était qu'un premier noyau en une cité somptueuse, fascinante et surtout « hors du commun », sans aucune comparaison avec les villes qu'on avait vues naître le long du Nil. Un peu comme les métropoles actuelles, avec leurs gratte-ciel innombrables, par rapport aux villes médiévales. Le modèle urbain est grec, et il est révolutionnaire. Le « concepteur » d'Alexandrie est un architecte appelé Dinocrate. Celui-ci applique à la perfection une idée si simple et si efficace qu'elle est encore à la base des villes modernes. Il s'agit du schéma « hippodaméen », fruit du génie d'un architecte grec de bon sens, Hippodame de Milet, qui a vécu quatre siècles avant Cléopâtre. Pendant des millénaires, les villes se développaient de façon désordonnée, maison après maison. L'espace libre entre les différents bâtiments faisait office de rues. Cela se traduisait toujours par un agglomérat brouillon, constitué de ruelles tortueuses. Hippodame va tout remettre à plat. Pour construire une ville, le point de départ sera non plus les maisons, mais les rues. Les artères sont déterminées en amont : la cité se développera autour d'elles, ce qui va faciliter la vie quotidienne dans tous ses aspects, du transport aux ravitaillements, en passant par l'entretien, etc. L'idée de l'architecte est simple : les rues doivent se croiser à angle droit, pour former une planimétrie semblable à celle d'un échiquier. Les rues qui suivent l'axe est-ouest, celui du soleil, sont appelées les *plateiai* ; celles qui vont du nord au sud, reçoivent le nom de *stenopoi*.

Comme souvent, cette réussite repose sur des idées simples et concrètes : la nouvelle disposition est à la base de presque toutes les villes grecques, puis des villes romaines, jusqu'aux villes modernes, comme New York. Bref, aujourd'hui encore, nous suivons l'intuition d'Hippodame sans même nous en rendre compte. Il suffit de penser à Spaccanapoli, la célèbre artère qui coupe en deux le centre historique de Naples, d'un bout à l'autre de façon parfaitement rectiligne.

Alexandrie est donc édifiée en suivant ce schéma, elle aussi. L'axe principal s'appelle la voie Canopique, qui traverse toute la ville, d'un bout à l'autre, sur une distance d'environ 7 kilomètres, soit à peu près 40 stades pour un habitant de l'époque de Cléopâtre – le stade étant une unité de mesure typiquement grecque équivalant à un peu moins de 180 mètres. La sensation qu'on ressent est la même que sur la 5ᵉ Avenue de New York. On voit la rue disparaître à l'horizon, entourée de bâtiments. Précisons que, dans l'Antiquité, Alexandrie suscite le même engouement que Paris à la fin du XIXᵉ siècle ou que New York à l'époque moderne. Pour les étrangers, c'est une cité immense, avec toutes sortes d'« exagérations », mais qui offre également de grandes opportunités.

La voie Canopique finit par être coupée perpendiculairement par une autre grande artère, dite du Sôma (c'est ainsi qu'on appelle le tombeau d'Alexandre le Grand). Le croisement de ces deux longues artères constitue le « centre » d'Alexandrie, et s'étend dans l'agora, la place principale.

Une promenade dans la ville de Cléopâtre

Promenons-nous un peu dans la ville d'Alexandrie pour en humer l'ambiance. La rue que nous avons empruntée ne fait pas partie des voies principales, mais la circulation est tout de même chaotique. On se croirait dans une ville indienne, à l'heure de pointe. Les bâtiments sont élevés, élégants, avec un revêtement clair. Les terrasses sont nombreuses, le climat étant plus chaud et moins pluvieux qu'en Europe. En bas de ces immeubles, on trouve presque toujours des échoppes, des boutiques ou des endroits pour se restaurer, chacun avec un trottoir devant l'entrée et un rideau qui dissimule l'intérieur.

Ces rideaux sont de couleurs diverses et variées, tantôt avec des rayures, tantôt avec un motif décoratif. Dans la plupart des cas, le soleil a effacé leur beauté initiale. On se retrouve donc face à une interminable série de tentures multicolores, proches des drapeaux de prière tibétains, qui court jusqu'au bout de chaque rue, au fil des différentes intersections.

Les rues sont pavées de dalles en pierre, comme à Rome, mais l'atmosphère qui y règne est nettement plus orientale que dans l'Urbs. Impossible de marcher sur les longs trottoirs : ils sont presque toujours occupés par les produits proposés par les boutiques. Il faut souvent descendre sur la chaussée pour contourner des paniers empilés les uns sur les autres, des amphores et des colonnes de coupes en terre cuite, ou encore des piles de rouleaux de lin multicolores posés sur des étals. Et puis il y a le soleil, tellement plus fort qu'à Rome qu'il en est presque insoutenable. En l'espace de quelques secondes, les yeux doivent s'habituer à la pénombre des tentures avant d'être aveuglés de nouveau quand on retourne au soleil. On est frappé par les étals d'objets en bronze et en métal, une étendue interminable de coupes, de carafes en tout genre, des lampes à huile avec des chaînettes, toutes presque toujours finement ouvragées. Les éventaires avec des statuettes de divinités ne manquent pas. Il y en a de toutes sortes : certaines représentent Hercule et Aphrodite, d'autres des dieux égyptiens comme Horus, Isis et Osiris, mais on trouve aussi des divinités du Moyen-Orient et de Perse… L'ensemble est dominé par Sérapis, une divinité particulièrement populaire et vénérée à Alexandrie. Ces enfilades de statuettes pourraient paraître tellement triviales qu'elles passent inaperçues. En réalité, c'est l'indice clair du mélange vertigineux de cultures et de religions qui imprègne la ville.

D'autres boutiques exposent des objets en verre : nous découvrons des porte-onguents en verre à rayures multicolores, de splendides petites amphores aux parois si fines qu'on a l'impression qu'elles vont se briser dans nos mains, des coupes, des carafes et des petits vases au cou long et élégamment décorés. Le travail du verre à l'est de la Méditerranée est en effet plus raffiné que dans le reste de l'Europe : les échoppes d'Alexandrie sont donc remplies de produits de qualité supérieure.

Les parfums qu'on respire dans les rues de la ville sont variés, eux aussi. En cheminant, on sent une odeur de bois qui brûle. Une odeur différente, plus douceâtre et aromatique, car les arbres utilisés viennent d'Afrique – on ne les trouve pas à Rome. Tous ceux qui débarquent en ville après un long voyage depuis l'Europe s'en rendent compte. Les échoppes des parfumeurs nous accueillent avec des essences et des parfums inconnus dans le monde occidental, en provenance de villes lointaines du Moyen-Orient, et même d'Inde, pour beaucoup d'entre elles. Ce sont les mêmes qui nous enveloppent de temps à autre quand une habitante d'Alexandrie passe à côté de nous : des parfums intenses, frais, chargés d'exotisme. Aussi, certains secrets de Cléopâtre (les parfums, les cosmétiques, ou cette approche interculturelle) sont le produit naturel du monde où elle a vu le jour et grandi. Mais pour un « étranger », comme peut l'être un Romain, tout cela apparaît nouveau et souvent troublant.

Les sacs d'épices qui entourent une boutique (il y en a encore plus à l'intérieur, on se demande comment fait le commerçant pour circuler !) évoquent des échanges et des commerces lointains. En ce moment, le propriétaire marchande dans un grec approximatif, mais compréhensible et direct, avec un acheteur. Sur une petite balance en bronze, il pose avec soin quelques précieuses tiges de curcuma, le fameux « safran des Indes ». La plante est arrivée jusqu'ici au terme d'un voyage interminable commencé en Inde, et peut-être depuis encore plus loin.

L'origine exotique de nombreux produits exposés se reflète dans les visages que nous croisons dans les rues. Si certains passants sont clairement grecs, d'autres semblent plutôt venir du Moyen-Orient, comme cet homme barbu au teint olivâtre, originaire de la péninsule arabe, en grande conversation avec un vendeur carthaginois trapu, aux cheveux frisés. Et voici qu'avance lentement une femme de haute taille, élancée, à la peau noire et aux dents d'une blancheur éclatante. Peut-être une Nubienne. En tous les cas, elle appartient à une tribu nilotique. Si elle vivait à notre époque, elle pourrait très bien participer à des défilés de haute couture, vu son allure. Soudain, un char tiré par des bœufs nous coupe la route. Il porte un grand bloc de granit rose d'Assouan, qu'un des nombreux ateliers de tailleurs de pierre d'Alexandrie transformera certainement en une statue d'une divinité quelconque. Derrière le véhicule, deux hommes parlent en marchant au milieu de la rue. Ils portent des vêtements particulièrement élaborés, avec des broderies en relief colorées. Leurs couvre-chefs, que nous n'avons pas encore croisés, nous laissent penser qu'ils viennent de loin, peut-être de Syrie ou d'Arménie. Les deux promeneurs passent près de trois hommes maigres à la peau basanée et à l'allure dégingandée. Leurs vêtements sont coupés dans des tissus d'Orient qui créent des drapés du plus bel effet. Même si rien ne nous permet de l'affirmer, il s'agit probablement de trois Indiens venus jusqu'ici en même temps qu'un convoi de marchandises arrivé dans l'un des ports égyptiens sur la mer Rouge. Immanquablement, on croise également des soldats. En voilà trois qui traversent la rue. Ce sont des légionnaires en goguette, mais armés. Leur présence à Alexandrie est massive. Dans le passé, elle a été à l'origine de nombreux problèmes entre viols, rixes et abus de pouvoir. Les locaux ne les portent pas dans leur cœur, mais nombre d'entre eux se sont établis en ville, où ils ont fondé des familles…

Chaque personne qu'on croise ici a une histoire, une langue, des idées, une manière de cuisiner, une culture propres. À ce titre, les rues d'Alexandrie rappellent un peu le métro de Londres ou de Paris...

Au cours de notre promenade, certains détails de cette ville ne peuvent que nous frapper. Nous avons affaire à une grande capitale, c'est indéniable, avec ses rues larges, ses bâtiments élevés et raffinés aux murs clairs et éclatants, mais elle a aussi un aspect plus négligé, signe d'une relative incurie. Des touffes d'herbe sèche poussent sur les trottoirs, on aperçoit, dans les coins, des déchets fouillés par des chèvres, et on croise des ânes ou des vaches qui s'arrêtent au beau milieu du passage.

Alexandrie est vraiment un « collage » de marchandises, d'âmes et d'aperçus de tous ces mondes, de tous ces royaumes qu'elle unit grâce au fil invisible du commerce. Un commerce qui repose sur la drachme, une monnaie grecque. Mais les paiements dans d'autres devises sont acceptés sans trop de difficultés, sauf en cas de change défavorable, comme c'est encore le cas aujourd'hui.

Petit conseil précieux quand vous visitez Alexandrie, ou n'importe quelle ville grecque : faites très attention aux portes d'entrée des maisons. À la différence des bâtiments romains, qui s'ouvrent toujours vers l'intérieur des maisons, ici, les portes peuvent également s'ouvrir vers l'extérieur. Le risque d'en recevoir une en plein visage est grand, surtout dans les ruelles. Voilà pourquoi on a l'habitude de frapper quand on entre... mais aussi quand on sort.

Au bout d'un moment, la rue dans laquelle nous marchons croise l'artère principale, la voie Canopique. Elle est bordée par un long passage couvert, qui donne sur une myriade d'échoppes. Grâce à son atmosphère toujours ombragée, aux boutiques ouvertes et à la possibilité de croiser des connaissances, cette rue est l'une de celles où l'on aime se promener, dans une ambiance qui rappelle vaguement les souks de Tunis ou d'Istanbul. Partout sont exposés des produits variés, souvent empilés. Et il n'est pas rare de sentir sur sa tête la « caresse » des tissus accrochés au-dessus du sol. Un peu plus loin, des hommes assis sur de simples tabourets discutent en buvant du vin épicé. De temps en temps, ils se donnent des claques sur la jambe pour tuer des moustiques, qui sont légion à Alexandrie. Durant notre passage dans ce « tunnel » rempli de monde et d'objets, nous apercevons ponctuellement de petits autels dont s'échappent les parfums d'essences exotiques qui brûlent sous l'image peinte et légèrement écaillée d'une divinité. Un détail anecdotique, me direz-vous. Bien au contraire : cela nous rappelle que nous sommes dans une ville et dans un monde (le monde hellénistique, en l'occurrence) où la tolérance religieuse est très développée. Celle-ci dérive également du syncrétisme, c'est-à-dire de la fusion de nombreux éléments issus de religions différentes et, au final, de la création de divinités « hybrides » dans lesquelles sont capables de s'identifier des peuples et des cultures distinctes, comme les Grecs et les Égyptiens, par exemple. Du fait de cette grande ouverture et de cette culture de l'« accueil » de fois différentes, nul n'est discriminé sur la base de ses croyances religieuses, à moins qu'elles n'impliquent une opposition politique au gouvernement romain. Et si nous ajoutons à cela la liberté de s'habiller, de parler, d'exprimer ses idées et le respect pour les autres, le terme de civilisation n'est vraiment pas usurpé... Certes, il y a des choses à améliorer même à Alexandrie, comme en matière de vivre-ensemble, par exemple. Des lois ne fonctionnent pas et la communauté grecque qui domine le pays bénéficie de privilèges évidents. Mais la capitale égyptienne est en avance sur son temps, sous certains aspects. En ce sens, seule Rome peut éventuellement rivaliser avec elle.

Au milieu de ces éclats de voix de plus en plus intenses, la voie Canopique finit très vite par nous conduire jusqu'à la place principale, l'agora. Pas facile de s'habituer à l'éclat aveuglant de ses marbres quand on a quitté la fraîcheur de la pénombre. Et au sortir de ces arcades étroites, l'esplanade nous semble encore plus grande. Des groupes de personnes discutent, des femmes, à l'abri d'« ombrelles » portées par un esclave, des enfants se courent après, des soldats marchent au pas, des mendiants demandent l'aumône. Nous apercevons également des silhouettes typiques d'Alexandrie : les vendeurs ambulants qui proposent toutes sortes de produits – des beignets, de l'eau fraîche et parfumée, en passant par de petites amulettes porte-bonheur – sur une simple planche tenue par une sangle qu'ils portent autour du cou. Des figures « invisibles » dans les livres d'histoire et dans les musées, mais qui constituent, avec tant d'autres, la matière vivante du quotidien des villes du monde entier, toutes époques confondues.

Étant placée au carrefour des deux axes principaux, l'agora permet de voir, a priori, les quatre côtés de la ville. Si vous êtes au centre de la place, tournée vers le nord, vers la mer, la voie Canopique se poursuit vers l'est pour finir dans un quartier nouveau, habité surtout par la communauté grecque, qui recevra prochainement le nom de *Nikopolis* – car c'est précisément par la porte Canopique (dite aussi la porte du Soleil), située au bout de l'artère, qu'entrera Octavien quelques années plus tard, après avoir vaincu Marc Antoine et Cléopâtre (*niké* signifie d'ailleurs « victoire »)… Comme pour prendre le contrepied, à l'ouest, la voie Canopique conduit dans une zone très pauvre, Rhakôtis, le quartier égyptien, le premier noyau de la ville, rappelons-le.

Peuplé en majorité d'Égyptiens, c'est un quartier populaire, où la misère domine.

Au sud, juste à la sortie de la ville, se dresse un quartier « chic ». Autour d'un grand lac, appelé Maréotis, les familles les plus riches (grecques, la plupart du temps) ont fait construire leurs luxueuses villas afin de rester loin de l'agitation fatigante d'Alexandrie…

De l'endroit où nous sommes, à savoir le centre de l'agora, nous avons le nord face à nous. En suivant cette direction, nous arrivons aux deux ports de la ville et surtout à son phare. Partons à la découverte de cette construction extraordinaire. En cours de route, nous nous rendons compte d'une chose : le cœur de la cité regorge de chefs-d'œuvre. Dans le quadrillage des rues, tout autour de nous dans la zone de l'agora, nous trouvons plusieurs monuments. Parmi eux, le Sôma, le tombeau monumental d'Alexandre le Grand, et de nombreux jardins que, faute de témoignage, nous ne pouvons décrire. D'autres lieux sont moins spectaculaires, mais davantage ancrés dans la vie quotidienne. En plus des « bars » et des estaminets permettant de se restaurer, les bordels ne manquent pas, comme l'indiquent ces filles qui attendent, adossées à l'entrée. La clientèle se compose essentiellement d'hommes arrivés en ville au terme d'un long voyage en mer. Sans surprise, plus on approche du port, plus les lupanars se multiplient.

Au bout de quelques minutes de marche vers l'ouest, le long de la voie Canopique, le bruit de la mer commence à gagner en intensité. Puis, peu à peu, c'est son odeur qui arrive, en envahissant nos narines. Finalement, une brise soudaine décoiffe nos cheveux… Au bout de la rue, juste derrière une autre porte donnant sur le port, la « porte de la Lune » (quel nom évocateur !), voilà la mer qui apparaît sans crier gare, pour s'étendre à perte de vue, avec son bleu intense. Une vraie splendeur…

Impossible de s'attarder trop longtemps au niveau de la porte : le vent est trop fort et malmène le tissu de nos vêtements.

Un peu plus au nord, Alexandrie continue de s'étendre « sur l'eau » grâce à une longue digue qui relie la ville à la petite île sur laquelle a été bâti le Phare. Cette construction est appelée l'Heptastade, mot à mot « les sept stades ». Un nom qui laisse deviner sa longueur : plus de 1 200 mètres ! Ce chef-d'œuvre d'ingénierie hellénistique nous mène à un autre trésor : le Phare. Le voilà devant nous, imposant, avec ses blocs de pierre d'un blanc éclatant qui le rendent visible de très loin, même de jour.

L'île a pour nom Pharos et, sans surprise, c'est elle qui donne son nom à la septième merveille du monde antique, le Phare d'Alexandrie. Chaque fois que nous employons ce terme, nous évoquons aussi bien ce prodige architectural que la petite île sur laquelle tout a commencé…

Maintenant que nous sommes à sa base, grimpons en haut du Phare. Il faut pour cela passer devant des gardes et atteindre le sommet après une volée de marches interminable. Le spectacle qui s'offre alors à nos yeux est à couper le souffle. Alexandrie s'étend devant nous avec ses temples, ses palais et ses maisons, à l'intérieur d'immenses murs d'enceinte. On voit clairement la célèbre Bibliothèque et, à côté, le Musée, un centre du savoir unique dans le monde de l'Antiquité. Un peu plus loin, on distingue le théâtre et, encore plus loin, juste à la sortie de la ville, l'Hippodrome. Entre les deux, dans ce labyrinthe de maisons, on trouve le quartier juif : au temps de Cléopâtre, la communauté d'Alexandrie est l'une des plus grandes de Méditerranée.

À en croire Diodore de Sicile, ce sont plus de 300 000 personnes qui vivent ici. Ce qui signifie que sur une population égyptienne estimée à environ 7,5 millions de personnes, près d'un habitant sur vingt habite dans la capitale.

Tout autour, on voit s'étendre à l'infini des champs cultivés et de la végétation basse, avec des bosquets de palmiers dont le vert vif disparaît graduellement à l'horizon, dans un léger brouillard humide qui s'élève du delta, mélangé aux poussières du désert en suspension. Le blanc de la ville, le beige de ses rives, le vert de la végétation, le bleu du ciel et de la mer sont les quatre couleurs d'Alexandrie. Et elles restent gravées dans la mémoire de tous ceux qui la visitent.

D'en haut, nous voyons clairement comment la digue coupe la baie en deux, en créant concrètement deux ports. À notre droite, voilà le port Eunoste (« bon retour », en grec), le port commercial, avec sa rangée d'entrepôts et son activité frénétique – on charge et on décharge sans cesse les innombrables bateaux qui y sont amarrés. Sur la gauche, nous voyons le grand port, avec le quai royal sur lequel Cléopâtre est descendue ce matin. Nous apercevons sans difficulté son embarcation rutilante, encore amarrée. À côté, nous pouvons admirer le quartier royal et le palais où la reine vient d'arriver.

Cléopâtre est de retour

Alexandrie est une ville merveilleuse, au charme exotique, à la fois épicentre d'un réseau commercial très développé et capitale d'un royaume richissime. Mais cela ne doit pas nous induire en erreur : la puissance de l'Égypte est en déclin depuis plusieurs décennies et le pays, déchiré par des guerres de succession incessantes, est de plus en plus soumis et dépendant de la nouvelle superpuissance qui étend son influence dans le monde méditerranéen : Rome.

Et c'est justement à cela que pense Cléopâtre. La tête posée contre l'encadrement d'une grande fenêtre, elle observe la rade du port et le Phare. Le regard de la souveraine scrute avec une certaine émotion tous ces lieux qu'elle connaît depuis sa plus tendre enfance. Elle voit le quai sur lequel elle a posé le pied ce matin et son navire doré, encore amarré. Le quai s'est maintenant vidé, et les images de son retour festif sont progressivement remplacées par d'autres souvenirs qui remontent du tréfonds de son âme. En nous approchant de ses yeux contemplatifs, comme nous l'avons fait au début de ce récit, nous devinons tout ce qui s'y reflète : la rade, le port de son cœur, où affluent de nombreux souvenirs, telle une file de voiliers, accompagnés d'émotions lointaines, que ce palais et ces lieux si familiers font resurgir avec force. Le présent est tellement incertain qu'elle se réfugie dans un passé protecteur ! Dans ses yeux, le navire doré amarré dans le port devient celui de son père. Elle l'avait observé tant de fois – depuis cette fenêtre, justement ! – rejoindre ou quitter cette embarcation d'un pas solennel, accompagné par un cortège de gardes, de conseillers, de courtisans. Elle le regardait en cachette, tandis que sa nourrice la cherchait désespérément dans le reste du palais. Le souvenir de ces atmosphères d'enfance est aussi doux qu'une caresse pour son cœur…

CLÉOPÂTRE SE SOUVIENT DE CÉSAR

Les parents d'une princesse

Hélas, nous n'avons pas d'informations sur l'enfance et l'adolescence de Cléopâtre. Mais nous pouvons imaginer qu'elle a très vraisemblablement vu le jour au palais royal. C'était en 69 (ou en 70) av. J.-C., mais nous ignorons le jour exact… Son père était Ptolémée XII Aulète, c'est-à-dire « le joueur de flûte », car il se voyait comme un « nouveau Dionysos ». Un peu comme Néron, il aimait faire de la musique et chanter en public, surtout durant les fêtes dionysiaques, d'où son surnom. Mais il fut un souverain exécrable… Il aimait l'art et la musique plus que la responsabilité de l'État. Sous son règne, l'Égypte a connu des crises politiques et économiques terribles. Ptolémée achetait sa légitimité au trône ou la protection de Pompée ainsi que d'autres politiciens romains (dont César) en leur promettant des quantités d'argent colossales – 6 000 talents et même 10 000 talents, l'équivalent des revenus annuels de l'État égyptien… En réalité, Ptolémée ne disposait pas de ces sommes : il a donc fait confiance à un banquier romain de premier plan, Caius Rabirius Postumus, qui lui a prêté l'argent à des taux exorbitants. Voilà à quel prix l'Égypte a obtenu le statut d'« amie et alliée du peuple romain » que nous avons évoqué précédemment… Cette soumission à Rome n'a pas plu aux habitants d'Alexandrie : lorsque les Romains ont soudainement occupé la riche île de Chypre, partie intégrante du territoire égyptien, au mépris de tous leurs engagements, un soulèvement populaire a forcé le roi à prendre la fuite pour Rome. Là-bas, il resta dans un exil doré, en continuant à corrompre des hommes politiques et des hommes puissants, jusqu'à ce que son retour sur le trône soit garanti. Plus tard, pour s'assurer qu'ils seront payés, les Romains iront même à lui imposer Rabirius comme administrateur des finances du royaume… avec des conséquences désastreuses. Le banquier s'enrichira tellement qu'il devra être renvoyé à Rome sous bonne garde…

Les dettes de Ptolémée Aulète étaient si énormes qu'elles pèsent encore sur Cléopâtre. C'est même l'une des raisons qui ont conduit César à Alexandrie. C'est là que lui et la souveraine se sont connus pour la première fois : il était venu (également) récolter de l'argent, en exigeant pas moins de 10 millions de drachmes, et en accordant une « exonération » de 7,5 millions supplémentaires…

Même si Ptolémée était inadapté à l'exercice du pouvoir, Cléopâtre est restée fidèlement à ses côtés, jusqu'à sa mort. D'où ce surnom de *Philopator*, c'est-à-dire « celle qui aime son père ». Rappelons que le prénom de Cléopâtre signifie « gloire du père » : nous sommes donc face à un véritable hymne à la figure paternelle, fruit d'une société « machiste » où le père est au centre de tout. Voilà qui vous montre le tour de force qu'a réalisé Cléopâtre en faisant voler en éclats la structure « patriarcale » de la société gréco-macédonienne…

En revanche, nous ne savons rien de sa mère. Nous n'avons aucune information sur son nom, son apparence physique, ni même sur ses origines. Certains estiment qu'il s'agissait d'une femme de la cour, une concubine du roi. En ce sens, il s'agirait d'une épouse illégitime. Il semble néanmoins qu'elle était issue d'une haute lignée. Peut-être était-ce une Égyptienne venue de l'entourage et des familles des grands prêtres de Memphis. Cléopâtre aurait donc eu du sang et des traits égyptiens, pour partie.

Une autre hypothèse penche néanmoins pour une femme d'origine grecque. Il pourrait en effet s'agir de la première femme du roi, qui aurait été sa sœur, suivant la tradition ptoléméenne en matière de mariages royaux. En l'occurrence, Cléopâtre Tryphène. Dans ce cas, notre héroïne serait gréco-macédonienne à cent pour cent.

L'enfance d'une reine

Cléopâtre parcourt maintenant un grand couloir entre deux rangées de gardes qui s'inclinent silencieusement à son passage. Elle se réapproprie ces lieux qui lui sont si chers, avec leurs odeurs, leurs bruits, et cette lumière…

Elle se rappelle quand elle courait dans ce même couloir, poursuivie par sa nourrice et par un détachement de gardes qui ne la perdaient jamais de vue. Quand elle accélérait brusquement, en riant à l'idée qu'elle forçait des adultes à courir derrière une enfant… Elle a des souvenirs merveilleux de ces années – ceux de ses poupées en terre cuite peinte, avec leurs tenues en lin et leurs faux bijoux, ou de son cheval à bascule. Les mêmes jouets que tous les enfants de son époque… à ceci près qu'ils étaient particulièrement luxueux. Plus tard, elle découvrirait des jeux de société comme le *senet*, qui se joue avec un long échiquier et des pions, ou bien le jeu du serpent, avec sa table, l'équivalent égyptien des dames ou des échecs. Elle jouait avec d'autres enfants issus des familles les plus aristocratiques et les plus haut placées d'Alexandrie. Sa toute première cour, en un sens.

On a éduqué Cléopâtre pour qu'elle devienne une reine. Elle a été la dernière, la toute dernière représentante d'une tradition séculaire. Dès l'époque des premiers pharaons, les princesses avaient toujours reçu une éducation raffinée et de très haut niveau.

Cléopâtre entre dans une petite salle où elle se changera pour prendre son bain. Allongée sur une sorte de canapé doré recouvert d'une peau de guépard, elle sirote une boisson fraîche et tonifiante. Derrière elle, un serviteur lui fait de l'air avec un énorme éventail en plumes d'autruche.

Elle n'y fait plus attention, désormais, mais chaque boisson et chaque plat est goûté par un serviteur, afin de s'assurer qu'ils ne sont pas empoisonnés. Goûteur. Un métier aussi curieux qu'inquiétant…

Le bain est prêt. Cléopâtre se dirige vers la salle où se trouve la baignoire, toujours drapée dans sa tunique en lin blanc. Derrière elle, outre son escorte silencieuse, se sont ajoutées deux servantes, qui portent des onguents, des parfums et des grands morceaux de lin qui serviront de serviette. Elle traverse un jardin intérieur, véritable oasis au sein du palais, avec des plantes parfumées, souvent en fleurs. Çà et là, on voit des animaux surgir au milieu de la verdure. Parmi eux, un paon. La reine s'arrête pour admirer ce petit paradis, et le « cortège » dans son dos en fait autant. Le bruit de l'eau qui s'écoule de quelques fontaines crée une musique d'ambiance naturelle, à laquelle se mêlent les chants de nombreux oiseaux colorés qui se désaltèrent sur les rebords d'un bassin en marbre, alignés les uns à côté des autres.

Dans ce jardin, l'enfant qu'elle était avait vu défiler des philosophes, des rois, des dignitaires et des ambassadeurs qui s'asseyaient sur des bancs en marbre pour savourer cette atmosphère si agréable. Dans ces lieux, chacun cessait d'être roi ou philosophe et montrait son aspect le plus humain, le plus enfantin, presque. Les visages s'illuminaient de surprise et d'ébahissement devant ces jeux d'eau et cette atmosphère si paisible.

Une empreinte dans la pierre

Cléopâtre continue de traverser les salles du palais, entourée de marbres et de colonnes. Son regard s'arrête soudainement sur une statue en pierre noire qui la représente. La reine est immortalisée alors qu'elle marche d'un pas solennel, portant des vêtements très près du corps. Elle regarde droit devant elle. Le style est égyptien, c'est indéniable, mais de nombreux détails sont grecs, signe de la culture qui domine alors l'Égypte : elle a des traits épanouis et ronds, une poitrine généreuse, des joues potelées, des lèvres charnues, et on ne voit plus le trait de khôl qui s'étire sur ses tempes. Elle est représentée avec une corne d'abondance dans la main gauche, signe d'opulence et de richesse. Au-dessus de son front, trois cobras dressés, les uræus, symbolisent la grandeur de la reine et les terres qu'elle a apportées à son royaume. Les autres dirigeantes en avaient deux, au maximum, mais elle a ramené l'Égypte à des nouveaux sommets… Que deviendront ces terres ? Les Romains vont-ils tenir leurs promesses et garantir l'intégrité et l'autonomie de son royaume ? L'angoisse grandit et un sentiment de vide l'envahit. Elle presse le pas et laisse derrière elle cette statue que vous pouvez admirer au Museo Egizio de Turin, même si son visage est abîmé (nous ne saurons jamais si c'est à cause d'une chute ou de coups de marteau, signe d'une *damnatio memoriae* survenue après sa mort). Elle se trouvait depuis des décennies dans les collections du musée, et sa « redécouverte » a suscité autant d'effarement que de curiosité. Son identification ne fait pas l'unanimité chez les spécialistes. Quoi qu'il en soit, nous avons imaginé qu'elle était là, peut-être à titre provisoire, dans le palais d'Alexandrie, avant de trouver sa place définitive dans le lieu (inconnu) où elle a été retrouvée par la suite.

La reine poursuit sa route, en passant distraitement à côté d'une stèle avec un texte en hiéroglyphes. Parmi les différents symboles, on aperçoit son nom. Comme celui de chaque souverain, il est entouré par un cadre de forme oblongue, le fameux cartouche. Il est écrit de trois manières. En grec (Κλεοπάτρα), en latin (*Cleopatra*) et en « égyptien ». Le voici :

Comment Cléopâtre est devenue une souveraine redoutable

Les révérences se succèdent dans toutes les salles où passe la reine. Mais depuis quand Cléopâtre est-elle au pouvoir ? Depuis au moins sept ans. En réalité, elle s'était préparée à monter sur le trône depuis bien longtemps déjà. Onze ans plus tôt, Bérénice, sa sœur aînée, était morte – c'était elle l'héritière désignée. Dès lors, même si son père était encore vivant et au pouvoir, Cléopâtre était passée à la première place dans l'ordre de succession dynastique. C'est pour cette raison qu'elle a reçu une éducation adaptée, en effectuant également de nombreuses visites et des voyages pour connaître la nation qu'elle risquait très vraisemblablement de gouverner. Sa formation et celle de son frère ont été confiées à trois puissants « tuteurs » : Pothin, un eunuque aussi intelligent que rusé ; Achillas, le commandant en chef de l'armée ; et le rhéteur Théodote. Son père avait également demandé aux Romains de faire office de « précepteurs » à ses deux enfants. Une décision lourde de conséquences au niveau historique, nous le verrons. Vu son caractère indépendant, elle est très vite entrée en conflit avec ses trois précepteurs, qu'elle estimait opposés à elle et rangés du côté de son frère.

Lorsque à la mort de son père, en -51, le destin a frappé à sa porte, Cléopâtre était prête, en dépit de ses dix-huit ans. Lors d'une cérémonie fastueuse, elle a reçu l'investiture officielle, sans doute à Memphis, devant le grand prêtre d'Égypte. À côté d'elle, il y avait son frère cadet, âgé d'à peine dix ans – il était devenu son mari, selon la tradition dynastique que les Ptolémées avaient empruntée aux Égyptiens, qui s'inspiraient eux-mêmes d'Isis et d'Osiris. Dans les faits, il s'agissait d'un mariage plus « formel » qu'effectif, avec une fonction d'autocélébration manifeste. Après quoi, elle s'est lancée dans une longue série de voyages officiels le long du Nil et dans le reste du royaume afin de se faire connaître auprès de son peuple. D'emblée, tout le monde a remarqué et apprécié le fait qu'elle parle correctement la langue locale, sans avoir besoin d'un interprète. Une véritable exception chez les souverains ptoléméens.

En réalité, elle a profité de ces rencontres pour tisser un réseau de contacts et de soutiens, surtout parmi la puissante caste des prêtres, afin de consolider son pouvoir. La stratégie de la souveraine était des plus sophistiquées : son frère étant encore un enfant, elle l'a progressivement exclu du pouvoir en le reléguant dans l'ombre. Les pièces de monnaie n'avaient qu'un visage : le sien. Les premiers temps, les traits de la souveraine étaient dans le style alexandrin, afin de souligner sa descendance directe avec Alexandre le Grand et de légitimer son pouvoir autant que ses actes... De la même façon, les documents officiels ne comportaient que sa signature. Aux yeux de tous, c'était elle qui commandait, à juste titre, en qualité de seule souveraine.

Les deux premières années de son règne (51-50 av. J.-C.) n'ont pourtant pas été faciles : les crues du Nil, moins abondantes, et les maigres récoltes ont empêché l'ensemble de la population de manger à sa faim. Cléopâtre a fait distribuer des denrées alimentaires dans chaque région, tant qu'elle en a eu la possibilité. Après quoi, elle a ordonné que les stocks soient acheminés jusqu'à Alexandrie, où la situation est devenue critique. À cause de la famine, des flots de personnes avaient investi la ville et les alentours pour fuir les campagnes le long du Nil, où la nourriture se faisait rare. Tout cela a donné lieu à des émeutes, avec des pillages et des vols dans de nombreux quartiers. Bref, cela a été une période difficile, qu'elle est tout de même parvenue à surmonter.

Au fil des mois et des années, la rivalité entre Cléopâtre et son frère s'est aggravée. En réalité, ils n'étaient pas seuls : il y avait aussi, et surtout, deux « clans » rivaux de conseillers qui œuvraient dans l'ombre en essayant d'évincer le souverain adverse.

C'est précisément au cœur de cette situation délicate que la grande intelligence et l'habileté politique de Cléopâtre s'est révélée. Une stèle nous apprend qu'en 51 av. J.-C., elle a remonté le Nil jusqu'à Hermonthis afin d'y conduire le nouveau taureau sacré, Boukhis, le précédent étant mort. Pour les Égyptiens de l'Antiquité, les taureaux sacrés étaient la réincarnation de la divinité suprême, le dieu Soleil, Amon-Râ. Cléopâtre a fait également plusieurs dons à différents cultes dans tout le royaume. Une façon de renforcer son lien avec les croyances religieuses du pays, en satisfaisant deux acteurs importants de la vie du royaume – les prêtres, donc, et le peuple, qui la voyait de plus en plus comme une protectrice. Ptolémée XIII ne parlant que le grec, il est resté confiné dans le milieu hellénistique si présent à Alexandrie.

Une fuite en plein désert

Un épisode intéressant a eu lieu en 49 av. J.-C., quand l'Égypte s'est retrouvée impliquée dans la guerre civile entre César et Pompée. Ce dernier avait envoyé l'un de ses deux enfants pour demander des bateaux et du blé à Cléopâtre. Elle avait accédé à cette requête en fournissant soixante navires remplis de blé et cinq cents légionnaires romains, choisis parmi les troupes en garnison en Égypte. Cette rencontre entre la souveraine et Cnaeus, le fils de Pompée, a donné lieu à des rumeurs selon lesquelles elle se serait donnée au jeune homme, le fils de ce Romain qui apparaissait, à tous les niveaux, comme le futur vainqueur de la guerre civile. Mais il s'agit très certainement de médisances qu'on a fait circuler après coup, dans le seul but de la discréditer aux yeux de l'Histoire, en la faisant passer pour une espèce de « Messaline égyptienne » (encore que Messaline était loin d'être la femme lascive et perverse dont le portrait est parvenu jusqu'à nous – elle aussi a subi les effets de la « machine à salir » de son époque). Quoi qu'il en soit, elle n'a pas eu de relations avec lui.

C'est précisément le soutien apporté à Pompée qui a provoqué la révolte des habitants d'Alexandrie, éprouvés par une mauvaise année de récoltes et par la famine terrible qui en avait découlé : ils ont accusé la jeune reine de vendre l'Égypte (et son blé) aux Romains. Et qui se trouvait dans la coulisse de cette protestation ? Les trois puissants « tuteurs » de Cléopâtre, qui ont soufflé sur les braises, en profitant de la période difficile que le pays traversait.

En 48 av. J.-C., Cléopâtre a donc été contrainte de fuir Alexandrie, permettant à ses trois ennemis de mettre sur le trône son frère Ptolémée XIII, un garçon facile à manipuler.

S'il est assez méconnu, cet épisode est pour le moins stupéfiant. Au cours d'un long trajet en plusieurs étapes, Cléopâtre a franchi les frontières orientales de son royaume et traversé la Palestine avant de s'arrêter dans le sud de la Syrie. Nous la retrouvons finalement alors qu'elle bivouaque au beau milieu du désert, retranchée dans une tente avec une armée de mercenaires pour la protéger (nous ignorons comment elle a été en mesure de les payer). Cette scène n'en reste pas moins assez rare dans l'Histoire – on la croirait plutôt sortie du scénario d'un épisode de *Star Wars* ! Mais, tout bien réfléchi, les ingrédients de notre grand récit sont très similaires, avec ces flottes « impériales », ces déserts, ces reines en guerre, ces rebelles, ces batailles rangées avec des masses innombrables de soldats et de matériel de guerre, ces actions héroïques individuelles, ces femmes charismatiques, ces trahisons, ces palais somptueux, ces attaques-surprise et ces fuites précipitées. Sauf qu'au lieu de cet univers et de ces planètes qui servent à se cacher ou à combattre, comme Naboo ou Hoth, nous avons la Méditerranée avec ses îles et ses côtes. Le rythme palpitant et le caractère dramatique de l'Histoire, avec ses coups de théâtre incessants, sont presque identiques.

Peut-être jugerez-vous ce parallèle provocateur, mais la réalité historique dépasse souvent la fiction, même signée par les scénaristes les mieux payés d'Hollywood. Aucun d'eux n'est jamais parvenu à inventer une histoire aussi passionnante que celle de Cléopâtre, même en disposant des meilleurs effets spéciaux et d'une imagination sans limites. La vie palpitante de cette reine dépasse de loin l'inventivité du cinéma. Reprenons maintenant le fil de notre scénario : que peut-il arriver à Cléopâtre, retranchée au milieu du désert ?

La tête coupée de Pompée

Aux échecs, si elle était le roi, dans un coin, avec quelques autres pions pour la protéger, nous penserions tous à un échec et mat imminent. Son frère Ptolémée XIII a déployé sa puissante armée à Péluse, entre l'Égypte et la Judée, dans la zone du Sinaï, au nord-ouest du delta. Il lui barre la route, prêt à attaquer, voire à la tuer.

Cet épisode est presque une leçon de vie, pour chacun de nous. Car malgré tout, cette situation désespérée va être transformée par les événements eux-mêmes, preuve qu'il faut résister et attendre qu'une brèche s'ouvre, à condition d'être capable de la saisir, bien sûr. Ce fut le cas de Cléopâtre.

En effet, cet échiquier ne compte pas seulement deux joueurs (elle et son frère), mais bien d'autres. L'un d'eux va faire irruption sans crier gare et renverser la table, sans le vouloir. Il s'agit de Pompée. Il vient d'être vaincu par Jules César durant la bataille qui s'est déroulée le 9 août -48, à Pharsale, en Thessalie. Il a pris la fuite par la mer et se dirige vers l'Égypte, et plus exactement vers le camp du frère de Cléopâtre, dont il compte (et espère) recevoir le soutien. Pompée a en effet aidé leur père, Ptolémée Aulète, qui avait promis, rappelons-le, de lui verser des sommes immenses à l'époque de son exil à Rome.

Fort de cette promesse qui lui a été faite, le général romain n'espère pas seulement recevoir la protection du jeune roi : il a l'intention de se remettre en selle en exploitant le très riche royaume d'Égypte. Hélas pour lui, les choses se passeront autrement.

Nous sommes le 28 septembre -48. La flotte de Pompée est en vue. Le frère de Cléopâtre lui envoie aussitôt une petite barque qui le ramène jusqu'au rivage. À son bord, Achillas, le commandant en chef des troupes égyptiennes, et deux soldats romains : Salvius, un centurion, et Lucius Septimius, que Pompée connaît bien – il a combattu sous ses ordres, dans le passé. L'embarcation avance dans un grand silence. Un drôle de silence, même. Pompée l'ignore, mais on a décidé de le supprimer. La barque approche du rivage. Depuis leurs trirèmes, au loin, les amis du vaincu et sa femme Cornelia ont suivi le déroulement des événements avec une certaine anxiété. Mais ils reprennent courage en voyant accourir sur la plage de nombreux courtisans du roi, venus le saluer et lui rendre hommage. Pompée se lève. Au même moment, Septimius en profite pour le frapper dans le dos avec son glaive, imité par Achillas et par le centurion Salvius. Pompée couvre son visage avec sa toge et s'écroule, en continuant de recevoir des coups. La suite de la scène est glaçante, comme le raconte le poète Lucain : « Le cruel Septimius [...] arrache le voile qui couvrait la face auguste de [Pompée] expirant, il saisit la tête qui palpite encore et place en travers sur un banc de rameur le cou qui s'affaisse. Alors il tranche muscles et veines, il brise les vertèbres, longuement ; ce n'était pas encore un art de couper une tête d'un coup circulaire de l'épée. [...] Cette chevelure hérissée, objet de la vénération des rois, ornement d'un front généreux, une main la saisit et, sur une lance de Pharos, tandis que la face vit encore et que des râles agitent la bouche en un dernier murmure, tandis que les yeux encore dévoilés se figent, on plante cette tête. [...] Alors, par un art maudit, on enlève le pus de la tête, on vide la cervelle, on sèche la peau, et, quand on en a épuisé toute l'humeur corrompue, on y verse un suc qui raffermit la face. »

Pourquoi Ptolémée XIII a-t-il ordonné qu'on assassine Pompée ? Pour entrer dans les bonnes grâces de César, le nouvel astre naissant. Pompée était dans le camp des vaincus. Sa tête coupée est préparée et conservée de manière à prouver qu'il a bel et bien été tué – César pourra le voir de ses propres yeux. Et justement, quatre jours plus tard, ce dernier, qui poursuivait son adversaire, débarque à Alexandrie avec dix navires de guerre et 4 000 hommes (3 200 fantassins et 800 cavaliers). Il est accueilli non pas par le roi adolescent, mais par une délégation menée par le rhéteur Théodote, qui est peut-être le mieux placé pour trouver les mots justes, vu la circonstance pour le moins délicate… On présente au vainqueur la bague de Pompée, avec un lion armé d'une épée. Puis une boîte en bois, dont on sort le macabre trophée. Seulement, César ne réagit pas comme prévu. Bien au contraire…

Devant la tête coupée et « restaurée » de son ennemi, César éclate en sanglots. Ou fait mine de pleurer. En réalité, Ptolémée lui a rendu un grand service en éliminant un adversaire redoutable. Quoi qu'il en soit, l'affaire est d'une extrême gravité : Pompée, un enfant de Rome, aussi puissant qu'acclamé, a été tué par un souverain étranger qui n'a même pas pris la peine de consulter le sénat, ou César lui-même… Pour un Romain de sa trempe, ce crime est l'un des plus odieux qui soient : il s'en prend à Ptolémée et à sa délégation, les insulte et leur ordonne de traiter cette tête avec tous les honneurs. Il donne également des directives pour que la dépouille du disparu soit rendue à sa femme Cornelia, qui déposera les cendres de son mari sur ses terres, à Albe, indique Plutarque.

Le rhéteur Théodote parvient à échapper à la colère du général. Il fuit l'Égypte mais sera retrouvé par l'un des assassins de César (Brutus ou Cassius, l'information n'est pas claire) et mis à mort. Encore un étrange scénario dont l'Histoire a le secret…

César s'installe dans le palais royal, preuve que l'Égypte n'est plus un royaume puissant, mais un simple protectorat romain. Le temps de prendre un bain, il fait appeler le frère et la sœur. Qui doit-il soutenir ? Voilà la question qu'il doit trancher. Il est concrètement devenu l'arbitre de cette rivalité dynastique. Ptolémée refuse de se présenter. Le fait qu'un Romain lui donne un ordre pareil est un véritable affront. De son côté, Cléopâtre se trouve au milieu du désert et serait prête à le rencontrer. Problème : elle a peur de s'éloigner de ses troupes, d'être attaquée en cours de route et tuée par un mercenaire envoyé par son frère.

La beauté et l'astuce de Cléopâtre

Nous voici de retour en -44. Cléopâtre se déshabille pour prendre son bain. En un clin d'œil, sa tunique en lin immaculée tombe sur le sol. Ne reste que le corps nu de la reine. Le tissu blanc et la silhouette tout en courbes de Cléopâtre font penser à une bougie, quand la flamme ondoie au-dessus de la cire fondue. C'est un corps séduisant, tonique et aux formes harmonieuses. La poitrine est épanouie sans être trop développée, les fesses sont fermes et rondes, la taille fine de la souveraine souligne la plénitude de ses hanches. Le plus frappant est bien sa peau parfaitement lisse : l'absence totale de poils sur ce corps donne à la reine une apparence de statue. Cléopâtre n'est pas d'une beauté rare ou écrasante. Si nous nous tenons à ce qu'ont écrit les auteurs antiques à son sujet (souvent sans l'avoir jamais vue, après sa mort, et en rapportant manifestement des descriptions faites par d'autres ou des lieux communs), nous pouvons imaginer que ce qui la rend supérieure aux autres n'est pas son corps, mais plutôt… la façon dont elle s'en sert. Autrement dit quand elle le met en action avec ses mouvements, sa voix ou son intelligence. C'est ainsi qu'elle subjugue tout le monde. Un peu à la façon d'un instrument de musique : l'observer est une chose, l'écouter en est une autre. De la même manière, si nous en croyons les auteurs antiques, notre héroïne envoûte son monde avec une grâce à l'état pur, d'une féminité hors du commun. Ce qui charme chez elle, en somme, c'est l'élégance de ses gestes, la douceur avec laquelle elle tend la main ou tourne la tête quand on l'appelle, par exemple, sans oublier cette allure pleine d'aplomb. Si nous ajoutons à cela la douceur avec laquelle elle s'exprime et la pertinence de ses réflexions, nous comprenons tout de suite pourquoi elle détonne dans la mentalité de l'homme romain, à la virilité affirmée et habitué à dominer la femme. Tel Pâris avec Achille, Cléopâtre vise de ses flèches le talon découvert de l'homme romain, aussi vite que le plus dangereux des scorpions…

Cléopâtre fait quelques pas en direction de la baignoire, une petite piscine creusée dans une pièce recouverte de marbre précieux. Elle fait un dernier geste très naturel, presque distraitement : elle tend le pied pour tester la température de l'eau. Puis, lentement, elle descend les marches et entre dans la vasque. Le spectacle de sa nudité sensuelle ne dure qu'un instant, et cette image parfaite se brise en une myriade d'écailles apparues quand elle a pénétré dans l'eau. D'abord, ce sont ses mollets qui disparaissent, puis ses cuisses harmonieuses. Les hanches et le ventre de la reine se glissent doucement, comme si elle enfilait une nouvelle tunique. Elle s'arrête un instant quand ses seins frôlent la surface, puis laisse l'étreinte légère de l'eau l'envelopper doucement. Et la voilà qui s'enfonce…

Dans ses yeux et dans son esprit, un souvenir précieux refait surface, agréable et tragique en même temps. Durant les jours terribles où elle était dans le désert, face au dilemme posé par l'invitation de César, l'eau avait été une alliée des plus précieuses, en lui permettant de sortir de l'impasse.

Cléopâtre repense alors à ces heures d'angoisse qu'elle avait passées dans sa tente avec ses conseillers les plus proches. Son seul espoir, au beau milieu du désert, était de rencontrer César et d'obtenir son soutien avant que son frère n'y parvienne. Seulement, comment faire ? Se rendre à Alexandrie était une décision hasardeuse. Durant le voyage, elle et sa délégation risquaient d'être une proie facile pour des assassins envoyés par son frère. Elle avait alors échafaudé un plan audacieux, mais très risqué : elle allait se déplacer incognito, sans gardes du corps ni escorte. Personne n'aurait osé imaginer une chose pareille ! C'est pourtant ce qu'elle a fait, en partant en catimini avec son plus fidèle serviteur, Apollodore de Sicile, à bord d'une simple barque.

Une rencontre légendaire

Imaginez donc cette barque entrant à la nuit tombée dans le port est d'Alexandrie. Mission accomplie, elle approche des murs du palais royal ! Mais le vrai coup de génie de Cléopâtre est encore à venir. Car elle risque d'être reconnue par les gardes du palais. Apollodore la fait alors entrer dans un de ces sacs de chanvre dans lesquels on fourre généralement des couvertures ou des tapis (une traduction erronée du texte en grec ancien a longtemps laissé croire qu'elle avait été enroulée dans un tapis !). Dès qu'ils mettent pied à terre, Apollodore passe une ceinture autour du sac avec la reine à l'intérieur, le charge sur son dos puis prend le chemin du palais. Cet épisode nous fait comprendre deux choses : ce gaillard devait être suffisamment bien bâti pour servir de garde du corps à la reine et la porter sur plusieurs dizaines de mètres. Dans le même temps, Cléopâtre devait être maigre et de petite taille. De très petite taille, même, à l'instar de tant d'autres femmes de l'Antiquité – à l'époque romaine, la taille moyenne d'une femme était d'1,55 mètre.

Le serviteur parvient à passer devant les gardes, peut-être en les payant grassement ou en se faisant reconnaître des fidèles de la reine. Il entre dans les jardins du palais et rejoint les appartements occupés par César en prétextant avoir un présent à lui remettre.

C'est le moment de la fameuse scène de la rencontre entre César et Cléopâtre. Vous vous souvenez sûrement du film de 1963, où Liz Taylor sort d'un tapis déroulé devant les yeux ébahis de César, alias l'indépassable Rex Harrison.

Voici peut-être la rencontre la plus spectaculaire qu'on ait jamais vue entre deux dirigeants. Cléopâtre est-elle vraiment sortie du sac sans crier gare après un trajet qui a dû être particulièrement inconfortable, voire douloureux ? À en croire Dion Cassius, la souveraine a eu la possibilité de se préparer et de se rendre présentable, attirante, et surtout digne de son statut de reine : « [Elle] disposa minutieusement sa beauté et s'apprêta de façon qu'il la vît à la fois dans toute sa majesté et dans tout l'appareil de la pitié. » L'historienne Stacy Schiff estime pour sa part qu'après un tel voyage, Cléopâtre pouvait difficilement avoir une coiffure « digne de ce nom ». En revanche, elle portait probablement un diadème royal. Essayons d'imaginer ces instants. Cléopâtre apparaît soudain devant César. Avant même que le général se remette de sa surprise, elle donne le meilleur d'elle-même en matière de sensualité, de grâce, de majesté et d'éloquence – sans doute a-t-elle préparé un discours parfaitement tourné.

Les auteurs antiques sont les seuls à pouvoir nous éclairer. Plutarque souligne que « celui-ci se laissa prendre par cette première ruse de Cléopâtre [et] la trouva hardie, captivé ensuite par sa conversation et par sa grâce ». Mais c'est encore Dion Cassius qui nous apporte de plus amples détails : « C'était une femme d'une beauté exceptionnelle et justement à cette époque, dans la fleur de sa jeunesse, elle était vraiment fascinante ; elle avait la voix la plus distinguée du monde et savait converser gracieusement avec n'importe qui. » Et de conclure : « Éblouissante à voir comme à entendre, [elle était] capable ainsi de subjuguer n'importe qui, même blasé ou plus tout jeune. » Comme César, justement.

Quoi qu'il en soit, dans quelle langue se sont-ils parlé ? En grec, naturellement : César maîtrisait la langue maternelle de Cléopâtre. La voix de la reine a d'ailleurs été le véritable « philtre » qui l'a charmé et séduit, ce que confirme l'auteur de l'*Histoire romaine* : « César la vit, entendit le son de sa voix, et fut aussitôt tellement subjugué qu'il convoqua sur-le-champ Ptolémée au point du jour et travailla à les réconcilier. Lui qui se croyait naguère le juge de Cléopâtre était maintenant son avocat. »

La première nuit d'amour

Cléopâtre vient de ressortir de sa baignoire. Elle a séché son corps tonifié par l'eau fraîche avec des draps en lin d'une blancheur éclatante qui ont capturé chacune des gouttes qui glissaient sur sa peau. Elle est à présent sur un lit en marbre, recouvert de toiles et d'oreillers. Dans chaque coin de la pièce et au plafond se trouvent des lampes à huile, tandis que des braséros parfument l'air avec de l'encens mêlé à des essences orientales. Deux fenêtres laissent entrer des rais de lumière à peine atténués par des rideaux de soie transparents qui se soulèvent à chaque respiration de la brise marine.

Des mains expertes la massent. Elle est allongée, une position qui révèle toute la sensualité de son dos, tandis que des doigts cuivrés descendent le long de son corps désiré par tant d'hommes, en s'arrêtant avec les pouces sur deux creux dans sa chute de reins. Avec maîtrise, ces mouvements réguliers font disparaître une tension accumulée depuis trop longtemps dans chaque muscle, dans chaque centimètre de peau. Elle ferme les yeux. Et dans son souvenir, ces mains qui la touchent sont celles de César – puissantes, décidées, capables de donner la mort, mais aussi l'amour. Elle se remémore les frissons qui parcouraient tout son corps chaque fois que la main de son amant caressait sa peau, chaque fois qu'elle cédait à son étreinte vibrante, enivrée par son odeur.

D'après de nombreux récits, c'est bien à ce moment-là, juste après cette première étincelle, qu'ils auraient vécu toute une nuit de passion torride… À en croire de nombreux chercheurs, et au risque de vous décevoir, cette *fameuse nuit*… César et Cléopâtre ne se sont pas donnés l'un à l'autre.

Ce n'était pas le fait du général, un coureur de jupons impénitent, mais de la reine, qui n'avait que vingt et un ans. César avait dépassé la cinquantaine. « Il aurait pu être son père », comme on a coutume de dire, et peut-être même son grand-père, étant donné la précocité des grossesses dans l'Antiquité… Cependant, souvenons-nous qu'à l'époque, de telles différences d'âge étaient plutôt monnaie courante, surtout dans les mariages arrangés pour raisons « politiques ». En réalité, une explication plus « technique » justifierait pourquoi nos deux héros n'ont pas fait l'amour cette nuit-là. Rappelons que la dynastie ptoléméenne prévoyait des mariages entre frères et sœurs et que, souvent, ces unions donnaient lieu à des naissances. À ce titre, Cléopâtre était sans doute une exception : sa mère était peut-être l'une des concubines du roi. Dans la mesure où son premier mari, son frère Ptolémée XIII avec qui elle n'avait pas les meilleures relations du monde, avait à peine quinze ans, il y a de grandes chances pour qu'ils n'aient pas eu d'autres rapports sexuels. En d'autres termes, au moment de sa rencontre avec César, Cléopâtre était probablement encore vierge et peu disposée à s'offrir facilement. Voilà qui explique son refus.

Reste que le sort de son royaume, son intégrité physique, voire son attirance pour ce grand conquérant (sur les champs de bataille comme dans le cœur des femmes), ont dû peser dans la balance. Un séducteur aux cheveux poivre et sel (presque blancs, même), viril, protecteur, au charme à la Sean Connery ou George Clooney. C'était aussi un homme de pouvoir à qui tout réussissait. Des arguments sans doute plus puissants que son sex-appeal. Elle devait choisir un homme digne de sa personne, en tant que reine mais aussi en tant que femme : entre Jules César et son frère de quinze ans, le choix était plus qu'évident. Dernier élément : Cléopâtre jouait le tout pour le tout. Elle avait risqué sa vie pour arriver au palais royal et il lui fallait maintenant convaincre César de la soutenir et de la protéger. Avec la personnalité de la reine, son caractère impulsif et son esprit aiguisé, il est tout à fait possible, et même très probable qu'elle se soit offerte à lui dès cette première nuit, en fonçant tête baissée. C'était dans ses cordes.

Quoi qu'il en soit, si ce n'était pas cette nuit-là, ce fut l'une des suivantes. Et pour cause : au bout de quelques mois, elle est sûrement tombée enceinte de César.

Étant vierge ou peu expérimentée, Cléopâtre s'est peut-être montrée un peu timide et maladroite lors de sa première nuit d'amour. Personne n'oserait l'imaginer ainsi, mais elle restait une femme obligée d'affronter les grandes étapes de sa vie comme les gens normaux, avec des angoisses, des peurs et des doutes, un aspect que nous tendons souvent à oublier en l'enfermant toujours dans son rôle de *femme fatale** agressive et très expérimentée…

Quelle que soit la façon dont se sont passées les choses, César a pu être le premier à la guider à la découverte des plaisirs de la chair… On dit qu'à compter de cette nuit, Cléopâtre et César sont devenus inséparables. C'est effectivement une grande, une magnifique histoire d'amour. Mais quelle était la part d'attirance et de passion dévorante dans cette relation ? À l'inverse, quelle était la part de simple intérêt ? Les deux amants n'étaient pas naïfs. Outre leurs baisers brûlants, il y avait bien autre chose. Pour César, Cléopâtre était une souveraine déterminée et indépendante, bien plus fiable que son frère. Et surtout, le lien fort qui les unissait lui permettait de mieux la contrôler. Inversement, pour Cléopâtre, César était un allié puissant sur qui compter pour monter sur le trône et y rester un bon moment.

Leur union était donc un mélange de passion et d'intérêts communs.

Ptolémée réagit

Cléopâtre a été aussi habile que courageuse. Elle a risqué sa vie, d'abord pour arriver à Alexandrie sans escorte, puis pour entrer dans le palais royal glissée dans un sac. Comment réagirait César devant cette apparition hallucinante ? Elle n'en avait pas la moindre idée ! Cela ne l'a pas empêchée d'oser l'impossible… et de gagner la partie. Cette rencontre montre clairement la nature et le caractère d'une femme qui se révélera capable d'impressionner le sénat comme les Romains. De défier le destin avec panache, détermination, ambition, ainsi qu'avec une énergie vitale qui reste profondément frappante, même plus de 2 000 ans après les événements. Autant de qualités qui font d'elle un être unique. Mieux : chaque fois, elle est seule. Elle doit emporter l'adhésion des autres, la conquérir à la force du poignet. Personne ne lui fait aucun cadeau. Elle est aussi une femme dans un monde d'hommes. Ce qui fait d'elle une personnalité vraiment exceptionnelle.

Cette décision de provoquer cette rencontre avec César, cette prise de risque, va se transformer en un succès politique.

À son arrivée au palais pour rencontrer César, Ptolémée découvre que sa sœur, qu'il croyait encore retranchée dans une tente en plein désert, l'a précédé pour plier le match. Pire encore : un coup de foudre a eu lieu entre elle et le général romain. Imaginez sa stupeur et sa colère en découvrant Cléopâtre (qui est également sa femme, en théorie) avec ce grand séducteur.

Le jeune roi comprend qu'il a perdu et s'énerve de façon presque puérile, ce que Dion Cassius décrit ainsi : « Cela et la vue de sa femme dans les murs remplirent le garçon de colère ; il alla en toute hâte trouver le peuple, cria qu'il était trahi et finit par arracher son diadème de sa tête et par le jeter à terre. » L'historien poursuit en racontant comment ce coup de théâtre a déclenché une véritable révolte à Alexandrie, tant et si bien que « les soldats de César se saisirent de [Ptolémée] sans faire cesser les troubles chez les Égyptiens ».

La foule finit néanmoins par se calmer lorsque César convoque une assemblée pour lire publiquement le testament officiel de Ptolémée Aulète, le père de Cléopâtre et du jeune roi. Le document indique qu'ils devront régner ensemble, selon les traditions de la dynastie, et sous la tutelle du peuple romain… César est dos au mur : il dispose d'une poignée d'hommes, une ville se dresse entière contre lui et une puissante armée égyptienne est prête à l'attaquer. Il est donc contraint de faire une concession supplémentaire pour calmer tout le monde. De sa propre initiative, il offre l'île de Chypre aux cadets de Cléopâtre, Arsinoé et Ptolémée mineur, qui avaient été exclus du testament. Nous réentendrons parler d'eux…

L'île de Chypre est fondamentale dans l'échiquier méditerranéen. C'est un vrai « gisement » de ressources pour l'Égypte : ses nombreuses mines de cuivre lui donnent le monopole sur ce métal. Quant à ses forêts, elles permettent à un royaume dont le territoire est en grande partie recouvert par le désert d'avoir du bois en abondance…

Un banquet macabre

Pour sceller la réconciliation, on décide unanimement d'organiser un fastueux banquet les jours suivants. Mais sous les cendres, le feu couve encore. Le jeune Ptolémée XIII a accepté officiellement la proposition, mais ses conseillers, Pothin et Achillas (dans l'intervalle, Théodote a pris la fuite), sont bien plus malins que lui et commencent à manœuvrer dans l'ombre. Ils rappellent en toute discrétion l'armée qui cernait la tente, désormais vide, de Cléopâtre depuis des semaines (une dame de compagnie de la reine s'était peut-être habillée comme elle pendant ces longs jours, sans jamais quitter la tente, afin de faire croire à d'éventuels espions qu'elle se trouvait encore là). Et surtout, ils ourdissent un complot, avec pour objectif de tuer César et Cléopâtre durant le banquet…

Et pour cause : les deux hommes sont conscients que le général romain se contente de temporiser. Tôt ou tard, il finira par rétablir la situation et donner le trône à Cléopâtre. Pour eux, cela reviendrait à perdre tout leur pouvoir : ils seraient écartés de la gestion du royaume. Ayant désormais atteint l'âge adulte, elle n'a plus besoin de tuteurs. Mais surtout, elle nourrit une certaine hostilité à leur endroit.

Le jour du banquet, tout est préparé avec un faste impressionnant et une perfection royale. Sur les tables somptueusement dressées avec des couverts précieux, on sert des mets recherchés tandis que les vins parmi les plus fins coulent dans les coupes. Dans les salles intérieures du palais, à l'abri des regards indiscrets, ceux qui sont chargés d'exécuter le meurtre se réunissent sûrement avec Achillas afin de déterminer le bon moment pour agir. Ce qui n'est pas évident, vu le grand nombre de légionnaires montant la garde. Il n'empêche : les assassins « jouent à domicile », si l'on peut dire, puisqu'ils connaissent les lieux. Ils savent comment contourner la surveillance et frapper de façon foudroyante les deux victimes désignées.

Il subsiste un problème, qui a les traits d'un personnage en apparence inoffensif : le coiffeur personnel de César. C'est un homme angoissé, qui a peur de son ombre. Il remarque tout ce qui n'est pas normal. Y compris les conversations étranges. D'après Plutarque, c'est lui qui démasque par hasard le complot imminent alors que tout le monde mange et festoie gaiement. Comment ? Peut-être en écoutant les détails de l'opération derrière une porte ou en apercevant Achillas en train de parler à plusieurs hommes armés, cachés dans une pièce. Nous n'en savons rien. Quoi qu'il en soit, il prévient aussitôt son maître, qui réagit de façon explosive.

Dès qu'il apprend la nouvelle que son coiffeur lui a probablement soufflée à l'oreille, il fait appeler ses légionnaires et leur ordonne d'encercler la salle. Puis, dans le silence général, les yeux brûlants de colère, il ordonne à un centurion de tuer Pothin, qui ne se doute de rien. Le militaire le transperce d'un coup sec. L'espace d'un instant, l'homme reste immobile, comme pétrifié. Toute l'assistance se met alors à hurler devant ce spectacle : ils viennent d'assister en direct à la mort de l'habile conseiller ! Les invités quittent la salle à toutes jambes, en évitant le corps gisant par terre, en proie aux dernières convulsions. On recherche aussitôt Achillas, le chef des troupes ptoléméennes, mais celui-ci a réussi à s'éclipser et à rejoindre son armée. La « guerre d'Alexandrie » est lancée.

Impossible de ne pas penser au complot dont César sera victime quatre ans plus tard. Dans le cas présent, le général ne se doutait pas de ce qui se tramait. Ce qui ne l'a pas empêché de réagir sans la moindre hésitation. Alors qu'à Rome, aux ides de mars, il savait depuis longtemps qu'on manigançait quelque chose contre lui. Peut-être a-t-il même lu le message de son ami philosophe. Malgré tout, aussi incroyable que cela puisse paraître, il n'a pas réagi. Pourquoi ? Si la quasi-totalité des historiens cherchent une réponse à cette question, le seul qui pourrait nous la donner reste César lui-même...

Les hostilités commencent

Vous l'aurez compris : chaque recoin de ce palais rappelle à Cléopâtre son passé et son histoire avec César.

Très délicatement, la fidèle Eiras étale une crème nourrissante sur le visage de la souveraine, marqué par ce long voyage en mer autant que par l'anxiété. La suivante est aidée par toute une équipe de domestiques qui prennent soin du corps et de l'apparence de la reine, qui leur raconte ce qui s'est passé à Rome et ce retour chaotique en Égypte.

Maintenant qu'elle peut enfin s'accorder un peu de détente, elle commence à sentir toute la fatigue qui s'est accumulée au cours de ces dernières semaines de tensions et de souffrances. Alors qu'elle est allongée et que des servantes s'occupent de ses mains et de ses pieds (en utilisant du henné pour lui vernir les ongles), son regard se concentre sur un détail du plafond à caissons. Une grosse fissure apparaît dans le bois doré. Personne ne l'a remarquée, à moins qu'elle n'ait pas encore été réparée.

Quatre ans plus tôt, c'est à cet endroit précis qu'une boule de pierre, lancée par une machine de guerre, a fini sa course. Soudain, elle est envahie par les souvenirs de ces mois de peur, quand, en compagnie de César, elle s'était retrouvée assiégée, avec peu d'espoir de s'en sortir.

La guerre n'avait duré que six mois, mais elle avait été éprouvante – un avis partagé par César. Peut-être parce que l'ennemi n'était pas une armée déployée sur un terrain ouvert, mais un « monstre » créé par les manœuvres et les intrigues de palais d'Alexandrie.

Quand il avait débarqué en Égypte pour la première fois, César ne pouvait pas savoir dans quel nœud de vipères il s'enfonçait…

Achillas rejoint son armée. Le mot d'ordre est simple : encercler la ville et l'attaquer. Il n'y a pas seulement les troupes ptoléméennes, mais aussi une bande de mercenaires et de pirates originaires des provinces de Syrie et de Cilicie, des condamnés à mort ou à l'exil, ainsi que de nombreux esclaves qui ont subi l'oppression romaine (puisqu'ils étaient persécutés s'ils refusaient de s'enrôler). Le tout pour un total de 20 000 hommes (auxquels s'ajoutait toute la population de la ville, révoltée d'apprendre que César retenait prisonnier l'enfant-roi Ptolémée XIII). César, qui n'avait pour sa part que 4 000 légionnaires, donne l'ordre de se retrancher dans le palais royal, qu'il fait fortifier, en créant des barricades, pour le transformer en une vraie place forte. Les deux émissaires qu'il a envoyés pour parlementer connaissent un sort tragique : le premier est tué, l'autre grièvement blessé. Et puis c'est le début de l'attaque, avec une pluie de flèches qui s'abat sur le palais, suivie par des vagues d'assauts massifs, terribles, violents, mais désorganisés, que les légionnaires réussissent à contenir et à repousser grâce à leur expérience. Arsinoé, la sœur cadette de Cléopâtre, profite subitement de la confusion pour s'échapper et rejoindre les rebelles. Le peuple la choisit comme « nouvelle reine d'Égypte ». De quoi compliquer les choses. Comme le souligne l'historien Michael Grant, l'épisode est un coup dur pour César. Dès lors, la guerre cesse d'être une simple rébellion d'individus isolés contre l'autorité légale. Il se retrouve au beau milieu d'une lutte de pouvoir pour la mainmise sur le trône d'Égypte.

Les heures, les jours et les semaines suivantes sont le théâtre d'événements qui se pressent à présent dans l'esprit de Cléopâtre. César comprend que le piège mortel va se refermer sur lui. Ils sont encerclés par côté terre, mais pas encore par côté mer. Le palais est attaqué par les ruelles et par des quartiers entiers avec, derrière lui, le port royal et le grand large. Si les habitants d'Alexandrie capturent les navires égyptiens qui mouillent devant le port, ils les encercleront complètement, en les privant de toute communication avec le reste du monde. Sans hésiter une seconde, il ordonne aux navires romains de sortir du port à la rame et d'attaquer les vaisseaux égyptiens, en les incendiant à l'aide de flèches imprégnées de poix. Mais le feu, aidé par le vent, se propage des bateaux aux arsenaux, puis aux maisons en bord de mer. Selon une idée très répandue, c'est à cette occasion que la Bibliothèque d'Alexandrie aurait été détruite. En réalité, les spécialistes d'aujourd'hui s'accordent pour démentir cette *fake news* historique. Et pour cause : si l'édifice avait bel et bien brûlé à ce moment-là, de nombreux hommes de culture de l'Antiquité, comme Strabon ou Didyme, n'auraient pas pu la fréquenter quelques années plus tard, sous le règne d'Auguste. En revanche, c'est bien dans les environs du port qu'auraient été ravagés des entrepôts où étaient stockés des livres destinés à l'export, d'après l'historien Luciano Canfora.

Que fait ensuite César ? Profitant de la pagaille créée par l'incendie, il occupe le grand Phare au terme d'une action nocturne foudroyante qui lui permet de contrôler l'entrée du port et d'appeler des renforts.

Entretemps, Arsinoé, la nouvelle reine du camp adverse, fait tuer le commandant Achillas pour le remplacer par l'un de ses fidèles, Ganymède, qui échafaude un plan particulièrement retors. À l'aide de grandes machines, il va introduire d'immenses quantités d'eau salée dans les conduites du quartier du palais royal, de manière à ce que l'eau potable devienne progressivement imbuvable. Mais César fait creuser des puits et parvient à résoudre le problème grâce à ses légionnaires, qui n'étaient pas seulement d'excellents soldats, mais aussi des ingénieurs, des forgerons et des charpentiers en mesure de construire des routes, des aqueducs et des puits.

Ce souvenir est lié à un autre épisode, qui surgit brusquement dans l'esprit de Cléopâtre. Un épisode pendant lequel César avait failli mourir…

Du haut du palais royal, la souveraine observe César et ses hommes, au niveau du Phare. Ils tentent de conquérir la longue digue qui le relie à la terre ferme (le fameux Heptastade). Ils la parcourent en peu de temps. Très vite, ils se lancent dans la construction d'une barricade pour empêcher les Égyptiens d'accéder à la ville. Mais l'approche subite de navires égyptiens dans leur dos menace de leur couper toute possibilité de retraite. Paniqués, les légionnaires font marche arrière, malgré les exhortations de César, et se jettent dans l'eau ou se précipitent en masse vers leurs bateaux alignés le long de la digue. Leur chef lui-même finit par monter sur son navire, mais il est suivi par tant d'hommes que l'embarcation chavire et coule à pic, en emportant de nombreux soldats. Le général finit *in extremis* par plonger dans les vagues avec sa lourde armure et parcourt près de 200 mètres sous les flèches ennemies. Il réussit même, paraît-il, à garder quelques notes écrites hors de l'eau. Ce dernier point, rapporté par Plutarque, est aujourd'hui sujet à caution. Il n'empêche : cet épisode nous laisse entendre qu'il était un véritable homme d'action, encore plein d'énergie, même s'il avait dépassé la cinquantaine. Cléopâtre n'avait pas face à elle un vieillard, mais un homme encore au sommet de ses capacités. Il n'est pas à exclure que cette relation avec une jeune reine l'ait revigoré, quitte à lui faire prendre des décisions ô combien risquées, mais héroïques. Surtout s'il était conscient qu'elle l'observait depuis le palais…

Au bout du compte, Cléopâtre s'en souvient bien, leur salut est venu de ces renforts tant attendus. Leur appel au secours a été entendu ! À un détail près : ce n'est pas un détachement de légions romaines qui s'est présenté aux frontières du royaume d'Égypte, mais un roi, Mithridate de Pergame, à la tête d'une armée hétéroclite qu'il a rassemblée en Asie Mineure, en Syrie et en Arabie. Il y a également un gros contingent de troupes venues de Judée, et menées par le grand prêtre Antipater : étant hostiles à Pompée, ces soldats soutenaient César.

Dans l'intervalle, le chef de guerre romain a eu suffisamment de ruse et d'audace pour libérer l'enfant-roi Ptolémée XIII. Une bonne façon de semer le trouble chez ses adversaires. Qui était censé commander, l'adolescent ou la nouvelle reine Arsinoé ? Quelques jours plus tard, les deux formations s'affrontent dans une localité du delta, non loin de la ville, appelée le « Champ des Juifs ». César rejoint cette armée de « sauveurs » avec ses soldats. Face à eux, l'intégralité du contingent égyptien, commandé par l'enfant-roi en personne. La bataille fait rage pendant des heures, mais c'est finalement l'armée de César qui l'emporte en mettant en déroute ses adversaires. Ptolémée XIII a beau s'être battu avec honneur, il fuit sans demander son reste, en montant sur un bateau. Celui-ci, trop lourd, finit par couler. Le roi se retrouve dans l'eau mais, contrairement à César, il coule à cause du poids de son armure en or.

Le soir même, César regagne la ville, où il est acclamé par tous les habitants, ceux-là même qui voulaient sa mort un peu plus tôt dans la matinée. Il fait alors capturer et arrêter Arsinoé. À son retour à Rome, la jeune femme défilera enchaînée lors de sa marche triomphale.

De fait, César refuse que l'Égypte, une terre d'importance stratégique pour le blé et d'autres matières premières, devienne une province. Elle risque en effet de tomber entre les mains d'un gouverneur peu fiable, avide et sans scrupules, du moment où de tels individus sont toujours choisis parmi les sénateurs, avec tout ce que cela implique en termes d'amitiés, de clientélisme, de magouilles et d'ambitions personnelles.

Il décide donc d'y laisser un gros contingent militaire composé de trois légions (la 27e, la 37e et une autre, mais nous ignorons laquelle), sous le commandement d'un homme de confiance appelé Rufion, « le fils d'un de ses affranchis, et l'un de ses mignons », nous indique Suétone – l'historien utilise bien le terme *exoletus*, un terme familier désignant des homosexuels passifs.

Étonnamment, le chef de guerre avait une épouse légitime à Rome, Calpurnia, et au moins deux relations extraconjugales à Alexandrie, avec des personnes de sexe différent – une femme, Cléopâtre, et un homme, Rufion. Mais l'auteur des *Vies des douze Césars* s'avance peut-être un peu.

À partir de ce moment, le trône d'Égypte sera occupé par la seule Cléopâtre. Par respect de la tradition, César lui associe symboliquement le dernier frère qui lui reste, Ptolémée XIV, pour gouverner.

Avec ces dernières images à l'esprit, Cléopâtre rouvre les yeux. La voilà maquillée. Devant elle, le miroir que lui tendent Eiras et les jeunes femmes, qui attendent avec anxiété le verdict de leur maîtresse. La reine esquisse un mouvement de tête approbateur, elles ont fait du très bon travail. Mais la souveraine a la tête ailleurs. Pour la première fois depuis qu'elle est à Alexandrie, elle voit son visage se refléter sur la surface lumineuse du bronze. Il semble sortir du brouillard. Et elle ne se reconnaît pas. Son regard est éteint, la vitalité qui a toujours fasciné tout le monde a disparu. Celles et ceux qui la côtoient l'ont sans doute compris, mais personne n'a voulu le lui avouer pour la protéger. Elle devra maintenant porter un « masque », se montrer décidée et pleine d'énergie, mais aussi cacher ses sentiments, cette tristesse infinie qui se transforme presque toujours en un profond désespoir, sans parler de l'angoisse que lui inspire l'avenir. Deux personnes sauront la vérité de son âme : elle et sa dame de compagnie, Charmion, qui lui a souvent ouvert les bras pour qu'elle épanche ses pleurs de femme, et pas de reine. Personne d'autre. Ce serait une catastrophe si sa fragilité était révélée au grand jour. Pour tout le monde, mais surtout pour Césarion. Penser à son fils qui joue, plein d'insouciance, en lui souriant fait naître en elle une force et une détermination inattendues. Le temps de prendre une grande inspiration, elle se lève et s'en va d'un pas assuré.

Hélas, sa résolution résiste peu et s'effrite à chaque pas. Le destin la poursuit et fond sur elle comme un prédateur : chaque salle, chaque escalier, chaque fenêtre la ramène vers César, avec sa voix, ses gestes de tendresse, sa vision optimiste de l'avenir, même dans les moments les plus sombres du siège.

C'est justement cet optimisme et cet aplomb qui lui manquent terriblement, à cet instant.

Pourquoi s'en étonner ? César et Cléopâtre ont vécu le début de leur histoire d'amour dans ce palais, peut-être le plus beau de toute la Méditerranée, et dans des conditions terribles, à savoir encerclés par l'ennemi et avec la peur d'être tués. Elle se souvient parfaitement de ces fois où elle avait couru à en perdre haleine sous les galeries couvertes ou quand elle se réveillait en sursaut au cœur de la nuit, face aux gardes du palais, leur épée dégainée, avant d'être conduite en catastrophe dans un lieu plus sûr. Plus qu'un palais, c'est une propriété immense, un véritable havre de paix, avec des places, des pavillons, des jardins, des galeries couvertes et des fontaines, le tout réalisé de façon somptueuse, fastueuse et avec un goût hellénistique sans faille. Vivre une histoire d'amour bouleversante dans ce décor incroyable, avec la crainte de peut-être mourir le jour même ou le lendemain, a alimenté leur relation d'une façon rare, aussi sublime qu'intense. Combien de fois se sont-ils juré un amour éternel, la peur au ventre, durant une attaque, cernés par les cris des soldats, les flèches ou les boules de pierre qui pleuvaient partout… Leur relation s'est sans cesse nourrie de moments de passion, intenses et profonds. De nuits enflammées avant un assaut. D'étreintes interminables après une attaque. De baisers volés derrière une colonne… Cléopâtre se souvient bien du torse de César, collé contre son corps, tandis que ses mains s'emparaient d'elle avec une chaleur qu'un homme de sa trempe avait rarement l'habitude de montrer.

Combien de fois a-t-elle caressé doucement la nuque de son amant, lors de leurs longues étreintes ! Ces instants enflammés, qu'aucun écrivain antique n'a racontés mais que nous pouvons imaginer, ces instants alimentés par l'amour, par la joie de vivre et par la peur de mourir ont éclos dans un lieu qui n'existe plus aujourd'hui. On n'y trouve plus que des immeubles anonymes, des restaurants, des boutiques... Cléopâtre, César, les légionnaires, Alexandrie et tous ses habitants (des mères avec leurs enfants aux marins, en passant par les esclaves et les philosophes du Musée) ont disparu. Il ne reste aucune trace de ces hommes et de ces femmes, si ce n'est quelques rares ossements. Mais ils nous ont laissé une histoire extraordinaire. Une histoire que nous tentons de retracer.

César arrive à Alexandrie le 2 octobre -48. Si, comme nous l'avons dit précédemment, nous partons du principe que Césarion est son fils et qu'il est né au mois de juin de l'année suivante (en -47), cela signifie que Cléopâtre serait tombée enceinte en octobre. Autrement dit, au cours de ses premiers rapports avec le général (voire du tout premier, qui sait ?). À en croire Michael Grant, elle en avait la certitude dès le mois de décembre. Chaque élément semble s'imbriquer à la perfection avec l'idée d'une histoire d'amour hors du commun. Afin d'être tout à fait honnête, répétons-le : un nombre non négligeable d'historiens estiment aujourd'hui que Césarion n'est pas le fils de César, ce qui impliquerait chez la reine un talent sinistre pour le calcul politique et la propagande.

Nous imaginons volontiers le couple se réveiller le matin dans un lit immense, leurs corps enveloppés dans des couvertures de soie colorées et cernés par un monceau d'oreillers, la tête de Cléopâtre posée sur le torse musclé de César qui la caresse doucement... Une image magnifique d'une des plus célèbres histoires d'amour.

En réalité, les choses se passaient différemment.

Les deux amants dormaient dans des pièces séparées. Ce qui n'a rien d'étonnant : dans la Rome antique et dans les familles aisées du passé, jusque très récemment, mari et femme faisaient presque toujours chambre à part. Pourquoi ? En partie parce qu'il s'agissait de mariages arrangés, et pas de mariages d'amour, peut-être. Un usage différent des nôtres, que Cléopâtre et César suivaient, même s'ils passaient le reste de la journée ensemble… Mais il y avait une autre raison, soulignée par Michael Grant. Au cours de ces mois chaotiques, il était important qu'ils passent la nuit dans des ailes séparées du palais, voire dans des bâtiments différents. Durant l'assaut, on soupçonnait que des traîtres et des assassins puissent rôder à l'intérieur du palais. Un peu comme les membres des familles royales actuelles qui voyagent à bord de plusieurs avions pour éviter que tout le monde périsse en même temps, en cas de catastrophe. Il était donc plus prudent de dormir dans des bâtiments éloignés, entourés par une cohorte de gardes du corps et d'hommes de confiance.

Il y avait donc de fortes chances pour que César se retire dans un pavillon protégé par ses officiers, et l'enfant-roi Ptolémée XIII dans une demeure avec sa cour nombreuse, composée de membres des familles influentes d'Alexandrie, en plus de son ministre, le sinistre Pothin. À l'inverse, Cléopâtre n'était pas entourée de beaucoup de gens. L'élite d'Alexandrie pensait qu'elle était à deux doigts d'être éliminée politiquement et physiquement : elle était donc entourée d'une poignée de personnes de confiance. En outre, sa cour était encore en plein désert, ou du moins au-delà des frontières. De ce point de vue, la souveraine a montré qu'elle savait affronter le destin sans trembler, même si elle était dans une situation difficile. Peut-on aller jusqu'à la décrire comme une reine seule devant l'Histoire ? Oui, l'expression n'est pas trop forte.

À la fin de la guerre, le 27 mars -47, Cléopâtre et César se sont tout de même offert une période pour eux seuls. De nombreux historiens (et même Napoléon Bonaparte) se sont étonnés de cette parenthèse que César s'est accordée alors que de nombreux problèmes l'attendaient. Cela faisait un an qu'il n'était pas rentré à Rome et les gens se plaignaient des manœuvres d'Antoine. Profitant de son rôle de responsable de l'Italie en l'absence de César, ce dernier gérait les biens confisqués à Pompée à son seul avantage, dans le but d'asseoir sa notoriété. En outre, même si le général avait écrasé ses rivaux à Pharsale et même si Pompée avait été vaincu, les forces républicaines étaient encore actives : on avait intérêt à les mettre au pas. Bref, ces mois d'incertitude constituaient un danger, et personne n'arrivait à s'expliquer l'absence de César. À part l'intéressé et sa maîtresse…

Les deux amants étaient à présent les maîtres absolus de l'Égypte. Ce qui les avantageait grandement l'un et l'autre : Cléopâtre soutenait économiquement les ambitions politiques de César. En échange, il l'aidait à contrôler le royaume. C'est à ce moment-là qu'ils ont décidé de s'offrir un véritable rêve : une croisière sur le Nil.

On peut affirmer sans trop se tromper qu'il s'agit d'un événement unique dans l'histoire du monde méditerranéen. Deux personnages parmi les plus célèbres de l'Histoire qui partent pour un voyage romantique dans l'un des décors les plus fascinants de la planète. On se croirait dans un roman… Celles et ceux qui ont eu l'occasion de se rendre en Égypte savent à quoi ressemble un coucher de soleil sur les pyramides ou sur le Nil, au niveau de Louxor, avec le ciel qui se colore de rouge et les felouques qui glissent calmement sur ces eaux aussi lisses qu'un miroir. Imaginez maintenant ce décor somptueux avec César qui enlace Cléopâtre en l'embrassant dans le cou.

Pour autant, le fait que César ait décidé de s'arrêter en Égypte n'était « irrationnel » qu'en apparence. Le pays était pacifié depuis peu de temps et il voulait s'assurer que de nouveaux troubles n'éclateraient pas à son retour à Rome. Il a donc contrôlé en personne l'humeur des gens, des prêtres et la situation dans les campagnes. Par ailleurs, avec Cléopâtre sur le trône, l'Égypte était une ressource économique fondamentale pour lui. Elle l'était également pour Rome, qu'elle approvisionnait en blé.

D'autres éléments ont néanmoins pesé sur sa décision. D'aucuns estiment que César n'était pas seulement un soldat et un meneur de troupes. C'était aussi un personnage d'une immense curiosité, doublé d'un passionné de géographie – il suffit de lire *La Guerre des Gaules* pour s'en convaincre. La possibilité d'explorer l'Égypte et ces merveilles dont il avait entendu parler depuis son enfance, comme l'ensemble des nobles romains, était trop tentante. Comment résister, surtout s'il s'agissait d'explorer les territoires qui longeaient le cours du Nil ? Lui-même l'avait d'ailleurs avoué lors d'un banquet, selon Lucain : « Je n'ai rien de plus à cœur que de connaître le régime de ce fleuve, dont tant de siècles ont ignoré les causes, et son origine restée mystérieuse. Qu'on me donne l'assurance de voir les sources du Nil, et j'abandonnerai la guerre civile. »

Enfin, César avait une dernière raison de rester en Égypte. Une raison qui porte un nom précis : Cléopâtre. Ce qui nous permet de saisir, une fois de plus, la force de persuasion extraordinaire de cette femme. Lucain l'affirme d'ailleurs de façon particulièrement explicite : « Cléopâtre a pu subjuguer un vieillard par ses sortilèges. » Au lieu de parler de « sortilèges », il serait peut-être plus correct de parler de talent oratoire, de séduction, de sex-appeal… Un cocktail qui, étrangement, a toujours des effets dévastateurs sur les chefs de guerre romains, nous le verrons aussi avec Antoine…

Le couple est parti au début du mois d'avril avant de « s'évaporer » trois bons mois. Dès lors, César n'a plus donné de nouvelles : il a disparu de la sphère politique et militaire… De quoi susciter toutes sortes d'hypothèses du côté de Rome. Grâce à Cicéron, nous connaissons l'une de ces rumeurs qui circulaient dans la ville : on racontait que César était en bien mauvaise posture en Égypte, alors qu'il se portait comme un charme ! Preuve que la « machine à salir » était entrée en action pour lui nuire.

Attention tout de même. Ne vous attendez pas à ce que les deux amants aient effectué leur croisière seuls au monde. De très nombreux navires les accompagnaient, 400 même, d'après Appien. Il s'agissait donc aussi d'une expédition militaire, avec de nombreux soldats. Et surtout, c'était une mission politique dans le but de faire voir à tout le monde que Cléopâtre jouissait d'un soutien puissant, de manière à renforcer sa position de dirigeante.

Néanmoins, la principale raison de ce voyage était la même pour lui comme pour elle : savourer cette lune de miel jusqu'à la dernière miette.

Appien est très clair sur ce point : « Il croisa sur le Nil avec quatre cents bateaux et contempla le paysage avec Cléopâtre, dont la compagnie lui procurait par ailleurs beaucoup de plaisir. » Sans entrer dans les détails de ce « plaisir », rien ne nous empêche d'imaginer le décor de ce qui était un véritable voyage de noces, à tous les niveaux. Et qu'importe s'ils n'étaient pas officiellement mariés !

Le navire à bord duquel ont embarqué César et Cléopâtre était colossal. Les Ptolémées disposaient en effet d'embarcations incroyablement luxueuses pour ce genre de voyages : les magnifiques *thalamegos*.

Dans l'œuvre qu'il a consacrée à Alexandrie, et dont de larges extraits sont parvenus jusqu'à nous grâce à l'écrivain égyptien Athénée de Naucratis, l'historien grec Callixène de Rhodes nous explique que ces vaisseaux avaient un fond plat pour s'adapter au fleuve, mais avec une coque imposante qui se levait très haut au-dessus de l'eau. Voilà qui nous donne une bonne idée de ce bâtiment impressionnant. D'autres auteurs ajoutent pourtant des détails stupéfiants. Nous savons que le premier exemplaire de ces bateaux, voulu par Ptolémée IV, faisait près de 100 mètres de long et qu'il était plus haut qu'un immeuble moderne de sept étages, avec ses 25 mètres. Bref, il s'agissait d'un véritable paquebot, digne des bateaux de croisière modernes, et peut-être même d'un petit palais flottant !

Comme dans les transatlantiques d'aujourd'hui, le navire royal comptait des promenades extérieures sur plusieurs ponts. Mais aussi des sanctuaires, de petits jardins, des salons, des salles à manger, des colonnades, d'imposantes statues dorées. Le mobilier était plus que luxueux, cela va sans dire : le vaisseau regorgeait d'or, d'ivoire, de bois rares sculptés, de décorations, et peut-être même de plaques de marbre précieux. On imagine également des espaces réservés aux ablutions et aux bains. Et pour finir… une somptueuse chambre à coucher pour les deux amants.

Représentez-vous maintenant cette myriade d'embarcations sur le Nil, avec au centre l'immense *thalamegos* de César et Cléopâtre.

Si le trajet a été très long, c'était aussi parce que le but du voyage l'imposait : il s'agissait d'une sorte de « procession triomphale ». Et les deux amants ont vécu l'une des périodes les plus heureuses de leur existence. Tout leur souriait.

Est-il possible de retracer les étapes de ce voyage romantique sur le Nil ? Certains historiens ont essayé de le faire. Parti du lac Maréotis d'Alexandrie, le convoi a remonté le delta du Nil jusqu'à Héliopolis. César et Cléopâtre y ont admiré les pyramides et le Sphinx qui existaient depuis près de 2 600 ans déjà. Des monuments qui étaient encore en parfait état, avec leur revêtement lisse, clair et étincelant. Qu'a dû se dire César ? Et qu'est-ce que lui aura expliqué Cléopâtre ? Peut-être lui aura-t-elle raconté l'histoire des pharaons qui l'ont précédée ?

Sans doute ont-ils vogué jusqu'au temple de Karnak. César aurait-il visité la tombe d'un pharaon ? Quelques générations plus tard, des empereurs, des médecins et des officiers romains de passage en Égypte le feront fréquemment – leurs graffitis sont encore visibles sur les murs peints. D'après l'archéologue et professeur d'histoire antique Duane W. Roller, il y a de grandes chances pour qu'ils se soient arrêtés à Syène (aujourd'hui Assouan), où Ératosthène était parvenu à calculer la circonférence terrestre. De quoi stimuler l'intérêt du général romain, d'autant que des chercheurs et des intellectuels d'Alexandrie étaient également du voyage. Peut-être est-ce dans cette ville que le chef de guerre romain a eu l'idée de réformer le calendrier. Pour finir, ils ont fait étape à Éléphantine, où César a eu l'opportunité de voir le nilomètre, représenté sur la fameuse Mosaïque du Nil de Palestrina, dans le Latium. Il s'agissait d'une structure composée d'une volée de cinquante-deux marches, avec des entailles le long des parois. Son rôle ? Mesurer le niveau de l'eau durant les inondations. Connaître ce niveau permettait d'avoir des informations jusque sur le volume des récoltes.

Suétone nous fait revivre l'atmosphère qui y régnait : « [La] plus grande passion [de César] fut pour Cléopâtre : non seulement il lui donna maintes fois des festins qui se prolongeaient jusqu'au jour, mais, l'emmenant avec lui sur un navire pourvu de cabines, il aurait traversé toute l'Égypte et atteint l'Éthiopie si son armée n'avait pas refusé de le suivre. » Que faut-il en conclure ? Est-ce que ce sont ses soldats qui ont refusé d'aller plus loin et qui ont convaincu leur chef de faire demi-tour, un peu comme les hommes d'Alexandre le Grand, des siècles plus tôt ? Une chose est sûre : ce voyage était exceptionnel. Même s'il a dû prendre fin.

Fin mai, le voyage était certainement terminé. César a en effet reçu des messages inquiétants : en Orient, le roi Pharnace se faisait menaçant. Le temps de regagner la capitale, sans tarder, il s'est préparé à partir pour la Syrie. Au début du mois de juin, il quittait déjà l'Égypte en laissant à Alexandrie un important détachement constitué de trois légions, soit 12 000 légionnaires, menées par le fidèle Rufio. Pour défendre Cléopâtre, mais aussi pour « contrôler » ses moindres faits et gestes. Il n'était pas là pour la naissance de son enfant présumé, survenue peut-être deux, trois semaines plus tard. Mais il attendait Cléopâtre et Césarion à Rome les mois suivants, sans se douter que sa vie se terminerait brusquement le 15 mars -44… avec la souveraine non loin de lui.

Le voilà finalement parti, un matin, après avoir serré une dernière fois sa Cléopâtre bien-aimée dans ses bras. Après avoir fait ses adieux à l'Égypte et à Alexandrie, ce royaume et cette ville qui étaient devenus un paradis pour lui…

Quelques années plus tard, un autre homme se ferait les mêmes réflexions : Marc Antoine.

Comment est né Césarion

En se promenant dans les grands couloirs du palais royal, Cléopâtre aperçoit au loin les pièces où elle a accouché de Césarion. Elle approche, comme pour relier le présent à ce moment si important pour elle, la naissance de son premier enfant. De quelle manière accouchait une reine de la dynastie des Ptolémées ? Comme presque toutes les Égyptiennes de son époque : à genoux.

Comment savons-nous que c'était le cas pour elle aussi ? Grâce à un temple qu'elle a fait ériger à Hermonthis, une ville à laquelle elle était liée depuis qu'elle était montée sur le trône : c'était dans cette localité qu'elle avait conduit le taureau sacré

Boukhis. Si cet édifice n'existe malheureusement plus (les mamelouks l'ayant démonté pour construire de nouveaux bâtiments), il était construit dans le plus pur style égyptien. C'était l'un de ces « temples de la naissance » (mammisi), dédié à Césarion par sa mère. Suivant une ancienne tradition des pharaons et de leurs épouses, c'est dans ces bâtiments sacrés que les Ptolémées accomplissaient des rituels complexes liés à la naissance de leurs enfants. Sur un bas-relief dont Champollion nous a donné une description, Cléopâtre est représentée à genoux, aidée par plusieurs divinités féminines. Dans les faits, y avait-il un médecin, un obstétricien pour l'assister lors de l'accouchement ? Impossible à dire, même si les connaissances des scientifiques d'Alexandrie en matière de chirurgie et de gynécologie étaient extrêmement avancées. Cela étant, cet accouchement était des plus délicats, politiquement parlant. Mais revenons à cette fresque. Au-dessus de la silhouette de la reine apparaît un hiéroglyphe, celui de son nouveau nom, « Mère de Râ » (le dieu Soleil). Au-dessus du nouveau-né, on distingue le scarabée sacré, un symbole éloquent : Césarion est le dieu du Soleil qui se lève. Un peu plus loin, l'enfant est allaité par deux divinités à tête de vache. Il est accompagné par un autre enfant, le dieu Horus. Pour la première fois, on voyait associés deux nouveau-nés, l'un de sang royal et l'autre d'essence divine.

L'explication de cette présence nous laisse deviner l'intention de Cléopâtre : le dieu Horus avait pour « mission » de venger la mort violente de son père Osiris. Horus était appelé « celui qui a vengé son père » à l'époque ptoléméenne. Le message de la reine était donc limpide : Césarion était censé venger la mort de César. Au-delà de la vendetta qui s'ouvrait, il s'agissait d'une déclaration d'intention manifeste : Cléopâtre était toujours du côté de César, et hostile à ceux qui l'avaient tué ou qui poussaient en faveur de la République. Le message était aussi une sorte de main tendue à Antoine et à sa faction par le « grenier de la Méditerranée », l'Égypte.

Mais à cette période, le temple n'est sans doute pas encore construit. Pour l'heure, la souveraine a présenté Césarion comme le fruit d'une hiérogamie, c'est-à-dire d'une union divine, et fait frapper des pièces de monnaie qui la représentent avec son enfant dans les bras. Césarion n'est donc plus seulement son fils. Il est aussi un manifeste politique qui signale à la fois les appuis et les alliances sur lesquels peuvent compter la reine et ceux à qui elle tend la main. Des temples comme ceux d'Hermonthis ou de Dendérah, où on la voit toujours représentée avec Césarion, ont notamment pour but de relier Cléopâtre au passé de l'Égypte, aux traditions des pharaons. Et pas seulement : ce choix de se faire représenter dans un style vieux de 250 ans (comme sur les pièces de monnaie) est une référence claire à des reines ptoléméennes fortes qui l'ont précédée, comme Arsinoé II, qui était encore tant aimée... Bref, la volonté de Cléopâtre est de mobiliser toutes les énergies possibles, même celles du passé, pour avancer vers l'avenir avec davantage de force.

Les aiguilles de Cléopâtre

Penchons-nous maintenant sur un autre exemple de cette habile « communication symbolique » de Cléopâtre : le Caesareum, un bâtiment aussi immense qu'extraordinaire qui s'ouvrait sur le port d'Alexandrie, un véritable sanctuaire en l'honneur de César dont elle avait lancé la construction à la fin de la guerre d'Alexandrie, mais que son amant ne verra jamais terminé. Admiré pendant des siècles, il regorgeait d'offrandes votives, parmi lesquelles des peintures et des statues en argent et en or. Un endroit somptueusement orné de colonnades, de bibliothèques, de salles d'apparat, de galeries couvertes, de larges terrasses et de grandes cours ouvertes : c'est ainsi qu'il apparaît un siècle plus tard, dans la description qu'en fait le philosophe Philon d'Alexandrie, chef de la communauté juive de la ville. L'intérieur comptait sans doute différentes statues, notamment en or, qui représentaient César divinisé après sa mort, avec des prêtres qui effectuaient des rites en son honneur. Détail étrange : ce temple ne sera terminé ni par Cléopâtre ni par Antoine… mais par Octavien, en mémoire de son père adoptif.

Une dernière curiosité nous ramène à notre époque : il ne reste plus rien de cet édifice magnifique, hormis quelques fragments des murs, retrouvés enterrés, de 3,5 mètres d'épaisseur. Il est cependant possible d'en admirer un peu de sa splendeur en se promenant dans Londres ou dans New York ! En 12 av. J.-C., Octavien a en effet souhaité qu'on érige deux gigantesques obélisques devant le Caesareum : le premier empereur de Rome les avait pris dans la ville voisine d'Héliopolis. Ils étaient l'œuvre d'un grand pharaon du passé, Thoutmosis III, qui avait vécu 1 400 ans avant Cléopâtre. Ces deux jumeaux en granit rose d'Assouan, gravés de hiéroglyphes, haut de 20 mètres et d'un poids de 200 tonnes chacun, ont reçu le surnom d'« Aiguilles de Cléopâtre ». Étant tombés (peut-être à cause d'un tremblement de terre), ils sont restés enterrés pendant des siècles. Finalement retrouvés, ils ont été « offerts » par les souverains égyptiens aux superpuissances du XIXe siècle. L'un aux Anglais, en 1819, afin de ressouder les relations diplomatiques entre les deux pays ; l'autre aux Américains, en 1881, en remerciement des fonds qu'ils avaient donnés pour la modernisation de l'Égypte. Au terme de voyages compliqués à travers les mers et les océans, ces deux obélisques se dressent aujourd'hui à Londres, le long des rives de la Tamise, et à New York, au beau milieu de Central Park, dans toute leur majesté. Mais parmi les passagers des bus à impériale et des voitures qui défilent sur les quais de la Tamise, ou les joggeurs de Big Apple, leurs écouteurs vissés aux oreilles, combien se rendent réellement compte de ce qu'ils ont face à eux ? Des histoires incroyables dont les « Aiguilles de Cléopâtre » ont été les témoins ? Nombre d'entre eux passent à côté de ces monuments en étant absorbés dans leurs pensées. S'ils daignaient s'arrêter, rien qu'un instant, ils auraient la chance de faire un incroyable voyage dans le temps…

LA BATAILLE DE PHILIPPES

Repartir la mort dans l'âme

César est mort. Cléopâtre est rentrée à Alexandrie. Son principal objectif est désormais d'assurer sa protection, celle de Césarion et celle de l'Égypte. Elle sait qu'elle devra affronter de nouvelles épreuves et de nouvelles menaces extérieures au pays. En premier lieu, elle va réorganiser l'administration du royaume afin d'augmenter sa productivité. Un pays fort économiquement parlant peut nouer des alliances, construire des vaisseaux ou lever des armées redoutables. Et la politique de la souveraine a toujours visé cette indépendance plutôt que la défense de l'identité et de la culture ptoléméennes, même si elle était consciente qu'elle se trouvait au sein d'un protectorat romain.

La reine est aidée par un géant de la nature, le Nil. Une crue exceptionnelle offre au royaume des récoltes fertiles. Commence alors à se répandre au sein de la population la conviction qu'une nouvelle ère démarre, synonyme de chance et de prospérité.

Ce sont des mois de paix, durant lesquels Cléopâtre a l'occasion de se ressaisir et de renforcer sa position. Le respect des traditions lui impose de partager le trône et le pouvoir avec son mari, le dernier de ses frères, Ptolémée XIV, qui était à Rome avec elle au moment de l'assassinat de César.

Hélas, les premiers nuages se dessinent déjà à l'horizon. L'un d'eux a le visage de sa sœur Arsinoé, celle qui s'était impliquée dans la guerre d'Alexandrie avant de défiler couverte de chaînes lors d'un des triomphes de César. La voir traitée en esclave avait ébranlé et ému l'opinion publique romaine. Pour satisfaire le peuple, César l'avait donc libérée. Par la suite, Arsinoé s'était réfugiée dans le temple d'Artémis d'Éphèse, l'une des Sept Merveilles du monde antique. Pareillement à de nombreux lieux sacrés, le temple garantissait l'immunité et la sécurité de celles et ceux qui y étaient accueillis. Elle y est traitée avec tous les honneurs et nous savons qu'un grand prêtre, un eunuque, la qualifie de « reine ». Bref, la jeune femme continue d'être une menace pour Cléopâtre. Elle n'a pas atterri au fond d'une prison, elle n'est que momentanément « sur la touche », dans un exil doré. Le risque de la voir rentrer en Égypte, rappelée par ses partisans qui vivent à Alexandrie, et parfois même à la cour de Cléopâtre, est bien réel.

Autre problème : les légions laissées par César dans la capitale. Elles n'étaient que trois, elles sont passées à quatre à cause de la campagne imminente contre les Parthes, temporairement suspendue à la suite de l'assassinat de César. Nous parlons d'au moins 16 000 légionnaires sur lesquels Cléopâtre n'a aucun pouvoir, et qu'importe si leur chef, Rufion, est un ami fiable. En cas de rébellion, ces légions pourraient la priver du trône en un tournemain si elles étaient pilotées par de puissants Romains opposés à elle. Mais surtout, elles aiguisent les appétits de ceux qui comptent profiter de la mort de César pour s'imposer par la force. Et si ces ambitieux demandaient ces hommes à la reine d'Égypte, à qui serait-elle censée les abandonner ? Le premier à se manifester est Dolabella, qui a renoncé à sa charge de consul pour prendre la tête de la province de Syrie. En réalité, sa soif de pouvoir le pousse à chercher la gloire, notamment en pourchassant les meurtriers de César. Il va encercler l'un d'eux, Caius Trebonius, le gouverneur de la province d'Asie, le décapiter au terme d'un procès sommaire, planter sa tête au bout d'une pique et traîner son corps dans les rues avant de le jeter à la mer. Trebonius sera le premier des césaricides à être tué.

Dolabella cherche à présent de nouveaux soutiens dans son combat et demande de l'aide à Cléopâtre. « Donne-moi les quatre légions et un soutien naval. En échange, avec Antoine, nous maintiendrons l'Égypte dans sa qualité d'"amie et alliée du peuple romain" », lui dit-il en substance. Dans le même temps, Cassius parcourt le Moyen-Orient pour lever des troupes et nouer des alliances. Il fait une demande similaire à Cléopâtre. Vers qui doit-elle se tourner ? L'avenir de son pays et celui de Césarion dépendent de sa réponse. Au bout du compte, Cléopâtre choisit d'aider Dolabella, d'autant qu'il cherche à venger la mort de César, et rejoint son camp. Le Romain envoie donc un légat récupérer les quatre légions. Sauf qu'une fois parti… ce dernier les « offre » à Cassius. Une volte-face incroyable, une véritable trahison.

Les deux hommes avaient-ils conclu un accord secret ? Peut-être. Le légat, un certain Alliénus, est un vieil ami de Cicéron, qui roule pour Cassius et Brutus. Comme vous pouvez le constater, l'Histoire emprunte parfois des voies aussi mystérieuses qu'imprévisibles… Pour plusieurs historiens, l'explication serait plus simple : l'émissaire se serait retrouvé face aux troupes de Cassius. En voyant que l'ennemi était bien supérieur (quatre légions contre sept), il les aurait « spontanément » cédées. Toujours est-il que Cassius s'impose désormais comme le véritable maître du Moyen-Orient. Les commandants lui remettent leurs légions sans coup férir. De son côté, il revient à la charge auprès de Cléopâtre : ce sont les puissants vaisseaux égyptiens qu'il exige, à présent. La souveraine tergiverse, affirme qu'elle ne peut pas accéder à sa requête en raison d'une disette terrible – ce qui est vrai, l'Égypte connaît des crues basses, prélude à une épidémie de peste bubonique. Survient alors un nouveau coup de théâtre : à la surprise générale, le gouverneur de l'île de Chypre, sous le contrôle de l'Égypte, fournit des navires à Cassius et trahit la reine. Le projet qui se dessine est on ne peut plus clair. Le changement de camp du gouverneur de l'île signifie qu'il soutient probablement Arsinoé. C'est elle que Cassius et lui envisagent d'installer sur le trône. Comme si cela ne suffisait pas, Cléopâtre apprend que Dolabella, dépossédé de ses légions et assiégé par Cassius dans la cité de Laodicée, en Syrie, s'est suicidé.

Ce sont des moments difficiles : elle a aidé le mauvais camp, elle n'a plus de légions, elle a été trahie au sein même de son royaume et elle vient de perdre l'île de Chypre, un territoire décisif. Pour ne rien arranger, le Moyen-Orient est désormais contrôlé d'une main de fer par Brutus et Cassius, qui éteignent les derniers foyers de résistance des césariens. Quelle sera leur prochaine cible ? L'Égypte, une proie riche et fertile. Sans doute ont-ils l'intention d'éliminer Cléopâtre et de la remplacer par Arsinoé… Ses doutes se concrétisent vers la fin de l'année -43, « [Cassius] se lançait contre l'Égypte », explique Appien. Qui ajoute : « Il désirait avant tout [s'en emparer] en ce moment particulièrement favorable, étant donné qu'elle était épuisée par la famine et qu'elle n'avait pas beaucoup de troupes étrangères. »

Cléopâtre est dans l'angoisse. César n'est plus là pour la défendre, Antoine est trop occupé à consolider son pouvoir à Rome tout en étant la cible des *Philippiques* de Cicéron, le pays est mis à genoux par la famine et l'ennemi est à ses portes…

Cependant, la reine n'est pas restée inactive : elle a un nouveau « mari » à côté d'elle sur le trône. Ptolémée XIV est mort à la fin du mois d'août -44, dans des circonstances jamais complètement éclaircies. De nombreux historiens d'aujourd'hui se demandent si elle-même ne l'a pas fait assassiner. Ainsi, aucun risque qu'il soit mis à la tête d'un complot pour la supprimer… Si c'était le cas, ce geste témoignerait de cette froideur qui a été la marque de fabrique de la reine, tout au long de sa vie. Ses proches parents sont morts : son père, sa mère, sa sœur aînée Bérénice IV, ses deux frères, Ptolémée XIII et XIV. Ne reste qu'Arsinoé, mais elle a des projets pour elle. De bien sombres projets, même.

Mais celui qui partage à présent le trône avec elle n'est pas un « mari » comme les autres puisqu'il s'agit de Césarion. Encore un message clair. L'enfant prend le nom de Ptolémée XV Philopator, c'est-à-dire « celui qui aime son père ». Une façon pour Cléopâtre d'affirmer que son enfant est le seul véritable héritier de César, son enfant naturel. Bien plus qu'Octavien, qui n'a été qu'adopté, en vertu d'un testament.

Malheureusement, ces proclamations, ces attributs royaux et ces références à Jules César surviennent à un bien mauvais moment. Une armée menée par l'un des assassins du général marche sur le royaume ! Tout semble perdu. Pourtant, comme cela arrive parfois, ce sera l'Histoire qui sauvera notre héroïne. En cours de route, Cassius reçoit un courrier de Brutus, qui lui demande de faire demi-tour. Un grave danger vient d'apparaître à l'horizon. La conquête de l'Égypte et l'élimination de sa souveraine peuvent attendre.

Les Philippiques

Le doigt pointé de Cicéron ressemble à une lance brandie vers un ennemi à éliminer. Il reste en suspens dans l'air quelques secondes, en tremblant légèrement. La faute à la tension. À l'âge, aussi. C'est sur ce geste éloquent qu'il vient d'achever une interminable attaque verbale contre Antoine, dans le silence irréel d'une salle remplie de sénateurs. Puis, afin de souligner la conclusion de ce chef-d'œuvre de l'art oratoire, la main gauche refermée autour de son menton, comme à son habitude, il fixe ses collègues. Un regard franc, dédaigneux, agrémenté d'un rictus moqueur. Tout le sénat explose bruyamment, dans un concert d'applaudissements, mais aussi de cris et de protestations. C'est la fin de la première des célèbres *Philippiques*, une série de quatorze discours (mais il y en avait peut-être dix-sept ou dix-huit, d'après certains spécialistes) que Cicéron prononcera au sénat contre Marc Antoine. Leur titre est un hommage aux discours par lesquels Démosthène avait attaqué le père d'Alexandre le Grand, Philippe II de Macédoine, des siècles plus tôt. D'où cette appellation de « philippique », passée dans le langage courant. Si certaines invectives n'ont jamais été prononcées publiquement, elles ont circulé sous forme écrite dans les cercles du pouvoir romain. Le célèbre avocat s'y déchaîne contre Antoine et ses alliés (ses frères notamment), en décrivant et en exagérant des faits, des comportements et des épisodes répréhensibles, souvent inventés. Cette « machine à salir » fabriquée par l'orateur a sans doute contribué à créer une image négative d'Antoine, dépeint comme avide, violent, ambitieux et capable de s'adonner à toutes sortes de plaisirs et de transgressions luxurieuses. À titre d'exemple, la seconde de ces *Philippiques*, jamais dite en public, raconte l'anecdote suivante. Lors d'un mariage, Antoine aurait tellement bu de vin que le lendemain, il s'était vomi dessus durant une séance solennelle, sous le regard médusé de l'assistance. Le texte poursuit en l'accusant de s'être emparé de la propriété de Pompée, mais aussi d'avoir fréquenté et quitté une « danseuse », cette fameuse Lycoris à la réputation sulfureuse. L'attaque de Cicéron montre sans la moindre ambiguïté à quel point la situation s'est dégradée à Rome. Comment en est-on arrivé là ?

Les *Philippiques* sont prononcées plus d'un an avant l'attaque que Cassius prévoyait de lancer contre Cléopâtre. Le premier de ces discours a eu lieu le 2 septembre -44, soit six mois après la mort de César, pour se poursuivre jusqu'au 21 avril -43.

Ces quelques mois se traduisent par une évolution de la scène militaire et politique, aussi surprenante que violente. Ils se solderont par l'émergence des deux grands protagonistes des prochains chapitres : Antoine, bien entendu, et surtout Octavien.

Au cours de cette période, juste alors que Cléopâtre tente de renforcer son pouvoir en Égypte, l'Italie est le théâtre d'affrontements entre les légions d'Antoine et d'Octavien. On rédige également les fameuses listes de proscription : des centaines de personnes sont tuées froidement. Sans entrer dans les détails, vu la complexité de cette suite d'événements, essayons tout de même de comprendre ce qui s'est passé. Pour quelles raisons la Rome antique a-t-elle écrit l'une de ses pages les plus sombres ?

Quelques jours après la lecture du testament de César, Octavien débarque à Brindisi. Il était auparavant en Apollonie, dans l'Albanie actuelle, avec les légions du défunt général, prêtes à partir pour la guerre contre les Parthes. Il attendait César, qui lui avait demandé de l'accompagner dans cette nouvelle aventure. Une manière, en quelque sorte, de confirmer le choix exprimé dans son testament.

Octavien est à peine plus qu'un adolescent. À même pas dix-neuf ans, il révèle une prudence et un instinct politique impressionnants. Il y a de grandes chances pour qu'il soit resté sans voix en apprenant la mort de César. Et encore plus en découvrant qu'il est son principal héritier. Craignant pour sa vie, sa mère, Atia, et son beau-père, Philippus, le conjurent de refuser cet héritage pour ne pas prendre part au dangereux conflit que ce décès inattendu a déclenché. Il décide malgré tout de se rendre à Rome pour l'accepter. Avant d'arriver dans l'Urbs, il prend contact avec les anciens conseillers de César, comme le puissant Marcus Nonius Balbus et d'autres personnes influentes susceptibles de lui donner de sages conseils. Puis il s'arrête en Campanie pour nouer des relations avec de nombreux vétérans et obtenir leur soutien. Il finit par rejoindre la capitale fin avril. Son arrivée coïncide presque avec le départ de Cléopâtre et de la suite royale pour l'Égypte. La situation qu'il trouve en ville est loin d'être évidente. Antoine y règne en maître absolu et la dirige à sa guise, fort du fait qu'il possède les notes de César (les *acta Caesaris*) et qu'il les applique selon son interprétation personnelle, en plaçant ses hommes aux postes clés.

Il administre en outre les 700 millions de sesterces destinés à l'expédition contre les Parthes et déposés dans l'*aerarium*, le Trésor public. Les semaines écoulées lui ont permis de consolider et d'élargir sa base de pouvoir grâce à des concessions aux vétérans, à l'octroi de la citoyenneté romaine à tous les habitants de la Sicile ou bien encore à des dispositions en faveur de la communauté juive, déjà promises par son père adoptif.

Les premiers temps, Antoine sous-estime Octavien, qu'il prend pour un gamin sans expérience. Mais il ne va pas tarder à changer d'avis. Car le jeune homme va enchaîner une série de coups politiques décisifs qui lui assureront la sympathie des Romains, comme par exemple en rassemblant spontanément des fonds pour payer ce que César avait laissé en héritage au peuple, ou bien en finançant et en organisant des jeux, avec combats de gladiateurs et courses de chars. Une façon de célébrer la victoire de Pharsale. C'est justement au cours de ces jeux qu'un épisode va faire forte impression sur les habitants. Quatre mois se sont écoulés depuis la mort du grand général. On voit soudain apparaître une étoile qui va briller une semaine entière. Sa lumière est si forte qu'elle est visible même le jour. En règle générale, la comète est réputée de mauvais augure, mais Octavien réussit à la transformer en un message divin positif. À l'entendre, elle signale que César est désormais au ciel, entouré des dieux. Lui-même en est devenu un. Voilà pourquoi il fera installer une étoile appelée *Sidus Iulium* en haut des statues de son père adoptif... Comme le souligne l'historien américain Barry Strauss, il s'agit d'une intuition géniale à des fins de propagande. La preuve : les devins eux-mêmes suivent cette interprétation en affirmant que la comète annonce l'aube d'une nouvelle ère, à la façon du soleil.

Très vite, la rivalité entre Antoine et Octavien débouche sur un affrontement frontal, chacun s'accusant mutuellement. Agissant en sous-main (une technique qui sera toujours sa marque de fabrique), le futur Auguste va amener des légions tout juste rentrées de Macédoine à faire défection alors qu'elles étaient destinées à Antoine. Pour ce faire, il paie des sommes énormes à chaque légionnaire (500 deniers par tête, l'équivalent de deux ans de solde). Ce n'est que le début d'un bras de fer entre les deux adversaires, qui les occupera au cours des mois suivants, en donnant lieu à une incroyable série d'événements. Des batailles rangées, des sièges de villes, comme celui de Modène, engagé par Antoine pour mettre la main sur Decimus, ou des affrontements entre les légions d'Antoine (déclaré « ennemi public » grâce à l'intervention de Cicéron), celles d'Octavien et celles de deux autres consuls. Et ce n'est qu'un simple résumé ! Peut-on parler de guerre civile ? Oui. Exactement comme l'avait prévu Jules César. Surviennent alors des coups de théâtre : Octavien s'accorde avec Antoine et effectue une célèbre « marche sur Rome » à la tête de ses légions (en suivant le même parcours que César lorsque ce dernier avait franchi le Rubicon). Après avoir rejoint la ville, il oblige le sénat à le déclarer consul. Un geste si éclatant qu'il inspirera d'autres conquérants, à plusieurs siècles de distance : Napoléon suivra son exemple en entrant au Sénat avec ses soldats, l'arme au poing, pour prendre le pouvoir.

À cette même période, un homme trouve une mort atroce : c'est Decimus, celui qui avait dîné avec César à la veille des ides de Mars et qui s'était rendu chez lui pour le convaincre de participer à la réunion du sénat. Abandonné par ses hommes, qui ont rallié Octavien, il essaie de franchir les Alpes avec un détachement de cavaliers gaulois. Ce grand détour doit lui permettre de rejoindre Cassius et Brutus en Macédoine. Sauf qu'à son entrée dans le territoire des Gaulois séquanes, entre la France et la Suisse, il est reconnu et trucidé. Sa tête sera envoyée à Antoine.

Entretemps, le front des césariens s'est ressoudé. Il ne manque qu'un accord solennel, conclu dans les environs de Bologne, sur une petite île au milieu du Reno. La rencontre entre Antoine, Octavien et Lépide va donner naissance à ce qu'on appellera « second triumvirat », afin de ne pas le confondre avec le premier, bien plus célèbre, formé par César, Pompée et Crassus. Sur place, le climat est particulièrement tendu. Chacun arrive avec cinq légions, disposées les unes devant les autres, prêtes à combattre. Puis les trois hommes s'avancent sur des ponts qui enjambent le fleuve, chacun avec trois cents hommes. Lépide, arrivé le premier, inspecte l'île et le temple qui s'y dresse. Il agite alors sa cape pour signaler aux deux autres que l'endroit est sûr. Antoine et Octavien n'ont plus qu'à laisser leurs hommes pour le rejoindre. Ils vont discuter et négocier deux jours durant…

Le fleuve ayant changé de cours, cette petite île n'existe plus aujourd'hui, mais il subsiste une borne longtemps oubliée, au bord d'un champ, situé à Sacerno, une localité non loin de Bologne. C'est la dernière d'une longue série de bornes et de monuments qui se sont succédé au fil des siècles pour marquer le lieu de rencontre du second triumvirat. Nous savons qu'Antoine, Octavien et Lépide ont choisi ce lieu car il était équidistant de leurs zones d'influence respectives. Nous savons aussi que l'île garantissait des conditions de sécurité idéales. Parce qu'elle était entourée d'eau, certes, mais aussi parce que les temples étaient considérés comme des terrains « neutres ». D'après l'archéologue Nicola Cassone, le nom de Sacerno dérive de façon quasi certaine de celui de la divinité celte de la Nature, Cernunnos, qu'on représente coiffé de bois de cerf. Il y aurait donc eu un lieu consacré à cette figure dans l'Antiquité, à cet endroit précis, ce qui confirmerait le choix de cette île « sacrée » pour la rencontre des triumvirs. Le sanctuaire païen a aujourd'hui disparu. À sa place se dresse une église, qui a remplacé (et « effacé ») les croyances locales par un lieu de culte chrétien, comme cela a souvent été le cas ailleurs.

Lors de cet entretien au sommet, Antoine, Octavien et Lépide vont s'accorder et mettre momentanément leurs dissensions de côté pour faire front commun contre les assassins de César, à commencer par Brutus et Cassius, les nouveaux maîtres du Moyen-Orient. Ils établissent une forme de pouvoir à trois semblable à un consulat – le triumvirat, justement –, en se partageant les provinces et en promettant à leurs soldats qu'ils recevront dix-huit villes de la péninsule, florissantes et riches. Parmi elles Capoue (*Capua*), Reggio Calabria (*Rhegium*), Benevento (*Beneventum*), Venise (*Venusia*), Nocera (*Nuceria*), Rimini (*Ariminium*)... Dans les faits, ces villes étaient considérées comme des prises de guerre, des colonies susceptibles d'être réparties librement.

Le temps que leurs conseillers s'éloignent, les trois hommes restent seuls et rédigent des listes d'ennemis à tuer. C'est l'acte de naissance des (tristement) célèbres « listes de proscription ».

Les listes de proscription

Imaginez qu'on vous considère du jour au lendemain comme une personne à abattre, sans que vous ayez quoi que ce soit à vous reprocher et sans qu'on vous offre un procès équitable. Comme si vous étiez recherché « mort ou vif », à la manière des bandits du Far West. N'importe qui peut vous dénoncer ou vous tuer… avec une récompense à la clé ! Les proscriptions sont l'un des moments les plus terribles de la guerre civile. Une espèce de broyeuse sociale capable d'engloutir des personnes issues de tous les horizons. Ce qu'Appien résumera de la façon suivante : « [Les triumvirs] soupçonnaient les personnalités influentes et, tandis qu'ils inscrivaient les noms de leurs ennemis, les parents ou amis qu'ils envoyaient à la mort n'étaient pour eux qu'une monnaie d'échange. […] Si certains se voyaient inscrits par haine, d'autres n'étaient là que pour une offense, ou parce qu'ils étaient soit amis soit ennemis d'amis, ou encore parce que leur fortune dépassait l'ordinaire. [Ils] avaient en effet besoin de beaucoup d'argent pour la guerre. »

C'est un massacre. Avant même de rentrer à Rome, les trois hommes y envoient des mercenaires chargés de tuer douze adversaires qui pèsent largement sur la vie politique. Parmi eux, Cicéron. Quatre d'entre eux, surpris à table ou dans la rue, sont condamnés séance tenante.

L'arrivée des assassins à Rome crée la panique : « C'étaient des cris et des courses éperdues accompagnées de lamentations », raconte Appien. Et d'ajouter : « [Puisque] l'on avait appris que des arrestations avaient lieu sans que pour autant eût été affiché le nom d'aucun des condamnés, tout un chacun se figurait être recherché lui-même par ceux qui couraient de tous côtés. »

Quelques jours plus tard, les trois hommes forts rentrent avec leurs soldats qui occupent des points stratégiques, dont les portes, qu'ils contrôlent. À plusieurs endroits de la ville, on placarde les listes. Les noms n'apparaissent pas tous immédiatement : ils sont ajoutés au compte-gouttes, chaque jour. De quoi alimenter ce climat de peur et d'incertitude. On précise même les tarifs, pour ceux qui tueraient les proscrits ou qui fourniraient des informations sur eux. « Que ceux qui les auront tués rapportent les têtes jusqu'à nous. Pour chacune, l'homme libre obtiendra 25 000 drachmes attiques ; l'esclave l'affranchissement, 10 000 drachmes attiques et le droit de cité dans la ville de son maître », promettait-on, toujours selon Appien. Se développe ainsi un climat d'angoisse, dans lequel tout le monde se méfie de tout le monde, des voisins aux proches avec qui on s'est disputé.

Meurtre au banquet

Le premier magistrat à tomber est un tribun nommé Salvius. Sa charge est censée le rendre intouchable, mais c'est un fidèle collaborateur de Cicéron : son destin est scellé. Il organise donc un banquet d'adieu, avec ses proches et ses amis. Alors qu'ils mangent en conversant, des soldats font irruption dans la pièce et ordonnent aux invités de rester à leurs places. Le centurion qui dirige le détachement attrape Salvius par les cheveux et le traîne sur la table. En quelques coups d'épée, il lui coupe la tête, qu'il emporte, sous les yeux horrifiés des convives.

Règlements de comptes en famille

Dans les listes figurent parfois des proches des triumvirs eux-mêmes ! Antoine glisse ainsi le nom de son oncle maternel, Lucius Caesar, Lépide en fait autant avec son propre frère, Paulus, qui parviendra néanmoins à sauver sa peau et à fuir en Asie, pour se retirer à Milet. « Les centurions avaient du respect pour [lui] parce qu'il était le frère d'un *imperator* », rapporte Appien.

Les fils contre les pères

Les épisodes où des fils trahissent leurs pères pour s'emparer de la fortune familiale ne manquent pas. À qui pouvait-on faire confiance chez soi ? L'historien de l'Antiquité Velleius Paterculus raconte que « à l'égard des proscrits très grand fut le dévouement de leurs épouses, moyen celui de leurs affranchis, nul celui de leurs enfants ».

Des victimes innocentes

La violence des proscriptions n'épargne même pas les adolescents et les enfants, dont la seule faute est de faire partie de familles considérées comme ennemies ou d'être des orphelins riches. Appien nous informe que « l'un, alors qu'il se rendait chez son maître d'école, fut tué avec son pédagogue, qui l'avait pris dans ses bras et ne voulait pas le lâcher ».

Des épouses dévouées…

Dans la majorité des cas, ceux qui se retrouvent sur les listes tentent de se cacher ou de fuir, sans guère de succès, la plupart du temps. Mais il arrive que leurs femmes et un soupçon de chance leur viennent en aide. C'est le cas d'un ancien commandant de la 11e légion qui s'était battu en Gaule avec César, un certain Caius Antistius Reginus. Appien raconte la suite : « [Sa femme] le fit descendre de nuit dans un égout souterrain recueillant les immondices où, de jour, les soldats n'acceptèrent pas de mettre les pieds en raison de la puanteur. Une autre nuit, elle l'équipa en charbonnier et lui donna à conduire un âne chargé de charbon de bois. Elle-même ouvrait la marche à peu de distance, portée en litière. Comme l'un des soldats, en faction aux portes, avait trouvé la litière suspecte et l'inspectait, Reginus, pris de peur, se précipita et comme un [simple] voyageur, il demanda au soldat d'épargner des femmes. Celui-ci, tout en le rabrouant comme un charbonnier, le reconnut (il avait, en effet, autrefois servi sous ses ordres en Syrie) et dit : "Va-t'en sans crainte, *imperator* ! C'est, en effet, ce nom que je dois encore maintenant te donner." »

Et d'autres qui le sont moins

Appien nous raconte, là encore, une histoire glaçante : « D'autres femmes [...] complotèrent d'une manière criminelle contre leurs maris. Parmi elles, il y a une femme que Septimius avait épousée mais qu'un ami d'Antoine avait séduite. Comme elle était pressée de passer de l'adultère au mariage, elle adressa une requête à Antoine par l'intermédiaire de son amant et Septimius fut aussitôt rajouté sur les affiches. L'ayant appris, il alla chercher refuge dans la maison de sa femme parce qu'elle ignorait ses malheurs domestiques. Et elle, comme si elle nourrissait de bons sentiments, ferma les portes et surveilla son mari jusqu'à l'arrivée des égorgeurs. Et le même jour, ceux-ci tuèrent le mari tandis qu'elle célébrait son [nouveau] mariage. »

La fin de Cicéron

La victime la plus célèbre des listes de proscription est sans nul doute Cicéron, l'ennemi juré d'Antoine. Cette haine remonte bien avant l'assassinat de César. Lorsqu'il était consul, le grand orateur avait fait tuer le deuxième mari de la mère d'Antoine, un homme à qui le triumvir était très attaché – il avait en effet perdu son père étant jeune. Mais ce sont les *Philippiques* qui vont signer son arrêt de mort. Une décision qu'Octavien ne partage pas mais qu'il est obligé d'accepter.

Cicéron va tenter de fuir, mais à Formies, sur les allées ombragées qui mènent à la mer, sa litière est interceptée par des soldats. S'étant aperçu de leur présence, l'avocat se rend compte que sa fin est proche et ordonne à ses esclaves de déposer sa chaise à porteurs. « Portant, d'un geste qui lui était familier, la main gauche à son menton, [il] regarda fixement ses meurtriers. [...] Il tendit le cou à l'assassin hors de la litière », rapporte Plutarque. Il est décapité par un tribun, Marcus Popilius Laenas, qu'il avait défendu quand l'intéressé avait été accusé de parricide... Mais le bourreau n'est pas capable de couper la tête proprement. « Lui ayant tiré la tête hors de la litière, [il chercha] à la trancher en portant jusqu'à trois coups et la [détacha] en la sciant, par inexpérience », précise Appien. Et cette boucherie ne s'arrête pas là. Sénèque l'Ancien rapporte qu'on va couper les deux mains de Cicéron en souvenir de ce qu'il avait écrit contre Antoine. Tous ces trophées macabres seront apportés au commanditaire de l'assassinat, qui ordonnera qu'on les expose sur les Rostres, là même où l'avocat avait pris la parole contre lui, quelques mois plus tôt !

Un dernier détail parachève la fin atroce de Cicéron. Avant que sa tête ne soit exposée, Fulvia, l'épouse d'Antoine, aurait demandé à la prendre entre ses mains et de cracher toute sa rancœur dessus. Elle l'aurait ensuite posée sur ses genoux afin d'ouvrir la bouche du mort, tirer sa langue et la transpercer avec une épingle à cheveux, en guise d'ultime injure. On raconte également qu'Antoine aurait participé à un banquet avec la tête posée devant son siège. Mais gageons qu'il s'agi de rumeurs lancées après coup pour le discréditer.

Les proscriptions vont se poursuivre pendant de longs mois, pour se conclure définitivement en 39 av. J.-C. Les premières semaines sont les plus terribles. Au fil du temps, et avec la fuite des proscrits, la chasse à l'homme s'étend à toute l'Italie. Certaines personnes figurant dans les listes essaient désespérément de rejoindre la Sicile, où le fils de Pompée, Sextus, accueille l'ensemble des fuyards, ou l'Orient, dominé par Brutus et Cassius. C'est d'ailleurs sur ce duo que les triumvirs concentrent leur attention, en préparant ce qui sera la bataille finale, à tous les niveaux. On saura alors qui règne sur le monde.

C'est à cette même période qu'un nouveau culte voit le jour. Le culte de César. Ou plutôt du divin César, *divus Iulius*. Le sénat ratifie la décision de l'inclure parmi les dieux de l'État romain et de construire un temple sur le Forum, en l'honneur de cette nouvelle divinité. Une excellente opération pour Octavien, comme le rappelle Barry Strauss : cela lui a permis de se faire appeler *divi filius*, « le fils de l'homme devenu un dieu ». Acclamé en tant qu'*imperator*, Octavien est devenu *imperator Caesar*.

Cléopâtre face aux éléments

Le ciel est noir et des éclairs aveuglants éclairent l'horizon. Les yeux du pilote fixent les vagues en scrutant les changements quasi imperceptibles de la mer et du ciel. C'est son seul moyen de deviner ce que le temps réserve. Les crêtes ourlées de blanc, au loin, et partout désormais, le vent de plus en plus fort, les gros nuages noirs qui approchent d'un air menaçant, aucun oiseau au-dessus de leurs têtes… Autant d'indices qui laissent craindre le pire. À bord, de nombreux regards observent l'horizon. Un en particulier. Celui de Cléopâtre.

La Méditerranée est une mer dangereuse, parfois plus qu'un océan. Quelques heures lui suffisent pour changer d'apparence et se transformer en un monstre vorace. C'est ce que redoutent tous les passagers.

Cléopâtre reste assise, immobile, les mains agrippées au trône royal, au centre du navire, sous un baldaquin porté par des colonnes dorées et des rideaux en soie évanescents. Le vent les agite, avec une violence folle. Depuis quelques minutes, il a redoublé d'intensité. Le ciel est devenu gris au-dessus de sa tête. Les vagues font jaillir des gerbes d'eau qui éclaboussent tout le monde. La mer monte et s'abaisse lentement. On a la sensation de se trouver sur le corps d'un géant qui respire profondément, pareil à un soufflet de forge. Et qui s'apprête à se réveiller. La mer a perdu ses couleurs, elle n'est plus bleu marine, azur ou verte. Elle est d'une couleur de plomb, partout. Entre le noir du ciel et le gris lugubre des vagues, la flotte de Cléopâtre avance sans relâche, presque en signe de défi. Même les vaisseaux, pourtant si colorés, ont perdu leurs teintes vives sous la lumière blafarde qui évoque la mort à tout le monde. Imposants et forts, ces voiliers qui appartiennent à l'une des puissances navales les plus redoutables de Méditerranée semblent bien fragiles, tout d'un coup. Sur cette mer qui ne cesse de grossir, leurs voiles ressemblent à de petites plumes entre les doigts d'un géant. Comme dans un jeu dangereux, la mer s'élève et gonfle en soulevant le gigantesque vaisseau amiral de la souveraine. Il semble si léger ! Au sommet de la vague énorme, la proue émerge des flots comme si elle comptait prendre son envol, puis s'arrête un instant avant de commencer sa folle descente le long de la pente de cette montagne d'eau. Pendant une fraction de seconde, les navires qui l'escortent et le reste de la flotte perdent de vue le navire. À bord, Cléopâtre et l'ensemble des passagers ont les yeux écarquillés et attendent la fin de cette longue glissade, qui se conclut par un concert de grincements assourdissants. Le vaisseau amiral est secoué par un frisson, il tremble. La proue a plongé entièrement dans la mer mais refait surface après des secondes interminables, pareille à un naufragé qui aurait besoin d'air… À bord, tout valse, y compris les marins. De nombreux objets s'envolent par-dessus bord. Mais personne ne s'en inquiète. On s'agrippe aux mâts et aux gréements, terrorisé à l'idée que la fin soit proche.

Que fait Cléopâtre au milieu de ces éléments déchaînés ? Avant de répondre, revenons légèrement en arrière.

Nous ignorons quand la reine a eu connaissance des exécutions massives déclenchées par les listes de proscription. Sans doute a-t-elle eu des comptes rendus complets, mais pas avant le début de l'année -42, et peut-être même au printemps. Elle a dû être frappée par la mort de Cicéron, ravie par la décision de diviniser César et certainement très contrariée d'apprendre qu'Octavien se faisait désormais appeler *divi filius*. Logique, cela le faisait entrer en compétition directe avec Césarion ! Les triumvirs l'ont contactée : avec la guerre imminente contre Brutus et Cassius, ils ont besoin d'alliés, surtout en Orient.

Une flotte aussi impressionnante que celle de la souveraine est indispensable pour débarquer en Grèce. Car c'est là qu'aura lieu l'affrontement final, cela ne fait plus aucun doute. Les conditions de leur demande d'aide à Cléopâtre nous sont inconnues. Lui ont-ils offert l'autonomie de l'Égypte et la reconnaissance de Césarion en qualité de souverain de ce pays, exactement comme l'avait fait Dolabella, un an plus tôt ? C'est fort probable. Cassius s'apprêtant à attaquer l'Égypte, elle n'a pas eu d'autre choix que d'accéder à cette requête. Elle a donc armé une flotte puissante pour rejoindre celles d'Antoine et d'Octavien. Et c'est elle-même qui va diriger cette force de frappe considérable. Une reine à la tête de sa flotte, du jamais-vu dans la dynastie ptoléméenne ! Voilà qui nous montre toute la force, toute la hardiesse et toute la singularité de cette femme. Cléopâtre n'a pas d'équivalent au sein des reines grecques, à part une autre grande souveraine, Artémise d'Halicarnasse, qui a vécu plus de quatre siècles avant elle, néanmoins. Comme l'a observé Duane W. Roller, ce rôle renforce son identification avec la déesse Isis, sans compter son lien, symboliquement très riche, avec la mer.

Une flotte immense qui prend le large en laissant derrière elle le Phare d'Alexandrie, telle une comète fendant le bleu de la mer, dans une succession de voiles, cela devait être un spectacle incroyable ! Hélas, l'expédition va tourner au désastre. Nous sommes à l'été -42 et Appien rapporte un détail éloquent, un détail dont a été témoin un commandant ennemi, Staius Marcus, dont la flotte était chargée d'intercepter Cléopâtre : « [Il avait] appris qu'elle avait subi des dommages du fait d'une tempête survenue du côté de l'Afrique (il avait vu les épaves charriées par la mer jusqu'en Laconie) et qu'elle avait eu bien du mal à rejoindre son royaume d'autant qu'elle était malade. »

À ce propos, précisons un détail étonnant : la Méditerranée est sans doute le plus grand « musée » archéologique de la planète. Le plus riche aussi. À raison de trois naufrages par jour en moyenne (une estimation qui n'a rien d'invraisemblable, vu que cette mer s'étend de Gibraltar aux côtes libanaises), sur une durée de 2 000 ans, on obtient un chiffre exorbitant de plus de deux millions d'épaves envoyées par le fond, tous types d'embarcations confondus, chacune avec son chargement, souvent précieux !

Quelles difficultés a rencontrées la reine, exactement ? Nous n'en savons rien. Peut-être était-elle tout simplement épuisée par le mal de mer, vu les terribles conditions de navigation en Méditerranée. Et on sait à quel point le mal de mer peut s'avérer douloureux... Quoi qu'il en soit, ce baptême du feu de Cléopâtre à la tête de sa flotte n'a pas été de tout repos. Après cet épisode, les sources antiques ne mentionnent plus la participation de la souveraine à la guerre en cours. Il faudra attendre sa rencontre et son histoire d'amour avec Antoine pour la voir de nouveau en première ligne lors d'une bataille.

Cette histoire souligne un phénomène qui permet de comprendre l'habileté et la prévoyance de Cléopâtre. Cette identification avec la déesse Isis est tout sauf un hasard. C'est même une constante de sa propagande qui justifie sa position sur le trône.

Étant l'incarnation d'Isis, Cléopâtre devient automatiquement la « mère » du royaume et de tous ses sujets. À ce titre, elle les protège de l'injustice et des dangers venus de l'extérieur, leur fournit de quoi se nourrir et préserve leur avenir. Aucune autre reine ptoléméenne n'a puisé aussi largement dans la culture et dans les croyances anciennes de l'Égypte. Dirigeante experte, elle utilise sa connaissance de la langue, les concessions et l'aide apportées au puissant clergé ainsi que les références aux divinités antiques (comme Isis, précisément) pour faire sentir sa proximité avec le peuple et sa culture, en se présentant comme la garante de la survie du royaume et de ses habitants.

Mais son plan va plus loin. À des fins de propagande, elle exploite jusqu'à la naissance de son fils, Césarion. En ce sens, elle cultive sa ressemblance avec Isis. L'une et l'autre élèvent seule leur enfant, a fortiori puisque le père a été tué, dans les deux cas. Et surtout, il ne s'agit pas d'enfants ordinaires, puisqu'ils sont nés d'une divinité. Dans le cas de Césarion, cet élément est particulièrement manifeste. Si la souveraine le présente comme l'enfant de César, qui a été « divinisé » par Octavien, elle-même est la réincarnation d'une déesse… et Césarion a toute la légitimité pour monter sur le trône. On finit d'ailleurs par l'associer à Horus, cette divinité égyptienne à la tête de faucon, fils d'Osiris.

Avec cette solution, la virtuosité de Cléopâtre dépasse les frontières de l'Égypte. Le culte d'Isis remonte à l'Ancien Empire, mais il a été remis au goût du jour par les Grecs, surtout à l'époque hellénistique, où la déesse a été assimilée à des figures du Panthéon grec comme Déméter, Io ou Aphrodite… Résultat : grâce à cette « fusion » syncrétique des croyances, le culte d'Isis s'est répandu dans toute la Méditerranée, surtout chez les femmes. On a attribué à la déesse des vertus liées, entre autres, à la fécondité et à la protection des marins. À Rome, ce culte a rencontré un immense succès. L'idéal pour renforcer la propagande de Cléopâtre. En se présentant comme Isis, elle pouvait transmettre un message immédiatement compréhensible, même pour les Romains.

Vers l'affrontement

Plus le temps passe, plus il apparaît clairement que le meurtre de César était en réalité un règlement de comptes, une affaire sordide qui a déclenché une guerre civile. Pas la première étape d'un grand projet politique, souligne l'historien Antonio Spinosa. Dans une lettre à son ami Atticus, Cicéron lui-même rappelait que César était plus vivant que jamais. Se consoler avec le souvenir des ides de Mars n'avait pas grand sens : les conjurés avaient prouvé leur courage, certes, mais ils avaient agi sans réfléchir à la suite. Si l'arbre avait été coupé net, ses racines n'avaient pas été arrachées. Et de jeunes pousses apparaissaient sans cesse.

Pour l'heure, ce sont pas moins de dix-neuf légions qui marchent en direction de Brutus et Cassius, sous l'égide de Marc Antoine et d'Octavien. Leur objectif : anéantir leurs adversaires lors de l'affrontement final. De leur côté, ces derniers renforcent leurs positions au Moyen-Orient en éliminant les dernières poches de résistance, comme celle de l'île de Rhodes, qui avait soutenu Dolabella. Cette période marque également la chute de la cité de Xanthe, en Lycie, dans le sud de la Turquie actuelle. Autant d'épisodes auxquels personne ne prête attention. Rien d'étonnant, puisqu'ils sont noyés dans la masse d'événements de l'histoire antique ! Prenons tout de même quelques instants pour réfléchir. Pour beaucoup, en l'occurrence des dizaines de milliers de personnes, tous ces événements se sont traduits par une mort violente, aussi douloureuse qu'atroce. Xanthe, justement : la ville est conquise au terme d'un siège interminable. Une bonne partie de ses habitants préfèrent se suicider en masse plutôt que de tomber entre les mains des troupes de Brutus. « Ils utilisaient toutes les manières de se faire périr, non seulement les hommes et les femmes, mais même les petits enfants, qui, en criant et hurlant, sautaient dans le feu ou se précipitaient du haut des murs pour se rompre le cou, ou dénudaient leur gorge et la tendaient vers les épées de leurs pères, qu'ils invitaient à frapper. La ville une fois détruite, on vit une femme pendue avec son petit enfant mort attaché à son cou, et tenant à la main un flambeau allumé pour mettre le feu à la maison », raconte Plutarque.

Préférer une fin pareille signifie que l'alternative est encore pire. D'autant que les légionnaires (et les troupes étrangères alliées) sont loin d'avoir cette aura de noblesse que nous avons tendance à leur donner. En déplacement comme sur le champ de bataille, ces soldats de métier sont d'une discipline infaillible, certes, mais ce sont aussi des individus sans scrupules. S'ils s'enrôlent, quitte à perdre la vie au combat, c'est essentiellement par envie de s'enrichir, de piller, de faire carrière ou d'obtenir la citoyenneté romaine s'ils sont étrangers (c'est le cas des troupes auxiliaires). Soudés par un esprit de corps qui les pousse à accomplir des exploits héroïques, ils peuvent aussi faire preuve d'une violence sans limites, aussi cruelle qu'impitoyable. Et plutôt digne d'une banale milice, surtout lorsqu'ils attaquent une ville. Pour faire main basse sur les objets de valeur, sur la nourriture ou sur les femmes, ils n'hésitent pas à égorger ceux qui croisent leur chemin, y compris des enfants sans défense. Le tout dans un impressionnant déchaînement de violence collective. Si les légions romaines terrorisent les civils par leur brutalité (elles ne seront pas les seules), quelque chose les différencie des autres armées de métier : leur préparation. En termes d'organisation et de compétence, c'est une armée moderne. Dont la violence est bien celle d'une époque reculée.

Pour l'heure, deux armées possédant les mêmes caractéristiques s'apprêtent à s'affronter. D'un côté, la formation de Brutus et de Cassius, constituée de dix-neuf légions (dont deux seulement ont leurs effectifs au complet), pour un total de 100 000 hommes : 80 000 fantassins et 20 000 cavaliers. Une force « internationale » dans la mesure où ses troupes proviennent des différentes provinces romaines, à l'image de ces cavaliers gaulois, lusitaniens, ibériques, thraces, illyriens, parthes et thessaliens. Ou de ces archers montés arabes.

Face à ces troupes, ce sont donc dix-neuf légions qui avancent, pour un total de 108 000 hommes (95 000 fantassins et 13 000 cavaliers). À l'heure actuelle, certains historiens ont tendance à réduire de moitié le nombre effectif de soldats dans les deux armées. Les sources antiques auraient-elles exagéré ? Possible. Mais qu'importe si les forces en présence étaient moins nombreuses, cet affrontement a tout de même été titanesque !

Brutus et Cassius décident du champ de bataille. Ce sera la plaine de Philippes, en Grèce. Elle est traversée par une grande route, la via Egnatia. Brutus déploie ses troupes d'un côté de la route, Cassius de l'autre. Moins d'un kilomètre et demi sépare les deux armées. L'un et l'autre unissent leurs campements avec une longue palissade qui coupe la via Egnatia. Il s'agit d'une position stratégique car les flancs sont protégés, par des montagnes d'un côté et un marais de l'autre. En outre, derrière eux, la longue artère pousse jusqu'au port de Thessalonique, qui les assure d'être sans cesse ravitaillés en vivres, en armes, en hommes… Les deux généraux ne pouvaient pas choisir un meilleur endroit, surtout en vue d'une bataille qui s'annonce longue, c'est le moins qu'on puisse dire !

La situation de leurs adversaires est bien différente. Antoine et Octavien traversent l'Adriatique avec la force de frappe impressionnante dont ils disposent – Lépide reste pour sa part en Italie avec neuf légions, au cas où les républicains voudraient s'emparer de la péninsule. Une fois arrivées à Dyrrachium, en Albanie, les troupes commencent à marcher vers leur objectif. Entretemps, les vaisseaux ennemis consolident leurs positions sur l'Adriatique. Qu'est-ce que cela signifie ? Tout simplement qu'à la différence de leurs adversaires, Antoine et Octavien ne pourront pas recevoir d'assistance et de renforts en provenance de l'Italie. Les voilà seuls, impossible de compter sur l'aide de l'arrière… Sans compter qu'Octavien tombe malade. De quoi souffre-t-il ? Ce point n'a jamais été éclairci. Toujours est-il que son état de santé sera précaire jusqu'à la fin du conflit. Et pour commencer, il va être obligé de rester confiné dans sa tente pendant dix jours…

C'est Antoine qui arrive le premier dans la plaine de Philippes. Seul face à l'ennemi, il comprend tout de suite qu'il est en mauvaise posture. Il ne peut pas compter sur l'arrière pour être ravitaillé, mais surtout, l'armée adverse lui barre la route. Et elle est en position de force, difficile de dire le contraire. Alors que fait-il ? Il joue la carte de la psychologie. Il construit son campement, avec fortifications et palissades, non loin de l'ennemi – à un kilomètre et demi à peine. Voir tant de courage impressionne grandement les soldats de Brutus et de Cassius. Ce qui donne un avantage indéniable à Antoine, qui n'avait pas d'autre alternative : la plaine où il s'est installé est le seul endroit (loin du marécage) où l'on peut creuser des puits pour tirer de l'eau potable.

Dix jours plus tard, on voit arriver Octavien sur le champ de bataille. Le grand malade est transporté sur une litière. Les deux généraux sont conscients que la situation ne va pas tarder à devenir critique. L'automne approche, accompagné de la pluie et du froid. Et ce n'est pas l'Italie qui leur enverra des vivres et des hommes ! Bref, il faut absolument pousser l'ennemi à l'affrontement… De l'autre côté du champ de bataille, Cassius souhaite temporiser, pour les mêmes raisons. Sa grande expérience des combats lui fait comprendre que le temps joue pour lui. Très vite, l'ennemi épuisera ses maigres ressources et les premières défections auront lieu.

Brutus, lui, ne connaît rien à la guerre. Il veut combattre sans tarder, afin que la liberté triomphe sur le dernier avatar de la tyrannie de César. Il souhaite également intervenir avant que les triumvirs achèvent la construction d'un barrage qui bloquerait le ravitaillement des républicains. Pire : toute retraite par la mer deviendrait impossible !

On imagine d'ici les discussions des deux hommes sous la tente prétorienne, au centre d'un des deux campements. Brutus tourne comme un lion en cage en faisant de grands discours sur la politique et la liberté de la patrie, citations des Anciens à l'appui… Assis sur un siège, Cassius ne le lâche pas des yeux une seconde, tout en tournant sa bague en or autour de son doigt, mais l'esprit tourné vers d'autres considérations.

La première bataille de Philippes

À un kilomètre et demi de là, dans le camp adversaire, dans une autre tente de commandement, une scène similaire se joue autour d'une table, avec Antoine, Octavien (encore affaibli) et les principaux chefs des légions.

Peut-être ont-ils profité de ce laps de temps pour réaliser des cartes de la zone, sur la base des observations effectuées par leurs éclaireurs (qui se sont approchés des lignes ennemies sans être vus) et des informations extorquées aux prisonniers capturés. Si c'est le cas, rien ne nous empêche d'imaginer Antoine les deux mains posées sur la table, en train de chercher le point faible de ses adversaires. La flamme d'une lampe à huile se reflète dans ses yeux qui interrogent longuement ces cartes.

Impossible de lancer une attaque frontale. L'ennemi a le même nombre d'hommes qu'eux, sans oublier qu'il est solidement retranché derrière ses fortifications. Impossible également de le contourner, avec ce marais d'un côté et ces montagnes de l'autre… Comment faire ? Tout d'un coup, Marc Antoine esquisse un sourire. Il lève la tête et fixe les autres, debout autour de la table. Il a peut-être une idée…

Brutus et Cassius évitent l'affrontement parce qu'ils reçoivent constamment des renforts. Et si la solution était de couper leur ligne de ravitaillement par la mer ? Sans renforts, ils seront forcés de se mettre à découvert et d'accepter le combat. Les deux camps seraient alors à égalité.

Le plan d'Antoine ne manque pas d'audace. Reste à savoir comment l'appliquer. Fort de ses nombreuses années d'expérience sur le terrain, le général va s'en remettre au génie militaire de son armée. Les légionnaires ne sont pas uniquement des soldats, rappelons-le. Ils peuvent se transformer en ingénieurs, en plombiers, en charpentiers, en forgerons. Chaque légion peut compter sur une myriade de spécialités qui font d'elle une machine de guerre parfaite, capable de détruire l'ennemi, mais aussi de bâtir des routes, des ponts, des aqueducs, des villes.

L'idée est simple : construire une « route » dans les marais en entassant de la terre et des pierres, puis en jetant des ponts en bois là où l'eau est trop profonde… Tout se fera dans le plus grand secret. Chaque matin, l'armée sortira et se déploiera devant les campements ennemis avec tous ses insignes bien en évidence, de manière à feindre que les effectifs sont au complet. En réalité, un groupe considérable de soldats, cachés par la végétation, effectueront les travaux en toute discrétion.

Le temps d'un ultime coup d'œil à son état-major, Antoine ordonne que chacun se mette à l'ouvrage. Dans un coin de la tente, Octavien acquiesce sans un mot.

Pendant dix longues journées, sans relâche, les légionnaires construisent un remblai à travers le marécage. Finalement, tout est prêt. Antoine peut lancer l'étape suivante de son plan. Un détachement va profiter de la nuit pour traverser le marais sur cette « route » et occuper le plateau qui sépare le campement de Cassius et la mer, de manière à empêcher tout ravitaillement.

Le lendemain matin, ce dernier découvre ce stratagème, mais au lieu d'attaquer cette nouvelle position de ses adversaires (nombreux, au demeurant), il ordonne qu'on construise une « route » similaire à travers le marécage. Défendue par une palissade, elle va couper celle d'Antoine de façon à isoler les troupes adverses. Un véritable coup de génie.

Cassius est sans conteste un vieux renard, doublé d'un fin connaisseur des champs de bataille. Mais c'est également le cas d'Antoine. En s'apercevant de la stratégie de l'ennemi, il ordonne l'assaut. Ses troupes attaquent celles de son rival. Le choc est féroce. Peu à peu, pareil à un incendie, il s'étend jusqu'au campement de Cassius… qui est conquis et mis à sac ! Dans le même temps, les hostilités commencent à l'autre extrémité de la zone fortifiée. Brutus fait sortir ses troupes de leur campement et attaque Octavien. Dion Cassius raconte que les légionnaires des deux bords « firent retentir leur cri de guerre et frappèrent leurs boucliers de leurs javelots, qu'ils se lancèrent ensuite mutuellement, tandis que les frondeurs et les archers décochaient flèches et pierres ». Ce n'est pas tout : « Après quoi, la cavalerie se jeta en avant et l'infanterie lourde, à sa suite, engagea le combat. » Les hommes d'Octavien sont étrillés et mis en fuite. Loin de s'arrêter là, Brutus lance son armée sur les talons de l'ennemi et finit par occuper le campement d'Octavien (qui n'est pas là – il vient tout juste d'être transféré ailleurs). « Il passa pour mort, parce que sa litière, qui était vide, fut criblée de traits et de javelots », écrit Plutarque. Tous les occupants du campement sont exécutés : les soldats capturés sont massacrés, y compris 2 000 Spartiates récemment arrivés en renfort.

À la fin de la journée, la situation est la suivante. Si, d'un côté, Antoine occupe le campement de Cassius, de l'autre, Brutus en fait autant avec le campement d'Octavien. C'est alors que l'impensable se produit. Cassius se suicide à la suite d'un terrible malentendu peut-être causé par... des problèmes de vue !

Mais n'allons pas trop vite. Dépassé par les troupes d'Antoine qui occupent désormais son campement, Cassius s'est retiré sur un plateau avec une poignée d'hommes. « Lui-même ne vit rien, et c'est à peine s'il aperçut le pillage de son camp, car sa vue était faible. Mais les cavaliers qui l'entouraient distinguèrent un grand nombre de gens qui chevauchaient dans leur direction. C'était le renfort envoyé par Brutus, cependant Cassius les prit pour des ennemis lancés à sa poursuite », nous indique Plutarque.

Le général charge un officier supérieur d'aller à leur rencontre pour comprendre de qui il s'agit. Les cavaliers entourent l'émissaire et lui réservent le meilleur accueil, heureux de le voir en vie. Ils descendent de leurs montures pour lui donner l'accolade et lui serrer la main. Mais de loin, Cassius se méprend sur cette scène. Il croit que son ambassadeur a été encerclé pour être tué. Il regagne alors sa tente accompagné de l'un de ses affranchis, Pindarus, et se donne la mort, le jour même de son anniversaire. « Relevant sa chlamyde sur sa tête et découvrant son cou, il le lui présenta à couper. On devait trouver en effet la tête séparée du corps », conclut Plutarque.

Cette disparition est un coup dur, très dur, pour les troupes de Brutus, qui renonce à organiser un enterrement solennel afin de ne pas entamer le moral de ses troupes. Il n'empêche qu'il est désespéré de voir partir celui qu'il appelle « le dernier des Romains », toujours selon l'auteur des *Vies parallèles*. À y regarder de plus près, cette mort des plus absurdes ne marque pas seulement la perte d'un général de talent. C'est l'un des grands artisans de l'assassinat de César (si ce n'est le premier d'entre eux) qui sort de scène. Un mécanisme tragique enclenché le jour des ides de Mars semble poursuivre son œuvre de destruction en tuant les principaux conjurés, les uns après les autres. Ne reste désormais que Brutus…

La disparition de Cassius, si incompréhensible soit-elle, aura un poids déterminant dans l'issue du conflit. Le camp républicain vient brusquement de perdre son chef le plus habile et le plus expérimenté.

La seconde bataille de Philippes

Après l'affrontement, les deux armées, très éprouvées, se retirent pour se réorganiser. Plusieurs jours durant, rien ne bouge. Les pertes sont énormes des deux côtés : 8 000 morts parmi les hommes de Brutus et de feu Cassius, 13 000 morts et blessés chez Antoine et Octavien.

Brutus doit désormais songer à l'avenir. Le voilà seul, sans compter qu'il n'a pas l'expérience militaire de son allié défunt, loin de là. C'est un politicien et un passionné de philosophie, ce qui ne l'empêche pas de bien connaître certains ressorts profonds du comportement des légionnaires. Avoir un chef inexpérimenté risque fort de déplaire à ses soldats, il en est bien conscient. Histoire de s'assurer leur soutien et d'éviter des défections, il leur fait donc une promesse. En cas de victoire, ils seront... libres de mettre à sac les cités de Salonique et de Sparte. En un sens, il « offre » des villes et des milliers d'habitants à la brutalité sans limites de ses troupes, qui auront toute latitude pour tuer, violer, piller et incendier...

Brutus n'est pas moins cynique à l'égard des prisonniers capturés dans le campement d'Octavien, ce que constate l'historien François Chamoux. Si, d'un côté, il libère tous ceux qui ont la citoyenneté romaine pour s'attirer leur sympathie et leur soutien, de l'autre, il fait exécuter tous les esclaves de sang-froid. Ils seraient trop nombreux à nourrir et à surveiller.

À un kilomètre et demi de là, chez les triumvirs, les choses ne vont pas mieux, oh non. Un gros détachement de vaisseaux avait quitté l'Italie avec deux des meilleures légions de César à bord pour leur venir en aide. Hélas, le convoi a été intercepté lors de sa traversée de l'Adriatique et réduit à néant.

Pour ne rien arranger, le climat se dégrade. Il pleut, les températures chutent et le camp construit dans la plaine a été en partie inondé. Des dégâts qui sont en partie l'œuvre des hommes de Brutus, qui ont dévié un cours d'eau. Il est même nécessaire d'envoyer une légion entière à l'arrière, en Grèce, pour trouver des vivres. Seul rayon de soleil : grâce à la mort de Cassius, le moral des troupes est gonflé à bloc.

Brutus a donc les moyens de remporter une bataille, mais pas de gagner une campagne. Conscient de son manque d'expérience, il va adopter la stratégie de Cassius : laisser l'adversaire s'épuiser sans jamais l'affronter. Mais cette fois, ses hommes vont lui réclamer d'affronter l'ennemi. Chaque jour, Antoine fait sortir ses troupes et les déploie devant le campement de Brutus pour agonir leurs adversaires d'injures et les inviter à déserter. Une guerre psychologique qu'il orchestre avec maestria, en habitué des combats. En dernier lieu, les défections des détachements alliés venus d'Orient abandonnent le théâtre des opérations pour rentrer chez eux. De quoi augmenter la pression sur les épaules de Brutus.

Il finit donc par céder et par accepter le combat. Nous sommes le 23 octobre -42, exactement vingt jours après la première bataille.

Imaginez la scène. Devant les troupes d'Antoine, déjà en place, les cohortes de Brutus, accompagnées de celles du défunt Cassius, sortent en ordre au son des trompettes de guerre et viennent se disposer devant l'ennemi. Les deux armées les plus puissantes que Rome possède en ce moment se retrouvent face à face. Deux lignes interminables de boucliers posés par terre, sur plusieurs rangées, ainsi qu'une forêt de *pila*, ces javelots caractéristiques des légionnaires, constitués d'une tige en bois avec à son extrémité une longue et fine partie métallique dotée d'une pointe lourde.

D'en haut, on distingue parfaitement l'échiquier formé par les légions déployées, avec les carrés des différentes centuries, flanquées de chaque côté par la foule des cavaliers, sans oublier les enseignes et les bannières flottant au vent.

Ces légionnaires ne ressemblent pas à l'idée que nous avons tendance à avoir d'eux. Ce sont des soldats de l'époque républicaine de Rome, pas ceux de l'Empire, peut-être plus souvent représentés dans les films – ceux-là viendront plus tard. Ils ne portent pas d'armures constituées de plaques métalliques reconnaissables au premier coup d'œil (*lorica segmentata*), mais une sorte de « cotte de mailles » en fer (*lorica hamata*). Leurs boucliers ne sont pas en forme de tuiles, c'est-à-dire rectangulaires, mais ovales. Ils sont néanmoins très colorés. Les emblèmes de chaque division sont peints sur le devant et les éraflures dues au dernier combat sont bien en évidence. Les casques, eux, n'ont rien à voir avec ceux qu'on voit habituellement dans les livres et les documentaires, avec ce grand « éventail » protecteur sur la nuque et cette épaisse visière métallique au niveau du front pour arrêter les coups de glaive. Ils sont encore de type « Montefortino », c'est-à-dire qu'ils ont une forme sphérique avec à leur sommet une pointe dont jaillit parfois une drôle de touffe de crins de cheval qui forme une « fontaine » qui s'agite lors des combats ou quand les armées sont en marche. Bien souvent, on voit également des plumes de rapace fixées des deux côtés du casque, dressées comme des antennes. Cette habitude de porter des plumes d'oiseaux découle d'une longue tradition remontant aux guerriers italiques et dont on trouve encore la trace aujourd'hui. Il suffit de penser aux chapeaux des bersagliers et des chasseurs alpins.

Cette armée républicaine semble beaucoup plus simple et « primitive » par comparaison avec celle du futur Empire. En réalité, c'est avec ce genre de légions que César a conquis les Gaules, débarqué sur les îles britanniques et franchi le Rhin en battant les Germains à plate couture… C'est avec ce type de soldats et d'équipement que Pompée, Cassius et Antoine ont guerroyé en Espagne, en Asie Mineure, en Égypte et en Afrique du Nord. Ces légions sont animées par une « soif » de victoire et de conquête qui forgera les frontières de Rome, tout en modelant ce futur Empire romain qui traversera les siècles.

Les deux formations restent l'une en face de l'autre pendant des heures, sans que rien ne se passe. Par moments, c'est un bras de fer psychologique qui s'engage : un soldat insulte le chef ennemi ou lance un cri de guerre suivi par des milliers de ses camarades, dans un vacarme assourdissant. Ceux de l'autre camp répondent en frappant leurs lances ou leurs glaives sur les boucliers, en cadence. Des détachements alliés de guerriers barbares entonnent leurs chants de bataille et poussent souvent un son prolongé en collant leur bouche dans le creux de leurs boucliers. Ce hululement collectif, des plus lugubres, les Romains l'appellent le *barritus* – un terme qui inspirera le mot « barrissement », ce cri tonitruant propre à l'éléphant et au rhinocéros. Les boucliers répercutent ce son sur des fréquences si basses qu'il finit par stimuler le système orthosympathique des soldats adverses et générer du stress.

Les seuls lieux où l'on peut encore assister à des phénomènes similaires sont les stades, où les foules chantent en chœur et hurlent à l'unisson à chaque but marqué…

Quoi qu'il en soit, ce spectacle est impressionnant. Des dizaines de milliers de légionnaires sont prêts à s'élancer, coiffés de leurs casques qui brillent au soleil, leurs mains moites posées autour du pommeau de leurs glaives qu'ils vont dégainer ou serrées autour des *pila* qui vont bientôt fendre l'air, au milieu des enseignes flottant au vent. Le combat sera rude mais décisif. Ceux qui l'emporteront entreront dans l'Histoire… même si nombre d'entre eux mourront. Chacun en est bien conscient. Le plus frappant est qu'il s'agit de deux armées romaines « jumelles », promises à une empoignade fratricide. Ce terme n'a jamais été aussi justifié. Pour l'essentiel, ces soldats des formations opposées se connaissent, ils sont parfois amis… voire parents. Une tragédie dans la tragédie.

Marc Antoine porte sa cuirasse de commandant, qui lui dessine un torse sculpté, digne d'un athlète. Sous son casque rabattu sur son visage, ses yeux sont devenus froids. Ils ne lâchent pas l'ennemi, pas une seule seconde, ils vont de droite à gauche comme ceux d'un tigre en cage, en cherchant d'éventuels points faibles dans la formation adversaire, mais aussi les meilleurs détachements : il faudra leur opposer une résistance farouche… Grâce à son expérience, il fait inlassablement défiler dans son esprit toutes les stratégies, tous les scénarios possibles et imaginables, tel un joueur d'échecs avant qu'il n'avance ses pions.

Antoine est sur le terrain, au milieu de ses troupes, il se déplace pour avoir la meilleure vue possible, pour encourager ses hommes. Son cheval supporte l'attente en silence, en secouant la tête de temps en temps, signe de sa nervosité. Et Octavien ? Il est très loin derrière, le regard perdu dans le vide. Il a l'air absent depuis qu'ils sont sortis du campement, preuve qu'il n'aime pas le combat et l'action. Les plans et les intrigues, voilà ce qu'il préfère… À plusieurs dizaines de mètres de là, il a entrevu Brutus faire son apparition à l'arrière de ses troupes, drapé dans sa cape pourpre. Ce matin, avant de sortir, l'assassin de César a parlé à ses soldats. Un discours aux accents patriotiques, dans lequel il a employé des termes savants, dignes d'un philosophe, que de nombreux légionnaires ont sûrement peiné à comprendre, c'est une quasi-certitude… Ce qu'il ne peut pas savoir, c'est que cette *adlocutio*, ce discours que les chefs de guerre adressent à leurs soldats avant chaque bataille, afin de les motiver, sera le dernier jamais prononcé par un général de la République romaine. D'ici quelques heures, au coucher du soleil ce chapitre de l'histoire antique se refermera pour toujours.

Par rapport à Antoine et à Octavien, Brutus a un handicap. Il n'est pas certain de pouvoir faire aveuglément confiance à ses soldats. À en croire Plutarque, plusieurs rapports internes lui ont signalé des risques de défection. Son manque de charisme et son peu d'expérience des combats inquiètent les légionnaires. L'ignorance de leur chef risque fort de leur coûter la vie… Sans surprise, après quelques heures d'attente, une première défection a lieu. Un brillant cavalier gaulois du nom de Camulatus avance théâtralement vers la formation adversaire et change de camp !

Brutus le regarde, imité par des dizaines de milliers de soldats dans les deux armées. Il devient rouge de colère, et avant que d'autres puissent suivre leur congénère et provoquer une réaction en chaîne, il ordonne de lancer l'attaque. Comme un écho, ses mots provoquent une interminable série d'ordres. Des hurlements qui vont circuler dans tous les rangs de l'armée. Les *tubae* de guerre sonnent le signal de l'attaque. Les enseignes et les bannières portant les symboles des légions et des centuries sont pointées vers l'ennemi. Des milliers de boucliers sont levés tandis que des forêts de lances s'agitent dans l'air. Les hurlements, les cris, les chants de guerre deviennent assourdissants. C'est l'Histoire qui ricane à l'idée qu'on se souviendra de ce jour pendant des millénaires.

Dans la mêlée

Il est 3 heures de l'après-midi. Le soleil commence à décliner. Sa lumière semble s'atténuer imperceptiblement, comme quand des nuées d'oiseaux passent devant lui. En réalité, le disque lumineux est voilé par une pluie de flèches, de pointes, de projectiles lancés en même temps par les deux armées. Le sifflement de milliers de flèches remplit l'air quelques secondes, en écrasant tous les autres bruits. On croirait entendre le bourdonnement d'un essaim de guêpes géantes dotées d'un dard mortel. Pour tout le monde, ces brefs instants suffisent à comprendre que de nombreuses vies vont s'achever. Mais il n'y a pas le temps pour réfléchir. Des dizaines de milliers de boucliers se lèvent pour former une espèce de toit au-dessus des têtes des soldats. Les légions se recouvrent d'écailles, à la façon d'un poisson. Ce qui n'empêche pas les flèches de trouver des interstices. De nombreux hommes s'écroulent par terre, transpercés. Mais il y a bien pire : l'impact des immenses « flèches » des *scorpiones*, d'énormes balistes pourvues d'un chevalet, dont les effets sont comparables à ceux des canons de petit calibre actuels. Leurs coups sont terribles. Des éclairs semblent s'abattre sur la foule des soldats avec une précision chirurgicale qui n'a jamais cessé de surprendre les spécialistes.

Au milieu de cette pluie mortelle, on entend résonner les différentes machines de guerre, pareilles à des coups de tonnerre. Les onagres (en référence à une espèce d'âne sauvage), semblables à des catapultes, sont positionnés derrière les soldats partis à l'attaque. Avec des tirs en cloche, ces engins lancent sur l'ennemi des boules de pierre dont la taille oscille entre celle d'une noix de coco et celle d'une pastèque. Chaque coup fracasse des crânes, rebondit de façon incontrôlable, mutile plusieurs corps à la suite avant de s'arrêter. Il y a de quoi frémir en entendant le bruit grave des boucliers qui explosent, le bruit métallique des casques brisés, le bruit sourd des têtes qui s'ouvrent, le bruit sec des os qui volent en éclats... Voilà comment la mort emporte des dizaines de soldats, en une poignée de secondes.

De très près, ce spectacle est encore plus répugnant. Le compagnon d'armes avec qui vous parliez quelques secondes auparavant est désormais à terre. Ce n'est plus qu'une masse de sang et de métal. Ceux qui n'ont jamais assisté à de telles horreurs sont pris de haut-le-cœur. Malgré la terreur, impossible de fuir. Des nouvelles vagues de projectiles arrivent, décochés par les frondeurs : des balles qui ont la forme et la dimension d'une datte, lancées avec une précision incroyable, de la façon qui a permis à David d'abattre Goliath. En tournoyant dans l'air, les frondes produisent un son, proche de celui des sirènes, si perçant qu'il résonne sur tout le champ de bataille. De quoi redonner le moral aux soldats du même camp et susciter l'effroi dans les rangs adverses, car une pluie mortelle les menace. Lorsqu'ils sont envoyés massivement, ces projectiles ressemblent aux balles modernes. Parce qu'ils sont en plomb, certes, mais aussi à cause de leur forme allongée – ils arrivent donc avec une force d'impact et de pénétration impressionnante, qui leur permet de transpercer les casques comme les corps.

On compte déjà plusieurs centaines de morts, mais la bataille ne fait que commencer.

Ce sont maintenant les légionnaires qui avancent avec, en première ligne, les troupes auxiliaires. C'est un mur de boucliers qui marchent vers vous. Chacun est peint dans des couleurs vives, en bleu, en vert, en jaune, en rouge, en fonction des centuries, des cohortes, des soldats. Ils sont décorés par des animaux (symboles de la légion ou de la centurie), des éclairs, de grandes étoiles ou bien des « frises ». Le respect des symboles n'empêche pas de faire preuve d'imagination et les différences sont nombreuses d'un bouclier à l'autre. Ce qui permet de distinguer au premier coup d'œil les *albae* (c'est-à-dire les boucliers blancs ou sans décoration des recrues) et les boucliers bariolés des vétérans – dont la simple vue suffit à faire trembler.

Sur l'aile gauche, c'est Brutus en personne qui commande les troupes. Ce qui explique peut-être pourquoi elles attaquent avec tant de détermination et d'ardeur.

Une fois les lignes ennemies à portée de tir, les légionnaires s'arrêtent et lancent des volées de *pila* pour trouer les boucliers ennemis grâce à leurs pointes lourdes et poursuivre leur course grâce à la tige de leurs lances – étant plus fines, elles se glissent facilement dans le trou pour « chercher » le corps de l'adversaire. Si elle ne le trouve pas, toute la tige métallique se plie et s'écrase sur le bouclier, le rendant inutilisable. Et avec le corps à corps imminent, un homme sans moyen de se défendre n'a plus grand-chose à espérer.

Pareilles à des rafales de mitraillette, les volées de *pila* abattent de nombreux autres légionnaires ennemis, qui ont eux-mêmes visé les soldats de Brutus. Mêmes armes, mêmes techniques… nous sommes bien face à une guerre fratricide.

Encore quelques instants et les deux lignes se rejoignent. Les derniers mètres sont parcourus au pas de course. Le glaive dans la main droite, le bouclier dans la main gauche, les soldats poussent des cris bestiaux. Cette clameur gigantesque est rythmée par le bruit sourd des boucliers qui s'entrechoquent, rappelant celui des innombrables lances abandonnées par terre. Puis c'est le son métallique des armes qui retentit, au milieu des cris confus et des hurlements déchirants. Les lames plongent dans les chairs. La mêlée produit un chœur assourdissant de bruits sinistres. Une véritable gifle à tout ce qui est censé différencier l'homme des animaux.

Devant nos yeux s'étend désormais une foule interminable et confuse d'êtres humains en plein combat. Des glaives se lèvent une seconde avant de plonger dans la mêlée pour éteindre une vie. Ces soldats qui s'affrontent forment un océan de corps qui s'agite jusqu'à l'horizon. Les étendards et les symboles de chaque phalange ondoient au milieu de cette mer, pareils à des mâts durant une tempête. On se demande vraiment où chacun de ces hommes trouve la force de se battre, hormis dans une volonté désespérée de vivre. Non, de survivre.

Un signal, et la cavalerie de Brutus apparaît. Des hordes de cavaliers gaulois se lancent sur l'armée d'Antoine et d'Octavien pour appuyer les troupes de l'assassin de César. Les cavaliers écrasent les légionnaires, leurs épées s'abattent comme des couperets sur les corps de ceux qui n'ont pas le temps de s'écarter. Comme un immense bélier, la masse des cavaliers transperce la formation ennemie qui s'agite et se disloque avant de céder du terrain. La manœuvre de Brutus est payante : ses hommes sont en train de briser le front ennemi, qui change de trajectoire. Brutus est en passe de l'emporter. Sans la moindre contestation.

Mais à l'autre bout du champ de bataille, que se passe-t-il ?

Sur le flanc gauche, les choses se présentent nettement moins bien. Et pour cause : les soldats d'Octavien et d'Antoine tiennent le choc et repoussent pas à pas ceux de Brutus, « comme s'ils renversaient une machine des plus lourdes », précise Appien.

C'est un moment crucial de la bataille. Dion Cassius nous offre un récit vivant de cet instant, à la manière d'un envoyé spécial au cœur de la mêlée. Ses mots sont terribles : « Le corps à corps et le combat à l'épée furent intenses. Au début, [les combattants] regardaient autour d'eux, s'efforçant de porter des coups sans en recevoir (car ils voulaient tout à la fois tuer les soldats d'en face et conserver la vie sauve), puis leur élan gagna en force et leur courage s'enflamma, si bien qu'ils marchèrent les uns contre les autres sans faire attention : ils ne se préoccupaient plus de leur propre sécurité, le désir de tuer leurs adversaires les poussant à s'oublier eux-mêmes. Certains jetaient leur bouclier et, se saisissant de leurs vis-à-vis, les étranglaient en les attrapant par leur casque et les frappaient dans le dos, ou bien leur arrachaient leur armure et leur transperçaient la poitrine ; d'autres bloquaient fermement l'épée de leur adversaire et, agissant comme si ce dernier n'était pas armé, enfonçaient leur glaive dans son sein. [...] Quelques-uns, s'enlaçant à leurs adversaires, s'enlevaient mutuellement les moyens de frapper mais trouvaient la mort dans l'enchevêtrement de leurs épées et de leurs corps. Ils succombaient sous un seul coup ou sous plusieurs, et sans se plaindre de leur sort, car le temps leur manquait pour s'apitoyer sur eux-mêmes. Un autre, parce qu'il avait tué un adversaire, se mettait à espérer, sous l'effet d'une joie subite, ne jamais mourir ; et tous ceux qui tombaient sombraient dans l'insensibilité sans avoir compris leur malheur. »

Le récit de l'historien grec est celui d'une bataille furieuse et acharnée, où l'ordre et la stratégie n'ont plus cours. Il ne s'agit plus que de tuer pour survivre...

Ce choc brutal finit par user les troupes de Brutus. Son aile gauche s'affaiblit de plus en plus au centre, avant de céder et de se briser. Les soldats prennent alors la fuite. En quelques instants, la déesse Victoire a choisi le camp sur lequel elle va se poser – c'est d'ailleurs pour cette raison qu'elle est représentée avec des ailes : elle survole un long moment le champ de bataille avant de se poser du côté d'un des deux camps, brusquement, et souvent de façon imprévisible. En l'occurrence, celui des triumvirs Antoine et Octavien.

C'est un massacre. Marc Antoine sait que ce n'est pas le moment d'arrêter. Il donne alors l'ordre d'attaquer les portes des camps ennemis pour empêcher l'adversaire de se réfugier à l'intérieur. Malgré la pluie de flèches qui s'abat depuis les tours et les palissades, ses soldats s'emparent de ces positions et forcent l'ennemi à fuir dans les montagnes, dans les forêts ou vers la mer. Mais il demande qu'on suive les fuyards, qu'il pourchasse lui-même avec un seul objectif en tête : capturer Brutus.

De nombreux hommes meurent pour défendre le vaincu et se sacrifient pour lui permettre de fuir. Plutarque raconte d'ailleurs un épisode curieux. Un compagnon de Brutus, nommé Lucilius, va jusqu'à se faire passer pour lui et se livrer aux soldats ennemis en demandant à voir Antoine. Ce dernier s'aperçoit évidemment de la supercherie en découvrant le prisonnier que lui amènent ses soldats d'un air triomphant. Il va cependant se montrer magnanime devant tant de courage, une qualité dont il ne se départira jamais afin de renvoyer une image flatteuse, à l'instar de tant de grands chefs de guerre romains, César en tête. Il aurait alors prononcé ces mots : « En cherchant un ennemi, vous m'avez apporté un ami. J'en atteste les dieux, je ne sais ce que j'aurais fait de Brutus vivant, mais des hommes tels que celui-ci, puissé-je les avoir pour amis plutôt que pour ennemis ! » Après quoi, il aurait donné l'accolade à Lucilius, qui restera à ses côtés pour le servir, avec une fidélité et une loyauté sans faille.

La fin de Brutus

Marc Antoine et Brutus observent le champ de bataille jonché de corps immobiles, dans des positions qui n'ont rien de naturel, de blessés qui se traînent, de lances brisées, de boucliers défoncés, d'épées abandonnées et de hampes plantées dans le sol, surmontées de bannières qui s'agitent tristement. Au milieu de ce paysage de mort et de désolation, les oiseaux se sont remis à chanter alors que le soleil se couche en rendant à ce décor une paix irréelle. C'est davantage que la fin d'une journée sur le champ de bataille qui se reflète dans leurs yeux. Car César a été vengé.

De son côté, Brutus s'est volatilisé. Il est introuvable. En réalité, il n'est pas loin de là. Dans un vallon solitaire où il va méditer toute la nuit, entouré de quelques-uns de ses compagnons. Ce sont eux qui retraceront le déroulement de cette poignée d'heures. Le vaincu cherche le réconfort, l'inspiration et la force nécessaires pour affronter ces derniers instants de sa vie. En homme infiniment cultivé, c'est dans l'exemple des grands philosophes qu'il les trouve, plus que chez ses soldats. Les vers de poètes grecs lui reviennent en mémoire. Et il semblerait, raconte Dion Cassius, qu'il ait récité ceux d'une tragédie dans laquelle Hercule, épuisé par toutes les épreuves qu'il a dû surmonter et rempli d'amertume, comme lui, lance : « Ah, misérable vertu ! Tu n'étais qu'un mot, mais moi je te cultivais comme une réalité. Toi, tu n'étais donc que l'esclave de la Fortune ! »

Au cœur de la nuit, après avoir donné ses ultimes dispositions à ses serviteurs, qui fondent en larmes, Brutus demande à ses amis de l'aider à se suicider. Tout le monde refuse. Soudain, quelqu'un hurle de fuir cet endroit devenu trop dangereux. Le vaincu profite alors de ce moment de flottement pour s'éloigner avec deux de ses compagnons, dont Straton, un ami de longue date (ils ont fait leurs études de rhétorique ensemble). Tous sont armés, l'épée hors du fourreau. Rien d'étonnant : ils pourraient être surpris et capturés d'un instant à l'autre ! Subitement, Brutus s'approche de Straton, attrape à deux mains le glaive de son ami, le retourne contre lui et se transperce l'abdomen, pour mourir dans ses bras. À en croire d'autres récits, c'est Straton, en larmes et convaincu par ses prières, qui va pointer son épée vers lui, mais en détournant le regard. Avec beaucoup de courage, le perdant de la bataille aurait collé son torse avec force contre la lame, avant de pousser pour qu'elle le transperce, sans la moindre hésitation.

Voilà comment est mort le dernier grand conjuré des ides de Mars, lui aussi tué au fil de l'épée, dans une mare de sang, au terme d'une douloureuse agonie. Si Jules César n'avait pas été tué, à cette heure de la nuit, Brutus aurait été à Rome, en train de dormir entre les bras de sa femme, après un banquet. Cassius aurait pu donner d'autres conseils à son fils majeur. À la lumière d'une lampe à huile, Cicéron aurait été en train d'écrire un énième discours que des milliers d'écoliers auraient traduit en classe, des siècles plus tard. César aurait été dans une tente, quelque part au Moyen-Orient, peut-être en Syrie, en train de savourer ses succès, en compagnie d'Octavien. Quant aux légionnaires jonchant la plaine de Philippes, blessés, morts ou mourants, ils auraient été à ses côtés. Et nombre d'entre eux auraient été encore vivants…

L'Histoire a décidé d'emprunter un chemin de traverse. Et maintenant, nous voilà dans ce vallon non loin du champ de bataille, avec Marc Antoine face au corps sans vie de Brutus.

Sa victoire est éclatante, il en a la preuve la plus éloquente sous ses yeux. Il déverse un torrent d'injures sur le cadavre. Quelques mois plus tôt, Brutus s'était rendu responsable du meurtre de son frère Caius, condamné pour avoir vengé la mort de Cicéron. Finalement, il fait envelopper le corps dans une cape de pourpre et ordonne que la dépouille soit envoyée à la mère du défunt, Servilia.

Deux « imprévus » contrarieront ce plan. La cape sera volée. Averti, Antoine fera tuer l'auteur du larcin. Pour ne rien arranger, quelqu'un va mettre son grain de sel. En l'occurrence, un jeune homme faible, maladif et peu porté sur l'art militaire, mais qui manifeste déjà ce cynisme incroyable qui sera sa marque de fabrique jusqu'à la fin de ses jours : Octavien. Il va ordonner que la tête de Brutus soit coupée et envoyée à Rome afin d'être déposée au pied de la statue de César. Cependant, comme le raconte Dion Cassius, « au cours de la traversée depuis Dyrrachium, le navire essuya une tempête et la tête tomba à la mer ». Ainsi se conclut le long récit de l'assassinat de César. Alors que la nuit enveloppe la plaine de Philippes, l'Histoire tourne littéralement la page. Avec l'aube va s'ouvrir un nouveau chapitre dont les protagonistes seront les trois personnages qui ont survécu aux péripéties que nous venons de raconter, animés par deux sentiments aussi dévorants qu'opposés, l'amour et la haine. Antoine, Cléopâtre et Octavien.

CLÉOPÂTRE RENCONTRE ANTOINE

Quand le destin choisit Cléopâtre

Comme toujours après une grande bataille, on profite des jours qui suivent pour rassembler les armes des défunts, en entassant celles des vaincus pour former de grandes piles. On compte les morts, dépouillés de leurs objets de valeur. Impossible de brûler 30 000 à 40 000 cadavres. On s'est contenté des morts les plus illustres (et issus des rangs des vainqueurs). Dans les tentes, les médecins militaires, presque tous d'origine grecque, travaillent sans relâche pour cautériser les plaies et amputer des membres avec une habileté et une rapidité qui laisseraient pantois les chirurgiens du XXIe siècle. Qu'importe si on ignore encore l'existence des bactéries : ces médecins savent que la nature ne leur accorde que vingt-quatre heures pour intervenir. Après quoi, les blessures commencent irrémédiablement à s'infecter. Les moyens d'anesthésie modernes n'existent pas, on ne dispose que de quelques calmants rudimentaires, à base de dérivés de l'opium. Insuffisants pour les milliers de blessés et de mourants qu'on achemine sans relâche jusqu'à ces infirmeries de campagne. De nombreux hommes meurent dans d'atroces souffrances. Les hurlements, les cris, les gémissements des blessés remplissent l'air, avant de faiblir puis de s'éteindre définitivement…

Le sort des prisonniers n'est pas moins cruel. En règle générale, les légionnaires sont presque toujours épargnés. Ce sont des soldats de métier, et par conséquent des atouts précieux, d'autant qu'ils sont prêts à être réintégrés sous la bannière du vainqueur. Ceux qui tombent sont surtout les chefs ou les hommes haut placés dans la hiérarchie. Mais il y a des exceptions tragiques. Octavien fait montre d'une méchanceté et d'un cynisme consternants. Il semble presque prendre un plaisir sadique à ordonner la mort des soldats ennemis, comme dans le cas d'un père et de son fils, amenés devant lui et forcés à se mettre à genoux. Les deux hommes demandent à avoir la vie sauve, mais le jeune vainqueur ordonne qu'on laisse le hasard décider de leur sort. Le père choisit de mourir à la place de son fils et périt sous les coups d'Octavien en personne. Accablé par la douleur, l'enfant du défunt se suicide à son tour.

À nos yeux d'êtres humains du XXIe siècle, la cruauté d'Octavien peut paraître surprenante et ne s'explique que par l'immaturité d'un jeune homme de vingt ans. Le pouvoir sans limites qu'il a reçu grâce aux événements de la guerre civile lui a donné un sentiment de toute-puissance. Un cocktail dangereux, qui transforme son manque de confiance en lui (au milieu de tous ces militaires bourrus et pleins d'expérience, lui est d'un tempérament maladif et sans talent pour le combat) en arrogance. Arrogance qui finit par déboucher sur un droit de vie ou de mort sur tout le monde, dans ce contexte terrible. On discerne déjà cette froideur et cette science du calcul qui lui permettront de bâtir un empire.

Mais pour l'heure, c'est bien Marc Antoine qui domine la scène, sans la moindre contestation. Le véritable artisan de la victoire, c'est lui. Et tout le monde s'accorde pour dire qu'il est l'homme le plus puissant de Rome. D'après Appien, certains étaient « pris de panique devant Antoine, encore considéré comme invincible à cause de la glorieuse bataille de Philippes ».

Les jours suivants, Octavien et lui décident de modifier les termes du pacte qui a conduit au triumvirat. Concrètement, ils évincent Lépide, accusé d'avoir passé en sous-main des accords avec la faction ennemie (notamment avec Sextus Pompée et sa puissante flotte), et se répartissent le territoire dominé par Rome. Octavien reçoit l'Espagne, en plus d'une mission ingrate, pour lui qui est encore le moins influent des trois : confisquer des terres pour les légionnaires qui ont permis de remporter la bataille. Antoine obtient pour sa part la Gaule et les provinces d'Orient ; et Lépide, l'Afrique. À compter de ce moment, la Gaule cisalpine, qui comprend une bonne partie de la plaine du Pô et de la Vénétie, cesse d'être une province et intègre les frontières de l'Italie. Pour la première fois de son histoire, toute la péninsule est unifiée politiquement, dix-neuf siècles avant que le Risorgimento ne dessine l'essentiel de la forme actuelle du pays !

Sur la base de cet accord, Antoine devra pacifier les provinces orientales, sur lesquelles Brutus et Cassius s'étaient appuyés pour passer à l'action. Il aura donc pour mission de neutraliser des poches de résistance éventuelles. Mais le but véritable de ce « nettoyage » géographique est de rassembler une vraie fortune qu'il redistribuera à ses soldats. Une promesse qu'il avait faite au moment de la formation du triumvirat.

Car à cette époque, c'est l'armée qui détermine l'Histoire. Le socle du pouvoir est toujours les légions. Avoir le soutien d'une bonne partie d'entre elles est indispensable pour gouverner. Pour s'assurer leur aide, il faut les payer. Et à moins d'avoir une immense fortune personnelle, le seul moyen de lever des fonds est de forcer les villes et leurs populations.

Marc Antoine part donc pour l'Orient avec deux légions fournies par Octavien. En échange, celui-ci recevra le même nombre d'hommes en Italie pour combattre Sextus Pompée.

C'est une décision cruciale, car elle le conduira à rencontrer Cléopâtre.

Pour autant comment se fait-il qu'il ait choisi de s'éloigner de Rome, centre névralgique du pouvoir ? Il y a deux raisons à cela. Il souhaite tout d'abord laisser Octavien rentrer en Italie avec un vrai sac de nœuds à démêler – en l'occurrence, tenir les promesses faites aux vétérans, en leur donnant de l'argent et des terres. Une tâche ardue et difficile qui ne sera pas une partie de plaisir, loin de là. En Orient, la situation est différente. La présence de nombreux souverains vassaux, tous très riches, peut lui permettre d'étendre sa sphère d'influence et augmenter, du même coup, sa puissance financière en vue de nouveaux projets. Et c'est la seconde raison de sa visite. Marc Antoine a en tête la grande expédition contre les Parthes, jamais réalisée par César mais que tous les Romains attendent depuis l'époque de l'humiliante défaite de Carrhes, survenue onze ans plus tôt. Celle-ci s'était soldée par la mort de milliers de soldats, dont Crassus, qui avait constitué le fameux premier triumvirat avec César et Pompée. Une honte qu'il compte bien laver de manière à entrer au panthéon des plus grands chefs de guerre de tous les temps, aux côtés de César et d'autres noms célèbres de l'histoire de Rome.

Mais peut-être y a-t-il une dernière raison qui le pousse en Orient et dans les bras de Cléopâtre. Antoine a déjà combattu là-bas, lorsqu'il n'était qu'un simple officier de cavalerie. Il a sans doute connu et savouré tout le charme de ces ambiances, de ces lieux, de ces peuples. Et s'il avait envie d'y goûter à nouveau, de retourner en Grèce pour admirer ce que l'ensemble des Romains considèrent comme le berceau de leur culture ? De se replonger dans ses fêtes, dans ses rites, dans ses traditions, dans son style de vie ? Il veut aussi aller plus loin, pousser jusqu'aux terres d'Orient et arriver en Égypte, un territoire qu'il connaît déjà et qui exerce sur lui un charme unique. « Tous ceux qui l'ont conquis ont éprouvé la même chose, d'Alexandre le Grand à César, en passant par Napoléon », a écrit l'historien Hermann Bengtson, qui ajoute : « Comment Antoine pouvait-il renoncer à tout cela ? [...] Les cœurs se sont ouverts. Pour la première fois, un Romain comprend l'Orient et ses habitants. Son arrivée a marqué une ère nouvelle pour ces terres et laissé une empreinte indélébile chez tous ses contemporains. »

Un nouveau Dionysos

Avant de quitter le champ de bataille, Antoine fonde une colonie avec les vétérans de la 28e légion qui ont mené leur dernier combat ici même, puis se rend à Athènes, où il passe l'hiver.

Il vient de faire son entrée dans la grande fresque orientale de l'Histoire. Il s'impose aussitôt comme un personnage de premier plan – en ordonnant de rénover certains temples ou en multipliant les cadeaux à la ville. Il sait que dès l'année -44, Brutus a été accueilli dans la cité grecque comme un leader philosophe. Fort astucieusement, il participe lui aussi à des conversations littéraires, à des initiations mystiques ainsi qu'à des combats de gladiateurs. Il visite ensuite Mégare et le sanctuaire de Delphes, qu'il décide de faire restaurer à ses frais. Il joue également les juges de paix dans des contentieux judiciaires, en témoignant d'une grande sagesse. Bref, il se débarrasse de cette étiquette qui colle souvent à la peau des généraux romains, que les Grecs voient comme des rustres, brutaux et sans grande intelligence. C'est un succès diplomatique, explique Giusto Traina : « Cette politique lui a valu de recevoir les titres importants d'"ami des Hellènes" et d'"ami d'Athènes". La cité a même organisé en son honneur des "Panathénées antoniennes". »

Quelques mois s'écoulent. Après ses triomphes athéniens, Antoine se rend en Asie Mineure, où il remporte une série de succès tout aussi impressionnants. Les mots de Plutarque sont on ne peut plus éloquents : « [Il vit] les rois se presser à sa porte et leurs épouses, rivalisant de présents et de charmes, être prêtes à se perdre pour lui. » Mais ce voyage comporte également une part d'ombre. Le grand général n'a pas renoncé au plaisir, au luxe, à l'oisiveté et à l'amusement. Il s'entoure de personnages à la réputation douteuse et de basse extraction qui viennent s'ajouter à ceux qui ont quitté l'Italie pour le rejoindre après la bataille de Philippes. C'est une sorte de « cour » où règnent la luxure, les excès, la vulgarité, et surtout, l'ignorance, que l'auteur des *Vies parallèles* décrit de façon lapidaire. Les mots de l'historien évoquent immédiatement l'entourage de tant d'autres puissants au cours des siècles suivants, et même tout près de nous : « Des citharèdes comme Anaxénor, des flûtistes de chœur comme Xouthos, un danseur comme Métrodore, et une troupe d'artistes asiatiques du même genre, surpassant en effronterie et en insolence les fléaux qu'il avait amenés d'Italie, firent irruption dans sa cour et la gouvernèrent. Dès lors, tout le monde se laissant porter de ce côté, la situation devint tout à fait intolérable. » Un jugement implacable, qui ne doit tout de même pas nous faire oublier la propagande voilée de l'auteur en faveur d'Octavien.

L'arrivée d'Antoine à Éphèse est encore plus triomphale. En son honneur, la cité va jusqu'à frapper une pièce de monnaie à l'effigie des trois triumvirs ! Son entrée par les portes de la ville est mémorable. Il est précédé par des femmes en tenue de Bacchantes, accompagnées d'hommes et d'enfants déguisés en satyres et en dieu Pan. Des bâtiments et des rues sont couverts de lierre, tandis que des lyres, des chalumeaux et des flûtes accompagnent son passage. Les gens se pressent à leurs fenêtres et forment deux longues rangées de part et d'autre du cortège. Tout le monde célèbre Antoine en tant que Dionysos « bienfaisant et plein de douceur ». Il y a fort à parier que le général entend ces acclamations en grec (une langue qu'il parle correctement). Le voilà assimilé à cette divinité, l'une des plus importantes du panthéon hellénistique. La même scène se répète dans de nombreuses villes.

Divinité liée au vin, à l'extase, à la libération des instincts, mais aussi au théâtre, Dionysos semble décrire et résumer à la perfection les plaisirs d'Antoine dans cette *tournée** en Orient.

En réalité, cette appellation de « nouveau Dionysos » est l'expression des grands espoirs que les villes et les populations placent en lui. D'après l'historien Joachim Brambach, il ne s'agissait pas d'une « simple manifestation d'adulation » : « Les Grecs et les Orientaux en général plaçaient en effet de grands espoirs dans leur nouveau maître, un Romain autrement plus sympathique que des personnages tels que Sylla, César, Brutus ou Cassius. Que ce soit en Grèce ou au Proche-Orient, Antoine a reçu des marques d'enthousiasme jamais témoignées à aucun autre Romain, ni avant ni après lui. » Et s'il a la partie facile, c'est aussi parce qu'il multiplie les gestes forts sur le plan « médiatique », dirions-nous aujourd'hui. Vous vous souvenez de la ville de Xanthe, détruite par Brutus au terme d'un long siège ? Antoine met sa fortune au service de la ville pour la reconstruire et exempte d'impôts les habitants de l'ensemble de la région. La scène se répète à Laodicée (là où Dolabella était mort) et à Tarse, la ville où il rencontrera Cléopâtre, quelques mois plus tard. Il ne le soupçonne pas encore, mais c'est ici que son existence va basculer.

Pour l'heure, Marc Antoine savoure son succès. Mais pas question pour lui d'oublier la raison de sa présence dans la région, à savoir rétablir l'ordre et préparer la guerre contre les Parthes. Il rencontre donc les souverains des nombreux royaumes clients situés le long des frontières orientales et met au pas ceux qui s'étaient rangés du côté des assassins de César.

Même s'il s'agit de visites officielles pour le moins délicates, ces rencontres font parfois ressortir le *latin lover* (c'est le cas de le dire) qu'est aussi Antoine. C'est notamment le cas en Cappadoce, dans l'important centre urbain de Comana, où vit une femme magnifique appelée Glaphyra. C'est la femme du grand prêtre de Bellone, qui dirige la ville. Dès qu'il la voit, le vainqueur de Philippes tombe sous le charme et entame avec elle une *liaison** brûlante, à la fois intense et sincère. Manifestement, la beauté solaire et ensorcelante de la princesse a dépassé les frontières de son royaume. Elle n'est pas seulement belle. C'est aussi une femme intelligente, habile et rusée, un peu comme Cléopâtre. Grâce au lien qui les unit, elle fait en sorte que son fils aîné, Archélaos, soit installé sur le trône du royaume de Cappadoce. Nous ignorons comment son mari a réagi, mais il n'y avait sans doute pas grand-chose à faire face au général le plus puissant de son époque et aux deux légions qui le suivaient dans ses déplacements… Glaphyra a adopté une stratégie très semblable à celle de Cléopâtre, en séduisant Antoine pour mettre son fils sur le trône. Leur histoire ne sera pas qu'une passade. Les auteurs de l'Antiquité nous apprennent que cette lutte dynastique a duré cinq ans : le trône de Cappadoce était déjà occupé par un souverain légitime, Ariarathès X. Ce sera donc une usurpation progressive, que Marc Antoine finira par « valider ». Ce sera lui qui destituera le monarque pour donner le trône au fils de Glaphyra. Tout cela a lieu en -36. Antoine a beau déjà être « en couple » avec Cléopâtre, il y a de grandes chances pour qu'il ait encore une liaison avec Glaphyra.

Durant ces mois passés en Asie Mineure, Antoine convoque les souverains et les chefs des communautés religieuses de différentes villes pour obtenir leur soutien et nouer de nombreuses alliances. Elles lui serviront de bases pour la guerre contre les Parthes, mais aussi pour consolider son pouvoir en Orient.

Parmi ces dirigeants, on trouve également… Cléopâtre. En tant que reine d'Égypte, elle dispose d'une flotte importante et d'immenses richesses. Impossible de se passer de son soutien pour les opérations militaires.

L'invitation à Cléopâtre

Nous sommes au début de l'été -41. Par une chaude matinée, entouré par le marbre blanc d'un palais dominé par un ciel d'un bleu limpide, Marc Antoine remet une lettre à un homme de confiance. Il y demande à la reine de se présenter à Tarse, une ville dans le sud de la Turquie. Le messager n'est autre que Quintus Dellius, un diplomate d'expérience, fin connaisseur de l'Orient et amateur de bons vins. C'est à lui que le chef de guerre romain fera appel en qualité d'intermédiaire dans toutes ses tractations au Moyen-Orient, dix années durant. Sa grande habileté lui a déjà permis de traverser les soubresauts de cette époque politiquement troublée sans coup férir. Après l'assassinat de César, il est passé d'un césarien comme Dolabella à un césaricide comme Cassius. À la mort de celui-ci au cours de la bataille de Philippes, il va rejoindre les rangs d'Antoine, auprès de qui il restera, donc, dix ans. Puis, peu de temps avant la bataille d'Actium, qui verra la défaite de son employeur, il se mettra au service d'Octavien et vivra tranquillement le reste de son existence sous le régime augustéen. Bref, un opportuniste de tout premier ordre ou, selon l'expression consacrée, toujours prompt à « voler au secours de la victoire »…

Avant que ne commence le voyage de Dellius, Antoine a envoyé un certain nombre de courriers à Cléopâtre pour la prier de se rendre à Tarse, sans jamais obtenir de réponse, ce qui n'a rien de surprenant. Question d'étiquette : pourquoi une reine s'abaisserait-elle à répondre à un magistrat romain ? Sans compter que la population d'Alexandrie nourrit encore une rancœur prononcée à l'égard des Romains. Qu'y avait-il d'écrit dans ces lettres ? À en croire Plutarque, la reine est convoquée pour « se justifier des reproches qui lui étaient faits d'avoir donné beaucoup d'argent à Cassius et de l'avoir aidé à soutenir la guerre ». Rappelons que les légions en garnison à Alexandrie avaient été récupérées par Cassius, sans même livrer bataille.

Nous savons aujourd'hui que Cléopâtre n'était aucunement responsable de ce retournement de situation. Mais Antoine voulait peut-être obtenir quelques éclaircissements. Et savoir pourquoi la flotte égyptienne censée lui venir en aide avant la bataille de Philippes n'était jamais arrivée. Devant le silence de la reine, il n'a pas eu d'autre choix que d'envoyer un homme de confiance en Égypte.

À sa rencontre avec la souveraine à Alexandrie, Dellius comprend immédiatement qu'il est face à une femme hors du commun. Et susceptible d'être particulièrement utile à son employeur. « Il se mit donc à flatter l'Égyptienne et à la pousser, comme dit Homère, à "venir en Cilicie après s'être bien parée", et il l'exhorta à ne pas craindre Antoine, le plus aimable et le plus humain des généraux », relate Plutarque.

Cléopâtre accepte de rencontrer le général romain à Tarse. D'après le compte rendu dressé par Plutarque, il semblerait qu'elle ait d'abord eu légèrement peur d'Antoine et de ce qui pouvait lui arriver une fois sur place. Mais elle va finir par se décider. Elle sait quel genre d'homme il est. Par ailleurs, elle a appris à traiter avec les Romains. Et en vue de la campagne contre les Parthes, elle sera une interlocutrice incontournable.

Le temps d'obtenir les certitudes dont elle a besoin, la souveraine se prépare donc à cette entrevue au sommet. D'une façon bien particulière : « Elle crut ce que lui disait Dellius, et, comptant sur le pouvoir de sa beauté d'après les rapports qu'elle avait eus précédemment avec César et Cnaeus, le fils de Pompée, elle espéra subjuguer Antoine plus facilement. Les premiers, en effet, l'avaient connue alors qu'elle était encore une jeune fille sans expérience des affaires, alors qu'elle allait se rendre auprès d'Antoine précisément à l'âge où la beauté des femmes est dans tout son éclat et leur esprit dans toute sa force. Aussi prépara-t-elle beaucoup de présents et d'argent, et tout l'apparat dont devait naturellement se pourvoir une reine qui avait un haut renom et un royaume prospère. » Impossible de ne pas saisir toute la force de cette femme à la lecture de cette description parmi les plus célèbres de la reine d'Égypte. Au lieu de s'appuyer sur son statut de tête couronnée, elle compte surtout sur sa beauté, sur son charme et sur sa capacité à conquérir les hommes par son intelligence.

À la fin de l'été -41, juste après avoir ordonné qu'on arme sa flotte personnelle, Cléopâtre quitte Alexandrie et prend le chemin de Tarse, en Cilicie.

Le lieu du coup de foudre

La Cilicie est une région montagneuse au sud de l'Anatolie. Elle ne fait partie du territoire romain que depuis quelques années. Avec ses grandes ressources de bois utilisées pour la construction de navires, elle a longtemps été infestée de pirates, avant qu'ils ne soient définitivement chassés par Pompée lors de la célèbre bataille de Korakésion (en -67). C'est une terre historiquement associée à la dynastie des Ptolémées. Non loin de ses côtes se dresse l'île de Chypre, carrefour des voies commerciales de la Méditerranée orientale et connue pour ses mines de cuivre.

Tarse est la ville la plus importante de Cilicie. Le lieu qui verra la rencontre entre Antoine et Cléopâtre est pour le moins grandiose, avec ses bâtiments en marbre, ses colonnades, ses fontaines, ses statues, ses bibliothèques, sans oublier ses écoles de philosophie et d'art oratoire. Des forêts et des montagnes s'étendent partout à la ronde. Ce paradis naturel et cette ville culturellement si riche sont traversés par le Cydnus. C'est par ce fleuve qu'arrivera Cléopâtre.

À vrai dire, le fleuve a été le théâtre d'un événement curieux, des siècles plus tôt. Alors qu'il se baignait dans ses eaux quelques semaines avant la bataille d'Issos, Alexandre le Grand avait failli y perdre la vie. C'était au cœur de l'été, et pour se rafraîchir de la chaleur écrasante, le conquérant avait ôté sa cuirasse et ses vêtements face à ses soldats pour se plonger dans les eaux froides du fleuve. C'est là, peut-être à cause de la différence de température, qu'il avait subitement été victime d'un malaise. Il avait pâli, ses membres s'étaient raidis, et si ses compagnons les plus proches n'avaient pas réagi, il serait mort noyé. Il avait été conduit dans sa tente, évanoui. Mais il avait fini par recouvrer ses esprits. On imagine que ce récit a été transmis de siècle en siècle par les habitants de Tarse. Et il y a de grandes chances pour que quelqu'un ait indiqué à Antoine l'endroit exact de cette tragédie évitée de justesse.

Cléopâtre se prépare

La reine d'Égypte est bien consciente de l'importance de sa rencontre avec Marc Antoine pour son avenir, pour celui de son fils sur le trône et, plus largement, pour le royaume. Après des années d'instabilité et de guerres de succession, il apparaît comme le maître absolu. Et tout laisse penser qu'il le sera un bon moment. Il est donc essentiel qu'il soit de son côté. Elle doit le persuader qu'il a lui aussi tout intérêt à être proche d'elle, tant sur le plan personnel que politique. Ce qui s'est passé avec César, en somme. En d'autres termes, elle devra trouver des « arguments » valables pour qu'il se range de son côté. D'accord, mais lesquels ? Plus de 2 000 ans après les faits, nous pouvons cerner la stratégie de Cléopâtre, presque comme si nous étions à ses côtés. Elle décide de jouer sur deux tableaux – la sphère publique (officielle) et la sphère privée (intime).

Il est fort probable que la reine ait suivi avec attention le voyage triomphal d'Antoine en Grèce grâce aux courriers de ses informateurs. A-t-elle remarqué ce titre de « nouveau Dionysos » que le peuple aime lui donner ? Sans doute. Cette expression a de quoi nous faire sourire aujourd'hui, mais dans l'Antiquité, au sein d'une société préscientifique et prétechnologique, les croyances étaient très ancrées et la présence des dieux influait sur la vie quotidienne. Parler de quelqu'un comme d'un dieu n'était pas qu'une simple formule flatteuse. Elle présupposait une foi et un espoir dans un avenir meilleur. Toutes proportions gardées, il se passe un peu la même chose aujourd'hui quand des papes, des hommes de foi ou de simples personnes traversent le processus de béatification et deviennent des saints. Il y a deux mille ans, les gens pensaient vraiment que certains êtres humains, et notamment les grands chefs de guerre ou les individus d'une générosité exceptionnelle, méritaient d'être divinisés. C'était d'ailleurs ce qu'il venait d'arriver à César, désormais considéré comme un dieu, un dieu dont le culte comptait des temples, des rites et des prêtres. Ce n'est pas un hasard non plus si Cléopâtre avait répandu l'idée qu'elle était la réincarnation d'Isis. Voilà pour cette petite parenthèse, nécessaire pour comprendre comment la reine d'Égypte est parvenue à exploiter et à tourner à son avantage ces convictions religieuses populaires ainsi que ces titres honorifiques pour consolider son union avec Antoine.

Si tout le monde voit en lui un nouveau Dionysos, elle se présentera à cette rencontre comme… Aphrodite – Vénus pour les Romains. Et plus particulièrement comme « Vénus sortie des flots » (*Venus Anadyomène*), vu qu'elle arrivera à Tarse en remontant le fleuve Cnyde. Elle décide donc de transformer la signification de l'événement. Et de faire de cette simple « réunion diplomatique » un mariage entre deux divinités : lui, Dionysos, capable d'apporter l'immortalité, et elle, Aphrodite, déesse de l'Amour, de la Beauté et de la Fertilité.

Un coup d'une grande intelligence, que seule Cléopâtre pouvait imaginer. Ce qui nous prouve son esprit hors normes et sa façon stratégique de penser au pouvoir, bien supérieure à celle de presque tous les souverains de l'époque et des siècles suivants.

La rencontre qui se profile devra impressionner Antoine, bien sûr, mais toute l'Asie Mineure, à la manière dont pourrait le faire aujourd'hui un mariage royal diffusé dans le monde entier. Comme l'a démontré Michael Grant, les deux divinités qui vont s'unir sont connues dans l'ensemble du monde méditerranéen, sous différents noms. En Égypte, Dionysos correspond à la divinité égyptienne Osiris, tandis qu'Aphrodite est l'équivalent d'Isis, dont Cléopâtre est censée être la réincarnation sur terre.

Pour les Égyptiens, cette union a une autre signification, sur laquelle la souveraine compte pour emporter l'adhésion de son peuple. Isis, à qui elle s'assimile, est à la fois la sœur et la femme d'Osiris, ce qui légitime d'emblée sa relation à Antoine. N'oublions pas que dans la dynastie ptoléméenne, le trône est toujours occupé par un frère et une sœur unis par le mariage.

Tout cela, Antoine l'ignore. Alors qu'il attend Cléopâtre à Tarse, en multipliant les fêtes, les banquets et les rencontres, elle tisse déjà un piège tout autour de lui. Car si ce rendez-vous au sommet a un caractère officiel et religieux, la reine compte davantage sur son caractère plus intime pour le suspendre.

Une incroyable rencontre

Dès son arrivée en Cilicie, la reine d'Égypte fait apprêter un grand bateau à bord duquel elle compte remonter le fleuve Cnyde jusqu'à Tarse, où l'attend Antoine. Il s'agit peut-être du colossal *thalamegos* qu'elle a emprunté pour sa lune de miel si romantique aux côtés de César, sur le Nil.

Antoine et ses officiers la bombardent de lettres pour lui demander de se dépêcher, mais s'en soucie-t-elle ? Bien au contraire ! À la façon d'une star, elle préfère se faire attendre et ne part qu'au moment où son vaisseau est fin prêt. L'aspect du navire a été transformé de manière à ce qu'il marque les esprits pour les siècles à venir.

Imaginez ce grand bateau larguer les amarres, fendre majestueusement les flots et quitter la mer pour faire une entrée triomphale sur le fleuve Cydnus afin de le remonter à une lenteur hallucinante. La population locale l'accompagne, sur les deux rives. Les enfants courent, les vieux restent immobiles, bouche bée. Pour eux, c'est un évènement ! Personne n'a jamais vu quelque chose d'aussi immense et surtout d'aussi fastueux. La nouvelle se répand dans toute la région à la vitesse de l'éclair. Les habitants de Tarse laissent tout en plan pour courir admirer cette merveille flottante.

Antoine, quant à lui est assis au centre de la place de Tarse en compagnie de ses officiers et attend l'arrivée de la reine. Tout autour d'eux s'est rassemblée une foule innombrable de curieux, mais aussi d'invités de marque, impatients d'assister à cet événement historique. Le général romain est sans doute agacé par le comportement de Cléopâtre et par ses atermoiements incessants. Mais sa patience va être récompensée, il le sait.

Tout à coup, il se passe quelque chose. Antoine et ses officiers se tournent à droite, à gauche. La foule s'agite, remue. La place entière est envahie par un parfum qui devient de plus en plus intense. La brise légère diffuse une odeur inconnue, à la fois fraîche et pénétrante, qui semble remplir les poumons de mille « nuances » olfactives. Voilà maintenant qu'un son lointain et tout aussi doux se fait entendre, de plus en plus fort. Les gens essaient de comprendre, en regardant tout autour d'eux… Et puis quelqu'un crie, en indiquant le fleuve. Tout le monde court vers la berge, comme attiré par un puissant aimant.

Antoine et ses hommes restent seuls, ébahis, entourés par les marbres et les colonnades d'une place brusquement vide. Les habitants viennent d'être hypnotisés, le mot n'est pas trop fort. Par quoi ? Par le vaisseau de Cléopâtre qui vient d'apparaître sur le fleuve, bien entendu.

La reine a soigneusement orchestré son entrée en scène, en charmant les sens, l'un après l'autre. D'abord l'odorat avec ces parfums, puis l'ouïe avec cette musique. C'est désormais le tour de la vue. Le spectacle est mémorable. Antoine lui-même reste sans voix.

Le grand vaisseau de Cléopâtre apparaît sur les eaux calmes du fleuve, dans toute sa splendeur. La poupe, recouverte d'or, brille au soleil. Des rangées de rames aux reflets argentés s'élèvent et plongent dans l'eau à un rythme solennel, au son de flûtes, de lyres et de chalumeaux. Aux yeux de tous, ce vaisseau a l'air d'un immense nuage rose posé sur l'eau grâce à ses grandes voiles teintes de pourpre. Un pigment coûteux – on l'obtient en quantités infinitésimales grâce à une espèce de gastéropodes marins. Une simple tunique colorée de pourpre coûte une fortune, alors une voile !

Ce sont justement ces voiles imprégnées de ces essences et de ces parfums venus de terres lointaines que le vent a poussées jusqu'en ville, en enveloppant la foule présente sur la place. Sur le pont, on a disséminé de grands braséros dans lesquels on fait brûler de l'encens et d'autres substances exotiques qui diffusent des arômes doux et intenses. Un « effet spécial » voulu par Cléopâtre, qui cherche à étonner et fasciner, par tous les moyens. Mais le meilleur reste à venir.

Alors que le vaisseau approche, entouré par une escorte de petits bateaux, telle une reine des abeilles protégée par ses ouvrières, Antoine aperçoit de plus en plus distinctement des femmes à moitié nues, au milieu des voiles pourpres qui se déploient. Il s'agit des plus belles servantes de Cléopâtre. Habillées en Néréides ou en Grâces, elles se sont symboliquement placées au gouvernail ou en haut des mâts de l'embarcation (manœuvrée par les meilleurs marins de la reine, cachés aux yeux de tous).

Et soudain, la voilà. Cléopâtre. Le Romain se lève, les yeux écarquillés et la bouche grande ouverte. La reine d'Égypte est allongée sous un pavillon doré pendant que des enfants, semblables aux Amours qu'on voit sur les fresques, lui font de l'air à l'aide de grands éventails en plumes d'autruche.

Elle est au centre d'une incroyable vision mythologique, un véritable *tableau vivant** d'une force érotique calculée. Mais le vrai coup de théâtre, c'est qu'elle se présente sous les traits de Vénus, « parée comme les peintres représentent Aphrodite », avoue Plutarque. Une reine qui arrive presque dénudée à une rencontre officielle, voilà qui est inédit ! L'arrivée de la souveraine est excentrique, provocatrice (digne de Lady Gaga, si l'on ose une comparaison avec notre époque), mais elle obtient le résultat espéré. Car Marc Antoine (dont la mâchoire semble à deux doigts de se décrocher) ne la lâche pas des yeux. Ses officiers et ses amis sont aussi ébahis que lui. Tout le monde saisit immédiatement que la reine s'offre au grand chef de guerre romain.

Un autre élément accentue l'impression que deux divinités mythologiques vont s'unir : c'est la foule. Elle considère l'événement comme l'apparition d'Aphrodite en compagnie de son cortège, venue pour rencontrer et, surtout, s'unir à Dionysos, pour le bien de l'Asie.

En la matière, Cléopâtre fait preuve d'une intelligence redoutable. Elle cerne les points faibles de la population et satisfait ses désirs en tirant profit des croyances et de la religion. Même chose avec Antoine : elle comprend qu'il a un faible pour les femmes, pour les événements empreints de théâtralité et pour les fêtes qui finissent dans la débauche. Cette arrivée invraisemblable à bord de cette embarcation « mythologique » prouve bien qu'elle a mûrement pensé son plan.

Mais si Antoine a désormais pour objectif de conquérir une femme (et pas n'importe laquelle : une femme-reine, au rôle politique déterminant), Cléopâtre vise bien plus haut. Elle compte le séduire et obtenir la protection de Rome pour l'Égypte, pour elle-même et pour son fils Césarion.

L'invitation à Antoine

Lorsque le navire s'amarre à la jetée de la ville de Tarse, Antoine et ses hommes sont frappés par une vague de parfums encore plus intenses. Après avoir été déstabilisés par l'entrée en scène fracassante de Cléopâtre, ils ont retrouvé leur contenance et affichent une mine sévère. En apparence, du moins. Les voilà assis sur une estrade, en attendant que la reine descende et se présente à eux. Une manière de souligner leur position supérieure.

Ils sont séparés du navire par un bout de la place, libéré par deux rangées de légionnaires qui peinent à retenir la foule en liesse. Une passerelle a été abaissée pour que la reine mette pied à terre… sauf que Cléopâtre ne descend pas.

Antoine envoie alors un officier pour lui demander de débarquer. Ces petits jeux commencent à l'agacer. Il suit du regard le soldat qui approche du bateau, s'entretient avec un émissaire de Cléopâtre venu à sa rencontre et fait demi-tour d'un pas vif, visiblement gêné. Une fois à sa hauteur, le militaire lui annonce que la reine ne descendra pas mais qu'elle les invite à bord, lui et ses officiers les plus importants. Le chef de guerre romain regarde autour de lui, l'air perplexe. À ce moment seulement, il s'aperçoit d'une chose : c'est elle qui mène le jeu, depuis le premier instant ! Il relève la tête et voit ses officiers et collaborateurs le fixer d'un œil à la fois curieux et amusé. La foule réclame à grands cris cette rencontre. Il prend donc sa décision : il va monter à bord. Officiellement, il s'exécute avec « courtoisie et complaisance », pour reprendre l'expression de Plutarque. En réalité, il va poser le premier pas dans la toile tissée par Cléopâtre.

La reine est là-bas, à l'attendre. Elle l'observe derrière une grille. Ses yeux sont ceux d'un tigre qui fixe sa proie dans la pénombre. Pour elle, c'est un moment crucial. Tout dépend de ce que le général romain va faire. Va-t-il accepter l'invitation ou, au contraire, l'obliger à descendre et prolonger ce bras de fer ?

Cléopâtre remarque soudain du mouvement sur l'estrade. Les Romains se sont levés. Pourquoi ? Pour s'en aller parce qu'elle les aurait offensés ? Ces moments lui semblent interminables. Puis, du fond de l'esplanade, elle aperçoit Antoine, ses officiers et ses hommes de confiance, dont Quintus Dellius, très vraisemblablement. Tous marchent dans sa direction… Cléopâtre ferme légèrement les paupières et sourit. Son plan fonctionne ! Elle se retourne et ordonne qu'on apporte la touche finale à la grande salle intérieure où aura lieu la rencontre.

Antoine ne se doute de rien. Il imagine qu'il s'agit d'un simple banquet sur le fleuve. Vivement qu'il goûte aux plats exotiques qu'on va lui offrir ! Mais surtout, il veut voir Aphrodite de plus près… Il avance le cœur léger. Aussi tranquille que peut l'être un homme qui se croit le maître du monde.

Imaginez le groupe de Romains qui monte à bord, les bruits que font ces militaires en marchant sur la passerelle et les grincements du bois de l'immense vaisseau. Ils sont accueillis par des musiques orientales, par des dignitaires royaux qui s'inclinent devant eux et par des servantes à la poitrine découverte et vêtues de simples voiles transparents. Les jeunes femmes se déplacent en ondoyant et leur jettent des regards appuyés. Le navire est enveloppé par le parfum enivrant diffusé par les braséros, un parfum si intense qu'il étourdit presque. Partout, des voiles et des tissus colorés évanescents flottent dans le vent. Les soldats romains, Antoine en tête, ont l'impression d'entrer dans un rêve. Seulement, aucun signe de Cléopâtre. Où est-elle ?

Le maître de cérémonie les invite à entrer dans le ventre du navire en suivant une double rangée de lumières allumées, dont les fumeroles serpentent dans l'air comme des tentacules parfumés. Après quelques marches, un décor incroyable s'ouvre devant leurs yeux : l'un des banquets les plus spectaculaires dont l'histoire antique a gardé le souvenir. Laissons à un auteur de la trempe de Plutarque le soin de décrire l'effet produit par cette vision : « [Antoine] trouva près d'elle des préparatifs défiant toute expression, mais il fut surtout frappé de l'abondance des lumières. Il y en avait tant, dit-on, à briller de toutes parts à la fois, suspendues et inclinées de tant de façons, ou droites les unes en face des autres, et rangées en rectangles ou en cercles que, de tous les spectacles magnifiques et dignes d'être contemplés, on en connaît peu de comparables à cette illumination. »

Précisons que l'auteur des *Vies parallèles*, manifestement épaté comme avait pu l'être Antoine, relate cette journée plus de cent ans après les faits. Sans surprise, cette description comporte des imprécisions et des exagérations, vu la réputation de *femme fatale** qui a entouré Cléopâtre pour les Romains des générations suivantes. Il y a tout de même un élément intéressant. Si l'historien grec raconte qu'on a tenu un seul banquet à bord du vaisseau, un autre auteur antique parle pour sa part d'une succession de soirées, plus splendides les unes que les autres. Cet auteur, c'est l'historien grec Socrate de Rhodes. Ses comptes rendus, certes très lacunaires, qui nous sont parvenus grâce à l'érudit égyptien Athénée de Naucratis, nous permettent de poursuivre notre récit et de découvrir ce qu'on pouvait trouver sur les tables et sur les murs. Ses mots laissent transparaître tout l'art de la séduction de Cléopâtre et le raffinement du « piège » où est tombé Antoine. Essayons d'identifier ce qu'ont vu les yeux du général romain.

Même si nous nous trouvons à bord d'un bateau, la salle est d'une taille considérable. Les Romains avancent au milieu d'une myriade de flambeaux et de lampes à huile disposées partout et à des hauteurs différentes, pareilles à des étoiles formant des constellations complexes. Aux murs, on a accroché des tapis et des tentures tissées de fils d'or et d'argent, tandis qu'au centre, on trouve douze tricliniums, pour lui, pour ses amis et pour ses officiers les plus proches, avec des couvertures précieuses et peut-être des soieries hors de prix. Les tables marquetées devant les lits de banquet sont recouvertes d'assiettes et de coupes en or serties de pierres précieuses. Bref, ce sont de véritables joyaux d'une très grande valeur qui servent de couverts. Antoine est soufflé par ce déploiement de richesse. Cléopâtre lui sourit doucement, avant de lui dire que tout ce qu'il voit est à lui. Il est libre de repartir avec ces cadeaux de la reine…

D'après Socrate de Rhodes, Cléopâtre invite le vainqueur de Philippes à revenir manger avec elle le lendemain, en compagnie de ses amis et officiers, puis le surlendemain, plusieurs jours d'affilée.

Le lendemain, elle organise un banquet encore plus coûteux, encore plus somptueux. Les coupes en or et les gobelets en verre d'une finesse extrême sont si précieux que ceux utilisés la veille paraissent banals et grossiers, en comparaison ! Une fois de plus, la reine offre tout à Antoine. Et pas seulement à lui. Chacun de ses officiers a même le droit de repartir avec le précieux triclinium sur lequel il s'est allongé, avec les draperies qui le recouvrent et les coupes en or dans lesquelles il a bu. Chaque fois qu'ils s'en vont, au cœur de la nuit, les invités de marque reçoivent des litières avec des porteurs, les autres des chevaux avec des décorations en argent, ainsi que des esclaves éthiopiens chargés d'éclairer leur route jusque chez eux.

Mais c'est le quatrième jour que Cléopâtre se surpasse. Elle va jusqu'à dépenser un talent (l'équivalent d'environ 10 000 euros d'aujourd'hui, dans la mesure où un talent athénien/attique correspond à environ 26 kilos d'argent) afin d'acheter une incroyable quantité de roses. Son idée : réaliser un « tapis » d'une soixantaine de centimètres d'épaisseur dans les salles à manger. D'autres fleurs sont disposées un peu partout pour former des guirlandes et des festons qui ornent chaque mur de la salle.

Cette description, même si elle contient elle aussi son lot d'exagérations, laisse clairement entendre que la reine joue le tout pour le tout. Sept ans se sont écoulés depuis ce fameux soir où elle était sortie d'un sac face à César. La toute jeune fille a laissé place à une femme consciente de son charme et qui n'a pas sa pareille pour jouer avec les instincts des hommes. Et les prendre dans ses filets.

Antoine et Cléopâtre

Essayons de nous représenter la première rencontre de nos deux héros, au moment où le général romain découvre cette salle. Cléopâtre n'accueille pas ses invités debout sur le pas de la porte. Selon toute vraisemblance, elle est allongée sur un lit au milieu de dizaines de coussins, entourée par une multitude d'enfants-angelots qui agitent doucement des éventails. Cette fois elle porte sans doute une tunique, peut-être l'une de ces tenues blanches très légères et plissées qui met ses formes en valeur. Impossible de ne pas y voir une nouvelle preuve de son astuce ! Il y a fort à parier qu'elle porte les bijoux les plus somptueux de son époque : c'est une débauche d'or, de saphirs, d'émeraudes, de lapis-lazulis, de malachites, sous la forme de bagues, de boucles d'oreilles, de colliers et de bracelets – peut-être ceux en forme de serpent, chers à Isis. Elle est sans doute coiffée des symboles de son statut de reine d'Égypte, avec l'uraeus, c'est-à-dire une tête de cobra dressé au-dessus de son front.

La souveraine est apparue sous les traits d'Aphrodite, une divinité souvent peu vêtue et ornée presque exclusivement de symboles égyptiens… Même si nous n'aurons jamais aucune certitude, rien ne nous empêche d'imaginer la reine sur son lit, ses lèvres pleines entrouvertes, tandis qu'elle fixe Antoine avec un regard plein d'aplomb, intense, en forme d'invitation.

Sans doute s'est-elle levée pour s'approcher du triumvir, avec une grande sensualité. Le temps de prononcer quelques formules d'usage, elle a ensuite dû approcher d'Antoine, l'envelopper dans une étreinte invisible faite de parfums intenses, mais aussi de désir, tandis que ses yeux se plantaient dans ceux du général, les lèvres tendues imperceptiblement vers lui, promesse de baisers.

On imagine Antoine entendre sa respiration et éprouver une envie impérieuse d'enlacer la reine. L'instant d'après, Cléopâtre se sera certainement éloignée, juste assez pour rendre ce fantasme impossible et éveiller un désir de plus en plus brûlant chez son futur amant.

Une beauté si mystérieuse

Aux yeux d'Antoine, Cléopâtre n'est plus l'enfant qu'il a connue à Alexandrie des années plus tôt, ni même la jeune maîtresse pleine d'aplomb de Jules César. C'est une femme fascinante, à la beauté séduisante et au regard profond.

Il essaiera de rendre l'invitation les jours suivants, en vain. Défier Cléopâtre est une entreprise vouée à l'échec. Ce que rappelle Plutarque : « [Antoine] mit son point d'honneur à la surpasser en splendeur et en élégance, mais, ayant le dessous et étant vaincu sur ces deux points, il fut le premier à railler la mesquinerie et la grossièreté de sa réception. Cléopâtre, voyant que les plaisanteries d'Antoine sentaient beaucoup le soldat et l'homme du commun, en usa dès lors avec lui sur le même ton, en faisant montre de beaucoup d'audace. Et de fait, on dit que sa beauté en elle-même n'était pas incomparable ni propre à émerveiller ceux qui la voyaient, mais son commerce familier avait un attrait irrésistible, et l'aspect de sa personne, joint à sa conversation séduisante et à la grâce naturelle répandue dans ses paroles, portait en soi une sorte d'aiguillon. » Ces mots célèbres de l'historien grec décrivent la beauté et le charme de Cléopâtre. Mais à quoi ressemblait-elle ? Peut-on connaître son visage ?

Hélas, nous ne disposons pas de la momie de Cléopâtre. Il est donc impossible de reconstituer son apparence physique ou prélever de l'ADN pour avoir son appartenance à un groupe ethnique ou géographique. Elle a laissé très peu de traces. Si les descriptions de la dernière reine d'Égypte et les informations sur son compte sont rares, c'est parce que après sa mort, Octavien, le grand vainqueur, donnera l'ordre de détruire l'ensemble des images qui la représentent – statues, fresques, mosaïques, tableaux, bas-reliefs…

L'image que nous nous faisons de Cléopâtre repose sur des idées très répandues. Nous avons tous entendu parler de son nez prononcé. Mais cette affirmation est l'œuvre d'un seul homme, le mathématicien, philosophe et théologien français du XVIIe siècle, Blaise Pascal, qui a écrit dans ses *Pensées* : « Si le nez de Cléopâtre eût été plus court, toute la face du monde aurait changé. » En dépit de cette phrase restée célèbre, il ne savait pas plus que nous à quoi ressemblait Cléopâtre. Rien ne nous oblige à le croire, d'autant qu'aucun auteur de l'Antiquité n'a fait référence au grand nez de la souveraine. Ses détracteurs auraient pourtant fait leur miel d'un tel détail physique ! Preuve qu'il n'était sûrement pas si voyant que ça…

En réalité, personne ne connaissait vraiment ses traits il y a 2 000 ans. Les auteurs de l'Antiquité eux-mêmes ne s'appuient que sur deux représentations de Cléopâtre : la statue en bronze doré du temple de Vénus Génitrix, voulue par César, et le tableau de Cléopâtre mourante, porté comme un symbole victorieux durant la procession triomphale d'Octavien.

La moindre reconstitution doit donc tenir compte de cette quasi-absence d'informations. Comment y remédier ? Il est tout de même possible d'imaginer le visage de Cléopâtre à partir du peu d'éléments en notre possession. Nous disposons aujourd'hui de quelques bustes et statues, dont l'attribution n'est cependant pas certaine à cent pour cent. La situation est légèrement différente pour les pièces de monnaie à son effigie. Curieusement, celles-ci ne ressemblent pas aux statues (à une exception près). Ce qui renforce le mystère de la beauté de la reine d'Égypte. Alors comment obtenir un résultat satisfaisant ? Procédons méthodiquement.

Il existe différents bas-reliefs, bustes et statues de Cléopâtre dans le style égyptien. L'une de ces œuvres est conservée au Museo Egizio de Turin depuis des générations et ce n'est que très récemment qu'elle a fait l'objet d'une identification jugée probable. Hélas, le style artistique des Égyptiens, si peu réaliste et lié à des codes très rigides, ne permet pas de comprendre quels étaient vraiment les traits de notre héroïne.

Parmi les quelques bustes qui la représentent, deux en particulier sortent du lot. L'un d'eux a été retrouvé dans la villa des Quintili à Rome et se trouve aux musées du Vatican, dans le Musée grégorien profane. L'autre figure dans la collection de l'Altes Museum de Berlin. Les deux œuvres se ressemblent et présentent une jeune femme, les cheveux rassemblés en un chignon surmonté par un bandeau qui passe au-dessus du front. Sur le buste de Berlin, le nez est loin d'être proéminent : il est légèrement prononcé, rien de plus. D'après les experts, il s'agirait de deux copies en marbre réalisées dans les ateliers romains et représentant une reine ptoléméenne coiffée à la grecque, exactement comme l'était Cléopâtre. Malheureusement, l'absence d'inscriptions sur ces deux bustes ne nous permet pas d'en savoir plus. En théorie, ils pourraient représenter d'autres souveraines qui l'ont précédée – Bérénice IV ou Arsinoé IV, par exemple. Seulement, pourquoi un aristocrate romain aurait-il déboursé une somme folle pour avoir une copie en marbre d'une reine et l'exposer chez lui s'il ne s'agissait pas de la célèbre Cléopâtre qui avait mis Rome en danger ? Sur la base de ce raisonnement, de nombreux autres spécialistes, dont Matteo Cadario de l'université d'Udine, estiment qu'il s'agit bel et bien de « notre » Cléopâtre. Détail intéressant : les sculpteurs ont représenté une jeune femme de vingt ans, l'âge qu'avait la souveraine à l'époque de son arrivée dans l'Urbs, en qualité de maîtresse de Jules César. Ils ont également adouci ses traits pour qu'elle ressemble à Vénus. Nous nous trouverions donc face à deux portraits d'une Cléopâtre idéalisée et juvénile.

Sur les pièces de monnaie, la reine semble plus mûre : elle a des traits plus marqués, avec un nez droit bien visible, signe que les temps ont changé. Cléopâtre n'est plus la jeune maîtresse de César mais une dirigeante affirmée, au faîte de son pouvoir, à la tête d'une nation et d'une armée. Ce qui aurait pu la pousser à ne pas tricher et à souligner certains de ses traits royaux. À les « masculiniser », même, afin de donner plus de force et de crédibilité à son autorité et de ressembler encore plus à son père, de manière à légitimer son pouvoir, car dans l'Antiquité, les pièces de monnaie ont toujours été un instrument de propagande. Ce n'est qu'une simple hypothèse, mais elle est très vraisemblable.

Conclusion : la vérité se trouve entre ces deux types de visages, l'un adouci et l'autre accentué. L'un « féminisé » et l'autre « masculinisé ». En s'appuyant sur l'ensemble de ces caractéristiques, est-il possible de dessiner un visage « moyen », proche du vrai visage de la reine, ou du moins d'être vraisemblable ?

Voilà en tout cas l'expérience qu'a tenté de mener le RIS (Reparto Investigazioni Scientifiche) des carabiniers de Rome, sous la direction de la capitaine Chantal Milani, spécialiste en anthropologie et en odontologie médico-légale. Il s'agissait naturellement d'un travail hors normes, semé d'embûches. En l'absence d'un squelette ou d'une momie qui aurait fait office de point de départ, on a procédé à des relevés anthropométriques sur le visage de notre héroïne, sur les statues comme sur les pièces de monnaie. Plus qu'une véritable reconstitution de son visage, cette expérience a permis de dresser un portrait-robot de la reine, avec pour témoins les artistes qui l'ont représentée dans l'Antiquité. On s'est donc appuyé sur les deux bustes conservés au Vatican et à Berlin ainsi que sur quatre pièces qui avaient circulé du vivant de Cléopâtre. Elles avaient donc été réalisées par des artistes qui connaissaient son apparence, même s'ils l'avaient modifiée pour des raisons de propagande, ou autre. Sans entrer dans les détails techniques, précisons que l'équipe de Chantal Milani a ensuite calculé des proportions, des distances entre des points anatomiques, en partant du principe que certains endroits suggèrent la structure osseuse qui se trouve en dessous. De cette manière, on a quantifié statistiquement dans quelle mesure le visage de Cléopâtre s'éloignait des standards de référence d'un « visage idéal », en s'appuyant sur les canons de l'odontologie, de la médecine esthétique et de la chirurgie plastique. Pour parler clairement, un visage « idéal » devrait pouvoir être subdivisé en trois bandes horizontales égales entre elles. Ce n'est pas le cas avec Cléopâtre, dont la partie supérieure du visage (c'est-à-dire le front) est plutôt basse, alors que la partie centrale est plus grande qu'un visage « idéal », avec un nez plus grand et plus prononcé que la moyenne. Le bas du visage, lui, apparaît dans la moyenne (avec une petite bouche et des lèvres épaisses). Répétons-le : même s'il s'agit d'une hypothèse fondée sur des principes scientifiques valides, cette analyse n'a pas été menée sur un corps réel, mais sur une représentation artistique, c'est-à-dire avec des limites objectives.

Malgré ces difficultés, la reconstitution menée par les carabiniers du RIS souligne un autre aspect intéressant de l'apparence de la reine. En l'occurrence, la couleur de sa peau. Du fait qu'elle était gréco-macédonienne, avec des ancêtres qui s'étaient mariés avec des membres de cette communauté, voire avec des membres de leur propre famille, il n'est pas à exclure qu'elle ait eu la peau claire, peut-être des cheveux châtains, blonds ou roux, et même des yeux clairs. En revanche, si sa mère venait de l'entourage des grands prêtres de Thèbes, comme semblent l'accréditer certaines hypothèses, alors l'exact inverse serait tout aussi vrai… Cléopâtre avait peut-être la peau un peu noire, des cheveux crépus et des yeux noirs. Pour aller dans le sens de cette seconde hypothèse, précisons qu'à l'époque romaine, le modèle de la femme idéale était méditerranéen-oriental. César comme Antoine pouvaient susciter plus d'envie et d'adhésion avec une femme de ce type.

Pour autant, les paramètres faciaux relevés par les équipes du RIS de Rome suggèrent que le visage de Cléopâtre avait des caractéristiques majoritairement « européennes » et non pas africaines, ni même orientales.

Cette étude donne également des éléments significatifs sur son « célèbre » nez. Celui-ci est aquilin. Mais surtout, l'ensemble des données rassemblées laisse entendre qu'il était plus grand que la moyenne. À quel point ? Un nez « idéal », utilisé comme point de repère, se détache du visage sur 67 % de sa longueur diagonale. Dans le cas de Cléopâtre, cette donnée monte à 73 %. Un nez plutôt prononcé, donc, qui a été légèrement adapté dans la représentation finale, afin qu'il soit plus vraisemblable.

Voilà ce qu'il est possible de conclure à partir de l'analyse du RIS de Rome. Mais elle confirme ce que les auteurs antiques ont toujours dit : Cléopâtre n'était pas belle, elle était fascinante. Et ce nez prononcé n'était pas un défaut disgracieux. Autrement, ses contemporains, surtout ceux qui lui étaient hostiles, l'auraient souligné. De toute évidence, il s'intégrait parfaitement au reste de son visage, en harmonie avec son tempérament et son regard. Il donnait du « caractère » à son visage. Par ailleurs, si vous pensez à certaines célébrités, vous vous apercevrez qu'elles ont très rarement un petit nez. Celui-ci accentue le charme et la force de leurs visages. C'était notamment le cas de Maria Callas, cette immense cantatrice elle aussi d'origine grecque !

Pour finir, signalons une autre caractéristique rarement prise en considération lorsqu'on évoque la beauté de Cléopâtre. Ce sont ses grands yeux. Son intelligence hors du commun mise à part, ce sont peut-être eux qui constituent la véritable arme de séduction de la reine d'Égypte, plus que son nez ou sa taille – car elle n'était pas grande. Au fond, n'est-ce pas grâce à ce regard profond et expressif qu'elle a gagné le cœur des deux conquérants ?

Esclave de l'amour et du sexe

Malgré sa longue expérience des femmes (parfois aussi habiles que rusées), Antoine va rapidement capituler. L'ensemble des auteurs antiques sont d'accord sur ce point. « Tombé amoureux de Cléopâtre qu'il avait vue en Cilicie, il n'eut plus aucun souci de son honneur, devint l'esclave de l'Égyptienne et consacra son temps à sa passion », écrit Dion Cassius Lapidaire. Appien lui fait écho : « C'est là que Cléopâtre, reine d'Égypte, le rencontre, et sa vue le subjugue. Cet amour eut une fin des plus malheureuses, et il concerna l'Égypte entière en dehors d'eux. » L'historien grec ajoute qu'Antoine se serait laissé séduire « tel un gamin, bien qu'il eût quarante ans ». Flavius Josèphe, jamais tendre avec Cléopâtre, va encore plus loin en affirmant qu'Antoine était tellement vampirisé par la souveraine qu'il accédait au moindre de ses désirs, non pas comme un homme amoureux normal, mais comme s'il était sous l'influence d'une drogue !

Dans ce cas, Cléopâtre a-t-elle fait tomber Antoine dans ses bras par simple calcul ou en est-elle tombée amoureuse ? Peut-être s'est-elle laissé ensorceler d'emblée, en tombant à son tour dans le piège qu'elle avait tendu. Il faut dire que ce « nouveau Dionysos » était vraiment beau comme un dieu. Grand, le torse large et musclé, les épaules larges, un corps massif et puissant, digne d'un Hercule, il a un visage carré, viril, sans parler de cette masse de cheveux bouclés (contrairement à César, qui était presque chauve). Il a quarante-deux ans et respire la virilité. C'est le personnage le plus influent du monde occidental, tous les hommes s'inclinent devant son autorité tandis que les femmes se battent pour s'offrir à lui. Et pour cause : sa réputation de *tombeur** n'est désormais plus à faire. Si l'on considère que le pouvoir (ainsi que le succès et la richesse qui l'accompagnent) possède des vertus aphrodisiaques, cela vaut aussi pour Cléopâtre, attirée par ce personnage charismatique qu'on perçoit partout comme un vrai leader.

L'étincelle de la passion a pu surgir entre eux dès les premières soirées… L'un et l'autre vivent leurs meilleures années, sur un navire de rêve, au milieu des banquets, des musiques, des éclats de rire insouciants, au cœur de l'été. Dans un tourbillon de sensualité et de plaisir, leurs deux corps se cherchent, s'enlacent et se trouvent, cette nuit et les suivantes.

Est-ce une simple histoire de sexe ? Non. Cléopâtre et Antoine se plaisent, ils se sentent fortement attirés l'un par l'autre. Très vite, une entente et une complicité inattendues voient le jour entre eux. La preuve : il s'écoulera très peu de temps avant que ces deux-là ne se croisent à nouveau, à Alexandrie.

Cléopâtre ne s'arrête à Tarse que quelques jours, le temps d'obtenir des certitudes cruciales pour elle-même et pour le pays. Diplomatiquement parlant, cette mission est un véritable succès. Alors qu'elle était venue pour s'expliquer, elle s'en va après avoir arraché des concessions considérables à Antoine. Précisons que d'autres puissants auraient eu bien du mal à lancer des négociations dans ces conditions. En réalité, ce sont leurs émissaires qui se chargent des discussions. Eux n'ont qu'à profiter des banquets. La reine obtient ainsi des résultats considérables. Maintenant qu'elle a fait la lumière sur son attitude pendant la guerre contre les assassins de César, Antoine reconnaît à nouveau Césarion comme le souverain légitime de l'Égypte. En échange du soutien de la reine dans l'expédition imminente contre les Parthes, il réaffirme sa mainmise sur l'île de Chypre, ce territoire d'une importance cruciale.

Les demandes de Cléopâtre se font de plus en plus pressantes. Elle demande qu'on élimine l'ensemble de ses ennemis les plus dangereux. La réaction d'Antoine ne tarde pas : il ordonne qu'on tue de sang-froid tous les prétendants potentiels au trône d'Égypte. Celles et ceux qui seraient en mesure de les renverser, elle et son fils. La plus dangereuse est sans conteste la sœur de Cléopâtre, Arsinoé IV, qui avait orchestré le grand soulèvement populaire et militaire à Alexandrie contre César et Cléopâtre. Souvenez-vous : après avoir été traînée dans les rues de Rome lors du défilé triomphal de César, couverte de chaînes, elle avait été libérée et s'était réfugiée dans le temple d'Artémis d'Éphèse, l'une des Sept Merveilles du monde antique.

Cet exil ne va pas dissuader Cléopâtre d'exiger sa mort. Antoine accepte et envoie des assassins sur place. Problème : le temple d'Artémis étant un lieu sacré et inviolable, il n'est pas possible d'exécuter la sentence à l'intérieur de l'édifice. Les tueurs vont donc la traîner dehors par la force et l'exécuter séance tenante. Sur les conseils de Cléopâtre, Antoine va également supprimer Sérapion, l'homme fort de Chypre, celui qui avait fourni des navires à Cassius, en les trahissant tous les deux.

D'un seul coup, la souveraine élimine donc tout ce qui menace son pouvoir, de l'extérieur comme de l'intérieur. Elle renforce sa position et celle de son fils sur le trône, surtout en réaffirmant ses relations avec Rome, cette puissante alliée qui protège désormais l'Égypte. Il n'y a pas à dire, c'est une victoire totale.

UN VÉRITABLE AMOUR

Deux cœurs qui se cherchent

Après ces banquets et ces jours de passion, le navire de Cléopâtre largue les amarres et rentre en Égypte tandis qu'à la tête de ses troupes, Marc Antoine poursuit son voyage pour mettre de l'ordre et redonner un peu de stabilité diplomatique au Moyen-Orient. Au-delà des attentes et des objectifs politiques de cette entrevue, l'un et l'autre restent frappés par ce qui leur est arrivé, bien plus profondément que prévu. Antoine a été conquis par le caractère solaire de cette femme différente de toutes celles qu'il avait connues jusque-là. Et Cléopâtre ? Convaincue qu'elle saurait ensorceler cet homme d'une nature si simple, voilà qu'elle subit malgré elle le charme de cette virilité protectrice et de l'énergie masculine qu'il exhale. N'oubliez pas que, contrairement à lui, Cléopâtre n'a pas le droit d'avoir des histoires d'amour ou de liaisons, qu'elles soient passagères ou durables. La faute à son statut royal. Même si elle est une femme de pouvoir ambitieuse, il y a de grandes chances pour qu'elle regrette de ne pas avoir un compagnon à ses côtés. Étant donné la façon dont se dérouleront les choses, vous le verrez, rien ne nous empêche de penser qu'elle se sent très impliquée dans cette relation. Ce qu'elle n'avait certainement pas imaginé quand elle avait échafaudé cette rencontre avec l'intention manifeste de faire tomber Antoine à ses pieds. Elle avait même laissé son fils à Alexandrie de manière à se « consacrer » totalement au général romain ! Au fil des jours, chacun va certainement ressentir la nécessité de revoir l'autre. Ce qu'aucun des deux n'ose avouer à personne.

Au Moyen-Orient, Marc Antoine doit surtout faire face à la menace des Parthes au-delà des frontières. Chose incroyable, l'empire ennemi compte désormais dans ses rangs un valeureux officier romain. Le général est donc obligé d'affronter un « compatriote » passé à l'ennemi.

Cet homme, c'est Quintus Labienus, fils d'un fidèle parmi les fidèles de César – si vous lisez *La Guerre des Gaules*, vous croiserez toujours son père, le légat Titus Labienus, auprès du grand conquérant. Lui a choisi de se ranger du côté des assassins de César. Brutus et Cassius l'avaient envoyé comme ambassadeur chez ces adversaires acharnés de Rome afin de nouer une alliance avec eux et de battre Marc Antoine ainsi qu'Octavien. S'accorder avec ceux qui souhaitent la fin de Rome est déjà absurde, mais se battre pour eux l'est encore plus ! Le roi des Parthes, Orodès, a confié à Labienus une grande armée avec laquelle il effectue des incursions en Syrie et en Asie Mineure (sur le territoire de la Turquie actuelle). Antoine réorganise donc la zone du Moyen-Orient en resserrant les liens avec les Juifs en Judée, et tout particulièrement avec les hommes forts de la région, comme le prêtre Hyrcan ou le puissant gouverneur Hérode.

Puis, en novembre, il décide de se rendre en Égypte pour revoir Cléopâtre. Huit semaines à peine se sont écoulées depuis leur grande rencontre. Même si ce déplacement s'explique probablement par des impératifs diplomatiques, une chose est certaine : pour la rejoindre, il est prêt à traverser des étendues arides et désertiques. Sans surprise, la reine ne le dissuade pas. Et pour cause : elle le désire passionnément.

Un détail prouve que cette visite est avant tout d'ordre privé : lui n'entre pas à Alexandrie en chef de guerre à la tête d'un cortège militaire. Il se souvient encore des problèmes qu'avait rencontrés César en débarquant avec ses enseignes de consul romain. S'il est là, c'est en qualité de « simple particulier », sans escorte, en dehors de quelques gardes du corps « en civil » près de lui.

Une décision qui lui vaudra de nombreuses critiques. « [Au moment même où] il était menacé par une armée parthe massée en Mésopotamie [et prête] à envahir la Syrie, il se laissa entraîner par Cléopâtre à Alexandrie, et là, dans des amusements et des jeux de gamin oisif, il dépensait et gaspillait avec mollesse le plus précieux des biens, [...] à savoir le temps », écrit Plutarque en laissant entendre que c'est Cléopâtre en personne qui l'a invité. Antoine considère peut-être l'hiver comme une sorte de période de pause et de « vacances ». Si l'on ne navigue pas sur la Méditerranée, le climat décourage également les grandes campagnes militaires.

Commence alors la véritable relation entre les deux amants, appelée à devenir aussi légendaire que leur rencontre à Tarse. Une interminable « lune de miel » dans ce décor extraordinaire nommé Alexandrie.

Six mois de lune de miel

Imaginons les retrouvailles entre les deux amants. Vu l'arrivée « incognito » d'Antoine, il n'y a ni formalités, ni cérémonials à respecter. Peut-être est-il laissé seul dans une grande salle du palais. Soudain, une grande porte s'ouvre dans le fond et

Cléopâtre court vers lui à en perdre haleine. Vient alors le moment d'une étreinte intense et tant attendue. Les mains du général plongent dans les vêtements colorés de la reine, tandis que ses bras musclés enlacent ce corps gracile, comme les branches d'un chêne centenaire. Le parfum de la souveraine l'enveloppe, sa couronne dorée tombe par terre et leurs esprits s'effacent dans un baiser interminable, aussi long et chaud que les flammes du désir qui embrasent leurs corps. Les mots ne servent à rien. Ce sont leurs silences, leurs mains, leurs yeux qui parlent. Mais surtout, ce sont leurs baisers, d'abord sur les lèvres, puis dans le cou, sur la poitrine qui se dénude tout en palpitant. Leurs bouches qui ont tant attendu ce moment se cherchent et s'embrassent avec douceur, en écrivant les paroles invisibles d'un poème d'amour que seul le cœur peut comprendre.

Ils ne sont plus un général et une reine, ils ne sont plus Dionysos et Aphrodite. Ils sont simplement un homme et une femme qui s'attirent, qui s'aiment et qui tiennent l'un à l'autre. Ils sont Antoine et Cléopâtre.

Dès lors, ces deux-là seront inséparables. Ils passent ensemble chaque minute, chaque heure, chaque lever et chaque coucher de soleil. Ils découvrent peut-être qu'ils ont toujours été seuls, au fond, et que la personne qu'ils tiennent dans leurs bras les complète à la perfection. Ils se sentent heureux, ils veulent se rendre heureux. Le bonheur n'existe que s'ils sont unis.

Voilà ce que nous pouvons deviner 2 000 ans après les faits, même si nous ne sommes pas présents sur place. Indépendamment de leurs intérêts politiques réciproques, ils ont tous les deux besoin d'amour et de protection – Cléopâtre parce que cette solitude lui semble injuste pour une femme jeune (restée « veuve » après le décès brutal de César), Antoine parce qu'il a besoin d'avoir à ses côtés une femme indépendante, forte et protectrice auprès de qui il peut « se réfugier », malgré sa prestance physique et ses innombrables conquêtes.

Il se sent si bien avec elle qu'il semble en oublier tout le reste, comme s'il était sous le coup d'une amnésie ou d'un enchantement. Il se débarrasse de ses vêtements romains qu'il troque contre des tenues et des chaussures typiquement grecques.

De son côté, la reine fait tout pour rendre son nouvel amant heureux. Quitte à lui passer ses moindres caprices. Elle le fait par calcul, bien sûr, mais aussi par instinct, par désir, sans raison précise. Simplement parce qu'elle tombe amoureuse. Elle trouve toujours une nouvelle forme de plaisir. Surtout, ces deux-là ont l'air de deux adolescents. Ils ne se quittent jamais : ils jouent aux dés, boivent et vont à la chasse ensemble. S'il s'adonne à des exercices militaires, elle est à ses côtés… Même si quelques écrivains antiques voient dans tout cela le signe de l'emprise grandissante de la reine sur Marc Antoine, nous voyons deux personnes éperdument amoureuses. Ils aiment s'accorder des sorties nocturnes incognito dans les rues d'Alexandrie, se mêler aux gens, errer déguisés en citoyens lambda, voire en esclaves.

Dans les quartiers populaires, Antoine s'arrête souvent devant des portes ou des fenêtres pour faire des farces à ceux qui se trouvent à l'intérieur. Et à en croire Appien, il va parfois jusqu'à distribuer quelques coups. Mais est-il vrai que personne ne le reconnaît ? « La plupart des gens soupçonnaient qui il était. Pourtant les Alexandrins s'amusaient de ses bouffonneries et se prêtaient à ses jeux, qui leur plaisaient, avec assez de finesse et de goût », nous répond Plutarque.

Dans ce rêve éveillé, Cléopâtre et Marc Antoine vivent leur amour pendant des mois. Un amour jalonné de fêtes, de promenades en tête à tête, de couchers de soleil éclatants qu'ils admirent en silence dans les bras l'un de l'autre, et de nuits brûlantes, unis par une passion qui n'en finit pas.

Amour et banquets dans un coin de paradis

Cléopâtre a beau être une femme hyperactive et capable de se lancer dans de grands voyages sur mer et sur terre, c'est toujours le même décor qui sert de toile de fond aux moments les plus importants de sa vie : le palais royal des Ptolémées, à Alexandrie.

Depuis des siècles, c'est à cet endroit que vivent les « pharaons » de sa dynastie. À partir d'Alexandre le Grand, le fondateur de la ville qui a également donné naissance à l'hellénisme, chacun d'eux l'a enrichie avec de nouveaux bâtiments ou de nouvelles structures. La souveraine a donc hérité d'un bijou architectural unique au monde qu'elle connaît comme sa poche pour y être née et y avoir grandi avec sa famille. Le moindre recoin lui rappelle son père, sa mère, ses nourrices, ses frères et sœurs… tous morts, désormais. C'est là aussi qu'ont eu lieu la rencontre avec Jules César et le siège qu'elle a enduré auprès de lui. C'est dans ces pièces que Césarion a fait ses premiers pas… À présent, la vie écrit un nouveau chapitre de son existence, à côté d'Antoine, cette fois, mais toujours au sein du même décor.

Signalons que ce bâtiment ne ressemble pas à un palais royal classique : il est beaucoup plus grand ! Il est assez proche de la Cité interdite de Pékin ou du palais de Topkapi d'Istanbul. Et il porte un nom : le Bruchéion. En un sens, il faut parler d'un véritable quartier royal, d'une ville dans la ville. Il s'étend le long de la côte, en occupant près d'un quart (voire un tiers) d'Alexandrie. À l'intérieur, on trouve des temples, des galeries couvertes, des jardins, ainsi que de nombreux édifices et pavillons. Partout, on peut admirer des statues, des mosaïques, des fontaines. C'est ici que se trouve le tombeau d'Alexandre le Grand, la nécropole des souverains ptoléméens, la grande Bibliothèque d'Alexandrie et le célèbre Musée.

Au cœur de ce quartier royal figure évidemment la résidence des souverains, le « Versailles » des Ptolémées, avec ses allées, ses jardins, ses palais et même son théâtre. Dans chaque bâtiment, l'œil du visiteur ne peut qu'être frappé par la décoration, qui rassemble le meilleur des trois continents alors connus, l'Afrique, l'Asie et l'Europe.

Dans une même salle, il est très certainement possible de voir des surfaces en ivoire d'éléphants d'Afrique, des revêtements en écailles de tortues de la mer Rouge, des plafonds recouverts de couches de nacre d'huîtres perlières de l'océan Indien, des tapis persans, des tentures teintes en pourpre, des statues et des colonnes de marbre en provenance des carrières de la mer Égée, des coupes en malachite africaine, des statuettes en ambre de la Baltique, des canapés couverts de peaux de léopard et de draps en soie de Chine. Le mobilier est en bois de cèdre du Liban et décoré avec de la marqueterie en ivoire et en nacre tandis que les portes sont recouvertes de bronze doré et les plafonds à caissons peints dans des couleurs éclatantes. Le bois diffuse partout un intense parfum d'exotisme, parfois noyé par celui des braséros dans lesquels brûlent de l'encens et d'autres essences orientales. Il y a également de l'or à foison, dans la décoration des lits, les coupes et de nombreux éléments des architectures intérieures.

Cette traversée du palais s'appuie sur le récit de Lucain, qui décrit le palais en ajoutant d'autres détails qui laissent pantois. Jamais le monde romain n'a atteint un tel niveau de luxe ! Jugez plutôt : « Le lieu en était comme un temple, tel qu'en élèverait à peine une époque plus corrompue. Les voûtes lambrissées étaient chargées de richesses ; d'épaisses lames d'or cachaient les pièces de bois ; les marbres, mais non pas découpés en placages superficiels, faisaient briller la demeure ; il s'y dressait des masses entières et solides d'agate et de porphyre ; c'était dans tout le palais une profusion d'onyx sur lequel on marchait ; l'ébène maréotique ne recouvre pas les vastes jambages des portes, mais s'y dresse au lieu du chêne vulgaire, servant de support et non pas d'ornement à la demeure. L'ivoire revêt les galeries de l'atrium, et sur les portes sont appliquées les écailles de la tortue indienne, coloriées à la main, émaillées de taches dans lesquelles s'enchâsse une émeraude. Les gemmes étincellent sur les lits, le jaspe donne aux buffet de fauves reflets ; des tapis resplendissent : la plupart ont été longtemps trempés dans la pourpre du Tyr et ont passé dans plus d'une cuve de cuivre pour bien absorber la drogue ; d'autres brillent de brocarts d'or, d'autres sont fulgurants d'écarlate, dans la manière artistique qu'ont les Égyptiens d'ourdir leurs tissus. »

Une anecdote nous permet de comprendre à quel point l'amour d'Antoine et de Cléopâtre ne connaît aucune limite (surtout d'un point de vue financier). Grâce aux auteurs antiques, nous savons que chacun de leurs repas équivaut à un banquet fastueux. Les « coulisses » pour le moins étonnantes de ces agapes nous sont d'ailleurs révélées par Plutarque, et surtout par les confidences d'un ami du grand-père de l'auteur, le médecin Philotas d'Amphissa, qui s'était faufilé dans les cuisines de Cléopâtre grâce aux bonnes relations qu'il entretenait avec le cuisinier personnel de la reine.

Du moment où personne ne réussit à savoir quand Antoine demandera à manger, vu qu'il est toujours aussi occupé qu'imprévisible, les cuisines travaillent sans interruption en faisant rôtir en même temps au moins huit sangliers (la précision est signée de Plutarque) avec des garnitures et de nombreux autres plats. Même si tout cela évoque les préparatifs d'un immense banquet, les convives ne sont jamais nombreux (pas plus d'une douzaine, aux dires du cuisinier). Il est tout de même nécessaire que chaque plat soit toujours prêt à être dégusté, à n'importe quelle heure. Ce qui explique pourquoi tant de viandes cuisent simultanément : « Ce n'est pas un seul repas, mais plusieurs qu'on apprête à la fois », admet le cuisinier. Bref, le palais devient une sorte de restaurant ouvert vingt-quatre heures sur vingt-quatre.

À quoi ressemblaient les banquets et les fêtes d'Antoine et de Cléopâtre ? Laissons cette description de Lucain nous renseigner : « C'est une multitude d'esclaves, un peuple de serviteurs. Ils se distinguaient entre eux soit par la couleur, soit par l'âge ; les uns ont les cheveux du Libyen, ceux-là les ont blonds [...]. D'autres, au teint brûlé par le soleil, ont la tête crépue et le front dégarni de cheveux ; il y a aussi les malheureux jeunes gens mutilés par le fer et dépouillés de leur virilité ; il y en a d'autres en revanche, plus vigoureux, mais dont les joues sont à peine ombrées d'un léger duvet. »

Qu'importe si l'auteur de *La Pharsale* évoque une scène survenue quatre ans plus tôt. Tout ce qui est raconté dans ces lignes vaut certainement pour la « lune de miel » de nos deux amants. Le récit se poursuit en précisant qu'on sert dans des assiettes en or l'ensemble des produits offerts par la terre, la mer, l'air et le Nil. Il s'agit souvent d'animaux et d'oiseaux que les Égyptiens adorent comme des divinités. Si les convives se lavent les mains dans l'eau du Nil versée dans des gobelets en verre, on sirote le vin dans des coupes en pierres précieuses (sûrement en sardonyx, comme la splendide tasse Farnèse du Museo Archeologico Nazionale de Naples, qui est justement d'époque hellénistique et d'école alexandrine). Tous les invités portent des couronnes de fleurs de nard et de roses dont on parvient à retarder le flétrissement. Sur leurs cheveux, déjà huilés, on verse de la cannelle venue de contrées lointaines et de la cardamome qu'on a cueillie dans un champ à proximité. Bref, tout le monde est habillé et parfumé. Et il n'est pas rare que les convives, médusés, voient Marc Antoine se lever et masser amoureusement les pieds de Cléopâtre, comme le raconteront d'autres auteurs antiques.

Les perles de Cléopâtre

Les deux amoureux rivalisent d'inventivité pour s'étonner l'un l'autre avec des cadeaux et des surprises ahurissantes. Lors de ces festins, la reine est assise à côté d'Antoine. Elle est lourdement maquillée et couverte de bijoux. Lucain décrit un détail intéressant : « Couverte des dépouilles de la mer Rouge, sur son cou, dans ses cheveux elle porte des trésors ; le poids de sa parure l'accable. » Elle affectionne tellement les perles qu'on en aperçoit même sur certaines pièces qui la représentent. Et à ce propos, profitons-en pour raconter une anecdote rapportée par Pline l'Ancien.

D'après le scientifique, la souveraine possède les deux plus grandes perles de tous les temps, qu'elle a reçues des mains des rois d'Orient. Elles pendent désormais à ses oreilles.

Un soir, tandis qu'Antoine se goinfre de mets raffinés, Cléopâtre se plaint. D'après elle, on peut faire bien mieux ! Face à la splendeur et à la débauche de luxe de ce repas, celui-ci s'interroge. Que pourrait-on vouloir de plus ? D'un air de défi, sa maîtresse lui répond qu'elle est en mesure de consommer l'équivalent de 10 millions de sesterces en un seul dîner ! Sans surprise, Antoine n'en croit rien. Ils choisissent donc de faire un pari. Le lendemain, la reine fait préparer un repas extraordinaire, mais guère différent des autres, somme toute. Ce que le général romain ne manque pas de faire remarquer, en s'esclaffant. La souveraine lui assure alors que ce banquet coûtera le prix parié et qu'elle mangera pour 10 millions de sesterces d'ici la fin de la soirée, à elle seule ! Après quoi, elle ordonne qu'on lui serve le deuxième plat. Sous les yeux incrédules de son amant, les serviteurs lui tendent une coupe remplie de vinaigre. La reine retire alors une boucle d'oreille – c'est-à-dire l'une de ces deux perles si précieuses – et la plonge dans le vinaigre, « dont la violente acidité dissout les perles », précise Pline l'Ancien.

Chimiquement parlant, une perle est constituée pour l'essentiel de carbonate de calcium et fond si la concentration en acide acétique est supérieure à celle du vinaigre de table, équivalente à 5-7 %. La perle de Cléopâtre s'est donc transformée en acétate de calcium, en produisant de l'eau et de l'anhydride carbonique sous la forme d'un voile pétillant. La perle une fois liquéfiée, Cléopâtre avale le contenu de la coupe – l'acidité ayant été en partie neutralisée, le vinaigre est devenu buvable. Elle lève alors la main pour faire subir le même sort à sa seconde boucle d'oreille. Mais avant qu'elle n'atterrisse dans le vinaigre, l'un des convives, Lucius Plancus, le juge du pari, la retient et la proclame gagnante. Ce qui a évité que cet autre chef-d'œuvre de la nature ne disparaisse pour toujours.

Cette scène incroyable fera date et inspirera de nombreux artistes, dont Giambattista Tiepolo, qui l'immortalisera sur une fresque réalisée à la moitié du XVIIIe siècle au Palazzo Labia de Venise, et passée à la postérité.

On raconte qu'après la mort d'Antoine et de Cléopâtre, l'autre perle finira à Rome, où elle sera coupée en deux et utilisée pour réaliser les boucles d'oreilles d'une célèbre statue de Vénus qui se trouve au Panthéon.

Une pêche miraculeuse

Marc Antoine et Cléopâtre passent le plus clair de leur temps ensemble. Ils aiment plaisanter et s'adonner à des jeux qui nous paraîtraient puérils. Grâce à Plutarque, nous savons aussi qu'ils allaient pêcher.

Les voilà à bord d'un ravissant bateau qui les mène au cœur du dédale de canaux du delta, non loin d'Alexandrie. L'embarcation semble glisser sur la surface de l'eau. Elle a une forme curieuse. La proue, droite et très haute, est surmontée par une tête d'animal mythologique. D'ici, on dirait presque Anubis, mais difficile d'en être sûr. Le bateau est recouvert d'or, de sculptures en ivoire et de plaques en argent ciselé. Il a trois rames de chaque côté, manipulées par autant de rameurs, qui se lèvent et s'abaissent à l'unisson, avec une perfection et une lenteur hypnotisantes. La poupe s'élève dans le ciel encore plus haut que la proue, en se penchant au-dessus de l'embarcation avant de monter à la verticale comme la queue d'un requin. Au bout de cette « queue », un bandeau en soie teint de pourpre flotte majestueusement. Le timonier est assis dans la niche de la poupe et oriente les deux gouvernails latéraux avec des gestes rares et précis. Au centre, on voit se dresser une espèce de petite maison dorée avec des grilles en bois ouvragé. À l'intérieur, dans la pénombre, deux corps sont enlacés. Dans un coin éclairé, on n'aperçoit que la main d'Antoine glisser sur la cuisse de Cléopâtre et écarter sa tunique avant de remonter le long de sa hanche… Elle écarte la cuisse pour accueillir son amant, mais soudain, l'ombre jette un voile pudique sur cette scène, en suivant le changement de direction voulu par le capitaine. À la proue, il a repéré la tête d'un hippopotame. Il y a également des crocodiles, mais cela ne l'inquiète pas outre mesure, car on en trouve habituellement le long du Nil et dans son delta. Sans compter que les gardes du corps personnels d'Antoine et de Cléopâtre les escortent à bord d'autres embarcations et veillent sur chacun de leurs mouvements. Ce qui est loin d'être évident, car la végétation est luxuriante. On avance au milieu des roseaux, des touffes de papyrus et de nénuphars, si délicats avec leurs feuilles qui les font ressembler à d'immenses éventails déployés sur l'eau. Leur surface est constellée de petites gouttes d'eau qui brillent comme des étoiles.

Le navire royal entre dans un cône d'ombre créé par de grands arbres. Un groupe de canards sauvages s'éloignent en battant des palmes. C'est l'endroit parfait. L'embarcation s'arrête, tout le monde attend. Il faut encore quelques minutes pour que les rideaux de la petite construction dorée s'ouvrent. Antoine sort le premier et remet d'aplomb sa tunique brodée d'or. Cléopâtre le suit quelques instants plus tard. On s'incline devant elle. Ce n'est pas la première fois qu'ils viennent ici. C'est même l'un de leurs coins de pêche préférés ! En réalité, il s'agit d'un simple prétexte pour rester ensemble, loin du palais. Dans l'intervalle, les rameurs et le timonier ont grimpé à bord d'une autre embarcation pour laisser le couple tranquille au cœur de ce petit paradis. Il ne reste que deux serviteurs qui se tiennent à l'écart, prêts à servir de la nourriture, du vin et de petites pâtisseries.

Antoine et Cléopâtre s'allongent sur des coussins à l'ombre d'une voile teinte en pourpre. La reine pose la tête sur le torse du Romain, qui lui caresse délicatement les cheveux. Il attrape sa main, lisse et ambrée, ornée de deux bagues en or, dont l'une présente le sceau royal. Elle est si petite par rapport à la sienne, rugueuse et marquée par les cicatrices qui rappellent ses nombreuses batailles. Les doigts de la reine sentent la douceur des lèvres d'Antoine qui les embrasse l'un après l'autre.

Entre une coupe de vin et un en-cas, deux heures se sont écoulées. Le général n'a pourtant rien attrapé. Sa canne à pêche est restée immobile, ce qui arrache un sourire moqueur à Cléopâtre, qui tente de le cacher… Même si rien n'est dit, le vainqueur de Philippes a tout compris et éprouve une gêne grandissante qui le blesse dans son amour-propre. Le temps de trouver un prétexte, il se lève et se dirige vers un serviteur. Avec un plan bien précis en tête, on s'en doute : il lui ordonne de demander des poissons à des pêcheurs du coin et de les attacher à son hameçon, en nageant sous l'eau sans se faire repérer. Puis il retourne dans les bras de la reine. Quelques minutes s'écoulent, quand soudain, sa canne à pêche se courbe. Il bondit en faisant mine d'être excité et s'engage dans un combat bref mais intense avec sa proie. Il remonte un gros poisson qu'il s'empresse de donner au serviteur, de façon à ce que Cléopâtre ne se rende pas compte qu'il est déjà mort. Antoine lance de nouveau sa ligne. Et au bout de quelques secondes, voilà une nouvelle prise miraculeuse. Et puis encore une autre… La souveraine le félicite pour son talent et pour sa chance insolente, elle se montre surprise et excitée à son tour, les yeux écarquillés… En réalité, elle a deviné la supercherie. Et médite déjà une réponse digne de ce nom.

Le jour suivant, elle raconte l'incroyable partie de pêche d'Antoine à quelques amis, en les invitant à assister à une nouvelle sortie sur le fleuve, le lendemain. Le Romain s'empresse évidemment d'accepter, il n'aura qu'à réutiliser la même astuce. Mais alors que tout le monde prend place sur les bateaux et qu'il lance sa ligne, Cléopâtre ordonne à ses serviteurs d'atteindre l'hameçon avant ceux d'Antoine et d'y accrocher… un poisson salé du Pont. Là-dessus, elle attend, tout sourire. Lorsqu'il croit avoir une touche, son amant rejoue le même petit numéro que la veille et remonte à bord sa drôle de proie. L'assistance éclate de rire, bien entendu. « Grand général, laisse-nous la ligne à nous qui régnons sur Pharos et Canope : ta pêche à toi, ce sont des villes, des royaumes, des continents », aurait alors dit la reine. Au fond, que faut-il conclure de ce petit épisode raconté par Plutarque et présenté ici de façon à peine romancée ? Même quand elle joue, Cléopâtre aime dominer.

Le temple de la connaissance

Les deux amants ont l'amour du jeu comme celui de la culture. Or Alexandrie possède un véritable « temple » du savoir : le Musée, un bâtiment à mi-chemin entre une université et un monastère. Il n'est pas rare qu'ils se rendent dans ce lieu magnifique.

Alexandrie n'est pas seulement une ville commerciale, c'est aussi le premier centre culturel le plus important de toute la Méditerranée, même si elle n'est pas le seul « phare » de la connaissance : il existe d'autres centres du savoir, à l'image d'Athènes, de Pergame, de Rhodes, d'Éphèse, tout aussi importants selon l'époque et le domaine concerné (Éphèse est par exemple l'une des « capitales » de la médecine antique et de la chirurgie, comme peuvent l'être aujourd'hui Atlanta, Baltimore et d'autres villes des États-Unis ou du reste du monde, avec des centres de recherche ou des écoles de médecine innovantes).

C'est le premier souverain d'Alexandrie, Ptolémée Ier, qui a fait ériger, près de 300 ans avant Cléopâtre, les deux centres névralgiques de la culture antique, au prix d'investissements gigantesques : le Musée et la célèbre Bibliothèque. Ensemble, l'un et l'autre constituent un temple du savoir exceptionnel. Le meilleur de ce que l'homme est en mesure de créer dans cette partie de la planète. On assiste vraiment aux premiers pas d'un processus raisonné qui mènera à la pensée scientifique et à la recherche moderne.

Pénétrons dans le Musée. Ne vous laissez pas induire en erreur par son nom : il n'expose pas des collections d'objets antiques ou de chefs-d'œuvre artistiques. En réalité, c'est l'équivalent, pour l'époque de Cléopâtre, d'une université ou d'un institut de recherche. Passé les colonnes de l'entrée, nous avons immédiatement la sensation d'être à l'intérieur d'une ruche, au milieu d'une multitude de personnes qui nous frôlent et dont la seule activité consiste à produire les fruits de la connaissance. Traverser les salles ou les cours nous fait comprendre en un éclair que les gens présents ici n'ont rien de commun avec ceux que nous avons croisés dans les rues, quelques secondes plus tôt. Ici, pas de commerçants, de soldats ou de navigateurs, mais des lettrés venus des quatre coins du monde connu. Nombre d'entre eux sont grecs, d'autres arrivent du sud de l'Italie, d'autres encore d'Asie Mineure et du Moyen-Orient. On aperçoit même des visages typiquement orientaux, originaires de Perse et d'Inde ! Avec leurs tenues d'allure exotique, impossible de ne pas les reconnaître au premier coup d'œil quand ils sortent d'une galerie couverte, en parlant avec d'autres savants.

En explorant les différentes zones, nous nous rendons compte que beaucoup d'hommes portent une longue barbe, le signe distinctif des philosophes et des penseurs grecs, depuis toujours. Tous ces chercheurs, les esprits les plus éclairés des pays et des villes dont ils sont originaires, sont venus frotter leurs connaissances à celles des autres, pour se mesurer à eux et pour apprendre auprès de ces vrais puits de science. Un jeu collectif qui permet au savoir de se développer et de repousser ses limites.

Ici, chacun peut d'ailleurs consulter n'importe quel texte de la Bibliothèque, en toute liberté, mais aussi approfondir ses connaissances en discutant avec ses pairs ou en étudiant seul. Sans oublier que beaucoup partagent leur savoir en donnant des cours. Bref, le fonctionnement est le même que dans une faculté d'aujourd'hui, avec des salles pour l'enseignement, des bibliothèques en libre accès et des laboratoires de recherche. Si rien de tout cela ne nous semble très original, en 40 av. J.-C., c'est une lumière dans les ténèbres, une exception incroyable et un espoir pour l'avenir.

Une grande partie des personnes qu'il nous arrive de croiser habitent ici. Comme un monastère, le Musée possède une aile où les savants peuvent dormir ou partager des repas – une sorte de « réfectoire », en somme. Il y a également une promenade, dotée d'une galerie couverte. L'idéal pour respirer un peu d'air frais.

Deux siècles et demi avant Cléopâtre, c'est ici même qu'ont vécu et étudié certains savants passés à la postérité, comme Ératosthène, un philosophe, mathématicien, poète et astronome, le troisième responsable de la Bibliothèque, célèbre pour ses travaux sur la géographie et l'histoire. C'est lui qui a calculé la circonférence de la Terre, avec une marge d'erreur, nous le savons aujourd'hui, d'à peine 1,5 %. Un résultat stupéfiant, qui nous prouve que l'idée que la Terre était ronde était acquise et évidente il y a 2 300 ans.

Si des découvertes fondamentales en matière d'astronomie ont eu lieu ici, la connaissance a également progressé à pas de géant en mathématiques avec Euclide, le père de la géométrie. En médecine, avec Hérophile, considéré comme le premier anatomiste de l'histoire. Ou en physique, avec Straton de Lampsaque, dont la théorie du vide a permis à un autre grand savant, Ctésibios, un natif d'Alexandrie, de concevoir des pompes et des installations hydrauliques. Vous l'aurez deviné, le savoir moderne plonge ses racines dans ce lieu hors normes.

Mais n'oublions pas que de grands noms de la littérature, de la poésie lyrique et élégiaque ont également étudié ici, à l'image de Théocrite ou de Callimaque. Non content d'être le plus grand écrivain de son temps, ce dernier a même réalisé un système pratique pour s'orienter dans la masse invraisemblable de volumes conservés dans la Bibliothèque d'Alexandrie.

En poursuivant notre visite des lieux, nous remarquons que certains hommes surveillent discrètement un passage menant à la cour intérieure du Musée. Profitons qu'un employé porte une petite caisse remplie de papyrus pour passer sans encombre. Encore quelques secondes de marche et nous voilà au bout du couloir. La lumière de la couleur nous aveugle presque. Tout est calme. Il n'y a qu'une voix qui parle, en scandant des mots grecs. Nous poursuivons notre route, pour entrer dans la zone la plus intime de toute la structure. Après avoir passé un énième contrôle effectué par des hommes armés (il y en a un peu partout pour surveiller l'endroit et les déplacements des personnes présentes), nous nous asseyons sur le rebord du socle d'une colonne. Devant nous, un homme explique les mouvements des corps célestes. Il y a de grandes chances pour que personne ne se demande si le centre du système solaire est la Terre ou le Soleil. Et pour cause : les savants d'Alexandrie connaissent depuis longtemps la réponse ! Manifestement, c'est Aristarque de Samos, un géant de l'astronomie, qui a été le premier à estimer que le Soleil est le centre de l'univers. Il a même tenté de mesurer la dimension de notre planète et la distance qui la sépare de ce corps astral. Ces considérations auraient parfaitement leur place à une conférence de la NASA. Et pourtant, tout cela a eu lieu il y a 2 000 ans, rappelons-le ! L'homme que tout le monde écoute en silence fait connaître les idées d'Aristarque, qui a enseigné ici jadis. Dans l'assistance, nous apercevons deux visages familiers : Antoine et Cléopâtre. Ils ne sont pas assis sur un trône. Aucun dignitaire, aucun serviteur ne les entoure. Ils sont habillés avec sobriété, leurs tenues sont élégantes mais pas voyantes. Ils ne sont pas ici en tant que général ou en tant que reine. Ils tiennent simplement à découvrir des idées nouvelles. Et ils écoutent, fascinés.

Conserver ou détruire le savoir ?

Nous nous éloignons. À quelques mètres d'eux se trouve la plus grande bibliothèque de l'Antiquité, avec ses quelque 800 000 volumes.

Si nous ne connaissons pas la structure de la Bibliothèque en elle-même, nous pouvons imaginer qu'il y a partout du marbre, des salles et des tables en bois destinées à la consultation des œuvres. La lumière est un élément fondamental pour lire les papyrus. Existe-t-il déjà des loupes pour ceux qui ont des problèmes de vue ? Ce n'est pas à exclure. Quoi qu'il en soit, on préfère la lumière du soleil à celle des lampes à huile dont les flammes représentent un immense danger. Il ne serait pas absurde de penser que les salles de lecture comportaient de grandes fenêtres ou de petites cours. Un bon moyen d'avoir de la clarté pour consulter facilement les œuvres. Autre idée de bon sens : ces salles étaient certainement séparées de la Bibliothèque proprement dite. Vu le climat chaud et humide dû à la proximité de la mer et à la position géographique d'Alexandrie, il était nécessaire de conserver les papyrus délicats dans des endroits secs avec une ventilation étudiée pour éviter la formation de moisissure. 150 ans plus tard, du côté de Rome, cette fois, c'est la même prudence qui présidera à la construction des grands entrepôts de blé de Portus, le port d'Ostie, une autre ville en bord de mer. Pour éviter que les immenses quantités de céréales stockées là-bas ne pourrissent, les entrepôts seront soulevés et « détachés » du sol (et de manière à ce qu'ils ne touchent pas les murs extérieurs). Le sol comportait de grandes cloisons, visibles encore aujourd'hui.

La lumière directe du soleil endommage elle aussi les précieux documents. On peut donc présumer que les rouleaux de papyrus se trouvent dans des pièces abritées, à l'ombre, souvent dans des boîtes fermées qui les protègent également des agressions des insectes. Ce système concerne surtout les œuvres et les traités les plus importants, ceux qu'on ne consulte qu'au prix de mille précautions.

Chacun a-t-il le droit de se promener à sa guise dans les salles et d'emprunter le papyrus de son choix ? Impensable ! Des employés aident certainement les chercheurs à trouver les manuscrits, en s'orientant dans un véritable labyrinthe de rayonnages et d'armoires. Sans doute marquent-ils quelle œuvre est retirée, et par qui, de manière à ce qu'elle revienne à sa place saine et sauve. Selon toute vraisemblance, ce sont les seuls autorisés à fouiller les étagères afin qu'il n'arrive pas malheur aux papyrus. Il s'agit de raisonnements de bon sens, car nous n'avons aucune information à ce sujet. Ajoutons que la Bibliothèque réalisait des copies manuscrites des traités qu'elle achetait. Et que c'étaient souvent ces copies qui étaient manipulées par les lecteurs.

La production et l'acquisition des manuscrits ont été telles que les rayonnages existants n'ont plus suffi. Il a donc fallu ouvrir une autre bibliothèque, plus petite, dans le temple de Sérapis. Celle qu'on appelle la bibliothèque du Serapeum.

Faites comme si vous erriez dans les couloirs de la Bibliothèque. Vous êtes au cœur du savoir de l'Antiquité. L'ensemble des connaissances de l'époque, l'œuvre de générations de penseurs, sont concentrées ici même. Dans la pénombre, vous voyez de jeunes employés ouvrir le chemin à quelques savants à la barbe blanche, la peau marquée par des rides en forme de toiles d'araignée. Même si vos regards ne se croisent qu'un instant, vous devinez dans leurs yeux une sagesse de vieillard mélangée à une curiosité de jeune homme, toutes deux animées par la même soif irrésistible de connaître le monde.

Autour, des rangées de rayonnages en bois montent jusqu'au plafond. Elles ne sont pas horizontales mais « diagonales », de manière à former des dizaines de losanges dans lesquels les papyrus sont placés les uns sur les autres, pour éviter qu'ils ne roulent sur les rayonnages. À intervalles réguliers, voilà les fameux *pinakes* inventés par Callimaque, des tablettes accrochées avec plusieurs petits carrés peints qui décrivent le genre auquel appartiennent les papyrus dans cette section. À la demande du poète, toutes les œuvres de la Bibliothèque ont été subdivisées en six genres littéraires (rhétorique, droit, épopée, tragédie, comédie et poésie lyrique) et cinq sections de « prose » (histoire, médecine, mathématiques, sciences naturelles et œuvres diverses). En lisant ces tablettes, nous découvrons que les textes sont rangés dans l'ordre alphabétique en fonction du nom de l'auteur. En parcourant les noms, écrits en grec, nous en apercevons beaucoup qui nous sont très familiers. Par curiosité, nous en sélectionnons un. Il n'y a plus qu'à mémoriser le numéro et la section de l'étagère. À présent, éloignons-nous. Au bout de quelques pas, nous arrivons devant le bon losange. Des dizaines de papyrus sont entassés. Où se trouve le nôtre ? Facile : chaque rouleau possède sa propre fiche bibliographique qui pend sur le rayonnage, avec le titre de l'œuvre, le nom de l'auteur, son lieu de naissance, le nom de son père, ses élèves et certaines de ses expériences culturelles. Une sorte de CV qui cite ses autres œuvres, dont le contenu est résumé en quelques phrases. Dérouler l'un de ces papyrus procure une émotion indescriptible. En l'ouvrant, avec doigté cela va sans dire, nous découvrons des lignes denses, tracées dans une écriture parfaite (l'imprimerie ne sera inventée que dans quinze siècles). Nous tenons dans nos mains le meilleur des connaissances de l'humanité au temps de Cléopâtre. Nous sommes aux frontières culturelles du monde connu, des frontières cernées par les ténèbres. C'est une sensation incroyable, émouvante, car tout est si délicat, vulnérable, léger et fin.

Et dire que tout ce savoir sera balayé, détruit…

Selon certains, le drame pourrait avoir eu lieu en l'an 270 de notre ère, durant la guerre dévastatrice menée par l'empereur Aurélien contre la reine dissidente Zénobie. Les bâtiments du quartier royal seront détruits, y compris le palais de Cléopâtre. Quant à la Bibliothèque et au Musée, ils seront peut-être rasés, purement et simplement.

Pour d'autres, vu que certaines sources parlent encore de cet endroit les années suivantes, l'événement n'aura lieu qu'en 391, avec l'édit de Théodose et la proscription de toutes les religions païennes. Les temples seront détruits ou transformés en églises, les prêtres massacrés. Seront persécutés et discriminés tous ceux qui professent des croyances autres que celles du christianisme catholique. Un fanatisme religieux qui rappelle des épisodes actuels. C'est dans ce climat qu'Hypatie, la célèbre chercheuse d'Alexandrie, sera mise à mort par des fanatiques chrétiens, en pleine rue. En réalité, cette attaque vise à la fois la religion grecque, mais aussi la culture et la pensée hellénistiques. Cette période troublée marquera la fin de ce moment extraordinaire de l'histoire humaine, commencé dans la Grèce classique et poursuivi par Alexandre le Grand, le créateur de l'hellénisme, si riche d'esprits libres et d'hommes aussi fascinés par le monde extérieur que par les tréfonds de l'âme humaine, avant de connaître une nouvelle évolution sous l'Empire romain. Le monde possédait d'innombrables divinités, certes, mais au bout du compte, sa façon de penser était laïque…

Alexandrie perdra également le Serapeum, le temple de Sérapis, et, avec lui, la seconde bibliothèque de la ville, « l'annexe » de la structure principale. On verra partir en fumée des dizaines de milliers de papyrus d'œuvres grecques (certains avancent le chiffre de 200 000, voire de 300 000 rouleaux). Néanmoins, pour de nombreux spécialistes, la Grande Bibliothèque d'Alexandrie aurait survécu à cette attaque violente de la religion monothéiste contre la culture et le mode de vie grecs. Pour d'autres auteurs, comme Franco Cardini et Luciano Canfora, elle disparaîtra définitivement avec la conquête de l'Égypte par les Arabes.

Sur ordre du calife Omar, en 642, l'ensemble des manuscrits seront brûlés. À en croire Ber Hebraeus (un auteur médiéval de la seconde moitié du XIIIe siècle), voilà comment aurait répondu le calife à ceux qui lui demandaient quoi faire des livres de la bibliothèque royale : « Ces textes contiennent soit des choses déjà discutées dans le Coran, soit des choses étrangères au Coran. Si elles sont racontées dans le Coran, elles sont inutiles ; si elles n'y sont pas racontées, c'est qu'elles sont nuisibles et qu'il faut les détruire. » Le même auteur nous informe que les rouleaux seront utilisés comme combustible pour réchauffer l'eau des bains turcs des soldats. Il faudra près de six mois pour tous les brûler.

En admettant qu'ils aient réellement péri de cette manière (ce que personne ne peut affirmer sans hésitation), c'est dans ces fumées qui se sont élevées des cheminées des chaudières que se sont volatilisées les découvertes et les pensées de générations d'hommes et de femmes qui ont donné vie à cette période d'effervescence extraordinaire de l'esprit antique. Pour Franco Cardini, « il est bien difficile de contester le fait que les recueils d'ouvrages grecs présents à Alexandrie aient disparu vers la moitié du VIIe siècle ». Et d'ajouter : « Un autre élément le confirme :

dès lors, tout le bassin méditerranéen a connu une interruption drastique de l'exportation d'écrits grecs depuis l'Égypte. Il y a eu, en somme, une césure, qui a d'ailleurs été formidablement dépassée à partir du IXe siècle, quand le monde arabo-musulman (devenu également syro-musulman et irano-musulman dans l'intervalle) a récupéré pleinement la tradition hellénistique pour l'étudier et finir par la transmettre à l'Occident au cours du XIIe siècle. »

Une femme de culture

Pour Cléopâtre, chaque recoin de la Bibliothèque est familier. Elle s'assied sur les bancs avec la même désinvolture qu'une étudiante qui entame sa dernière année à l'université. Il y a fort à parier que des chercheurs et des bibliothécaires la connaissent. Peut-être en oublient-ils parfois qu'ils sont face à la reine ! Rien d'étonnant, puisqu'elle apparaît comme une femme avec les pieds sur terre et une intelligence vive qui lui permet de dialoguer avec eux en avançant chaque fois des hypothèses tout à fait intéressantes.

Tout cela ne vient pas seulement de son caractère. Cléopâtre a reçu une éducation de premier ordre, à laquelle peut-être aucune habitante du monde méditerranéen ne peut prétendre. Son instruction a été façonnée par la culture grecque, avec une formation humaniste. Elle a commencé, comme tous les enfants, par apprendre à écrire et à lire en grec, en récitant à haute voix l'alphabet et en reproduisant des lettres gravées sur des tablettes en bois. Mais ce n'était que la première étape. La véritable différence est venue du milieu royal dans lequel elle a été élevée. Gageons que ses enseignants étaient des philosophes et des savants de renom vivant à Alexandrie. Avec eux, elle a appris à réciter des vers des mythes et des légendes de son époque. Vu son statut, il n'est pas invraisemblable de penser qu'elle a eu l'opportunité, une fois à l'âge adulte, de tenir entre ses mains une copie de l'*Odyssée* ou de l'*Iliade* conservée à la Bibliothèque.

Cléopâtre adore Homère, elle connaît par cœur de longs passages de ses œuvres, qui sont l'équivalent de *La Divine Comédie* de Dante pour la culture italienne. Ces capacités exceptionnelles n'ont rien d'étonnant : c'est une femme curieuse, animée par une soif de connaissance irrépressible. Entendre une reine, officiellement considérée comme le dernier « pharaon » d'Égypte, déclamer Homère et les exploits d'Ulysse ou d'Achille, il y a de quoi être surpris ! Mais n'oublions jamais qu'elle est gréco-macédonienne, et pas égyptienne… Sans doute connaît-elle bien les tragédies d'Eschyle, Sophocle et Euripide. Elle sait aussi sur le bout des doigts les fables d'Ésope et s'amuse régulièrement à relire les comédies de Ménandre.

L'étude de la rhétorique, c'est-à-dire l'art de s'exprimer en public, a été fondamentale dans son exercice du pouvoir. On lui a appris comment traiter un sujet de façon argumentée et convaincre en se servant des mots, bien sûr, mais aussi du corps. Les gestes, le ton de la voix, la respiration, la position de la tête, le regard sont d'une importance cruciale quand on veut communiquer. Les pauses sont elles aussi un outil efficace. Il faut savoir « jouer » et convaincre, ce que les avocats et les politiciens d'hier et d'aujourd'hui ont toujours su très bien faire.

Cléopâtre a également dû apprendre certaines techniques de rhétorique, s'entraîner en se glissant dans la peau d'un avocat de l'accusation ou de la défense, avancer des arguments convaincants, en maîtrisant l'art d'affronter des imprévus et des surprises.

Pour elle, tout cela a été une école extraordinaire. Si la quasi-totalité des souverains, des rois, des dignitaires ou des militaires romains qu'elle a rencontrés s'étaient imposés par la force, ou grâce à des amis influents, ils n'avaient certainement pas sa préparation « psychologique ». Ce qui pourrait expliquer, en partie, sa capacité à traiter avec ses interlocuteurs et à s'imposer.

Ce talent pour la dialectique et la technique oratoire, Cléopâtre n'a pas hésité à l'exploiter, de la même façon qu'elle s'est servie de sa beauté et de son goût pour le calcul. Ce qui a fait d'elle une femme capable d'arriver à ses fins, toujours, comme l'a montré l'Histoire.

Cléopâtre a-t-elle écrit des livres ?

Parmi les rayonnages de la Bibliothèque, y a-t-il des volumes, des papyrus ou des traités signés de la main de Cléopâtre ? La question est légitime. C'est une femme cultivée, intelligente et experte dans différents domaines, à commencer par celui des poisons, qui auront un poids déterminant vers la fin de ce livre.

D'après des sources arabes, Cléopâtre est une chercheuse, pas une *femme fatale**. Curieusement, les écrits en question ne font jamais référence à sa sensualité ou à son apparence physique. Ils préfèrent se focaliser sur son savoir, en la décrivant comme une spécialiste en philosophie, en mathématiques et en sciences. Il faut cependant souligner que ces auteurs ont écrit des siècles plus tard – le moins éloigné dans le temps étant un évêque copte du VIIe siècle, c'est-à-dire né près de 700 ans après la mort de la reine.

À en croire leurs témoignages, elle aurait écrit des livres sur la médecine, la cosmétique, la pharmaceutique et la toxicologie. Hélas, nous ne connaissons ni leurs titres, ni les sujets traités. Nous ignorons également si elle les a bel et bien écrits ou si le fait de les attribuer à la souveraine était un simple moyen de souligner ses vastes connaissances.

En revanche, nous pourrions avoir accès à l'écriture de Cléopâtre. Il s'agit de deux fragments d'un décret royal daté du 23 février -33. Ces papyrus, découverts au début du siècle dernier par une expédition allemande à Abousir el-Melek, au sud du Caire, sont aujourd'hui conservés à Berlin. Ils étaient utilisés pour recouvrir une momie avec un masque en papier mâché, ce qu'on appelle le *cartonnage**.

Ce papyrus est tout à fait intéressant. On y lit en effet qu'un général d'Antoine, nommé Publius Canidius, est exempté à vie d'impôts sur l'exportation de blé et sur l'importation de vin, entre autres produits. Et nous ne parlons pas de quantités dérisoires : le général a visiblement monté un vrai petit business d'import-export ! Le texte nous apprend qu'il est autorisé à faire sortir chaque année du royaume d'Égypte pas moins de 300 tonnes de blé et d'y faire entrer 5 000 amphores de vin, sans payer la moindre drachme d'impôt... Faut-il voir la « bienveillance » d'Antoine derrière une telle autorisation spéciale ? La question se pose. Sans quoi, comment expliquer que cet homme ait pu obtenir de tels avantages ?

Publius Canidius possède en outre des terres cultivables. Le décret précise qu'elles sont définitivement exemptées d'impôts, tout comme les animaux employés pour les semences ou le labour, les bateaux utilisés pour transporter le blé. Le général n'aura pas non plus à verser la moindre petite pièce à ceux qui viendront procéder aux vérifications. Quant à l'entretien de ses soldats, il sera gratuit. Autant d'éléments qui jettent une lumière inquiétante sur les vexations fiscales que subissaient les paysans égyptiens en temps normal.

La fin du document comporte une phrase en grec : « Que cela soit fait. » Pour le papyrologue belge Peter van Minnen, de l'université de Louvain, il s'agit de l'autorisation officielle de Cléopâtre. La seule à avoir l'autorité nécessaire pour valider un tel document serait précisément elle, la reine, suivant la tradition ptoléméenne. Faut-il en conclure qu'il s'agit de son écriture ? Il est très tentant de le croire, même s'il n'est pas à exclure qu'un scribe royal se soit chargé de rédiger ce document, sous la dictée de la reine. Dans ce cas, nous serions face à l'écho de ses mots, emprisonnés dans l'encre.

Cléopâtre de nouveau enceinte

Nous sommes à la fin du mois de décembre. Le soleil se couche et le ciel s'est transformé en un immense rideau rouge, comme on n'en voit qu'en Égypte. Dans la rade du port d'Alexandrie, quelques voiles, noires vu l'obscurité grandissante, regagnent l'étreinte protectrice des quais et de l'interminable Heptastade. Une journée tranquille s'achève. La silhouette immense du Phare domine tout le panorama, tel un colossal gardien en pierre chargé de veiller sur le port et sur la ville. Sa puissante lumière, alimentée par ses miroirs réfléchissants, gagne en intensité de minute en minute. Un vol de mouettes passe en quête d'un lieu où dormir.

Un regard lumineux admire ce petit bout de paradis, chose que plus personne n'a la chance de pouvoir faire aujourd'hui. Il semble aller bien plus loin que le rayon de lumière du Phare, pourtant visible à 50 kilomètres à la ronde. Il est posé sur l'horizon, absorbé, non, accroché à une idée obsédante. Il ne bouge même pas quand une mèche de cheveux tombe brusquement devant lui, poussée par la brise marine. Ce regard, c'est celui de Cléopâtre.

Elle est à l'intérieur d'un pavillon, avec des coussins, des voiles de soie agités par le vent et des couvertures. Les genoux pliés sous le menton, elle cherche refuge dans les bras rassurants d'Antoine, qui la réchauffe de son corps puissant. Le couple est enveloppé dans une lourde couverture brodée d'or. Ce regard, elle ne l'a eu qu'à un autre moment de sa vie. Elle se trouvait ici, exactement au même endroit. Sauf qu'Antoine n'était pas avec elle. À sa place, il y avait le premier homme de sa vie, Jules César. Elle semble troublée et laisse son esprit vagabonder.

Marc Antoine s'aperçoit de cette situation étrange mais ne s'exprime pas. Il attend qu'elle fasse le premier pas. Sa maîtresse a du mal à rester silencieuse trop longtemps, il le sait… Il tend la main pour attraper une grosse datte sur un plateau d'argent. Elle fond dans la bouche, délicieusement sucrée. Alors qu'il s'apprête à en mordre une autre, Cléopâtre se retourne et le fixe. « Je suis enceinte », lui dit-elle. Et sans attendre sa réaction, elle plonge le visage contre le torse de son amant. Lui est pétrifié. Il reste là, avec sa datte en suspens dans l'air. C'est lui qui a le regard perdu dans le vide, à présent… Quelques secondes s'écoulent, et puis le voilà qui sourit, avant de serrer la reine entre ses bras. Un enfant. Quelle merveilleuse façon de sceller leur amour, mais aussi, et surtout, leur complicité politique !

Ce n'est évidemment pas la première fois qu'ils s'apprêtent à être parents. Antoine a déjà eu plusieurs enfants, dont les deux qu'il a eus avec Fulvia, que nous avons croisés au début de ce récit et auxquels il est très attaché. À ceci près qu'il ne les a pas vus depuis des mois… De son côté, Cléopâtre a un fils, Césarion. Mais cette nouvelle grossesse sera particulière. Pour lui comme pour elle.

Tout d'abord parce qu'elle est le fruit de la plus grande histoire d'amour de leur vie. Et puis parce que ce n'est pas un enfant qui va naître, mais deux ! Deux faux jumeaux, un garçon et une fille, à qui ils donneront deux très beaux prénoms : Lune et Soleil. Ou plus exactement « Cléopâtre Séléné » et « Alexandre Hélios ».

Cette scène, romancée pour les besoins de cette histoire, a dû réellement avoir lieu lors d'une froide journée d'hiver, entre la fin de l'année -41 et le début de l'année -40. Si le mois exact de la conception nous est inconnu, gageons qu'elle est survenue peu après leurs retrouvailles si bouleversantes à Alexandrie. Les jumeaux naîtront à une date difficile à préciser, entre la fin du printemps -40 et le mois de décembre de cette même année.

Étrange destin que celui de Cléopâtre en tant que mère. César n'a pas assisté à la naissance de Césarion et Antoine sera absent lors de celle de ses deux jumeaux. Il sera déjà reparti, rappelé en Italie par des événements d'une extrême gravité.

D'après de nombreux historiens actuels, la grossesse de Cléopâtre n'est pas le fruit du hasard, mais le résultat d'un choix mûrement réfléchi, preuve de son sens du calcul, même dans ce domaine. Au-delà de l'amour qui l'unit à elle, Antoine est à ce moment-là l'homme le plus puissant de Rome. Avoir des enfants avec lui revient à consolider son pouvoir en Égypte et sur l'échiquier méditerranéen. Peut-être cherche-t-elle aussi une fille à donner en mariage à Césarion, afin de respecter la tradition ptoléméenne.

Une chose est sûre : tout au long de sa vie, Cléopâtre n'a pas pris ses grossesses à la légère. Comme l'a souligné l'archéologue Duane W. Roller, les difficultés et les risques de la maternité étaient trop grands pour elle : elle se devait d'être sur le trône chaque jour. Imaginez les nausées, les mille inquiétudes pour sa santé, et puis la naissance, avec ce danger de mort concret pour elle et pour les enfants. Sans parler de ses responsabilités de mère, même si elle pouvait compter sur l'aide d'une cohorte de nourrices. Antoine s'est présenté au meilleur moment. Il n'y avait pas de danger à l'intérieur du royaume, pas de guerre ou d'ennemis aux frontières de l'Égypte. Mieux : l'homme le plus puissant du monde était à ses pieds. Cléopâtre ne pouvait pas faire de meilleur choix.

Seulement, comment a-t-elle fait pour planifier ces naissances ? Quels étaient les moyens de contraception de l'époque ? Être reine ne l'empêche pas d'employer des méthodes populaires, connues de l'ensemble des Égyptiennes.

Il existe tout d'abord des systèmes physiques. Depuis l'époque des pharaons, on a, semble-t-il, utilisé une sorte de préservatif, réalisé à partir d'intestins d'animaux – même s'il n'existe aucune preuve tangible. En plus d'éviter les grossesses, cet objet servait également à conjurer les maladies vénériennes.

De nombreuses autres informations nous sont offertes par un papyrus remontant à l'époque du Nouvel Empire (1567-1075 av. J.-C.), connu sous le nom de « papyrus Ebers ». Afin d'éviter les grossesses, le texte conseille l'emploi d'un tampon composé de mie de pain, d'acacia, de miel et de dattes. D'après les experts, la fermentation de l'acacia pouvait effectivement créer des conditions hostiles aux spermatozoïdes, en faisant office de spermicide. Un autre document, le papyrus de Petrie, décrit plusieurs mixtures, franchement inquiétantes, à base d'excréments de crocodile ou d'éléphant, à mélanger à du miel ou à une sorte de liquide proche du lait aigre, avant d'insérer le tout dans l'appareil génital féminin. Là encore, ces mélanges étaient censés servir de contraceptif.

Plus tard, à l'époque romaine, différentes sources (parmi lesquelles Pline l'Ancien) parlent du silphium, une plante sauvage qui poussait en Cyrénaïque. On l'utilisait comme panacée contre de nombreux troubles et comme aphrodisiaque. Il avait également la réputation d'être un contraceptif efficace, à prendre une fois par mois. Hélas, cette espèce s'est éteinte dans l'Antiquité à force d'être récoltée, mais des études menées en laboratoire sur des plantes similaires ont démontré un blocage temporaire de la fertilité sur des souris femelles.

Cléopâtre a-t-elle eu recours à ces étranges mixtures ? Ce qui est certain, c'est qu'elle avait un atout par rapport aux autres Égyptiennes : c'était une grande spécialiste des substances toxiques et vénéneuses. Elle pouvait connaître des préparations ou des recettes en mesure d'arrêter temporairement la fertilité féminine ou de rendre le liquide séminal masculin inefficace. Quelles que soient les techniques qu'elle ait utilisées, elle était en mesure de choisir le moment exact pour tomber enceinte.

LE DÉBUT D'UN CAUCHEMAR

Un rêve prend fin

Après avoir passé tout l'hiver dans la compagnie aussi douce que sensuelle de Cléopâtre, Marc Antoine quitte Alexandrie et l'Égypte au printemps de l'année -40, au moment où naviguer en Méditerranée redevient possible. Les raisons de son départ sont graves, très graves. En l'espace de quelques mois, des nuages noirs sont apparus à l'horizon : ils s'étendent désormais de Rome jusqu'aux confins du Moyen-Orient. Plutarque nous en dit plus : « Alors qu'Antoine perdait son temps en bagatelles et s'amusait à de tels jeux d'enfant, il reçut deux nouvelles : l'une, venue de Rome, lui apprenait que son frère Lucius et sa femme Fulvia, d'abord en conflit l'un avec l'autre, avaient ensuite fait ensemble la guerre à Octavien, perdu la partie et quitté l'Italie ; l'autre nouvelle, non moins inquiétante, était que Labienus, à la tête des Parthes, envahissait l'Asie, de l'Euphrate et de la Syrie jusqu'à la Lydie et à l'Ionie. » Antoine était évidemment au courant de ce qui se passait en Italie. Mais pour lui, c'est comme se réveiller d'un rêve et de basculer en plein cauchemar. Qu'est-il arrivé en l'espace de quelques mois pour qu'on soit passé des triomphes de Philippes à une guerre civile ?

La première étape de son voyage est Athènes. À son arrivée sur place, le général romain est d'une humeur noire. Il l'est encore plus en apprenant que son frère Lucius a été vaincu et capturé par Octavien, qui est désormais le maître de la péninsule.

C'est le début d'une période complexe, qui occupe des chapitres entiers dans les livres d'histoire. Nous essaierons ici de résumer les événements les plus marquants. Car au-delà des faits historiques, c'est toute la personnalité de Marc Antoine qui se dessine vraiment. L'occasion pour nous de mieux le connaître, enfin. De son ambition à son talent d'homme d'action hors du commun, en passant par son charisme, ses (nombreuses) histoires d'amour et les (nombreux) enfants qu'il a eus avec des femmes différentes.

Au moment de se quitter, juste après la grande victoire de Philippes, Antoine et Octavien s'étaient réparti les tâches : le premier avait pour mission de pacifier et sécuriser le Proche-Orient en vue d'une grande campagne contre les Parthes, l'empire ennemi qui s'étendait grosso modo de l'est de la Turquie actuelle jusqu'à l'Iran. Le second devait, quant à lui, rentrer en Italie et contenter les 100 000 vétérans, en leur donnant des terres pour qu'ils y vivent avec leurs familles. Une tâche ingrate et risquée, car elle revenait à leur « offrir » des terrains et des propriétés qui appartenaient à d'autres. Imaginez qu'aujourd'hui un gouvernement décide de payer des milliers de soldats en leur permettant de s'emparer de maisons, d'appartements et de terrains appartenant à des civils, quitte à occuper *de facto* des villes entières et à expulser d'innombrables familles. Dans le cas présent, satisfaire ces vétérans a impliqué de choisir et de « sacrifier » pas moins de dix-huit villes italiques. Sans surprise, celles-ci se sont rebellées et ont demandé que cette « réquisition » soit étendue aux autres villes, en signe d'équité. Ce qui a alarmé de nombreux autres centres urbains, qui se sont unis à la contestation. Résultat : Rome a été envahie par des masses de protestataires. « Les [vétérans] voulaient recourir à la violence, les [propriétaires terriens] ne pas la subir ; les uns prendre le bien d'autrui, les autres conserver le leur », raconte Dion Cassius.

Même s'il a tenté de jouer les médiateurs, Octavien n'avait ni le charisme, ni le prestige, ni l'expérience d'Antoine pour gérer une situation explosive qui a fini par dégénérer. Avec, à la clé, des affrontements et des morts. Lui-même a bien failli être tué par une foule de soldats à cause d'un banal incident.

Antoine avait-il prévu tout cela ? Bien sûr. Sans doute espérait-il que ce climat chaotique l'aiderait à devenir le maître incontesté de Rome. Les proches du général, sa femme Fulvie et son frère Lucius, alors consul en charge, ont eu la même idée. Ce que résume Ronald Syme de la manière suivante : « Ils jouèrent le double jeu. Devant les vétérans, ils rejetèrent la faute sur Octavien et insistèrent sur ce thème qu'il revenait à Antoine de juger en dernier ressort, car le prestige du vainqueur de Philippes était irrésistible. De l'autre côté, ils défendirent la liberté et les droits des expropriés – à nouveau non sans se référer au nom populaire de Marc Antoine. » Pour ne rien arranger, Rome manquait de blé et d'autres denrées. Même s'ils avaient perdu à Philippes, en mer, les républicains dominaient encore, grâce à la flotte intacte du fils de Pompée. Ce qui leur permettait d'empêcher le ravitaillement de la capitale.

La ligne rouge a été franchie en 41 av. J.-C., lorsque Octavien a décidé de répudier Clodia, la jeune fille de Fulvia, alors âgée de seize ans et née du premier mariage de cette dernière avec le célèbre tribun Clodius. Il l'avait épousée deux ans plus tôt afin de sceller son accord avec Antoine – dans une lettre, le jeune homme jurait qu'elle était encore pure.

On est donc arrivé à la guerre. Le temps de rassembler les légions qui lui étaient fidèles, à Préneste, Lucius, le frère d'Antoine, a marché sur Rome. Après avoir facilement mis en déroute les troupes adverses, il est entré dans la ville où l'ont chaleureusement accueilli le peuple et le sénat. Mais en l'espace de quelques semaines, il a enchaîné les revers et a été contraint de se réfugier à Pérouse, où il a été assiégé par Octavien. C'était la fin de l'année -41. À la même période, Cléopâtre tombait enceinte de Marc Antoine dans leur paradis d'Alexandrie.

Le siège a duré des mois. Au bout du compte, c'est la famine qui a poussé Lucius et la ville à se rendre. Les représailles d'Octavien sont passées à la postérité. La cité a été mise à sac, une grande partie de ses habitants massacrés. Quant à Pérouse, elle a été incendiée et rasée. Dans ce cas comme à Philippes, Octavien a soudain révélé son caractère sadique, cruel et inhumain. Aux habitants qui lui demandaient grâce, il aurait répondu : « Il faut mourir », indique Suétone. Il aurait également choisi 300 sénateurs et chevaliers parmi ceux qui s'étaient rendus afin de les conduire à Rome et de les faire tuer en masse sur le Forum, face à l'autel de Jules César. C'était le 15 mars, le jours des ides… Pour finir, il a rédigé de nouvelles listes de proscription, donnant lieu à un nouveau bain de sang. Autant de décisions qui l'ont aidé à prendre le contrôle de l'ensemble de la péninsule.

Après la victoire (ou le massacre) de Pérouse, les généraux d'Antoine se sont dispersés et ont abandonné l'Italie. Capturé, son frère Lucius a étrangement été pardonné par Octavien, qui s'est réconcilié avec lui avant de l'envoyer en Espagne avec la charge de gouverneur – il y est mort l'année suivante, dans des circonstances inconnues. Pour sa part, Fulvia a été autorisée à quitter l'Italie sans être inquiétée.

En accordant la grâce à ces deux membres de la famille d'Antoine, Octavien espérait peut-être entamer des négociations avec lui.

Des retrouvailles agitées

Voilà donc quel est le tableau de la situation lorsque Antoine débarque à Athènes, où il revoit Fulvia. Comment se passent leurs retrouvailles ? Si c'est une explosion de passion qui a eu lieu quelques mois plus tôt entre lui et Cléopâtre, à Alexandrie, cette fois, c'est une explosion de colère.

Fulvia est une femme au caractère bien trempé, une vraie virago. Les sources antiques affirment, nous l'avons vu, qu'elle aurait planté une aiguille dans la langue de Cicéron dont elle tenait la tête tranchée entre ses mains. C'est certainement elle qui a levé une armée, en compagnie de son beau-frère Lucius, pour affronter Octavien. « Pourquoi s'en étonnerait-on alors qu'elle portait à la ceinture une épée, donnait des ordres aux soldats et les haranguait souvent ? » remarque Dion Cassius. Lorsqu'ils se retrouvent face à face, les époux sont furieux. Les noms d'oiseaux fusent. Le ton monte, on hurle. C'est plus qu'une dispute entre mari et femme.

Antoine l'accuse d'avoir tout gâché. Preuve qu'elle a géré la situation en Italie de façon catastrophique, c'est désormais la guerre avec son ancien allié ! Selon de nombreux historiens, Fulvia lui renvoie alors au visage les nombreuses relations extra-conjugales qu'il a eues sous couvert de politique pendant qu'elle était en Italie – Cléopâtre, bien entendu, mais aussi Glaphyra, en Cappadoce. Des relations, pouvons-nous ajouter, qui l'ont conduit à s'absenter un long moment de Rome, ce qui a laissé le champ libre à Cléopâtre.

Contenir la colère d'une femme aussi intelligente, active et pleine d'énergie que Fulvia n'a pas dû être évident, même pour Antoine. La force d'âme de son épouse était connue de tous en Italie, y compris des soldats ennemis qui l'avaient assiégée à

Pérouse ! Comme l'a rappelé Giusto Traina, différentes fouilles archéologiques ont permis de retrouver plusieurs de ces projectiles en plomb à la forme fuselée que les frondeurs des légions envoyaient massivement à l'aide de leurs armes. Détail étonnant : au moment de la fusion du plomb, les soldats des deux camps gravaient parfois en relief des messages hostiles, voire obscènes. Parmi ceux qui ont été retrouvés dans la ville ombrienne, l'un d'eux, conservé au Museo Archeologico Nazionale, porte l'inscription « *Pete culum Octaviani* », littéralement « c'est le c** d'Antoine qu'on vise ». Un autre s'en prend aux cheveux rares de Lucius. Enfin, un autre s'adresse à Fulvia, que les soldats assimilaient clairement à un général ennemi : « Je vise la ch**** de Fulvia. »

La jalousie de Fulvia est l'un des éléments les plus marquants de ces retrouvailles mouvementées, décrites par de nombreux historiens modernes. Le fait que cette femme soit tellement impétueuse et pleine de fierté permet en un sens de la comparer à Cléopâtre. Ayons donc une pensée charitable, peut-être plus humaine qu'historique, pour Antoine, qui n'a pas dû souvent avoir la partie facile face à ces deux femmes de caractère ! On aurait pourtant tort de penser que toutes affichaient la même nature. Il est vrai que cette époque est le théâtre d'une relative émancipation féminine, grâce à une décision historique du sénat, survenue quelques décennies plus tôt : à la mort de leur époux ou de leur père, les femmes avaient désormais le droit d'hériter de la fortune familiale, même si on ne leur accordait pas la possibilité de la gérer seule. Avant cela, seuls les autres hommes de la famille, à savoir les frères et les maris, étaient habilités à le faire, ce qui avait relégué des générations de Romains dans l'ombre et dans l'impuissance. Ces nouvelles dispositions ont donc contribué à faire émerger des figures de femmes puissantes, indépendantes dans leur vie quotidienne et même dans leur vie sexuelle. Fulvia en est l'incarnation parfaite.

L'émancipation accordée aux femmes de cette époque au sein de la société romaine est peut-être le seul moment de l'histoire occidentale où la condition féminine « se rapproche » de la situation que nous connaissons aujourd'hui. Les guillemets sont de rigueur, car les Romaines sont exclues de la sphère politique et n'ont que très peu de droits civiques. Il existe encore d'autres restrictions, surtout dans les couches les plus basses de la population. Nous sommes toujours face à une société machiste : l'homme, rappelons-le, est autorisé à avoir des relations extraconjugales, chose absolument interdite aux femmes. Un Romain marié peut avoir, s'il le désire, une ou plusieurs concubines dont le statut sera évidemment inférieur à celui de l'épouse légitime. Et cela ne concerne pas que les classes les plus aisées ! Un simple cordonnier peut être polygame. La loi ne le défend pas.

Un autre élément mérite d'être gardé en tête quand on évoque des jalousies comme celle de Fulvia. À Rome, les mariages d'amour sont rares, pour ce qui concerne l'élite. Dans la quasi-totalité des cas, il s'agit d'unions d'intérêt entre familles. Les deux époux sont donc obligés de vivre ensemble, et tant pis s'ils ne se désirent pas. Le temps de mettre au monde des héritiers, fondamentaux pour assurer la pérennité de la lignée, chacun va voir ailleurs. Les hommes ouvertement, vu la liberté sexuelle dont ils jouissent dans la société romaine (il suffit de penser aux aventures adultérines et aux lupanars). Pour les femmes, tout est plus compliqué. Les grandes familles ont toujours intérêt à marier un homme d'âge mûr avec une toute jeune fille. Après avoir accouché de plusieurs enfants, ces femmes, encore jeunes, se retrouvent seules, avec des maris qui pourraient être leur père, toujours absents, et qu'elles ne désirent pas, raison pour laquelle elles tolèrent sans doute de bonne grâce leurs relations extraconjugales. Mais pour aimer un homme et vivre une aventure avec lui pendant qu'elles sont encore dans la fleur de l'âge, elles doivent agir en catimini, avec tous les risques qu'impliquent les amours clandestines. Ne l'oublions pas quand nous parlons d'Antoine, de Cléopâtre, de Fulvia et, plus largement, de personnages du passé. Car nous risquons de tomber dans des stéréotypes modernes appliqués à un monde disparu depuis longtemps. Et l'une des erreurs à ne pas faire est précisément d'interpréter leurs sentiments et leurs actes à l'aune de nos règles et de nos valeurs. C'était une société proche de la nôtre, oui, mais différente.

D'après l'historien Romolo Augusto Staccioli, grand spécialiste du monde romain, l'époque d'Octavien donne lieu à un véritable « quadrille amoureux », vu la rapidité et la facilité vraiment déconcertantes avec lesquelles les couples changent de partenaires. Nous parlons évidemment de la frange la plus aisée de la population, cette aristocratie dont font d'ailleurs partie tous les protagonistes de notre récit. Autre aspect frappant : le vocabulaire latin n'a pas de mot pour parler d'une femme célibataire. Le seul terme approchant est celui de *vetula virgo*, c'est-à-dire « vieille vierge », une formule qui met l'accent sur l'aspect physique assez peu séduisant d'une femme plutôt que sur son célibat.

L'explication se trouve dans ce « dynamisme » de couple incessant (et très moderne) de la haute société, qui évite souvent à une femme de rester seule. L'apparence physique n'est pas un problème. Souvenez-vous que Fulvia « n'avait d'une femme que le corps » d'après l'historien Velleius Paterculus (qui lui était hostile, détail qui mérite d'être souligné). En d'autres termes, le statut social, la richesse et la puissance de la famille d'origine constituent la vraie musique qui guide ces quadrilles amoureux.

Par ailleurs, il n'est pas absurde de penser que les femmes disponibles dans la haute société n'étaient pas si nombreuses vu le risque élevé de mortalité durant les accouchements – nombreux, étant donné les ravages de la mortalité infantile et la nécessité d'avoir un garçon pour perpétuer la ligne héréditaire de la famille.

Tout cela n'empêchait pas une épouse de faire des scènes de jalousie à son mari, mais c'était sûrement plus rare. Et Fulvia devait faire figure d'exception. À ce propos, Francesca Cenerini, professeure d'histoire romaine à l'université de Bologne, souligne un détail important. Dans le cas de Brutus et de Portia, cette dernière voulait d'abord jouer un rôle dans les réflexions et les décisions politiques de son époux. Pas dans une vie sexuelle que son époux menait auprès de ses concubines et sur laquelle elle n'avait aucun reproche à lui faire.

Si jalousie il y a eu (et nous disons bien *si*), c'est parce qu'il n'y avait pas uniquement de l'intérêt dans le mariage de Fulvia et d'Antoine. Il y avait aussi des sentiments, une constante dans les relations intimes du général, nous le verrons. Même s'il était un coureur impénitent, un « charmant voyou », il exerçait, semble-t-il, un ascendant particulier sur les femmes. Parce qu'il était fort, victorieux, puissant et protecteur, bien sûr, mais aussi vivant, prompt à faire des farces ou à rire. En ce sens, il avait quelque chose de si enfantin qu'il n'inspirait pas simplement de l'amour et de la passion, non, il évoquait quelque chose en plus, peut-être une sorte d'affection maternelle, qui le liait profondément à chaque femme. Sans parler du fait, cela va sans dire, que sa stature politique et son grand pouvoir augmentaient considérablement son « charme » social, et pas qu'un peu.

Les femmes d'Antoine

Combien de partenaires a eues Antoine dans sa vie ? Impossible à dire, d'autant que les sources antiques affirment qu'il aurait eu des aventures avec des hommes. À ce propos, signalons que la culture romaine amenait l'homme à grandir avec une approche bisexuelle des relations intimes. Il était permis de faire l'amour avec des partenaires des deux sexes, à condition d'avoir toujours un rôle actif et non passif dans les relations. Pourquoi ? Parce que la suprématie de l'homme romain sur les autres devait être totale. Elle dépassait les genres : il fallait dominer les femmes, mais aussi les autres hommes. À ce titre, il s'agissait en règle générale d'une homosexualité « punitive », par laquelle on soumettait sexuellement les individus de rang inférieur, des esclaves aux prisonniers. Il n'empêche : il existait également de grandes histoires d'amour entre hommes ou entre femmes. Pour autant, les relations lesbiennes étaient très mal vues dans cette société si machiste : on retirait à l'homme son pouvoir sur le plaisir de la femme.

Antoine a eu six relations attestées dans sa vie. Et chacune d'elles nous fait découvrir un pan de sa psychologie, toujours différent.

La première a été avec Fadia, en -60. Marc Antoine, alors âgé de vingt-trois ans, avait noué avec elle une relation qui n'était pas désintéressée, loin de là. À l'époque, il était toujours en quête d'argent et elle était la fille d'un très riche affranchi, Quintus Fadius. Celui-ci l'a aidé à remettre ses finances à flot. Des années plus tard, Cicéron rappellerait dans ses *Philippiques* qu'ils étaient mariés et qu'ils avaient des enfants. Une accusation infondée dans la mesure où la loi romaine interdisait formellement à un noble d'épouser une affranchie. Il s'agissait très vraisemblablement d'un concubinage. Antoine a-t-il eu des enfants avec elle ? C'est possible, mais nous ne connaissons ni leur nombre ni leurs noms : ils n'étaient pas légitimes aux yeux de la loi.

Autour de ses trente ans (53-52 av. J.-C.), Antoine a épousé une cousine germaine, Antonia Hybrida, vingt ans. Là encore, la jeune femme a été donnée en mariage pour des raisons financières : lui était criblé de dettes et au bord du gouffre. Que gagnait la famille de la mariée à cette union ? Le père de celle-ci, Caius Antonius Hybrida, ancien gouverneur de Macédoine, consul et commandant militaire, avait été exilée en Céphalonie. Peut-être espérait-il être réhabilité puisque son futur gendre était une figure ascendante du paysage politique ? Quoi qu'il en soit, cela n'a pas été un mariage heureux : Antoine trompait sa femme en permanence, notamment avec Lycoris, cette actrice que nous avons déjà évoquée. Quant à Antonia, il a fini par la répudier en l'accusant d'avoir eu une aventure avec Dolabella, ce qu'il est impossible d'affirmer avec certitude. Ils ont eu une fille, Antonia, devenue l'épouse de Pythodoris, un vieux notable aisé et influent de la ville de Trallès, dans le sud de la Turquie actuelle. Une décision prise dans le cadre du réseau d'alliances tissé par Antoine.

L'actrice Lycoris a été son troisième grand amour. Leur relation a commencé en -49, alors qu'il avait trente-quatre ans. Elle a été l'une des femmes les plus fascinantes de toute l'ère romaine. Esclave d'un riche et célèbre Romain, elle s'appelait en réalité Volumnia Lycoris. On la connaissait néanmoins sous son nom de scène, Cythéris. Son maître était à la tête d'une véritable écurie d'acteurs et d'actrices qui se produisaient dans les théâtres mais qu'il lui arrivait de « prêter » lors des banquets de la haute société, pendant lesquels ils se prostituaient. Lycoris était sa star : belle et très appréciée, elle a été rapidement affranchie afin d'être plus « présentable » durant les soirées mondaines. Pour lui, il s'agissait d'un bon moyen de développer son carnet d'adresses et, donc, son pouvoir. Mais elle en a également tiré profit : encore toute jeune, elle a eu une aventure d'abord avec Brutus, puis avec Marc Antoine, qui a perdu la tête pour elle. Si leur histoire a fait tant de bruit à Rome, c'est parce qu'ils étaient des figures connues et parce qu'il était un homme marié, même si cela ne lui posait aucun problème, au contraire. À en croire Cicéron, il circulait dans les rues de Rome avec elle sur une litière, précédée par des licteurs. À l'heure actuelle, ce reviendrait à se promener avec sa maîtresse en limousine. Mais il y avait pire : toujours selon l'orateur, Antoine semblait la traiter en *matrona honesta*, comme si elle était sa femme. Des accusations et des insinuations pareilles risquaient d'être dévastatrices pour sa carrière : Lycoris restait une prostituée et une actrice, deux des plus basses conditions de la société romaine. Au bout du compte, il a décidé à contrecœur de mettre un terme à leur relation – peut-être sous la pression de César. Par la suite, elle a eu une aventure avec un autre personnage très en vue de l'Urbs, le poète Cornelius Gallus, un membre du cercle de Virgile et d'Horace. Il l'a considérée comme sa muse, à l'image de ce que Catulle avait fait avec Lesbie. Voir qu'elle le quittait pour un obscur officier responsable des frontières du Rhin l'a fait sombrer dans une dépression profonde. Sans succès, ses collègues poètes ont tenté de lui remonter le moral (dans l'un de ses textes, Virgile parle de son ami au plus mal). Pour comprendre l'importance de Lycoris dans la société romaine, il suffit de la comparer à Marilyn Monroe : l'une et l'autre ont eu des relations avec un homme politique (Brutus-Kennedy), un homme d'action (Antoine-Joe DiMaggio) et un lettré (Gallus-Arthur Miller). L'histoire se répète toujours…

Et puis pour Antoine, cela a été le tour de Fulvia. Les deux se sont mariés en -47, alors qu'il avait trente-six ans, et ont eu deux enfants, Marcus Antonius Antyllus et Iullus Antonius.

À son sujet, Plutarque raconte la chose suivante : « C'était une personne peu faite pour filer la laine et garder le foyer, [mais] elle voulait dominer un dominateur et commander un commandant d'armée. » Et il conclut : « Aussi Cléopâtre aura-t-elle été redevable à Fulvia des leçons de soumission aux femmes qu'Antoine reçut d'elle et qui firent de lui un homme apprivoisé et dressé de longue date [...] à écouter les ordres des femmes. » En d'autres termes, Cléopâtre serait tombée sur un homme déjà facile à commander, malléable, largement dominé par Fulvia.

Bref, notre héros serait un homme faible face à des femmes fortes, soumis aux plus dominatrices, avec qui il se sent peut-être protégé. La preuve : les trois femmes les plus importantes de sa vie (Lycoris, Fulvia et Cléopâtre) partagent les mêmes traits de caractère.

Après quoi, il y a eu Octavie. Antoine l'a épousée à l'âge de quarante-trois ans, en 40 av. J.-C. D'un caractère totalement différent par rapport à Fulvia, elle s'est avérée être une compagne fidèle et sincère, « bien sous tous rapports », dirait-on aujourd'hui. La preuve : en plus d'avoir eu deux filles avec lui (Antonia Major et Antonia Minor), elle a accueilli tous les enfants qu'il avait eus avec d'autres femmes dans sa *domus*.

La dernière histoire d'Antoine a été Cléopâtre, qui lui a donné trois enfants : Cléopâtre Séléné, Alexandre Hélios et Ptolémée Philadelphe. C'est la relation la plus longue de sa vie : il est resté avec elle onze ans, même s'il s'est accordé, entretemps, une longue *liaison** avec la reine Glaphyra, sans oublier ce mariage avec Octavie.

On ignore si Antoine et Cléopâtre se sont mariés et, quand bien même ce fut le cas, leur mariage n'aurait eu aucune valeur à Rome.

En substance, chacune de ces figures révèle une partie de la personnalité d'Antoine. Capable de s'enflammer passionnément pour des femmes à la sensualité exacerbée (Lycoris, Glaphyra et Cléopâtre), mais aussi de se marier sans amour, par pur intérêt, en restant longtemps avec sa femme pour lui faire des enfants (Fadia, Antonia Hybrida et Octavie), avant de trouver une Fulvia, peut-être la seule avec qui il a eu un rapport de couple « normal » et sincère. Il va sans dire que ces considérations s'appuient sur ce que nous savons sur lui grâce aux textes de l'Antiquité, qui le dépeignent régulièrement de façon peu flatteuse, en homme dissolu coutumier des excès. Le but était de le discréditer pour mieux valoriser Octavien, son grand adversaire. Pourtant, même en tenant compte de cette distorsion historique, les relations d'Antoine révèlent presque toujours un intérêt personnel sur le plan politique et/ou un avantage financier, même dans ses grandes passions amoureuses. Mais on remarque un autre élément récurrent. Au-delà de la propagande pro-Octavien, qui le décrit en esclave des femmes, Marc Antoine est souvent tombé aux pieds de femmes au caractère bien trempé. Le grand nombre de relations officielles (six) et d'enfants (huit) dessine un profil psychologique qui laisse clairement entrevoir une forme de versatilité, trait typique d'un esprit insatiable, amplifiéé, c'est à souligner, par une période marquée par de grands bouleversements demandant une vraie capacité à tisser à la fois des relations et des alliances politiques. Antoine a traversé l'une des mers les plus dangereuses de l'Histoire, en savourant la vie sans la moindre hésitation, tout cela pour mourir à cinquante-trois ans.

Le mariage d'Antoine et d'Octavie

Mais revenons à notre récit. Antoine et Fulvia passent ensemble l'été -40 à Athènes, entourés de leurs enfants. C'est la dernière fois que leur famille est réunie.

Vers la fin de l'été, il part pour l'Italie avec ses légions afin de résoudre le contentieux qui l'oppose à Octavien. Sa femme reste à Sicyone, près de Corinthe. Il ne la reverra jamais plus : Fulvia est déjà malade. En l'espace de quelques semaines, son état de santé s'aggrave, ce qui la conduit prématurément à la tombe. Les écrivains de la génération suivante diront qu'elle est morte de douleur, le cœur brisé par la relation entre Antoine et Cléopâtre. Certes, il n'est pas absurde d'affirmer qu'à cet instant, son monde s'est écroulé. Elle a tout perdu en Italie. Et la voilà qui se retrouve exilée à l'étranger avec un mari qui la trompe. Pire : qui a des enfants avec elle ! Pourtant, au-delà de ce chagrin – que cette femme combative depuis toujours avait les moyens de dépasser –, il y a de grandes chances pour qu'un problème de santé soit à l'origine de sa mort.

Une chose est quasi certaine : Antoine est effondré en apprenant la nouvelle alors qu'il vient d'arriver dans la péninsule. Les deux époux s'aimaient sincèrement, malgré tout.

Aussi incroyable que cela puisse paraître, c'est justement la mort de Fulvia qui va débloquer la situation en Italie. Avec la disparition de celle qui avait alimenté l'inimitié entre eux, les deux hommes sautent sur l'occasion et trouvent un accord pour éviter une guerre. Une fois de plus, ils se répartissent les territoires : l'Occident jusqu'à l'océan pour Octavien, l'Orient jusqu'à l'Euphrate pour Antoine, avec une ligne de démarcation située à la hauteur de Scodra, en Illyrie (aujourd'hui, Shkodër, en Albanie). S'ensuivent des entrées triomphales à Rome, des amnisties, des banquets avec Antoine habillé à l'orientale et Octavien à l'occidentale (en tenue militaire). Afin de sceller cette entente retrouvée entre les deux parties, on célèbre un mariage, celui d'Antoine avec Octavie, la sœur d'Octavien.

Pendant cette longue période (de près de trois ans), Cléopâtre semble complètement oubliée. Marc Antoine doit gérer des situations d'une extrême gravité, c'est entendu, mais où sont passés sa passion bouleversante et son attachement pour elle ? Tout cela semble s'être volatilisé comme une bulle de savon. La preuve : il épouse une autre femme, certes au nom de la raison d'État, mais surtout, Octavie est un être hors du commun. Ce n'est plus une gamine pleine d'illusions. Elle a environ trente ans, un âge qui frôle la maturité chez une Romaine. Elle a déjà des enfants d'un précédent mari, mort quelques mois plus tôt. Ce sont donc deux veufs qui convolent en justes noces : Antoine avec, à l'époque, déjà cinq enfants et Octavie, mère à deux reprises. Il y a néanmoins une surprise. Au moment du mariage, Octavie attend son troisième enfant. Avant de mourir, son mari l'a fait tomber enceinte.

Ce qui crée un problème légal. Aux yeux de la loi romaine, une veuve n'a le droit de se remarier que dix mois après le décès de son époux, afin qu'elle ne porte pas un enfant qui ne serait pas de la même maison et du même sang que son nouveau mari (*turbatio sanguinis* et *incertitudo seminis*). Pour qu'Antoine et Octavie soient autorisés à se marier, il leur faut donc une dérogation spéciale du sénat.

Nous n'avons pas de témoignages ou de récits sur ce mariage, mais la scène valait sûrement le détour, entre Octavie avec son ventre rebondi et encore en deuil et Antoine, incapable de nier sa relation avec Cléopâtre, même s'il refusait d'admettre qu'il l'avait épousée.

Cette union a sûrement tranquillisé l'opinion publique, ou du moins les Romains traditionnalistes et les vétérans de César qui ont vu s'éloigner le risque d'une guerre civile. Car comme l'a souligné Francesca Cenerini, « la propagande augustéenne va présenter Octavie comme la parfaite illustration du modèle traditionnel féminin, adapté aux circonstances de l'époque ». Plutarque ne tarira pas d'éloges sur celle qui incarnait pleinement la matrone idéale, un modèle inspiré du *mos maiorum*, les coutumes des anciens Romains. Ce n'est pas tout : menue et d'une grande douceur, avec un visage gracieux, elle était aussi proche d'Antoine, sincèrement attachée à son époux, fidèle et prête à résoudre le moindre problème.

Ce mariage scelle un moment de paix et d'espoir dans toute la péninsule, déchirée par de longues années de guerre. Sur les pièces de monnaie de l'époque, on voit souvent représentée la Concorde, voire Antoine et Octavie. C'est l'une des premières fois qu'une Romaine apparaît sur une pièce de monnaie. Ce choix avait pour but de souligner le rôle d'Octavie, que jamais aucune femme n'avait eu avant elle.

Ce grand espoir de paix et de prospérité trouve un écho jusque chez Virgile. La quatrième églogue de ses *Bucoliques* est dédiée à la possible arrivée sur terre d'un enfant qui apportera un nouvel âge d'or au monde : « Daigne seulement, chaste Lucine, favoriser la naissance de l'enfant qui verra, pour la première fois, disparaître la race de fer, et se lever, sur le monde entier, la race d'or. Voici le règne de ton frère Apollon. »

Et s'il s'agissait de l'enfant d'Antoine et d'Octavie ?

Quoi qu'il en soit, tout semble bien se passer. Un terrain d'entente finit même par être trouvé avec Sextus Pompée dont les vaisseaux bloquent les mers en affamant Rome. Là encore, on organise des banquets, des redécoupages territoriaux, des amnisties et des dédommagements pour tous ceux que les listes de proscription édictées en guise de représailles après la mort de César avaient forcés à fuir chez lui, en Sicile. Ne manquent que des fiançailles pour compléter le tableau : ce seront celles de la fille de Sextus Pompée et du fils d'Octavie.

Pourtant, une ombre plane sur le grand banquet qui se tient sur le navire amiral de Sextus Pompée pour sceller cette paix : Cléopâtre. Même absente, elle fera l'objet de plaisanteries grinçantes. Car la relation qui l'unit à Antoine continue de faire parler dans l'Urbs, en alimentant toutes sortes de rumeurs.

Un mariage divin

Cette période est la seule où Antoine et Octavien s'entendent réellement. Leurs rapports s'apaisent au fil des mois et un nouveau mariage vient souligner ce moment de bonheur général, celui d'Octavien.

Le jeune homme est tout de suite tombé amoureux en voyant Livie. Et qu'importe si elle est mariée à un homme (qui a d'ailleurs participé à la bataille de Philippes, mais dans le camp adverse) dont elle attend un enfant. Il oblige donc l'époux gênant à divorcer pour se marier avec elle au début de l'année -38, sans attendre qu'elle accouche. Une fois de plus, c'est une femme enceinte de l'enfant d'un autre qui convole en justes noces.

En réalité, au-delà des sentiments, il s'agit d'une habile manœuvre d'Octavien dans son ascension vers les sommets du monde romain. Il renforce en effet une alliance avec une partie non négligeable de l'aristocratie. Ce qui ne manque pas de faire jaser : « Le peuple [...] disait qu'aux gens heureux les enfants naissent en trois mois et l'expression finit par devenir un proverbe », rapporte, non sans sarcasme, Dion Cassius.

Petit détail croustillant : l'ex-mari figurait, paraît-il, parmi les invités de ce mariage qui arrangeait manifestement tout le monde, politiquement parlant. Puis, lors du repas qu'on a surnommé le « banquet des douze dieux », l'ensemble des convives, triés sur le volet, étaient habillés en divinités. Octavien lui-même se serait glissé dans la peau d'Apollon ! Sans doute faut-il y voir une manière de répondre à Antoine et Cléopâtre, acclamés en Orient comme Dionysos et Aphrodite... Certes, aucun mariage princier ne se passerait de cette manière aujourd'hui, mais n'oublions jamais que le monde romain avait des us et coutumes bien différents des nôtres. Pendant qu'on organise ce banquet somptueux, le peuple crie famine par la faute de l'embargo naval de Sextus Pompée. Octavien est décrit comme un tyran par la propagande de ses adversaires, un élément qui nous est parvenu en passant à travers les mailles de la censure opérée en faveur du futur Auguste.

Terminons sur cette période vraiment très complexe en ajoutant qu'après ce mariage, Antoine va retourner coordonner les opérations militaires en Grèce, où ses généraux, au premier rang desquels Publius Ventidius Bassus, remportent de grandes victoires. On chasse les Parthes de Moyen-Orient, on tue le « traître » romain Labienus au terme d'une fuite rocambolesque et on lave l'honneur de Rome grâce à une victoire définitive au mont Gindarus qui permet de venger la honte de la terrible défaite de Carrhes, quinze ans plus tôt (et, semble-t-il, le même jour, en l'occurrence un 9 juin). À la suite de cette grande victoire, jamais vraiment soulignée par les historiens, mais d'une portée cruciale, Ventidius recevra l'honneur d'un défilé triomphal à Rome, le 27 novembre -38.

Malheureusement, les choses ne tardent pas à se dégrader en Italie. En dépit de ces accords, de ces ententes, de ces promesses de futures unions, une guerre navale éclate entre Sextus Pompée et Octavien, qui subit une série de revers. Rentré précipitamment dans la péninsule, Antoine rencontre son allié, avec qui il renouvelle son partenariat en prolongeant le triumvirat de cinq ans. Outre une énième promesse de mariage (entre le fils du premier, Antyllus, et la fille du second, Julie, âgée d'à peine deux ans), ces accords prévoient un échange d'aide militaire : Antoine promet 100 bateaux équipés de rostres pour la guerre contre Pompée ; de son côté, Octavien s'engage à lui envoyer 20 000 soldats pour ses guerres en Orient, notamment en vue de la grande expédition contre les Parthes. Si nous citons ces dispositions, c'est parce qu'elles seront l'une des étincelles de la guerre qui ne tardera pas à les opposer. Car Octavien n'honorera pas sa part du contrat.

C'est la dernière fois qu'ils se rencontrent en dehors d'un champ de bataille. Lorsqu'ils se reverront, ce sera pour s'anéantir l'un l'autre.

Antoine cherche à nouveau Cléopâtre

La négociation avec Octavien une fois terminée, Antoine repart pour la Grèce avec femme et enfants. Pourtant, à son arrivée à Corfou, il demande à son épouse de rentrer en Italie. Pourquoi ? On s'est beaucoup interrogé sur le motif de cette décision. Pour certains, il s'agit d'un choix de bon sens : Octavie a entamé son cinquième mois de grossesse. Et en règle générale, les femmes des généraux romains ne suivent jamais leurs maris dans leurs campagnes militaires, surtout si elles sont enceintes.

Pour d'autres experts et même quelques auteurs de l'Antiquité, ce geste montrerait qu'il s'est manifestement lassé d'Octavie et de leur union de convenance. Son cœur bat encore pour Cléopâtre. Ce que Plutarque souligne magistralement : « Le mal terrible, qui était en sommeil depuis longtemps, l'amour pour Cléopâtre, bien qu'on pût le croire affaibli et endormi par de meilleures idées, se ralluma avec une force et une vigueur nouvelles lorsqu'il approcha de la Syrie. Finalement, regimbant contre tous les avis honnêtes et salutaires, comme dit Platon [...], il envoya Fonteius Capito avec mission de lui amener Cléopâtre en Syrie. »

Quoi qu'il en soit, c'est la dernière fois qu'Antoine voit sa femme et ses enfants (à l'exception des deux plus grands). Seule Cléopâtre l'attend, désormais.

L'objectif qu'il a en tête est clair. Une grande campagne militaire contre l'Empire parthe nécessite d'avoir des arrières solides, en mesure de garantir des ravitaillements, des armes, des hommes, et surtout, de l'argent. Antoine lance donc une réorganisation de l'ensemble du Moyen-Orient. L'occasion pour lui, comme l'a souligné Michael Grant, d'établir des liens étroits avec plusieurs souverains qui deviennent des rois-clients, à tous les niveaux. Un changement de cap dans la politique territoriale romaine dans cette région. Les gouverneurs cupides qui dépouillaient des provinces entières sont remplacés par des chefs d'État libres d'administrer en toute indépendance une population qu'ils connaissent bien (mais aussi de collecter les « précieux » impôts, véritable fleuve d'or pour la campagne qui se profile). Le plus important de tous ces royaumes clients est évidemment l'Égypte. Après avoir rencontré les différents souverains, vient le tour de Cléopâtre, invitée à Antioche grâce à l'intermédiaire du fidèle Caius Fonteius Capito.

Située au niveau de la frontière qui sépare aujourd'hui la Turquie et la Syrie, Antioche est la troisième ville de Méditerranée, après Rome et Alexandrie. On ne peut que s'étonner et regretter qu'il ne reste pratiquement plus aucune trace de cette fabuleuse cité. Il est déchirant de voir à quel point le temps est capable d'effacer des chapitres entiers d'histoire, pour laisser place au néant et au silence. Un phénomène qui devrait nous faire apprécier la moindre parcelle de notre époque, très probablement appelée à disparaître, en grande partie.

Comment se sont déroulées les retrouvailles entre Antoine et Cléopâtre à la fin de l'année -37 ? Nous n'avons aucun détail précis mais rien ne nous empêche de l'imaginer… Oubliez la première rencontre à Alexandrie, quand Cléopâtre avait couru vers son amant à en perdre haleine. Même si nous n'avons aucune preuve, il y a de grandes chances pour que la reine soit furieuse, blessée et jalouse. Elle a eu tout le temps nécessaire pour se préparer à ce moment et choisir les mots les plus efficaces. Pas question de négliger le moindre détail. Le seul obstacle est peut-être son émotivité, qui trouble la clarté de son discours. Cette scène a dû montrer une Cléopâtre offensive, véhémente et prête à user des meilleures techniques oratoires, transformées en armes de destruction massive grâce à son instinct à nul autre pareil.

Sans doute a-t-elle reproché à Antoine ces années d'absence. Sans doute l'a-t-elle accusé de ne jamais avoir vu ses enfants, les deux jumeaux, de les avoir concrètement abandonnés, de ne pas avoir été un père digne de ce nom. Mais surtout, poussée par la jalousie et par une douleur profonde, elle lui aura reproché ce mariage avec une autre… qui lui a donné deux filles, par-dessus le marché ! C'est l'un des moments les plus intenses de sa vie et, serions-nous tentés de dire, peut-être de toute l'histoire de l'Antiquité. Soulignons qu'au-delà de ces sentiments bafoués, il y a également une colère et une humiliation d'ordre « géopolitique ». Cléopâtre s'est sentie évincée au profit de l'accord entre Antoine et Octavien. Malheureusement, même si sa jalousie à l'égard d'Octavie est bien documentée par les historiens antiques, nous ne savons rien sur ce qui s'est passé au cours de ces longues minutes. Il n'empêche : aucun de nous n'aurait aimé se retrouver face à une Cléopâtre aveuglée par la colère, par la haine et par le fait qu'elle ait été « mise sur la touche », évincée des jeux de pouvoir en Méditerranée.

N'oublions pourtant pas une chose : la reine n'est pas naïve. Elle sait pertinemment pourquoi son amant est venu la voir. En l'occurrence, parce qu'il a besoin de son aide dans la campagne contre les Parthes. Le moment est idéal, elle n'a qu'à dicter ses conditions, en grande stratège qu'elle est. Elle se sert des hommes de pouvoir comme eux se servent d'elle. Elle peut désormais exploiter ce moment à son avantage.

Bref, il y a fort à parier que ces retrouvailles avec Antoine soient un cocktail détonnant de colère, de jalousie, de calcul politique et de talent oratoire. Une vraie tempête que le général romain va devoir affronter. Que peut-il faire d'autre à part laisser la reine s'épancher ? Peut-être essaie-t-il ensuite de répliquer, en lui expliquant que cette union avec Octavie n'est qu'un mariage de façade. Une justification qui aura sûrement décuplé la colère de la souveraine. Raison pour laquelle il va choisir de se montrer accommodant, prêt à accéder aux exigences de sa maîtresse qui reste sa principale alliée dans cette future guerre, qu'elle finance en grande partie. Comment savons-nous qu'il a pris ce parti ? Grâce aux conséquences de cette rencontre.

C'est tout d'abord à ce moment que les deux jumeaux reçoivent officiellement leurs noms d'Alexandre Hélios et de Cléopâtre Séléné. N'oublions pas que la tradition grecque considère l'astre solaire et l'astre lunaire comme des symboles jumeaux et annonciateurs de victoire.

Antoine fait par ailleurs d'importantes concessions à Cléopâtre, en lui offrant une grande quantité de territoires, dont les ressources, parfois très onéreuses, sont particulièrement prisées à l'époque. Il est question :

• de la Phénicie ;

• d'une grande partie de la Cilicie, au sud de la Turquie actuelle ;

• d'une partie de la Décapole, un groupe de dix villes situées sur les territoires appartenant aujourd'hui à la Syrie, à la Jordanie et à Israël ;

• de Chypre (Antoine réaffirme le contrôle de l'Égypte sur ses routes commerciales et ses productions minières lucratives) ;

• de quelques régions le long de la mer Rouge, de l'Arabie nabatéenne, ainsi que des gisements de bitume sur la mer Morte, dont l'exploitation reviendra exclusivement au royaume d'Égypte ;

• de l'Iturée, au nord de la Galilée ;

• des plantations de palmiers dattiers et de baumiers de Judée, dont on tire le célèbre « baume de Galaad » ou « baume de Judée », un produit hors de prix utilisé comme substance médicinale et comme parfum.

Grâce à ces « cadeaux coûteux », Marc Antoine réussit à calmer la colère de l'ambitieuse Cléopâtre. Mais peut-être que ces concessions territoriales font plus simplement partie d'une vraie négociation pour renouer son alliance avec la reine. Celle-ci devient du même coup l'une des plus grandes dirigeantes ptolé-méennes, loin devant son père. Le territoire égyptien n'avait plus occupé une surface aussi étendue depuis des siècles, avec Ptolémée II Philadelphe. Le bonheur et l'ambition de Cléopâtre son tels qu'elle décide de modifier le calendrier officiel. L'année en cours devient l'an I de son règne.

À Rome, ces concessions font grincer des dents, jusque chez les soutiens d'Antoine. Mais il s'en moque, et lève une grande armée pour envahir le puissant Empire parthe.

Une guerre tant attendue

Antoine n'est pas seul quand, au printemps -36, il concentre toutes ses troupes à Zeugma (dans le sud-est de la Turquie actuelle). À ses côtés, Cléopâtre : les deux amants se sont réconciliés au cours de l'hiver. La reine d'Égypte est de nouveau enceinte… On s'est beaucoup demandé si ces enfants étaient un instrument politique ou une marque d'amour. Nous n'entrerons pas dans ces interrogations, faute d'éléments probants. Une chose est sûre : entre eux, tout semble recommencer comme avant. Dès lors, ils vivront ensemble jusqu'à la mort.

Cléopâtre est certainement impressionnée. Un déploiement de troupes spectaculaire s'étend devant eux : c'est l'une des plus grandes armées jamais levée par les Romains. Avec les renforts obtenus grâce à leurs alliés, on compte, selon Plutarque, près de 100 000 hommes – 60 000 légionnaires romains, 10 000 cavaliers ibères et celtes encadrés par des Romains, ainsi qu'un contingent de 30 000 hommes, fantassins ou cavaliers, mis à disposition par les royaumes alliés. Même en admettant que ces chiffres soient exagérés, il s'agit d'une force de frappe considérable. Comme l'avait planifié César, mort quelques jours avant le début de « sa » campagne contre les Parthes (on imagine sans mal qu'Antoine veut récupérer l'héritage militaire du grand conquérant pour s'accaparer toute la gloire aux dépens d'Octavien), il décide d'envahir le territoire en passant par le nord et non par l'ouest, ce qui aurait été plus naturel. Une intuition géniale : les Parthes sont pris par surprise, ce qu'avait prévu le défunt César.

Hélas, à cause d'une erreur tactique, la campagne vire au désastre. Pour se rapprocher plus rapidement de la capitale de la Médie, Phraaspa, et l'assiéger, le Romain scinde en deux son armée dans les environs de l'actuel lac d'Ourmia, en laissant seulement deux de ses légions en arrière-garde, avec l'ensemble des engins de siège. L'ennemi devine leur fragilité et attaque avec des milliers d'archers montés. C'est un massacre. Les engins de siège, décisifs pour prendre la capitale, sont détruits. L'allié le plus précieux d'Antoine, le roi d'Arménie, Artavazde, estime alors que la campagne est compromise et l'abandonne, en retirant ses 7 000 fantassins, mais surtout ses 6 000 archers montés dont la présence était fondamentale pour défendre les Romains des incursions ennemies. Beaucoup estiment qu'il y avait la main d'Octavien derrière cette défection, d'autant que les deux hommes étaient constamment en contact épistolaire.

Les troupes de Marc Antoine encerclent la ville, en vain. Attaqué de toutes parts, il finit par prendre la décision de se replier en territoire allié. La marche se transforme en une retraite catastrophique. L'ennemi ne cesse d'attaquer, les légionnaires meurent de froid ou transpercés par des nuées de flèches. Cet épisode rappelle étrangement la retraite de Russie de l'armée italienne durant la Seconde Guerre mondiale. À ce propos, il semblerait qu'Antoine lui-même ait fait prêter serment à l'un de ses gardes du corps, Ramnus (peut-être un gladiateur). Sur un signe de sa part, celui-ci devait lui planter son glaive dans le corps et lui couper la tête, afin qu'il ne soit pas capturé vivant par l'ennemi, ni même reconnu après sa mort… Par chance pour lui, il n'aura pas à en arriver à de telles extrémités. Mais cette anecdote permet de comprendre le caractère dramatique de ce qui se joue.

Précisons que les légions vont avoir une attitude héroïque, en mettant en pratique toute leur habileté et leur talent guerrier. C'est à cette occasion que Plutarque et Dion Cassius vont décrire la célèbre « tortue » réalisée par les soldats en plaçant leurs boucliers au-dessus de leurs têtes et sur les côtés, ce qui les transforme en « forteresses » vivantes. Cette formation est tellement solide que ce « toit » de boucliers disposés comme un tuilage permet de faire passer des hommes, des chevaux et des chars. Mais ce qu'on sait moins, c'est que la tortue est parfois utilisée pour franchir des fossés et surtout, les fortifications ennemies durant les assauts. En grimpant sur la tortue, d'autres légionnaires forment une sorte de pyramide humaine afin de franchir les murailles.

Lorsqu'il atteint enfin les rivages de la Méditerranée avec ce qui reste de sa puissante armée, il a perdu entre 25 et 40 % de ses soldats (soit entre 25 000 et 40 000 hommes) d'après les estimations des historiens modernes. C'est un homme détruit. Il appelle Cléopâtre à l'aide.

La reine met du temps pour trouver les moyens et l'argent nécessaires pour équiper les soldats, mais elle finit par le rejoindre avec sa flotte. Un sacré soulagement pour tout le monde. C'est à cette occasion qu'elle présente à Antoine le troisième enfant qu'elle lui a donné : un garçon prénommé Ptolémée Philadelphe, exactement comme le souverain qui avait étendu à son maximum le territoire égyptien. Étrange destin que celui de Cléopâtre : à la naissance de chacun de ses enfants, les pères ont toujours brillé par leur absence.

Le nom du nouveau fils d'Antoine cache une ironie amère : lui qui voulait agrandir comme jamais le territoire de Rome grâce à une victoire qui l'aurait hissé au niveau de César ou d'Alexandre le Grand, se retrouve obligé de gérer l'une des défaites les plus cuisantes qui soient. Cléopâtre doit donc déployer tout son amour et toute son énergie pour redonner le moral à son amant. D'autant qu'une mauvaise nouvelle vient d'arriver en provenance d'Italie !

Octavien a battu la flotte de Sextus Pompée lors d'une bataille navale épique devant la ville de Nauloque. Non content de ne perdre que trois vaisseaux, il a coulé vingt-huit bateaux et capturé plus d'une centaine de bâtiments de son adversaire. Comment est-il parvenu à battre le maître incontesté des mers ? Grâce à son commandant en chef, le talentueux Agrippa, passé à la postérité pour avoir érigé le Panthéon, à Rome. Un vrai génie militaire, qui a transformé les affrontements en mer, où l'habileté des marins est primordiale, en combats au corps à corps, où ce sont les soldats qui ont un rôle déterminant. De quelle manière ? En recourant à l'*harpago*, une vieille invention carthaginoise. Il s'agit d'un harpon doté de quatre crochets, d'une forme proche de celle d'une longue ancre, que les navires tiraient à très longue distance à l'aide de « balistes » spéciales en direction des embarcations adverses. Une fois les bateaux harponnés, il ne restait plus qu'à les tirer jusqu'à ce que les deux bâtiments entrent en contact. Les soldats pouvaient alors se lancer à l'abordage, sans que l'ennemi ait la moindre chance de s'échapper.

Mais l'histoire ne s'arrête pas là. Octavien a pris possession de la Sicile en destituant de sa charge de triumvir Lépide (qui s'est retiré définitivement dans sa villa sur le promontoire du Circé). Le voilà maître de la péninsule et des territoires romains d'Occident.

C'est une véritable avalanche de mauvaises nouvelles qui s'abat sur Marc Antoine. Il apprend dans la foulée que son adversaire a été accueilli à Rome en triomphateur, qu'on lui a dédié des panégyriques, un arc de triomphe et même une statue en or. Pire : il a solennellement déclaré que les guerres civiles étaient terminées.

Octavien occupe le devant de la scène, c'est indéniable. Et Marc Antoine n'a, lui, que la défaite pour tout horizon.

Cléopâtre fait la grève de la faim

Nous voilà désormais en -35, une année décisive pour Cléopâtre, Antoine et Octavien. Pour les trois derniers protagonistes de notre récit, le moment est venu de prendre des décisions qui orienteront l'avenir de l'Histoire, sur trois continents.

Survient alors la première rupture.

Au début de l'année, Marc Antoine est en Syrie, où il tente de réorganiser l'armée. On l'a informé que le front ennemi est brisé : les Mèdes ont été mis en déroute par les Parthes et sont même disposés à sceller une alliance. L'occasion de prendre une revanche contre l'ennemi historique de Rome se présente ! Souci de taille : les soldats ne sont pas assez nombreux. De trop nombreux vétérans sont morts et Antoine ne peut recruter de nouvelles troupes aussi expérimentées qu'en Italie. Il demande donc à Octavien de lui envoyer 20 000 combattants, comme le prévoit l'accord qu'ils ont conclu à Tarente.

Malheureusement, l'ambitieux Octavien a compris que son ancien partenaire est dans une mauvaise passe. Au lieu de l'aider, il va donc lui rendre la tâche encore plus difficile. Il lui envoie seulement 2 000 légionnaires (prétoriens) et 70 navires sur la grosse centaine, prêtés par Antoine, qui avaient survécu à la bataille de Nauloque. Et afin de rendre ce cadeau encore plus empoisonné, c'est à Octavie, la femme d'Antoine, qu'il confie le soin d'amener ces renforts militaires.

Octavien a saisi que le point faible de son ancien allié est le lien qui l'unit à Cléopâtre. Lui envoyer son épouse avec une misérable poignée de soldats est une provocation en bonne et due forme, une manœuvre pour l'amener à refuser et lui faire perdre des soutiens à Rome.

Il est l'heure des grands choix, ceux qui mèneront à l'épilogue de notre récit.

Antoine est à la croisée des chemins. Il peut rentrer à Rome avec l'espoir de réaffirmer son autorité et son image en partie écornée par la défaite contre les Parthes. Problème : cela signifierait renoncer à Cléopâtre et à tous ses rêves de gloire et de pouvoir en Orient. Provisoirement, certes, mais qui saurait dire de quoi l'avenir sera fait ?

L'autre solution serait de tout miser sur l'Orient. De se remettre en selle grâce à de nouvelles conquêtes et de nouvelles victoires, synonymes de prestige, de pouvoir et de richesses, ce qui lui permettrait de s'opposer concrètement à Octavien et de le battre. En un mot comme en cent : il ferait le plein de ressources et de force en Orient avant de s'emparer de Rome. Mais pour obtenir tout cela, impossible de se passer de l'appui de Cléopâtre. Ce qui implique nécessairement d'abandonner Octavie et d'acter une rupture inévitable avec son beau-frère. Un point de non-retour serait franchi.

Ces jours sont décisifs pour l'avenir d'Antoine.

Quant à la reine, elle a une vision claire de la situation. Ce qui l'amène à entamer… une grève de la faim !

La souveraine est sincèrement inquiète à l'idée qu'Antoine puisse rentrer en Italie avec Octavie, et pas juste parce qu'elle éprouve des sentiments pour lui. En femme d'État d'expérience, elle devine bien que sa position et celle de ses enfants risquent d'être fragilisées si d'aventure un terrain d'entente est trouvé avec Octavien. Il ne pourra jamais y avoir d'accord ou de paix entre elle et ce dernier. Pourquoi ? À cause de Césarion, dont l'existence même conteste l'image politique d'Octavien, qui prétend être le seul héritier de César, alors que le petit garçon en est le descendant direct. Ou du moins, c'est ce qu'affirme Cléopâtre. Jusqu'à l'année précédente, Octavien n'a jamais représenté une réelle menace pour l'Égypte, vu ses piètres qualités de militaire, mais avec cette grande victoire navale contre Sextus Pompée et la défaite d'Antoine contre les Parthes, les choses ont changé. Si elle souhaite garder la main en Méditerranée et préserver l'avenir de son fils, la souveraine n'a qu'une solution : garder son amant près d'elle au maximum et espérer qu'il remporte l'affrontement, désormais inévitable, avec Octavien. Mais comment y parviendra-t-elle ?

La première étape de son plan consiste à éloigner Antoine de son épouse. Si Cléopâtre déteste cette femme, c'est d'abord parce qu'elle est une menace politique. Et puis elle en est jalouse : cette dangereuse rivale lui a déjà arraché son homme une fois.

Voilà pourquoi elle va tenter de le convaincre en entamant une « grève de la faim », c'est-à-dire en se laissant dépérir à vue d'œil. Un chantage visant à lui faire comprendre qu'elle mourrait s'il l'abandonnait.

Pour reprendre l'explication de Plutarque : « Elle affaiblit son corps en ne prenant que peu de nourriture. Quand il entrait chez elle, ses yeux laissaient entrevoir le ravissement et, quand il s'en allait, l'affliction et l'abattement. Elle faisait en sorte qu'il la vît souvent pleurer, et elle se hâtait d'essuyer et de cacher ses larmes, comme si elle voulait qu'il ne les aperçût pas. [...] Ses flatteurs, empressés à la servir, accusaient Antoine d'être dur, insensible et de laisser mourir une pauvre femme qui ne respirait que pour lui seul. Octavie, disaient-ils, ne s'était unie à Antoine que pour des raisons politiques, à cause de son frère, et elle jouissait du titre d'épouse, tandis que Cléopâtre, souveraine d'un si grand royaume, était appelée "la maîtresse d'Antoine", nom qu'elle ne refusait pas et ne jugeait pas indigne d'elle, pourvu qu'il lui fût permis de le voir et de vivre avec lui. Séparée de lui, elle ne survivrait point. À la fin, Antoine fut tellement bouleversé et attendri par de tels propos que, craignant que Cléopâtre ne renonçât à la vie, il retourna à Alexandrie. »

On ignore si c'est par amour ou par calcul politique mais Antoine va finir par choisir Cléopâtre et l'Orient.

Il écrit une lettre à Octavie, déjà arrivée à Athènes dans l'intervalle, pour lui demander d'envoyer les troupes, le ravitaillement, mais aussi les aînés de ses enfants, puis de rentrer.

Sans surprise, cette nouvelle fait sensation à Rome. Octavien lui-même fait mine d'être offensé et demande à sa sœur de quitter la *domus* d'Antoine où elle résidait. Au lieu d'envenimer la situation, elle répond à son frère de laisser de côté ces questions personnelles susceptibles de conduire à une nouvelle guerre civile. Elle restera au domicile de son époux, comme s'il était là, en élevant leurs enfants et ceux qu'il avait eus avec Fulvia. Une preuve de la grandeur d'âme de cette femme, à l'intelligence et à la sagesse exceptionnelles.

Entretemps, Antoine commet une autre erreur politique qui lui fait perdre encore un peu plus de crédibilité : Sextus Pompée, le vaincu de la bataille navale de Nauloque, se réfugie en Asie Mineure. Ayant eu vent des revers d'Antoine, il essaie de passer un marché avec les Parthes pour créer une zone d'influence qu'il dirigerait avec le soutien des ennemis historiques dans la péninsule. Ce qui lui permettrait, à terme, de revenir dans la course au pouvoir à Rome. Marc Antoine s'en aperçoit et envoie contre lui une puissante armée aux ordres du légat Marcus Titius. Celui-ci capture le fils de Pompée et, chose incroyable, le tue sans lui offrir le procès équitable auquel il aurait eu droit comme tout citoyen romain. A-t-il agi sur ordre d'Antoine ou de sa propre initiative ? Difficile à dire.

Cette nouvelle traverse la Méditerranée à la vitesse de l'éclair. Octavien en profite. Faussement affecté, il célèbre la mort de Sextus Pompée en lui rendant tous les honneurs. Cette façon de montrer toute la magnanimité dont il aurait fait preuve s'il avait été à la place de son rival lui rapportera des soutiens supplémentaires parmi les sénateurs et le peuple.

Enfin une victoire

Conscient que son avenir dépend désormais d'une victoire en Orient, Antoine passe l'été et l'automne de l'année -35 entre la Syrie et la Judée pour préparer une grande offensive. D'où la nécessité de resserrer ses liens avec les royaumes vassaux. C'est donc à cette occasion qu'il organise le mariage de sa première fille avec un citoyen haut placé de Trallès. Une enfant au destin tragique, dont l'existence s'achèvera peu de temps après, mais qui aura le temps de mettre au monde une fille. Celle-ci épousera Polémon Ier, roi du Pont, et deviendra reine ! Par un curieux hasard, le rêve de pouvoir d'Antoine se réalisera après sa mort, sur un territoire restreint, mais qu'importe, à travers sa petite-fille, Pythodoris.

Antoine et Cléopâtre passent ensemble l'hiver 35-34 av. J.-C. à Alexandrie. Le grand moment, celui de l'invasion, approche. Au dernier moment, le général romain change pourtant d'objectif : sa cible est désormais le royaume d'Arménie. Pourquoi ? Avant tout parce que les Romains n'ont toujours pas digéré la trahison de ce roi, Artavazde, qui s'était retiré pendant la guerre contre les Parthes, ce qui avait provoqué l'échec de cette expédition, deux ans plus tôt. Il est également informé des contacts entre le souverain arménien et Octavien. En l'attaquant, il éliminera un allié potentiel (et dangereux) de son rival en Orient.

L'armée d'Antoine pénètre dans le royaume, capture le roi, puis conquiert toute l'Arménie et y place quelques légions. Il ne lui reste plus qu'à la transformer en province romaine avant de rentrer en Égypte en triomphateur.

Il n'a pas vaincu les Parthes, certes, mais Rome a profité de l'opération pour conquérir de nouveaux territoires, dans une zone proche d'un royaume ennemi et d'une importance stratégique indéniable.

L'opinion publique n'est pourtant pas convaincue par cette nouvelle. Au-delà de cet élargissement, réel mais précaire, de la domination romaine, cette victoire laisse tout le monde perplexe car l'ennemi est toujours debout. César aurait fait nettement mieux ! Antoine voit son image de grand chef de guerre encore un peu plus écornée… d'autant qu'Octavien est à la manœuvre pour relativiser ce succès. En Égypte, les choses se passent d'une toute autre manière. À son retour à Alexandrie, à l'automne -34, Antoine est accueilli en héros. Pour l'occasion, on frappe une pièce sur laquelle il apparaît, d'un côté, coiffé d'une tiare arménienne (en souvenir d'Alexandre le Grand, qui avait conquis l'Arménie, lui aussi). De l'autre, on trouve Cléopâtre.

On organise également un défilé triomphal fastueux, mais différent de ceux qu'on voit à Rome. Normal, puisque c'est le palais de Cléopâtre qui sert de toile de fond.

Imaginez la voie Canopique, l'artère principale d'Alexandrie, entièrement pavoisée. Toute la population est dans la rue pour ne pas louper le spectacle, beaucoup de gens sont aux fenêtres, plein d'autres sur les toits. Finalement, le cortège arrive. Les symboles de Rome défilent avec ceux de l'Égypte. Viennent ensuite les prisonniers, dont le roi arménien Artavazde et ses proches. C'est l'humiliation publique. Les gens se déchaînent et l'insultent. Vu son statut, le souverain déchu est couvert de chaînes en argent (en or, d'après certains auteurs antiques). Derrière, la foule exulte dans un bruit assourdissant. Marc Antoine est apparu sur un char à quatre roues. Il n'est pas habillé en général romain… mais en dieu. Et pas n'importe lequel : Dionysos, bien sûr. Il est coiffé d'une couronne de lierre, vêtu d'une tenue somptueuse, couleur safran, chaussé de bottines et tient un bâton sacré à la main. Le char sur lequel il se trouve symbolise celui de Dionysos, qu'on voit souvent sculpté sur les sarcophages dans les musées. Certes, de nos jours, un cortège pareil nous ferait penser aux chars du carnaval plutôt qu'à la démonstration de force d'une armée victorieuse. Mais n'oublions pas que l'Antiquité accorde une valeur symbolique immense à ce défilé. Et sa venue représente le dieu du Bonheur et de la Liberté, mais aussi celui de la Libération. C'est l'une des divinités de premier plan du panthéon hellénistique.

De nombreux habitants n'ont jamais vu un spectacle pareil. Tout le monde souligne la grandeur de cette nouvelle ère associée au règne de Cléopâtre.

Le cortège continue sa route. Les soldats défilent à leur tour. Cléopâtre se trouve, elle, à un endroit stratégique du parcours, au niveau du temple de Sérapis. C'est là, au milieu des colonnes et des marbres précieux de l'édifice, qu'on a dressé une grande estrade en argent. Des gardes sont sûrement postés tout autour, entourés d'étendards qui flottent au vent. La reine est assise sur un trône doré qui brille dans les rayons du soleil. On croirait voir une déesse émerger d'un brasier de flammes d'or. Lorsque la famille royale arménienne enchaînée arrive face à elle, les prisonniers ne lui adressent aucune supplique. Ils ne lui présentent pas non plus leurs respects – Dion Cassius nous informe pourtant qu'on leur avait promis la clémence s'ils prononçaient ces mots. Avec beaucoup de courage, ils se contentent de l'appeler par son nom, sans souligner sa qualité de reine. Un affront qu'ils paieront au prix fort : Cléopâtre fera tuer le roi d'Arménie après la défaite d'Actium.

Au terme du cortège, Antoine offre un somptueux banquet à la population d'Alexandrie, ainsi que des spectacles et des cadeaux. Pour certains, dont l'historienne Stacy Schiff, Cléopâtre en personne distribue de la nourriture et de l'argent à la population. Une manière très habile de revendiquer le mérite de cette victoire.

Mais le clou de ces festivités est encore à venir.

Quelques jours plus tard, le couple invite l'ensemble des citoyens dans le Gymnase, où l'on a installé une grande tribune argentée avec deux trônes en or.

Il n'y a pas de place pour tout le monde, le lieu est plein à craquer. Les yeux de l'assistance brillent en attendant la surprise imminente. Soudain, le peuple exulte pour saluer bruyamment l'entrée d'Antoine, de Cléopâtre et de leurs enfants. Antoine est habillé en Dionysos/Osiris, Cléopâtre en nouvelle Isis. Ils reprennent la même symbolique sacrée qu'au moment de leur « union ». La reine est certainement l'héroïne de la cérémonie. Toujours d'après Stacy Schiff, elle apparaît drapée dans une tunique plissée avec des rayures brillantes, dont le bord frangé lui descend jusqu'aux chevilles. On imagine qu'elle porte également une couronne avec trois uraeus.

Antoine se lève. Le bras tendu, il demande le silence, et l'obtient. On n'entend guère que quelques enfants pleurer dans les bras de leurs mères. Là, il récite tout haut un discours en grec. Des mots qui entreront dans l'Histoire.

Il proclame tout d'abord Cléopâtre « reine des rois » et Césarion « roi des rois ». D'après Dion Cassius, il affirme publiquement que Césarion est né de l'union entre César et Cléopâtre. Une déclaration qui constitue une attaque contre Octavien, qui apparaît simplement comme un fils adoptif du grand conquérant, et non pas son héritier naturel.

Arrive ensuite le moment passé à la postérité. Antoine annonce la distribution de territoires et de provinces romaines à la reine et à ses enfants. En premier lieu, Cléopâtre est confirmée dans sa position de souveraine de l'Égypte, de Chypre, de l'Afrique et de Célésyrie, aux côtés de Césarion. Vient ensuite le tour des autres enfants, habillé des tenues traditionnelles des nouveaux royaumes qu'ils partiront gouverner. Le dernier né, Ptolémée Philadelphe, vêtu à la manière d'Alexandre le Grand, reçoit l'ensemble des territoires à l'ouest de l'Euphrate, jusqu'aux Dardanelles, dont la Syrie, la Phénicie et la Cilicie. Alexandre Hélios, vêtu à la façon des Mèdes et des Arméniens, obtient l'Arménie et la Médie. Il sera aussi le maître de l'Empire parthe, une fois qu'il sera soumis. Quant à Cléopâtre Séléné, sa sœur, on lui confie la Cyrénaïque et l'île de Crète.

À la fin de cette cérémonie, la salle, qui était restée muette durant le discours d'Antoine, explose dans de grands cris de joie. On assiste alors à un joli moment d'harmonie familiale, quand les enfants se blottissent contre leurs parents pour les embrasser. Ils quittent ensuite la scène, entourés par leurs gardes du corps attitrés, qui avec des hommes d'armes arméniens, qui avec des Macédoniens, etc.

Cette décision-surprise d'Antoine, qui recevra plus tard le nom de « donations d'Alexandrie », représente un succès extraordinaire pour Cléopâtre. Avec ces nouvelles concessions territoriales, la reine réussit à rétablir les anciennes frontières du royaume ptoléméen à l'époque de son expansion maximale, exception faite de la Judée (qui reste aux mains d'Hérode). Mais elle va même plus loin, en annexant, sur le papier, du moins, une grande partie de l'Asie ennemie. Bref, les donations d'Alexandrie représentent vraiment l'apothéose de Cléopâtre.

À Rome, on verra cette cérémonie d'un tout autre œil…

LA BATAILLE D'ACTIUM

Une guerre de propagande à distance commence

À Rome, le peuple est blessé. Pour quelle raison ? Tout d'abord parce qu'il se sent injustement privé de ce triomphe sur l'Arménie qu'Antoine a célébré à Alexandrie. La déception est d'autant plus grande que les triomphes s'accompagnent traditionnellement d'une distribution d'argent et de nourriture. Voilà également plusieurs années qu'il a quitté Rome et les rumeurs sur son compte se trouvent confirmées par ces donations : Antoine est à la botte de Cléopâtre !

Le peuple n'est pas le seul à avoir une mauvaise surprise : pour Octavien, le fait que Césarion soit présenté comme le seul descendant légitime de César est un affront.

Commence alors une véritable guerre de propagande à distance, dans laquelle les deux anciens alliés s'attaquent en multipliant les coups bas.

Au sénat, Octavien accuse Antoine d'être désormais soumis à Cléopâtre et, plus largement, au style de vie oriental. En réponse, Antoine lui reproche d'avoir destitué Lépide de façon injuste, occupé la Sicile sans avoir proposé une répartition de ce territoire et, surtout, enfreint sa promesse d'envoyer des légionnaires et des bateaux.

Pour battre en brèche la thèse selon laquelle Césarion est le seul héritier digne de ce nom, Octavien commandite la rédaction d'un faux. Il demande (sans guère lui laisser le choix) à Caius Oppius de rédiger un texte dans lequel il affirme que Césarion n'est pas le fils du grand chef de guerre (dont il était un proche collaborateur). Puis il contre-attaque : il commence à se construire une image de défenseur des valeurs fondamentales des Romains (le *mos maiorum*) et fait tout pour discréditer son rival.

Comment réagissent les habitants de Rome à ce conflit ? En réalité, la société romaine est coupée en deux : comme l'a démontré Giovannella Cresci Marrone, les plus conservateurs se rangent du côté de la tradition, et donc d'Octavien. À l'inverse, les jeunes aristocrates et les intellectuels soutiennent Antoine, un jouisseur sans scrupules, certes, mais avec une soif de vivre dans laquelle ils voient une aspiration à un monde nouveau et une ouverture vers la culture hellénistique qu'ils apprécient.

Tandis que ce dernier est accusé, entre mille autres choses, d'être un ivrogne, on s'attache à montrer les origines modestes d'Octavien. On le présente même comme le petit-fils d'un boulanger et le descendant d'un courtier. « Ta farine maternelle provient du plus grossier moulin d'Aricie, et c'est un changeur de Nerulum qui l'a pétrie de ses mains noircies au contact de l'argent », prétendaient certaines insinuations, à en croire Suétone.

Sans surprise, Cléopâtre est également attaquée. C'est à cette période que s'impose son image de femme perverse, de *fatale monstrum*, pour reprendre l'expression d'Horace, qui fera date.

Les accusations les plus sournoises concernent également la sphère intime. Octavien n'a aucun mal à attaquer Antoine sur sa relation avec Cléopâtre et, plus largement, sur sa vie sexuelle dissolue. Mais son rival n'est pas en reste : il affirme qu'Octavien a été adopté par César parce qu'il était son mignon, dans sa jeunesse. Il l'accuse par ailleurs d'avoir l'habitude de faire des

« épilations » ambiguës, en se brûlant les poils des jambes avec des coquilles de noix brûlantes. Il lui reproche même d'avoir attrapé la main de la femme d'un consul devant son mari, pendant un dîner, puis de l'avoir conduite dans une chambre avant de la raccompagner dans la salle du banquet, les oreilles rougies et les cheveux décoiffés.

Les deux hommes échangent également des lettres incendiaires, remplies d'insultes et d'accusations. Suétone en rapporte une écrite par Antoine, où l'on devine le ton (et l'appétit sexuel) des deux rivaux : « Pourquoi as-tu changé à mon égard ? Est-ce parce que je possède une reine ? C'est ma femme. Est-ce d'aujourd'hui ou d'il y a neuf ans ? Et toi, possèdes-tu seulement Drusilla ? Porte-toi bien, si au moment où tu liras cette lettre, tu n'as pas possédé Tertulla, ou Terentilla, ou Rufilla ou Salvia Titisenia, ou toutes les autres. Qu'importe en quel endroit et avec qui tu fais l'amour ? »

Le coup d'État d'Octavien et la déclaration de guerre

À la fin de l'année -33, il est désormais évident que la relation entre Antoine et Octavien est irrémédiablement compromise et que la guerre entre les deux hommes n'est pas juste inévitable. Elle est imminente.

Antoine est en Arménie pour évaluer les conditions de la nouvelle expédition contre les Parthes, devenue une idée fixe. Lorsqu'il comprend que la guerre approche, il décide de faire route pour l'Asie Mineure en ordonnant à l'essentiel de ses légions (au nombre de seize) de converger vers Éphèse, où il a choisi d'établir les quartiers d'hiver de son armée.

Le même ordre est donné à Cléopâtre, qui rejoint son amant à bord de sa flotte.

Antoine tente une manœuvre politique astucieuse. Au début de la nouvelle année, -32, deux nouveaux consuls ont pris leurs fonctions. Deux de ses plus fidèles partisans, Cnaeus Domitius Ahenobarbus et Caius Sosius, à qui il demande de valider l'ensemble des dispositions qu'il a pu prendre, y compris les fameuses donations d'Alexandrie.

À charge maintenant pour les deux nouveaux consuls et pour le sénat de statuer sur la question. La séance se tient le 1er février, en l'absence d'Octavien. Grâce aux sources antiques, nous savons qu'Ahenobarbus s'abstient de prendre position là où Sosius tient un discours en faveur d'Antoine, tout en attaquant durement son rival. Il propose également une motion de censure. Elle sera repoussée.

La réaction (foudroyante) d'Octavien marquera l'Histoire. C'est un véritable coup d'État. Après avoir convoqué le sénat, il entre dans la salle de la curie avec un détachement de soldats et quelques-uns de ses partisans, armés. Il se place alors entre les deux consuls et prononce un discours dans lequel il défend ses actes. Puis il dissout l'assemblée et fixe une autre réunion durant laquelle il fera, promet-il, des révélations brûlantes sur la conduite d'Antoine. Dans une démocratie moderne, une telle tentative d'intimidation aurait été qualifié de dictatoriale. Si Rome n'est pas une démocratie, loin s'en faut, cet épisode jette une ombre supplémentaire sur la figure ambiguë, trouble, despotique et souvent cruelle de celui qu'on appellera Auguste, le père de l'Empire romain.

Les deux consuls quittent Rome en signe de protestation et rejoignent leur champion en compagnie de 300 à 400 sénateurs, preuve du large soutien dont il jouit encore.

Entretemps (nous sommes désormais au mois d'avril -32), Marc Antoine et Cléopâtre s'octroient une petite période de vacances sur l'île de Samos. C'est la dernière période qu'ils passent ensemble dans le bonheur et l'insouciance. Ils partent ensuite pour Athènes où se poursuivent les cérémonies et les spectacles en leur honneur. Cléopâtre tente de conquérir la faveur du peuple en se montrant particulièrement généreuse. Au même moment, Antoine prend une décision ô combien difficile : il répudie son épouse Octavie. Ça y est, il a choisi l'Orient et Cléopâtre. C'est la première victoire de la reine sur Rome… mais c'est aussi la dernière.

Comment réagit Octavie ? Pour elle, c'est un moment très douloureux, nous raconte Plutarque : « On dit qu'en sortant, elle emmena avec elle tous les enfants d'Antoine, à l'exception de l'aîné des fils de Fulvia (celui-ci était auprès de son père). Elle pleurait et se désolait à la pensée qu'elle passerait, elle aussi, pour une des causes de la guerre. Les Romains éprouvaient moins de pitié pour elle que pour Antoine, surtout ceux qui, ayant vu Cléopâtre, se rendaient compte qu'elle ne l'emportait sur Octavie ni en beauté ni en jeunesse. »

En apparence, le divorce d'Antoine est un autre coup dur pour Octavien. Mais ne l'attendait-il pas, en réalité ? Le voilà avec une sacrée carte en main, qu'il va jouer avec beaucoup d'astuce. Avant l'affrontement final, son ennemi a en effet décidé de rédiger son testament. Suivant la tradition romaine, il l'a confié à deux de ses plus étroits collaborateurs, Marcus Titius, l'homme qui a tué Sextus Pompée, et Lucius Munatius Plancus, le fondateur des colonies romaines de Lugdunum (Lyon). Leur mission : le confier aux vestales, qui le garderont jusqu'à ce qu'il soit ouvert, après sa mort.

Seulement, après avoir remis le document aux prêtresses, les deux hommes vont rejoindre les rangs d'Octavien et lui révéler à la fois les projets de guerre d'Antoine et le contenu de son testament, qu'ils connaissent par cœur. Et pour cause : il l'a rédigé en leur présence ! Il y rappelle que Césarion est bel et bien le fils de César et confirme l'héritage qu'il souhaite laisser aux enfants qu'il a eus avec Cléopâtre (à commencer par les territoires orientaux). Pour finir, il demande à être enterré à Alexandrie.

En guise de récompense, les deux transfuges obtiennent des fonctions de premier ordre : Marcus Titius sera élu consul *suffectus* tandis que Munatius Plancus recevra la charge de censeur. Ce sera d'ailleurs ce dernier qui proposera de donner à Octavien le qualificatif d'« Auguste » appelé à entrer dans l'Histoire.

Ce dernier accomplit alors un geste sacrilège : il s'empare du testament gardé par les vestales et en donne lecture au sénat. S'est-il contenté de lire une partie seulement du texte, la plus compromettante ? Ou bien est-il allé jusqu'à falsifier certains passages pour susciter l'indignation de l'opinion publique, comme le prétendent de nombreux historiens ? Certains en sont même venus à penser que l'intégralité de ce testament est un faux créé de toutes pièces.

Quoi qu'il en soit, il obtient la réaction voulue. Les sénateurs et une partie de la population sont scandalisés, surtout par le fait qu'Antoine veuille être enterré à Alexandrie et non à Rome. La chose est perçue comme une trahison. Résultat : le peuple se range de plus en plus du côté de son rival. Nombreux sont ceux qui les rejoignent. Parmi eux, on compte les membres de ce que nous pourrions appeler des lobbys financiers. En décidant de déléguer aux différents royaumes alliés d'Orient la collecte des impôts et de leur laisser toute latitude dans la gestion du royaume, Antoine s'est fait de nombreux ennemis, a expliqué Ronald Syme. Dans les faits, il a diminué les profits impériaux en restreignant le champ d'action des financiers et des collecteurs de taxes romains. De manière inconsciente, l'intérêt économique s'est transformé en une indignation patriotique (et légitime).

Des hommes d'affaires, des sénateurs, des chevaliers vont donc soutenir Octavien dans la préparation de la guerre. Les territoires orientaux seront autant de proies qu'ils pourront attaquer et saigner après la victoire…

Octavien a désormais les coudées franches. Il a le peuple et les forces économiques de son côté. Il ne lui reste plus qu'à convaincre le sénat de priver Antoine de sa charge de triumvir, ainsi que de tous ses autres pouvoirs. Son rival n'est plus qu'un simple citoyen, sans fonction ni rôle officiel. Il demande ensuite que la guerre soit déclarée. Mais non pas contre Antoine, bizarrement, mais Cléopâtre. Une manœuvre intelligente car elle ne vise pas un Romain, mais se fait aux dépens d'une reine étrangère. L'idéal pour gonfler à bloc le patriotisme des Romains. Par ailleurs, comme le souligne Michael Grant, « le vrai but d'Octavien était de donner aux amis d'Antoine à Rome la possibilité de changer de camp ».

La déclaration de guerre officielle survient lors d'une cérémonie solennelle, suivant une vieille formule romaine. Octavien se rend en procession au temple de Bellone, la déesse de la Guerre, devant le théâtre de Marcellus, encore en construction. Sur place, il prononce un discours d'une grande violence contre Cléopâtre. On lui remet ensuite une lance plongée dans du sang frais, qu'il lance en direction de la *columna bellica* qui se dresse devant le temple.

C'est la guerre !

La bataille d'Actium approche

Automne -32. Antoine et Cléopâtre passent en revue une armée colossale, composée de trente légions, avec 75 000 légionnaires, 25 000 fantassins légers et 12 000 cavaliers. Onze légions sont envoyées en Égypte et en Cyrénaïque, les dix-neuf autres constitueront le noyau de la force de frappe contre Octavien.

Pour l'occasion, on frappe des pièces qui passeront à la postérité. Chacune d'elles comporte, sur une face, un aigle et une enseigne accompagnés du nom et du numéro d'une légion. Sur l'autre, on voit un navire de guerre de Cléopâtre.

Le couple royal quitte Athènes et prend le chemin de Patras, qui devient leur résidence hivernale. Mais leurs troupes ne se composent pas seulement de soldats romains et égyptiens. Elles sont également épaulées par les troupes alliées des rois vassaux, dont une grande partie nous sont inconnus, ou presque : Mithridate de Commagène, Sadalès de Thrace, Philadelphe de Paphlagonie, Tarcodemus de Cilicie, Bocchus de Libye. Des noms dignes d'une saga ! Il y a même un détachement envoyé par le roi de Médie, ainsi qu'Archélaos de Cappadoce, installé sur le trône grâce à Antoine – c'est le fils de Glaphyra, cette femme qu'il ne cessera jamais d'aimer. Cléopâtre est-elle au courant ? Mystère.

À cette immense puissance terrestre s'ajoutent les forces navales. À Éphèse, Antoine a rassemblé pas moins de 800 bateaux. Il en utilisera 500 dans sa guerre contre son ancien allié.

Au fil des semaines, il fait déplacer différentes garnisons le long de la côte et sur les îles grecques afin de former une chaîne de positions militaires (Corfou, Ithaque, Zakynthos, Modon, le cap Matapan, la Crète et la Cyrénaïque), chargées de surveiller l'approvisionnement de l'armée depuis la lointaine Égypte. De notre point de vue, ce dispositif est son vrai talon d'Achille et, peut-être, la principale raison de ce qui se passera lors de la guerre. Antoine est très loin de « chez lui » et son circuit de ravitaillement est vulnérable. Alors qu'en combattant non loin de l'Italie, son adversaire peut compter sur des renforts rapides en hommes, en vivres et en armes, sans interruption.

Mais au fait, où se tiendra la guerre ? Pourquoi Antoine et Cléopâtre se sont-ils retranchés le long des côtes grecques ? Pourquoi n'ont-ils pas débarqué en Italie pour affronter l'ennemi lors d'une grande bataille sur la terre ferme ?

L'explication est assez compréhensible. Avec la guerre de propagande déclenchée par Octavien, poser le pied dans la péninsule avec une armée (et Cléopâtre !) reviendrait à susciter l'hostilité de la population italique. Antoine aurait donc tout le monde contre lui. Autant opter pour une stratégie différente, plus « attentiste » qu'offensive. L'idée est de forcer Octavien à quitter la péninsule, de l'attendre en Grèce, de le vaincre et, après seulement, de débarquer en Italie. Le temps joue pour lui, car les ressources financières de son adversaire sont limitées. Puisque celui-ci a besoin d'une victoire rapide, il finira par se dévoiler, c'est certain.

La stratégie d'Antoine et de Cléopâtre est intelligente. En cas d'affrontement sur la terre ferme, Octavien risquerait de subir un revers retentissement, tout le monde le sait. Ils décident donc de s'abriter avec leur flotte dans le golfe d'Ambracie et d'attendre l'adversaire.

La guerre aura pour décor un panorama spectaculaire, avec cette mer scintillante et ce ciel sans nuages, ces petites criques, ces fonds turquoise, la brise venue de la mer. Un havre de beauté, où tout invite à savourer la vie, mais qui ne tardera pas à se transformer en un lieu de haine et de mort.

Octavien est bien conscient qu'il court un grand danger s'il affronte Antoine sur un champ de bataille. Alors que faire ? Prendre le contrepied, tout simplement. Il ne combattra pas Antoine sur la terre ferme, puisque son rival serait trop fort… mais en mer. Il mise tout sur sa flotte et, surtout, sur son grand maître d'œuvre, celui qui a vaincu Sextus Pompée lors d'une bataille navale grandiose : Agrippa.

Agrippa, un atout de choix

Né pratiquement la même année qu'Octavien, Agrippa est un homme d'origine modeste. Ils se connaissent depuis l'enfance. Camarades de jeux, ils ont grandi ensemble et se trouvaient tous les deux dans le campement militaire d'Apollonie quand est tombée la nouvelle de la mort de César. Depuis cette époque, ils ne se sont jamais quittés.

Excellent stratège, d'une endurance physique hors du commun, Agrippa est l'un des plus grands généraux de l'histoire de Rome et le meilleur amiral de son temps, incontestablement. Après César, il a été le deuxième commandant romain à mener des troupes au-delà du Rhin. Velleius Paterculus l'a décrit comme « un homme d'une valeur exceptionnelle dont ni la fatigue, ni les veilles, ni les dangers ne pouvaient venir à bout, [et qui] passait immédiatement des décisions aux actes ». Le voilà qui entre en jeu, avec sa capacité innée à surprendre l'ennemi par ses manœuvres imprévisibles. Lui qui avait eu l'idée géniale de réintroduire l'usage de l'*harpago* durant la bataille contre Sextus Pompée, que va-t-il bien pouvoir inventer ?

La réponse ne se fera pas attendre longtemps, à la surprise générale. Nous sommes au début du mois de mars -31 et la navigation n'a pas encore repris après la coupure hivernale. Mais Agrippa brave le destin et ose un coup très risqué : il quitte Brindisi et Tarente avec la moitié de sa flotte et attaque l'une des positions militaires d'Antoine, à Modon. L'endroit est défendu par les troupes d'un allié, Bogud de Maurétanie, qui est tué au cours de l'assaut. Avec la conquête de cette base importante, l'amiral vient de briser la ligne de ravitaillement organisée entre la Grèce et l'Égypte par Antoine. Il va se servir de cette base navale pour lancer d'autres incursions.

Avec cette manœuvre qui signe le début des hostilités, c'est toute la campagne d'Antoine qui est d'ores et déjà compromise, estiment certains historiens d'aujourd'hui. Ce qui montre bien toute l'étendue du génie d'Agrippa et son poids déterminant dans la bataille d'Actium.

Mais cela ne s'arrête pas là. Lors d'une attaque concertée, Octavien passe lui aussi à l'action presque en même temps qu'Agrippa : il traverse la mer et fait débarquer ses hommes en Épire, pour descendre au sud sans rencontrer de résistance.

Dans l'intervalle, Agrippa repart avec sa flotte et occupe un autre poste militaire d'Antoine et de Cléopâtre, Corfou.

La stratégie d'Octavien se révèle : il a prévu une action combinée sur terre et sur mer. Alors que les forces ennemies l'attendaient pour un affrontement terrestre, il a fait une percée foudroyante en mer, en brisant la ligne de ravitaillement et en assiégeant l'adversaire depuis la mer. Sur la terre ferme, Octavien marche rapidement vers Antoine, qui est contraint de déplacer ses légions sans perdre une seconde. Et alors que les deux armées se déploient l'une en face de l'autre, une nouvelle menace arrive depuis la mer : Agrippa s'empare d'un autre poste militaire d'Antoine, Leucade, en finissant de l'encercler. La flotte d'Antoine est désormais prisonnière « chez elle », enfermée dans le golfe d'Ambracie. L'inertie du géant militaire positionné par Marc Antoine est surprenante, tout comme la rapidité et le talent d'Agrippa.

À y regarder de plus près, même s'il est l'un des plus grands généraux romains, Antoine n'est certainement pas un génie militaire, comme le souligne Giovanni Brizzi, spécialiste des guerres dans l'Antiquité : tacticien tout juste moyen, il a pu commette des erreurs d'une extrême gravité. Celles-ci se sont avérées catastrophiques contre les Parthes (quand il a scindé ses forces, ce qui a permis à l'ennemi d'anéantir la colonne avec l'artillerie et les machines de siège) et même carrément suicidaires à Actium. S'agissant de cette dernière bataille, le jugement du professeur Brizzi est catégorique : « En réalité, l'incroyable partie d'échecs jouée avec l'ennemi est déjà jouée : la majorité de la flotte d'Antoine, déjà usée par l'action permanente d'Agrippa et désormais nettement inférieure en nombre, est enfermée dans le golfe d'Ambracie, incapable de recevoir des ravitaillements et des renforts. »

Mais ce n'est pas seulement l'astuce et le sens stratégique d'Agrippa qui vont frapper sans pitié les forces d'Antoine et de Cléopâtre. L'hiver qui vient de s'achever a été meurtrier. Les effectifs ont été décimés par la malnutrition et par les maladies, beaucoup ont déserté…

Commence alors une phase de statu quo, avec les deux armées à l'arrêt pendant des mois, dans l'expectative.

Les choses ne vont évoluer qu'avec l'arrivée du printemps, puis de l'été. Les équipages d'Antoine sont victimes du climat humide et lourd, qui provoque une épidémie de dysenterie, mais surtout, une invasion de moustiques, porteurs de malaria. Les tentes se dressent dans un endroit marécageux et les hommes ont bien du mal à évacuer les eaux usées d'un campement de dizaines de milliers de personnes.

Mais Octavien souffre lui aussi du manque d'eau, même posté sur le plateau de Mikalitzi, au nord du golfe, pourtant plus ventilé et salubre.

Les deux camps se provoquent. Antoine installe un deuxième campement sur la rive droite du détroit et propose la bataille. Devinant les difficultés de l'ennemi, Octavien refuse. Soudain, la cavalerie (menée par le « traître » Marcus Titius, l'homme de l'affaire du testament) écrase la sienne dans la vallée du Louros. L'effet sur le moral des troupes est dévastateur. Certains passent à l'ennemi, comme les rois Philadelphe de Paphlagonie, Rhoémétalcès de Thrace, et même un fidèle parmi les fidèles,

Domitius Ahenobarbus. Même si ces défections sont de vrais crève-cœurs, il leur fait quand même remettre tous leurs bagages, avec esclaves et amis, au campement ennemi.

Malgré tout, il tente de forcer le blocus avec une double manœuvre, en faisant sortir ses navires tandis qu'il distrait l'ennemi avec une action terrestre. Mais cette décision tourne au fiasco… D'autres alliés s'en vont, à l'image du roi Amyntas, souverain de Galacie, avec ses 2 000 cavaliers, puis du gouverneur de Grèce, et même de ce Quintus Dellius, ce diplomate habile qui avait convaincu Cléopâtre d'aller à Tarse pour rencontrer Antoine.

La tension est palpable…

Fin août, après quatre mois de blocus naval, le campement d'Antoine et de Cléopâtre est le théâtre du dernier conseil de guerre.

Le dernier conseil de guerre

Tout le monde est maintenant conscient qu'il est impossible de gagner à Actium. Il faut essayer de sortir de cette situation, point. Deux solutions sont envisagées.

La première est avancée par Publius Canidius Crassus, un fidèle d'Antoine, le commandant en chef des troupes terrestres. Son plan est simple : renvoyer Cléopâtre et sa flotte en Égypte, opérer un repli stratégique sur la Thrace et la Macédoine et chercher le lieu idéal pour un affrontement décisif contre Octavien. D'autant que le roi des Gètes, Dicomas, a promis de les aider avec une puissante armée. Canidius insiste vigoureusement : ce serait de la folie si Antoine, avec son immense expérience des combats terrestres, éparpillait inutilement sa puissante armée sur des bateaux pour essayer de forcer le blocus.

L'autre grand plan est proposé par Cléopâtre : il s'agirait de forcer le blocus naval avec ses nombreux vaisseaux tandis que les troupes de Canidius se retireront de la côte, avant de prendre la direction d'un lieu préétabli. Entretemps, c'est là qu'on aurait fait converger la flotte et les nouveaux renforts. Dans son raisonnement, la reine tient également compte du climat : le risque de rester piégé dans les Balkans en hiver est réel. Enfin, elle répète qu'en choisissant la solution « terrestre » de Canidius, Octavien aurait le contrôle total des mers. Dès lors, comment faire pour rentrer en Égypte ?

Parmi toutes ces stratégies, Antoine cherche la bonne solution. En fin de compte, il choisit celle de Cléopâtre : il tentera de forcer le blocus naval en s'éloignant avec le plus grand nombre de bateaux possible.

Aujourd'hui encore, beaucoup d'historiens s'interrogent sur les motifs réels de cette décision et sur le poids qu'a pu avoir la figure de Cléopâtre.

Seule certitude : l'affrontement d'Actium ne sera pas une bataille à proprement parler, mais plutôt une tentative pour forcer le blocus. Il y aura certes des combats, mais dans le but affiché d'ouvrir une brèche en direction du large, souligne encore Giovanni Brizzi. Le tout avec une flotte affaiblie et plus aussi redoutable. De leur côté, les forces de Canidius auront pour mission de quitter le champ de bataille. Une solution qui implique deux « retraites stratégiques », pourrait-on dire avec un certain goût de l'euphémisme.

« Comment tout cela va-t-il finir ? » se demande tout le monde. Dans l'Antiquité et ses sociétés préscientifiques et prétechnologiques, on cherche bien sûr la réponse dans les sacrifices sur les autels des temples, mais aussi dans les présages qu'on repère un peu partout. En voici quelques-uns, assez fantaisistes à nos yeux d'individus du XXIe siècle, décrits par Plutarque et Dion Cassius :

• Sur l'*Antonia*, le vaisseau amiral de Cléopâtre, des hirondelles ont fait leur nid sous la poupe. D'autres vont arriver juste après, chasser les premières et tuer les petits. Un sinistre présage.

• Dans les environs d'Albe, l'une des statues d'Antoine va transpirer de la sueur et du sang en abondance, des jours durant. Preuve que le « phénomène » des statues qui suent ou qui pleurent du sang n'a pas été inventé par le monde chrétien !

• Le char de Jupiter du Cirque Maxime se brise. Et une lumière qui apparaît plusieurs jours d'affilée au-dessus de la mer grecque finit par s'élever vers le ciel.

• Une coulée de lave de l'Etna sème la destruction dans de nombreuses villes.

Le dernier jour

Dans les jours qui précèdent la bataille, Antoine donne l'ordre de brûler les vaisseaux « inutiles ». Pour l'essentiel, il s'agit des plus petits, qui servent au transport. Octavien et les siens, qui observent le camp adverse depuis leurs positions, aperçoivent des dizaines de colonnes de fumée s'élever dans le ciel du golfe, tordues par la brise marine. Sur les 500 navires dont Antoine disposait au départ, il en reste moins de la moitié, 230, dont 60 sont à Cléopâtre. En mer, près de 400 bâtiments les attendent, ceux d'Agrippa et d'Octavien. C'est une tentative désespérée.

Sur les navires d'Antoine, 22 000 légionnaires et 2 000 archers embarquent. On leur dit officiellement qu'il s'agit des préparatifs en vue d'une vraie bataille. Le général romain donne ensuite l'ordre d'embarquer les voiles. Un ordre en apparence absurde, puisqu'elles alourdissent les vaisseaux en les rendant plus lents et moins faciles à manœuvrer, ce qui n'est guère souhaitable dans un affrontement en mer où tout est basé sur la force propulsive des rames ! Aux pilotes qui demandent des explications, on répond qu'elles sont mises à bord afin d'éviter que l'ennemi se sauve en prenant la fuite.

Durant les opérations d'embarquement des troupes, Marc Antoine passe à côté d'un centurion debout près des sacs. Les deux hommes se regardent. Ils ont participé à de très nombreuses batailles ensemble. Le corps du soldat est couvert de cicatrices. L'idée de combattre en mer ne lui plaît pas, loin de là. Raison pour laquelle il lance, selon Plutarque : « Général, pourquoi méprises-tu ces blessures et cette épée, pourquoi mets-tu tes espoirs dans de mauvais bois ? Laisse les Égyptiens et les Phéniciens combattre sur mer, et à nous, donne-nous la terre, sur laquelle nous sommes accoutumés à tenir ferme et à mourir ou à vaincre les ennemis. » Antoine le fixe sans dire un mot, puis se contente de lui faire un geste de la main et de la tête, comme s'il lui souhaitait courage. Ce dialogue, rapporté par Plutarque (dont l'arrière-grand-père se rappelait bien la façon dont Antoine avait enrôlé de force des paysans grecs), résume à la perfection la perplexité de nombreux soldats, forcés de combattre sur un terrain qui ne leur était pas familier.

Voyant l'ennemi bouger, Octavien fait monter sur ses vaisseaux huit légions et cinq cohortes prétoriennes, pour un total de 40 000 soldats. Lui comme son rival ont choisi des hommes plus expérimentés, les vétérans de nombreuses batailles.

Trois jours durant, le mauvais temps garde les deux flottes clouées au rivage. Le vent qui souffle fort de l'ouest empêche celle d'Antoine de prendre le large. Les deux déploiements forment une rangée interminable de coques, de proues aux yeux peints munies de rostres et de vraies forêts de rames. Ce sont les meilleures embarcations de l'époque.

Profitons de cette période d'attente pour voir comment sont faits les navires qui ne vont pas tarder à s'affronter.

En regardant les deux flottes d'en haut, on s'aperçoit d'une différence subtile. Les vaisseaux d'Antoine sont sensiblement plus grands : ils ont généralement trois rangées de rames superposées, avec deux rameurs dans les couloirs supérieur et intermédiaire, et un seul sur le couloir inférieur. Du côté d'Octavien, en revanche, on trouve une majorité de bateaux avec seulement deux rangées de rames, chacune étant manœuvrée par deux hommes assis sur le même banc de nage. Il y a de quoi être surpris par la quantité de rameurs. D'après l'universitaire américain Si Sheppard, ils seraient 286 chez les uns et 232 chez les autres, pour une vitesse de 7,7 nœuds contre 9,5. En d'autres termes, les navires d'Octavien sont plus petits mais plus rapides.

Nous nous souvenons tous du fameux passage du film *Ben-Hur* de William Wyler où un grand costaud indique le rythme aux rameurs en tapant sur un tambour. En réalité, celui qui donne la cadence, l'*hortator*, est assis à la poupe et donne ses indications tout haut ou à l'aide d'une flûte.

Une dernière surprise nous attend sur le pont des bâtiments, où l'on voit de grosses tours à la forme proche de celles des châteaux forts. Ce sont les *propugnacula*. Plus un navire est grand, plus elles sont nombreuses. Durant les guerres puniques, par exemple, certains vaisseaux en comptaient au moins huit : deux à la poupe, deux à la proue, et quatre au milieu du pont. Exactement comme dans les forteresses, les tours abritent des soldats munis de pierres, de flèches et de toutes sortes d'objets à jeter contre l'ennemi. Ces bâtiments sont armés. Au ras de l'eau, on trouve les rostres, ces redoutables éperons en bronze, tandis que le pont supérieur et les tours présentent des engins de siège, comme les balistes, une sorte de grande catapulte capable de projeter de grosses flèches ou des pierres avec une précision chirurgicale.

Nous sommes le 2 septembre -32 et le jour de la bataille est enfin arrivé. Antoine et Octavien ont prononcé leur discours aux troupes, l'*adlocutio*. Le premier promet la liberté et peint Octavien en futur perdant. Le second, lui, joue sur la fierté romaine, en dénonçant le fait que les droits des Romains ont été piétinés par Cléopâtre. Sans compter sa tristesse de voir Antoine soumis à la reine égyptienne. Il insiste sur ce point : après avoir rappelé à ses soldats que ce dernier se fait désormais appeler Osiris ou Dionysos, il les invite à ne plus le considérer comme un Romain, mais comme un Égyptien. Et à l'appeler non pas Antoine mais Sérapis.

Octavien monte alors à bord d'une *liburna*, un vaisseau doté de deux rangées de rames. C'est de là qu'il assistera à la bataille, en « spectateur ». Le vrai stratège, c'est Agrippa.

Les navires se mettent en place.

Sur l'aile droite du déploiement d'Octavien, on trouve Marcus Lurius, préfet de Sardaigne. Au centre, Lucius Arruntius. Et à gauche, Agrippa. La *liburna* d'Octavien se trouve sur la droite, une place pourtant réservée au responsable des opérations. Comme toujours, le futur Auguste préfère s'effacer lors des affrontements.

Antoine, lui, fait disposer trois grands escadrons de 60 navires et rejoint le groupe de droite, en confiant le flanc gauche à Caius Sosius. Au centre, il positionne un groupe manifestement plus faible. Sa stratégie est simple : attirer l'ennemi vers les deux grands blocs de navires à droite et à gauche. En se délitant, l'élément central permettra à Cléopâtre (qui attend à l'arrière) de passer sans encombre et de pousser vers le large.

Antoine donne alors le signal et fait avancer sa flotte à l'embouchure du golfe, avant de la laisser en position nord-sud.

L'ennemi est droit devant, à moins d'un kilomètre et demi de là, et se déploie en créant un demi-cercle, sur deux rangées. Comme un cul-de-sac qui s'apprête à étouffer les espoirs d'Antoine et de Cléopâtre.

À bord d'un petit bateau, Antoine circule un peu partout pour encourager les équipages. Octavien en fait autant, depuis sa *liburna*.

Sur la terre ferme, les deux armées ont cessé de se surveiller l'une l'autre. Elles se sont déployées sur le rivage, à bonne distance et sur leurs territoires « respectifs », afin d'observer ce qui se passe au large des côtes.

La situation reste au point mort pendant des heures, sous un soleil brûlant. Les flottes ressemblent à deux troupeaux de dinosaures prêts à bondir. Pourtant, personne ne bouge... jusqu'à midi. Alors que le soleil est à son zénith, la brise se lève. La bataille peut commencer. Des milliers d'hommes vivent leurs derniers instants.

La bataille fait rage

Antoine ordonne à ses navires de s'élancer. Un grand cri s'élève du rivage où se trouvent ses légionnaires, qui ont vu leurs compagnons partir à l'attaque. La première escouade à s'avancer est celle de Sosius, à gauche. Il leur faut quelques minutes pour couvrir un kilomètre et demi. Là, une pluie de flèches, de pierres et de projectiles de toutes sortes assombrit le ciel et s'abat sur les ponts des navires des deux camps. Avant que les coques ne soient violemment éperonnées, Agrippa ordonne à ses hommes de faire demi-tour et de se replier vers le large. Un stratagème astucieux : il veut emmener ces imposants vaisseaux vers une zone plus profonde où ses propres bâtiments, petits mais très rapides, auront une marge de manœuvre supérieure, étant à la fois plus maniables et plus nombreux. Il leur ordonne également de se déployer sur les côtés pour encercler et cerner l'ennemi. Mais les vaisseaux d'Antoine devinent la manœuvre et s'éloignent à leur tour. Cette fois, l'heure du choc proprement dit a sonné. Les deux formations se confondent, se mélangent dans un affrontement furieux. En voyant ces géants des mers manœuvrer sans effort apparent et à une vitesse hallucinante, on prend conscience d'être face à des embarcations extraordinaires, fruit du savoir-faire séculaire de charpentiers de marine capables de réaliser à la main des coques si parfaites qu'elles glissent sur l'eau sans se déséquilibrer. Et n'oublions pas l'habileté des commandants et des membres d'équipage, qui savent faire virer le navire en quelques secondes avant de le lancer à la vitesse de l'éclair. Nous avons là l'illustration d'une coordination et d'une entente que seuls un bon entraînement et une discipline de fer sont en mesure de donner.

Nous voici au cœur de la mêlée. On y entend des coques s'entrechoquer avec un bruit sourd, mais aussi les grincements de l'ossature en bois, soumise à des manœuvres serrées. Le bruit d'un bordage qui s'est ouvert. On remarque néanmoins que les deux camps ne se battent pas de la même façon. Un navire d'Octavien avance au maximum de sa vitesse. Les deux rangées de rames figurant sur chaque côté se relèvent et plongent dans l'eau de façon parfaitement coordonnée. On croirait voir une étrange créature marine qui respire à l'aide de ses branchies. Il vise une embarcation adverse, plus grosse et plus lente. Parfois, nous voyons émerger le rostre au milieu de l'écume des vagues, pareil au museau d'un monstre des profondeurs. Il veut l'éperonner, c'est clair, mais il va procéder de façon tout à fait surprenante. Au lieu de viser directement la coque ennemie en formant un angle droit, comme le ferait une torpille, il arrive en diagonale, avec un angle bien précis. Avec cette embarcation ennemie qui fonce littéralement sur eux, les soldats qui occupent le bateau d'Antoine s'agitent et courent dans tous les sens. Ils préparent une baliste munie d'une « main de fer », une espèce de harpon-crochet semblable à un grappin. Leur but : toucher l'adversaire qui approche, l'accrocher et le freiner avant de faire pivoter l'embarcation sur le côté. Il ne reste plus aux soldats qu'à décocher des flèches et des javelots depuis les tours. Malheureusement pour eux, leurs projectiles manquent leur cible et l'embarcation d'Octavien se rapproche comme un missile. Encore une poignée de secondes avant l'impact… Au dernier moment, on fait rentrer les rames afin de ne pas les casser. Une manœuvre que le gros vaisseau n'a hélas pas le temps d'exécuter… Le choc est d'une extrême violence. On entend d'abord le fracas des rames qui se brisent les unes après les autres, puis le bruit sourd de la charpente transpercée par l'éperon en bronze, suivi par le son strident des deux coques qui se frottent. Le navire d'Octavien ne s'arrête pas et profite de l'impulsion que lui donne sa vitesse. Pareil à une lame, l'éperon déchire la coque adversaire en ouvrant une brèche dans laquelle se déverse un torrent d'eau de mer. Les deux vaisseaux sont à l'arrêt et sont portés par les vagues pendant quelques secondes. Dans l'ouverture, on aperçoit une forme métallique. C'est le rostre qui s'est détaché de la proue du bateau qui l'a attaqué. Ce n'est pas une anomalie : les rostres sont comme le dard d'une abeille. Après avoir percé la coque de l'ennemi, ils restent souvent plantés dans le corps de la victime et coulent avec elle.

Les tours du bâtiment qui vient d'être frappé de plein fouet répondent avec un déluge de flèches, de pierres, de javelots qui frappent mortellement de nombreux hommes d'Octavien. Les premiers à s'apercevoir que quelque chose cloche sont les soldats sur les tours. Leur bateau penche de façon inquiétante ! À cause de ce trou béant, la coque prend l'eau. Les ouvertures pratiquées sur le pont permettent aux rameurs des ponts inférieurs de remonter massivement. Ils se mêlent aux légionnaires, augmentant la confusion. Ce qui n'empêche pas les hommes de viser le bateau adverse, qui s'éloigne pour éviter les projectiles, autant que faire se peut. Deux flèches incendiaires font mouche et un incendie éclate sur le bateau d'Octavien. Les flammes s'étendent en tache d'huile, en produisant une fumée épaisse, qu'on distingue depuis la rive. Dans l'intervalle, la situation devient critique sur le vaisseau éperonné. Impossible de le redresser ! Ça y est, il coule et la seule issue est de se jeter à l'eau. Mais pour beaucoup, c'est la fin. À l'époque, peu d'hommes savent nager et les armures entraînent dans le fond les légionnaires qui n'ont pas eu le temps de retirer la leur. En une poignée de minutes, le vaisseau disparaît en laissant quelques naufragés agrippés à des bouts de bois qui flottent. Parmi eux, on repère le centurion qui avait parlé à Antoine. Il s'en tirera, une fois de plus, car il sera récupéré d'ici quelques heures par la flotte d'Octavien, avec ses compagnons d'armes. On a beau ne pas être dans le même camp, on reste toujours romain.

L'éperonnement auquel nous venons d'assister n'est pas un événement isolé. La même scène se répète tout autour de nous. Et les rostres ne restent pas toujours plantés dans le ventre du navire adverse pour couler à pic avec lui. Voilà comment Dion Cassius nous raconte la bataille : « [Les soldats d'Octavien], ayant des bateaux plus petits et plus rapides, utilisaient leurs rames et fonçaient car ils avaient été blindés de toutes parts pour ne pas être endommagés. Ils parvenaient ainsi à couler certains navires. S'ils n'y réussissaient pas, ils ramaient alors en arrière avant d'en venir aux mains, puis ils fonçaient soudain à nouveau sur les mêmes, ou bien sans insister se tournaient vers d'autres. Après les avoir endommagés autant que le permettait la brièveté de la manœuvre, ils se jetaient successivement sur d'autres encore, afin de fondre sur les équipages qui s'y attendaient le moins. Comme ils craignaient à la fois un combat à distance et un corps à corps avec les Antoniens, ils ne s'attardaient ni à les approcher ni à entreprendre un abordage [...]. Leurs ennemis, eux, arrosaient les navires qui les approchaient d'une abondante pluie de pierres et de flèches et jetaient des grappins métalliques sur ceux qui les abordaient. S'ils pouvaient les atteindre, c'était la victoire, mais s'ils les manquaient, lorsque leurs embarcations avaient été endommagées, ils coulaient ou [...] s'exposaient davantage aux attaques d'autres navires. [...] Les [soldats d'Octavien] ressemblaient à des cavaliers qui tantôt s'avançaient, tantôt se repliaient à cause de leurs manœuvres d'attaque et de recul ; [ceux d'Antoine] ressemblaient à des hoplites se gardant de ceux qui les approchaient et essayant par tous les moyens de se rendre maîtres d'eux. »

Les attaques à l'aide des rostres ne sont pas toujours couronnées de succès. Les vaisseaux d'Antoine sont grands et ont des ossatures robustes contre lesquelles les éperons ennemis sont souvent impuissants. Il leur arrive de se plier et de se briser lors du choc. La solution est donc de lancer simultanément plusieurs vaisseaux contre l'un des grands bâtiments d'Antoine. L'affrontement fait penser à l'assaut d'une forteresse, avec ces soldats qui lancent une pluie de flèches, de javelots et de projectiles en tout genre. Quant aux tours en bois, leurs jets de catapultes à la précision meurtrière font un massacre sur les ponts de l'adversaire...

La fuite de Cléopâtre

Deux heures se sont écoulées depuis le début de la bataille, qui fait rage au large. Au même moment, le vent se renforce encore.

Entre 14 et 15 heures, lorsqu'il atteint son intensité maximale, Cléopâtre fait hisser les voiles et donner l'ordre à l'ensemble de sa flotte d'avancer. Pour l'heure, l'affrontement est encore équilibré. Les vaisseaux d'Agrippa et d'Octavien ne sont pas parvenus à contourner les flancs du front ennemi. Et à mesure que les ailes se sont élargies au nord et au sud, en étendant le théâtre du conflit, le centre s'est réduit comme peau de chagrin, exactement comme l'avaient prévu Antoine et Cléopâtre. Tout à coup, une brèche finit par s'ouvrir, et c'est dans cette ouverture que se glissent les 60 bâtiments de la reine. Ce qui prend un peu tout le monde par surprise. De prime abord, les hommes d'Antoine comme ceux d'Octavien ont l'impression de la voir prendre précipitamment la fuite. Pas une manœuvre calculée depuis longtemps. Antoine la suit, comme l'avait prévu le plan établi durant leur dernier conseil de guerre. Mais rares sont ceux qui le comprennent. Dion Cassius lui-même écrira, deux cents ans après la bataille : « Antoine, croyant qu'ils s'enfuyaient non sur ordre de Cléopâtre, mais par crainte et parce qu'ils se pensaient vaincus, les suivit. »

Des siècles durant, on reprendra cette thèse de la fuite précipitée de Cléopâtre, terrorisée par la violence des combats et suivie par Antoine. Les historiens ont aujourd'hui « mis hors de cause » les deux amants. La souveraine témoigne même d'une vraie maîtrise en donnant l'ordre au bon moment, au risque d'être elle-même capturée ou tuée. Signe que cette action est risquée et ô combien délicate même si elle a été mûrement réfléchie, l'ensemble du trésor royal se trouve à bord des vaisseaux de Cléopâtre. Personne ne l'aurait jamais chargé à bord s'il s'était agi d'une « simple » bataille navale. En réalité, comme nous l'avons dit, cette manœuvre vise à forcer le blocus afin de briser l'encerclement et d'en sortir. Et de toute évidence, aucune intervention militaire n'est prévue par cette flotte.

En la voyant passer, Antoine la rejoint à bord d'une de ses embarcations et monte à bord du vaisseau royal, avant de quitter le champ de bataille avec elle…

Le plan prévoit-il que d'autres vaisseaux échappent aux combats pour les suivre ? C'est possible, d'autant que certains bâtiments les imitent. « Voulant s'enfuir eux aussi par quelque moyen, les uns hissaient les voiles, les autres jetaient à la mer les tours et le matériel pour s'alléger dans leur fuite », raconte d'ailleurs Dion Cassius. Il s'agit néanmoins d'un nombre de navires restreint. Nous ignorons si ces gestes sont dus à l'impossibilité effective de quitter le théâtre des opérations dans la confusion de la bataille ou si c'est parce que Antoine a délibérément choisi d'informer une petite partie des commandants de la flotte. Quoi qu'il en soit, le plan fonctionne : Antoine est parvenu à sauver une partie de la flotte. Et surtout, le trésor de Cléopâtre ! Seuls quelques vaisseaux ennemis tentent de les poursuivre. Avec, à leur tête, un prince spartiate, Euryclès. Quelques mois plus tôt, celui-ci a trahi Antoine en passant du côté d'Octavien. Il réussit tout de même à s'emparer d'un autre vaisseau amiral, qu'il éperonne pour le faire plier sur un côté. Il n'obtiendra que de la vaisselle précieuse pour tout butin. Cléopâtre et son trésor se sont éloignés, sains et saufs.

Des flammes sur la mer

Derrière eux, la bataille est terrible. La flotte d'Antoine continue de jeter toutes ses forces dans la bataille, même si son chef a pris la fuite. Dans les heures qui suivent, l'affrontement va prendre une tournure tragique, entre abordages et combats à mort. À en croire les descriptions des auteurs de l'Antiquité, dont Dion Cassius, les légionnaires d'Octavien à bord des navires de dimension réduite brisent les rames et font voler en éclats les gouvernails des navires d'Antoine, avant de monter sur les ponts en engageant des corps à corps féroces avec l'ennemi. Les légionnaires adversaires, tout aussi aguerris, repoussent les assaillants à coups de lances, de projectiles en pierre, de flèches. Dès que ces derniers arrivent sur le pont, ils leur fendent le crâne à la hache. Bref, on assiste au genre de combat qu'on imagine quand des soldats se lancent à l'assaut des murs d'une forteresse défendue par des assiégés.

Les combats se poursuivent. Aucun vainqueur ne semble se dessiner. Ce n'est qu'un immense massacre de Romains jetés dans une lutte fratricide. En fin de compte, Octavien doit recourir au feu. En réalité, il comptait initialement s'emparer des vaisseaux ennemis et de leur contenu. Mais il s'est rendu compte qu'il n'y a pas d'autre solution pour remporter la bataille. Dion Cassius nous décrit ce moment dramatique à la façon d'un reporter de guerre : « Alors commença une autre sorte de combat : les césariens, fonçant en même temps de plusieurs directions sur certains navires adverses, leur jetaient des projectiles enflammés, leur lançaient de près des torches et catapultaient de loin sur eux des marmites pleines de charbons ardents et de poix. Les antoniens essayaient de repousser ces projectiles un par un et, lorsque certains de ceux-ci touchaient dans leur chute les parties en bois et qu'aussitôt une grande flamme s'élevait, comme cela est naturel sur un bateau, ils utilisaient alors l'eau potable qu'ils avaient emportée et éteignaient certains foyers. Mais lorsque cette eau-là fut épuisée, ils prirent l'eau de mer. [...] Comme sur ce point aussi ils avaient le dessous, ils jetaient sur le feu les vêtements épais qu'ils avaient ainsi que les cadavres. Pendant un certain temps, les flammes en furent amoindries et semblèrent se calmer, mais ensuite, d'autant que le vent se leva avec violence, le feu brilla avec encore plus d'intensité, comme accru par ces aliments mêmes. [...] Les uns périssaient étouffés par la fumée, surtout les matelots, avant même que la flamme les eût approchés, les autres y étaient grillés comme dans des fournaises. Certains étaient consumés par leurs armes brûlantes ; d'autres, avant de subir ce sort ou déjà à demi brûlés, soit jetaient leurs armes et étaient blessés par des coups portés de loin, soit sautaient à la mer et se noyaient ou encore coulaient sous les coups de leurs ennemis ou enfin étaient déchirés par des animaux marins. »

Des milliers de légionnaires, jeunes ou moins jeunes, meurent dans d'atroces souffrances. Les mots du centurion croisé par Marc Antoine sonnent désormais comme une accusation. Pour permettre au couple royal de fuir, on a sacrifié une armée entière en l'embarquant sur des navires. Un « champ de bataille » qui ne leur convenait pas...

Tout se termine aux alentours de 16 heures, quand la majorité des embarcations d'Antoine lèvent leurs rames en signe de reddition. Autour, le panorama est glaçant. La mer est constellée de navires en flammes, dont s'échappent d'épaisses colonnes de fumée. D'autres flottent, à moitié engloutis. Partout, on voit des corps et des bouts de bois avec lesquels les vagues semblent s'amuser. Agrippés à des planches, des naufragés appellent à l'aide en agitant les bras.

Plutarque estime que 5 000 hommes de Marc Antoine ont trouvé la mort au cours de cette journée. Mais d'autres auteurs de l'Antiquité, dont Paul Orose, un historien chrétien du Ve siècle, évoquent le chiffre de 12 000 morts et de 6 000 blessés. Parmi eux, 1 000 seraient morts les jours suivants.

En quatre heures de bataille, Antoine a également perdu la bagatelle de 140 navires, détruits ou capturés. L'équivalent de 60 % de sa flotte. En revanche, nous n'avons aucune donnée sur les pertes d'Octavien.

Des jours durant, les vagues continueront de déposer sur la plage des objets recouverts d'or et de pourpre appartenant aux combattants. C'est du moins ce que raconte Florus, dans son *Tableau de l'histoire du peuple romain*. Une vision quelque peu exagérée de cet épisode, mais profondément juste.

L'une des pages les plus sanglantes de l'Antiquité vient de se refermer. La bataille d'Actium entrera dans l'Histoire et sera connue par des générations de chercheurs, d'archéologues, d'historiens et d'étudiants. Même si c'est peut-être tout récemment que nous avons compris ce qui s'est réellement passé en recoupant des données et des études.

La fuite présumée d'Antoine et de Cléopâtre faisait partie d'un plan bien précis, qui prévoyait également une jonction avec les forces terrestres de Canidius. Mais rien de tout cela ne sera possible. Élément inquiétant : la flotte met le cap sur Alexandrie sans rejoindre l'armée ni même mettre à exécution la seconde partie du projet. Une autre raison va mettre un point final à cette aventure des deux amants en Grèce. Depuis le rivage, les légionnaires de l'ancien triumvir ont assisté, impuissants, à cette déroute qui s'est traduite par la mort d'un grand nombre de leurs compagnons d'armes. Après avoir vu les vaisseaux égyptiens s'éloigner avec la reine, suivis de près par ceux d'Antoine, ces hommes vont intégrer massivement les rangs d'Octavien. Canidius, leur commandant, n'arrivera pas à les en empêcher. Lui-même sera forcé de fuir, en pleine nuit…

Giovanni Brizzi a résumé en quelques lignes la défaite d'Actium. Son jugement est clair et sans appel : « C'est une défaite totale. Pour sauver une poignée de navires (qui appartenaient d'ailleurs à l'Égypte, et pas à lui), Antoine va sacrifier son armée (dont la majorité n'a pas embarqué) et perdre le gros de sa flotte. De la part d'Antoine, cette décision est suicidaire. Où recrutera-t-il une autre armée comparable alors qu'une grande partie de ses troupes, des soldats d'expérience, furieux d'avoir été trahis par leur chef, vont passer du côté d'Octavien ? L'attitude de la reine est tout aussi surprenante. Que pense-t-elle faire, en prenant la fuite ? Son sort et celui du royaume sont étroitement liés à Antoine. Seule, l'Égypte ne résistera pas un mois à la puissance de Rome. Pour expliquer la folie de ce geste, certains ont invoqué l'affirmation de Dion Cassius : Antoine avait annoncé son intention, en cas de victoire, de restaurer la République, ce qui aurait poussé la reine à l'abandonner. Pourtant, difficile de croire une chose pareille. Il voulait libérer sa flotte avant de prendre le large et arrêter les vaisseaux ennemis. Mais était-il au courant du fait que Cléopâtre souhaitait rentrer en Égypte ? Sans doute que non. Sans compter qu'il y avait de grandes chances pour que leurs vaisseaux, plus lourds que ceux de leurs adversaires, soient incapables de s'échapper. Ce qu'on savait depuis le début. »

L'historien français François Chamoux a écrit au sujet d'Actium que cet événement a marqué la fin de l'époque hellénistique. Et tout bien considéré, il semblerait que cette journée du 2 septembre -31 ait brusquement signé l'arrêt de cet incroyable moment de grâce de la culture et de l'Antiquité, initié grâce à Alexandre le Grand, trois cents ans plus tôt. Le tout en un après-midi. À compter de cet instant, l'histoire de la Méditerranée n'a qu'un seul visage : celui de Rome.

Le matin même, Antoine et Cléopâtre s'étaient réveillés en souverains incontestés d'un immense royaume. Pour eux, c'est le rêve d'une vie qui s'achève.

LA FIN D'ANTOINE ET DE CLÉOPÂTRE

Et maintenant ?

Les yeux d'Antoine continuent de fixer l'horizon, mais ils sont vitreux, éteints, ternis. Il scrute cette ligne plate, comme s'il cherchait un refuge, un moyen de revenir en arrière et de réécrire le cours des événements. Impossible, hélas. Tout est perdu. Ne reste que l'amertume de l'échec. Cela fait trois jours qu'il est assis là, à la proue de son bateau, immobile. Pâle. Pétrifié, presque. Trois jours… La défaite est lourde. Il y a bien eu celle contre les Parthes, mais celle-ci est encore plus cuisante parce qu'il a perdu l'affrontement décisif contre Octavien. Un gamin, par comparaison. En deux défaites, deux rêves se sont évanouis : celui de devenir le nouveau grand chef militaire de Rome après César et celui de battre son adversaire à plate couture. Désormais, il n'a plus rien. Plus d'avenir, plus de passé, même. Il pense à tous ses amis qu'il a perdus, aux vétérans avec qui il a partagé tant de batailles. Combien sont au fond de l'eau, désormais ? L'atmosphère est pesante, à bord de l'*Antonia*. Le général vaincu s'est retranché ici, muré dans le silence. À en croire Plutarque, Cléopâtre lui inspire un mélange de colère et de honte. Comprend-il à quel point elle a été complice, mais aussi responsable du gouffre dans lequel il vient de basculer ? Peut-être. Devant lui se dresse la silhouette reconnaissable entre mille du cap Matapan. C'est alors qu'il sent une petite main se poser sur son épaule. Une main de femme. Eiras et Charmion, les servantes de la reine, sont venues le convaincre de sortir de son isolement. D'après l'historien, les deux femmes convainquent Antoine et Cléopâtre de renouer le dialogue. Puis de déjeuner ensemble, et pour finir, de dormir dans le même lit. Autour d'eux, d'autres navires de transport ont rejoint la flotte, ceux des amis et des partisans d'Octavien qui ont échappé à la défaite.

Dans ce marasme généralisé, c'est Cléopâtre qui fait preuve de lucidité et d'esprit d'initiative. Elle ordonne de rentrer à Alexandrie, à marche forcée, car la nouvelle du désastre risque de les avoir précédés. Et si jamais ses sujets se rebellaient, au risque de les détrôner, elle et Césarion ? Par prudence, avant d'arriver, elle fait décorer de guirlandes la proue des navires, comme s'ils avaient remporté la victoire. À bord, on entonne des chants de victoire accompagnés par des flûtes.

Le temps qu'on débarque, la nouvelle s'est évidemment répandue, mais la situation est sous contrôle. Jusqu'à ce qu'un message les informe que la grande armée d'Antoine est passée du côté d'Octavier. Canidius a dû profiter de la nuit pour fuir. Il n'y a plus d'espoir.

Le vaincu sombre dans la déprime. Plutarque nous décrit un homme détruit : « [Il] jouit alors d'une profonde solitude, errant à l'aventure avec deux amis, un Grec, le rhéteur Aristocratès, et un Romain, Lucilius. […] Quittant la ville et cessant toute relation avec ses amis, [il] fit établir une jetée sur la mer tout près du Phare et construire là pour lui-même une demeure maritime, où il vécut, fuyant la société des hommes. Il disait qu'il aimait et voulait imiter la vie de Timon, puisqu'il avait fait des expériences analogues aux siennes : victime lui-même de l'injustice et de l'ingratitude de ses amis, pour cette raison, il avait pris en défiance et en haine l'humanité entière. »

Alors que lui reste exilé dans ce qu'il appelle son Timonée, Cléopâtre exerce sa vengeance sans la moindre pitié. Elle fait tuer le roi arménien Artavazde, puis de nombreux personnages de haut rang d'Alexandrie qui avaient exulté à l'annonce de sa défaite. Reste maintenant à songer à l'avenir. Ce n'est qu'une question de temps avant qu'Octavien n'arrive avec son armée. Elle envisage donc plusieurs issues.

À la recherche d'une solution

Le projet de fuite le plus « pharaonique » de Cléopâtre prévoit de construire un nouveau royaume en compagnie d'Antoine, en Afrique ou en Orient. Peut-être pense-t-elle à la façon dont la Grèce et la Grande-Grèce (autrement dit le sud de la péninsule italienne) ont vu naître de nouvelles colonies. À la façon dont tant de jeunes ont quitté leur cité d'origine avec un groupe de navires, guidés par un chef charismatique. Dans le cas présent, il y en aurait deux : Antoine et elle.

En premier lieu, il leur faut des navires. La reine se lance alors dans un projet fou : acheminer une partie de sa flotte jusqu'à la mer Rouge, en empruntant une anse du golfe de Suez. Soit une traversée de trente kilomètres en plein désert, réalisée à la perfection. Michael Grant note que si nous ne possédons pas les détails de cet exploit remarquable, il a certainement fallu installer les navires sur de grands châssis en bois, eux-mêmes posés sur des rondins de bois ou sur des roues, puis les faire avancer sur une longue distance, à la seule force des bras. Hélas, une fois à destination et mises à l'eau, les embarcations vont être incendiées et détruites par le souverain nabatéen, Malchus. Le destin s'acharne impitoyablement contre Cléopâtre et Marc Antoine.

Loin de baisser les bras, la reine essaie de remonter le moral de son homme, retranché dans son refuge sous le Phare. Elle le convainc de revenir au palais royal. Et pour son anniversaire, le 14 janvier, elle organise une fête extraordinaire « avec un éclat et une force extrêmes, à tel point que beaucoup des invités qui étaient venus pauvres au festin s'en retournèrent riches », à en croire Plutarque.

Pour lui, ce moment marque le retour à la vie. Avec Cléopâtre, ils fondent une espèce de « confrérie » : le groupe qu'ils avaient créé des années plus tôt, celui des « vivants inimitables », fait de fêtes, d'excès, de splendeurs et de dépenses astronomiques, est dissous. À la place, on voit naître celui des « compagnons de la mort ». En font partie tous leurs amis qui, en y adhérant, s'engagent à mourir avec eux. Ils passent leur temps à s'amuser, à banqueter, à jeter l'argent par les fenêtres, en s'invitant les uns les autres à des fêtes et des banquets.

Difficile de ne pas percevoir l'angoisse d'une fin imminente cachée derrière cette joie de vivre. Comment ne pas deviner les sentiments qui les animent ? Après un temps d'effarement, ils réagissent intensément. Ça y est, ils ont compris comment tout cela va se terminer : ils savent bien qu'ils mourront ici, à Alexandrie, lorsque arrivera l'ennemi. Du coup, ils tentent d'exorciser le destin, ils se moquent de lui avec le sourire, en profitant de l'instant présent, en s'amusant. En vivant, tout simplement. Nous sommes en automne, les troupes d'Octavien débarqueront au terme de la période hivernale. Ce qui offre à tout le monde une ultime période d'insouciance. Avant la fin. Avant la mort. Ou du moins avant que leur sort ne soit bouleversé à tout jamais.

Preuve de ce que les deux époux ont dans la tête et dans le cœur, Cléopâtre entame la construction d'un grand mausolée pour elle et son amant, non loin du temple d'Isis.

Elle prépare également la succession dynastique, lors d'un grand événement au cœur de la ville, afin de raviver le soutien de la population et de célébrer Césarion, qui devient majeur en même temps qu'Antyllus, le fils aîné d'Antoine.

Sans surprise, cela ne lui suffit pas. Césarion court un grave danger avec l'arrivée d'Octavien. Résultat : juste après le début de l'année -30, elle organise la fuite de son enfant en Inde, avec des navires, des richesses et une escorte d'hommes à la loyauté sans faille.

Plusieurs semaines passent, et au printemps -30, Marc Antoine et Cléopâtre décident d'entrer en contact avec le vainqueur, en lui envoyant des lettres. Mieux : la reine lui envoie les enseignes royales, tout en lui assurant qu'elle abdiquera à condition que ses enfants lui succèdent sur le trône. Le futur Auguste garde les enseignes. Sans donner de réponse claire.

Antoine lui offre également un cadeau. Dans une lettre, il lui rappelle leur lien d'amitié et de parenté, les blagues potaches qu'ils ont faites dans leur jeunesse et les aventures amoureuses qu'ils ont partagées. Puis il lui indique où se trouve l'un des derniers assassins de César encore en circulation, Decimus Turullius. Là encore, Octavien garde le « cadeau » (il envoie aussitôt l'un de ses hommes de main tuer Turullius sur l'île de Cos, où il se cache), mais ne répond pas.

Antoine envoie alors à Rome son fils aîné, Antyllus, ainsi qu'une immense somme d'argent. En cas d'accord, il se retirera de la vie publique. Octavien prend l'argent et renvoie Antyllus les mains vides, sans réponse.

À ce moment-là, Cléopâtre écrit une nouvelle lettre et la lui envoie avec une quantité invraisemblable de bijoux et d'argent.

Ainsi qu'une prière : il faut que le trône revienne à ses enfants. Cette fois, Octavien répond. Mais la souveraine se retrouve face à un dilemme : il compte accéder à ses requêtes les plus raisonnables… à la condition qu'Antoine soit tué ou chassé. Comme le souligne Giovanni Brizzi : « Octavien est clair, direct, sans pitié. Qu'auraient-ils à lui offrir vu qu'il peut absolument tout obtenir ? »

De nombreux écrivains de l'Antiquité, hostiles à Cléopâtre, s'appuieront justement sur cette lettre et sur ces demandes d'Octavien pour voir une trahison envers Antoine derrière chacune de ses futures actions.

En conclusion, malgré toutes ces offres, le vainqueur reste impassible. Tout d'abord parce qu'il est peu enclin à se laisser corrompre. Puis parce qu'il est en position de force. Pourquoi aurait-il besoin de négocier ? Mais surtout, il a désespérément besoin de l'Égypte et de ses richesses. La force du futur empereur réside dans son armée innombrable, à laquelle sont venues s'ajouter les légions qui ont déserté le camp d'Antoine. Problème : il faut la payer ! Sans oublier tous les vétérans qui attendent encore les terres qu'on leur a promises en Italie. Du coup, afin d'apaiser la grogne et les éventuelles révoltes des légionnaires, il leur promet l'immense trésor de Cléopâtre, avec un cynisme et une brutalité dignes de Brutus et Cassius lorsqu'ils promettaient à leurs soldats des villes entières à piller.

À l'été -30, le voilà prêt à lancer une attaque d'ampleur contre les dernières forces d'Antoine et de Cléopâtre.

Son plan est simple : envahir l'Égypte à la fois par l'est et par l'ouest, afin de la prendre en tenaille. Il suffira évidemment de se concentrer sur le delta du Nil et sur Alexandrie. Une fois que la capitale sera tombée, l'ensemble du royaume sera à lui.

Le début de l'attaque

Avant la bataille d'Actium, Antoine avait envoyé quatre légions à l'ouest d'Alexandrie, en Cyrénaïque et en Libye. Une façon de défendre le front ouest d'éventuelles attaques. Ces troupes étaient commandées par l'un des neveux de César, le légat Lucius Pinarius, indiqué parmi ses héritiers dans son testament. Pinarius a toujours été fidèle à Antoine, il avait même été à la tête d'une légion à Philippes. Mais après la bataille d'Actium, devinant de quel côté soufflait le vent, il a remis ses troupes à un homme de l'entourage d'Octavien venu exprès de Rome en bateau : Cornelius Gallus. Rappelez-vous, c'était le poète qui était tombé éperdument amoureux de l'actrice Lycoris. Une fois abandonné par sa maîtresse, il avait sombré dans une profonde dépression. Entretemps, il s'est ressaisi. Et désormais, c'est lui qui guide les anciennes légions d'Antoine vers Alexandrie !

La première étape est la conquête d'un bastion fondamental pour la défense de la ville, Paraitonion, dont les ruines se dressent aujourd'hui près de la célèbre localité touristique de Marsa Matruh, à seulement 300 kilomètres de la capitale. Gallus lance son attaque depuis la mer. Il fond sur la ville avec sa flotte et l'occupe.

En apprenant la nouvelle, Antoine accourt avec son armée, décidé à jouer la carte du leader charismatique pour reconquérir ses anciennes troupes. Il arrive au pied des murailles pour s'adresser directement aux hommes avec qui il a partagé tant d'aventures. Malheureusement, Cornelius Gallus devine son intention et « ayant donné l'ordre de faire résonner ensemble les clairons, [empêche] en effet quiconque d'entendre quoi que ce [soit] », rappelle Dion Cassius.

Antoine tente alors une attaque navale. Constatant que le port est peu surveillé, il y fait entrer ses navires avec ses troupes à bord. Mais c'est un piège : durant la nuit, Gallus a fait tendre de grosses chaînes sous la surface de l'eau. Il a ensuite posté quelques sentinelles, ce qui a immédiatement appâté son adversaire. Lorsque les navires entrent dans la rade pour approcher des quais, il donne l'ordre de hisser les longues chaînes. Le port est fermé et l'adversaire n'a plus la moindre possibilité de fuir ! Une pluie de flèches et de projectiles enflammés s'abat alors sur les embarcations qui prennent feu, comme à Actium. Quelques-unes sont même envoyées par le fond. C'est un nouveau désastre pour Antoine, forcé d'accepter la défaite, une fois de plus. Paraitonion est perdu, il ne lui reste plus qu'à rentrer à Alexandrie, avec les troupes de Gallus sur les talons.

Sur le chemin du retour, une autre mauvaise nouvelle l'attend : ils viennent de perdre Péluse, l'autre bastion qui défend Alexandrie, sur le front ouest. C'est Octavien lui-même qui a lancé l'attaque au même moment que cette opération ratée.

Octavien s'est placé face à la ville avec une armée colossale, constituée de nombreux contingents alliés. Il s'agit de tous ces royaumes du Moyen-Orient qui étaient autrefois les vassaux d'Antoine. Parmi eux, on aperçoit même Hérode de Judée. Oui, celui qui est cité dans les Évangiles.

Conquérir la ville n'a même pas nécessité de lancer un seul javelot. Séleucos, gouverneur de la cité et commandant en chef des troupes égyptiennes qui y étaient retranchées, l'a simplement remise à Octavien. Certains historiens de l'Antiquité ont émis l'hypothèse que cette reddition cachait un accord secret entre Cléopâtre et Octavien, passé à l'insu d'Antoine. En échange de la ville, la reine était censée garder son statut de souveraine de l'Égypte. Faut-il y croire ? Tout cela paraît bien improbable, d'autant que les représailles de Cléopâtre ne se font pas attendre.

Dès qu'elle apprendra que la ville est tombée sans combattre, elle fera mettre à mort la femme et les enfants de Séleucos.

La conquête de Péluse survient au milieu de l'été. Même si nous ne savons pas exactement quand, à la fin du mois de juillet, l'occupation a certainement déjà eu lieu. Octavien refuse de perdre du temps et force ses légions à se diriger vers Alexandrie à marche forcée. Les près de 300 kilomètres sont couverts en quelques jours. Au matin du 31 juillet -30, il approche des abords de la ville.

Une attente dans l'angoisse

Quelle ambiance règne dans les rues d'Alexandrie, ces jours-là ? On l'imagine facilement. Moins de vingt ans se sont écoulés depuis la guerre civile, mais son souvenir est encore dans les mémoires, surtout chez les adultes et les anciens. Si la chute de Paraitonion avait diffusé une certaine inquiétude, la nouvelle du passage de Péluse aux mains de l'ennemi crée la panique. Les sources antiques ne nous rapportent pas d'épisodes tragiques, mais la peur doit être palpable, dans les maisons et dans les rues. De nombreuses boutiques sont fermées et barricadées. Depuis des jours, on voit des familles entières, issues des classes favorisées pour l'essentiel, quitter la ville sur des chars remplis d'objets précieux, de mobilier raffiné et d'effets personnels. Il y a aussi des gens modestes, qui abandonnent leurs maisons des quartiers populaires avec des meubles sur la tête, la main des plus petits dans la leur. Ils s'en vont trouver refuge dans les campagnes. Mieux vaut se cacher, et loin. Dans les rues, c'est un défilé permanent de soldats et de groupes de personnes, rares, il est vrai. On commente, on tente de s'informer, on apprend et on répand des nouvelles absurdes, comme souvent dans ces cas-là. Dans les entrepôts, on entasse des stocks de blé et d'autres denrées alimentaires. Les portes de la ville sont désormais étroitement surveillées, tout comme les activités du port. On voit de nombreux bateaux de transport lever les amarres et se diriger vers le large, en direction d'îles ou de côtes lointaines. À bord, en plus des marchandises qui ont intérêt à ne pas tomber dans les mains des soldats en quête de butin, on voit souvent des familles entières.

Et puis il y a les temples, où les gens se réunissent pour demander un miracle aux divinités. Cléopâtre étant très aimée, de nombreuses personnes doivent certainement prier pour elle et pour le salut de la dynastie, du royaume.

Enfin, les pièces de certaines maisons luxueuses et les arrière-boutiques obscures de quelques échoppes sont le théâtre de réunions secrètes entre officiers ou entre légionnaires. On essaie de décider ce qu'il faut faire : rester avec Antoine ou passer dans le camp d'Octavien, en suivant l'exemple d'autres villes et d'autres légions ?

Les heures passent, les jours aussi. Et toutes ces scènes se répètent de plus en plus, alimentées par une forme d'angoisse à l'état pur.

Cléopâtre cache le trésor royal

L'inquiétude ne connaît aucune limite. Elle passe à travers les murs des maisons, franchit le seuil des habitations des familles, glisse sur les tables des tavernes, s'enfonce dans les entrepôts portuaires. Et pénètre jusque dans le quartier royal… Mais d'après Plutarque, Cléopâtre ne reste pas inactive : elle entretient une correspondance régulière avec Octavien pour négocier la reddition dans le dos d'Antoine. Ces tractations secrètes, pointées du doigt par de nombreux auteurs antiques qui lui étaient hostiles, ont alimenté l'image d'une femme peu fiable, d'une vraie vipère qui aurait « offert » la ville-bastion de Péluse pour traverser cette mauvaise passe sans coup férir, personnellement et politiquement. La reine d'Égypte et le nouvel homme fort de Rome se sont-ils contactés en vue de former une alliance ? Ce n'est pas totalement à exclure. Mais si Octavien lui a écrit, c'est dans le seul but de la rassurer. En particulier parce qu'il a peur qu'elle détruise le trésor royal en sa possession.

C'est en tout cas ce que disent les bruits qui courent, comme l'indique notamment Plutarque : « Elle-même avait fait construire près du temple d'Isis des caveaux et des tombeaux d'une beauté et d'une hauteur extraordinaires ; elle y fit porter ce qu'il y avait de plus précieux dans les trésors royaux : or, argent, émeraudes, perles, ébène, ivoire, cinnamome, puis une grande quantité de torches et d'étoupe. Aussi Octavien, craignant pour ces richesses, à la pensée que Cléopâtre, dans un accès de désespoir, pourrait détruire et réduire en cendres ses trésors, lui envoyait continuellement des promesses de clémence, tout en marchant contre la ville avec son armée. »

En réalité, plus que le trésor royal, le véritable objectif d'Octavien est l'Égypte et ses richesses inépuisables. Pour l'heure, Cléopâtre est dos au mur et, peut-être, consciente que son adversaire voit bien plus loin, géopolitiquement parlant. Ne risque-t-elle pas de contrarier ses plans ? Si, puisque son pouvoir est susceptible de rivaliser avec Rome dans sa course à l'hégémonie et au contrôle du Moyen-Orient et de l'Afrique du Nord. L'heure n'est plus à la négociation. Il n'y a tout simplement plus de place dans l'Histoire pour le royaume d'Égypte. L'avenir frappe à la porte et s'achemine vers un monde méditerranéen exclusivement romain.

30 juillet
L'avant-dernière nuit

Un grand silence et un sentiment de vide planent sur les salles du palais royal en ce 30 juillet -30. On ne voit qu'une poignée de serviteurs passer en vitesse. Et pourtant, on respire un agréable parfum boisé que répandent de petits braséros, mélangé à l'odeur des plantes ornementales des grands jardins. Seulement, cette odeur de la nuit, aussi intrigante qu'intense, n'est plus celle qui avait été tant de fois la complice de l'amour entre Cléopâtre et Antoine, en les enveloppant dans son étreinte. Elle a changé de visage, pour devenir le signe d'une fin imminente. Plus de banquets, plus de fêtes non plus. Ne reste qu'une atmosphère immobile et pesante. Les visages des rares courtisans qu'on croise sont tendus, inquiets, angoissés par cet avenir incertain. Un avenir qui s'abattra sur eux demain. Vont-ils survivre ? Finir tués ? Qui sera là, dans le palais ?

Marc Antoine est rentré à Alexandrie depuis quelques jours. Il est triste et d'humeur massacrante. Personne ne peut l'approcher. Les nouvelles qui parviennent du front sont terribles : Octavien bivouaque dans la ville de Canope, à quelques heures de marche d'Alexandrie et du palais.

Le général romain a passé la journée avec ses hommes de confiance afin d'organiser les défenses et d'envisager toutes les options pour sortir de cette situation. Et pour parler franchement, il n'y en a guère. Les troupes sont moins nombreuses et moins préparées que celles de l'adversaire. Plus grave encore : elles sont démoralisées et l'envie de déserter fait insidieusement son chemin dans les rangs. Impossible de s'en remettre à elles. Il y a également la flotte mouillant au port, une autre arme que Marc Antoine pense utiliser, d'une manière ou d'une autre.

Autour de la table, on trouve peut-être Césarion et Antyllus. Étant « adultes », ils sont embarqués bien malgré eux dans cette histoire. En les regardant, Marc Antoine a forcément songé à les faire s'échapper pour qu'ils survivent, au moins eux. Ce qui a dû le rendre fou de rage.

Et Cléopâtre ? Nous ignorons si elle a participé aux réunions. Il est fort probable qu'elle ait joué un rôle de premier plan dans ces discussions stratégiques. C'est tout de même sa ville, son royaume, ses enfants et son existence qui sont en jeu ! Et elle n'est pas femme à laisser les autres décider à sa place, loin de là.

D'après plusieurs chercheurs, les rapports entre les deux amants sont tendus. Peut-être à cause des rumeurs qui parlent d'un accord entre elle et Octavien après l'étrange reddition de Péluse décidée par le gouverneur de la cité – un choix explicable, pourtant, vu qu'il était face à un ennemi bien plus nombreux, et surtout, déjà vainqueur.

Antoine et Cléopâtre passent probablement leur dernière nuit séparés. Face à l'arrivée imminente d'un adversaire puissant, aucun général n'oserait tout laisser en plan et se coucher auprès de sa bien-aimée. Il aura passé chaque heure dont il disposait à compter fébrilement ses dernières forces, tout en prévoyant les stratégies du camp adverse et en organisant des effets de surprise.

De son côté, Cléopâtre a fini par se retirer pour être auprès de ses enfants, sa principale préoccupation. Surtout Césarion, qui serait le premier à périr, après elle et Antoine. La reine a dû essayer de les tranquilliser, même si toutes ses pensées étaient pour lui. À dix-sept ans, Césarion comprend très bien la situation. Comment ne pas éprouver d'empathie pour ce jeune garçon, né d'un couple de légende, mais qui risque d'être tué d'un moment à l'autre ? Coupable de rien, sinon de sa naissance ? Certes, on vous répondra qu'il est victime des jeux de pouvoir à Rome. Octavien aurait eu un nouveau rival, susceptible de rassembler une opposition autour de lui et de contester sa domination. Il n'empêche : toute cette histoire est un autre exemple de la cruauté du futur empereur. Un homme porté aux nues pendant des siècles, mais qui cache une cruauté glaçante. En réalité, l'erreur consiste précisément à voir un monde antique avec des yeux modernes. Octavien est un homme froid, calculateur, insensible, c'est vrai, mais il n'agit pas différemment des autres, à commencer par Cléopâtre. En réalité, l'inhumanité impressionnante qui s'offre à nos yeux fait partie de l'époque que nous décrivons. Ce monde était différent du nôtre, sa morale aussi. Alors contentons-nous de l'observer, sans le juger.

Malgré tout, les sentiments ne changent pas au fil des siècles. Qui sait si Cléopâtre n'a pas fini par se blottir auprès du petit Ptolémée Philadelphe pendant qu'il dormait, pour respirer l'odeur de ses cheveux, comme elle l'avait fait à Rome avec Césarion, à la nouvelle de la mort de César ? À cet instant, l'absence du grand conquérant se sera fait sentir, plus que jamais. Dire qu'ils avaient combattu côte à côte, dans ce palais. Il aurait su trouver une solution, ce dont Marc Antoine semble incapable. Ils n'auraient pas tout perdu, à commencer par Actium…

31 juillet, à l'aube
L'ennemi est aux portes de la ville

L'aube ne s'est pas encore levée. La mer est calme, le ciel sans nuages. Une journée magnifique se prépare. Et pourtant, elle et celles qui suivront feront partie des plus tristes de l'histoire d'Alexandrie. Étrangement, le port est à l'arrêt et les rues sont à moitié désertes. Du sommet du Phare, quelques officiers romains observent l'horizon. Parmi eux se trouve sûrement le fidèle Publius Canidius Crassus, ce grand général plein de courage. De là-haut, la vue est à couper le souffle. Pour l'époque, cela revient presque à être à bord d'un satellite-espion, stratégiquement parlant. Rien ne le prouve, mais le gradé est sûrement monté jusqu'ici pour comprendre ce qui l'attend. La lumière du Phare a été éteinte pour empêcher l'ennemi de se repérer. Tous les regards sont braqués vers l'est, sur la route qui mène d'Alexandrie à Péluse. C'est par là qu'arrivera Octavien.

À cette heure matinale, le chemin de terre est une bande claire qui se perd dans la végétation sombre de la côte. Tous les légionnaires sont enveloppés dans leur cape rouge caractéristique. Tant que le soleil n'est pas levé, le vent et l'humidité sont mordants à cette hauteur, en dépit de la période estivale. Sans compter que leurs cuirasses et leurs armures en acier refroidissent leurs corps comme si c'était de la glace.

Depuis quelques minutes, à l'est, le ciel semble se teindre d'orange et de rouge. Soudain, peu à peu, le premier rayon de soleil arrive. En temps normal, tous les habitants de la ville voient le sommet du Phare se parer d'un rouge vif, avant même que le soleil n'illumine Alexandrie. Depuis des générations, cette première lueur signe le début de la journée, comme le carillon d'un Big Ben lumineux. Mais cette fois, elle semble sonner le glas. Les traits de l'ensemble des officiers sont tirés, marqués par une nuit sans sommeil, passée à consulter les missives portées par des messagers hors d'haleine, à dérouler des cartes de la ville pour comprendre comment organiser la défense. Et peut-être à rédiger des testaments, dans l'agitation générale.

On offre à Publius Canidius une coupe de vin chaud, histoire de le réchauffer. À présent éclairé par le rouge du soleil qui se lève, son visage disparaît derrière une coupe en argent décorée en ronde-bosse, avec Dionysos et d'innombrables Amours. Alors qu'il avale la dernière goutte, beaucoup remarquent que ses joues, mal rasées, sont recouvertes par une étendue de petits poils blancs. C'est la première fois qu'ils le voient dans cet état. De quoi accentuer ce sentiment d'insécurité et de peur, même si personne n'osera l'avouer.

Soudain, un cri retentit : *Illic, aspicite !* « Là-bas, les voilà ! »

Publius Canidius laisse tomber sa coupe, passe le dos de sa main sur sa bouche, plisse les yeux pour mieux voir et grimace, en marmonnant : « Ils sont nombreux… »

La lumière du soleil est descendue sur le sol et inonde les champs cultivés, encore couverts par la brume légère du matin. Mais sur la route, dans le lointain, quelque chose de terrifiant se dresse. C'est la poussière épaisse soulevée par les légions en marche. Un nuage immense, éclairé en biais par les rayons du somptueux disque rouge posé sur l'horizon. D'expérience, Publius Canidius et ses hommes savent évaluer l'importance d'un détachement ou d'une armée en marche en observant la poussière qu'ils soulèvent. Et c'est bien une tempête de sable qui semble avancer droit sur eux.

Le général descend pour commander ses hommes sur le terrain. Ne sont restés en haut du Phare qu'un officier et une poignée de soldats chargés de signaler les mouvements de l'ennemi. Plus personne n'articule un mot.

Le soleil semble devancer les troupes d'Octavien et entre par la porte ouest d'Alexandrie, surnommée la porte du Soleil, et c'est tout sauf un hasard. Passé l'entrée de la ville, ses longs rayons poursuivent leur route en éclairant un instant la principale artère d'Alexandrie, la voie Canopique, en parfait alignement avec le lever du soleil à l'aube du 20 juillet, jour de la naissance d'Alexandre le Grand – c'est ce qu'a récemment démontré une étude menée par Luisa Ferro et Giulio Magli. Moins de deux semaines se sont écoulées depuis cette date et cet effet hautement symbolique est encore visible, surtout si la rue est déserte, comme aujourd'hui. Il n'y a qu'un mulet, immobile au milieu de la rue, échappé d'on ne sait quel four où l'on broie le blé.

6 heures, porte du Soleil
La défense se prépare

Sur la route menant à Alexandrie, un cheval galope à une vitesse folle.

La route est vide et on n'entend que le bruit de ses sabots qui résonnent. En temps normal, à cette heure, la rue est déjà pleine de personnes qui se rendent en ville. Des paysans avec leurs couvre-chefs coniques, des marchands avec des chars remplis à ras bord de marchandises et de produits des champs, des fonctionnaires en litière… Mais aujourd'hui, la voilà vide et plongée dans le silence. Les rares maisons que le cavalier dépasse sont vides, leurs portes ouvertes, y compris les quelques cahutes à la forme arrondie, faites de végétaux tressés, très courantes dans le delta. Les paysans qui y habitent ont fui devant l'arrivée des légions d'Octavien. Ce cavalier solitaire est le dernier de ceux envoyés voir où se trouve l'ennemi. Et à en juger par la vitesse à laquelle il fait galoper sa monture, elle n'est plus très loin. Depuis les murailles d'Alexandrie, on le voit arriver. Ça y est, il est en train de dépasser les tombeaux et les monuments funéraires qui bordent la route, ceux des familles les plus éminentes de la cité. Le voilà maintenant à la hauteur du grand Hippodrome à l'extérieur des fortifications, d'une longueur d'environ 1 200 pieds (soit 360 mètres). Le jeune homme doit avoir une peur bleue, car il ne donne pas l'impression de vouloir s'arrêter. Ce qui ne manque pas d'inquiéter les soldats chargés de monter la garde. À la vitesse de l'éclair, il franchit la porte du Soleil. Épuisé, recouvert de poussière, il est aussitôt entouré par ses compagnons d'armes et par les officiers qui lui donnent à boire. Ils le regardent ingurgiter l'eau qui coule le long de ses joues, de son cou et de son armure. Tel un marathonien au bout de l'effort, il est incapable de reprendre son souffle. Mais tout le monde souhaite avoir des nouvelles. Alors qu'il s'apprête à parler, le cercle de légionnaires qui l'entoure s'ouvre brusquement. C'est Marc Antoine qui s'avance, flanqué de Publius Canidius et d'autres haut gradés. Le cavalier se raidit. Maladroitement, il tente de se rendre présentable. Le temps lui manque. Il est écrasé par la silhouette massive d'Antoine, tout près de lui. Le cavalier peut même sentir son haleine et le parfum de ses onguents. Il dit tout ce qu'il sait : l'ennemi est innombrable, il marche en formation de combat. D'ici une heure, il sera là. Antoine fixe le soldat. Le moment tant attendu (et tant redouté, depuis des mois) est arrivé. Le destin va s'accomplir. Le temps d'une tape sur l'épaule du cavalier, il disparaît en vitesse, entouré de ses généraux.

Il donne ses instructions. On fait rentrer les très rares personnes qui sont à l'extérieur des murailles. Et l'on ordonne de fermer les portes. En réalité, la porte du Soleil est constituée de deux passages distincts, chacun surmonté d'une arche. Le premier pour entrer en ville, le second pour en sortir. De part et d'autre se dressent deux tours cylindriques. La refermer n'a rien d'une formalité : cela fait des années que ce n'est pas arrivé ! L'air salé et le sable ont oxydé et rongé les gonds en bronze. Les mâchoires serrées par l'effort, un groupe pousse les battants qui refusent de bouger. En fin de compte, les gonds cèdent, en gémissant dans de petits jets de poussière. Les lourdes portes finissent par se refermer avec un bruit sourd, suivi par celui de gros verrous métalliques. On installe de grosses poutres en travers des battants. Alexandrie est désormais coupée du reste du monde. En attendant, la nouvelle de l'arrivée imminente des troupes d'Octavien se répand dans la ville. Peu de gens ont fermé l'œil cette nuit : la peur et la tension sont dans les yeux de tous.

Non loin de la porte du Soleil, sur l'une des tours qui défendent la ville, on peut distinctement voir Antoine, paré de sa somptueuse cuirasse de combat, avec ses pectoraux et ses abdominaux sculptés dans le métal. Impossible de ne pas repérer ses cheveux frisés. À ses côtés, Canidius et quelques officiers s'entretiennent avec lui. Mais il n'est pas invraisemblable que Césarion et Antyllus soient également présents.

7 heures
Les premiers détachements d'Octavien avancent en éclaireurs

Près d'une heure s'écoule. En haut du Phare, l'officier chargé de faire le guet est subitement rappelé par l'un de ses légionnaires qui indique des petits points au loin, sur la route. Ce sont les premiers détachements de la cavalerie ennemie, envoyés en éclaireurs. On en informe immédiatement Canidius et Antoine – grâce à des miroirs et des signaux lumineux, ou des drapeaux colorés.

Très vite, eux aussi finissent par voir ces points minuscules prendre forme, depuis les murailles. C'est un groupe réduit de cavaliers, rapides et agiles. Ils se sont arrêtés à l'entrée de la route, à quelques centaines de mètres des murs, à bonne distance des redoutables *scorpiones*, ces grandes catapultes capables de « projeter » de longues flèches avec une puissance et une précision remarquables.

Les chevaux secouent la tête, signe de leur nervosité. Devant les éclaireurs d'Octavien, Alexandrie apparaît dans toute sa splendeur, avec ses murailles, ses maisons et ses palais immenses. À leur droite, sur la mer, le Phare domine tout le paysage. D'ici, on peut distinguer quelques silhouettes qui bougent. Ce sont l'officier et les hommes de Canidius, qui les observent.

L'apparition des premiers cavaliers a provoqué du mouvement sur les remparts, c'est évident. On entend des trompettes lancer des signaux d'alarme. Une vague de peur se répand dans toute la ville. Ceux qui comptaient fuir auraient dû le faire plus tôt. Il est trop tard, à présent. Les portes de la ville sont fermées et l'ennemi est là.

7 h 30
Les légions d'Octavien arrivent

Le Phare a été le point de repère des soldats d'Octavien dans leur marche. Même si l'édifice a été éteint pendant la nuit afin de ne pas les aider, sa masse imposante et sa couleur étincelante ont réapparu avec les lueurs de l'aube. Et guidé leurs pas. Le parcours n'a pas été facile, même s'il ne s'agissait « que » de vingt kilomètres. Les légionnaires ont plus de 250 kilomètres de marches forcées dans les jambes.

Le bruit de la mer empêche d'entendre clairement le bruit des légions. D'habitude, leur arrivée est annoncée par un vacarme aussi sinistre qu'impressionnant, avec le tintement de milliers d'armures dont les franges métalliques s'agitent, avec ces armes qui s'entrechoquent, le barda, les pas de milliers de légionnaires. Ce brouhaha lugubre suscite la crainte avant même qu'on puisse réellement voir l'armée.

Au bout de quelques dizaines de minutes, les légions arrivent au bout de la route. On distingue les premières rangées avec les enseignes. Le reste est enveloppé dans la poussière. Mais là-bas, quelque part, il y a Octavien.

7 h 30
Octavien voit Alexandrie

Le futur empereur est à cheval, entouré par ses généraux, son casque abaissé sur la tête. À son arrivée, il ne peut s'empêcher d'admirer la ville, belle, exotique, plongée dans une fascinante atmosphère orientale. C'est la première fois de sa vie qu'il l'aperçoit et il est ému. On lui a raconté tant d'histoires sur cet endroit ! À commencer par César, quand il lui racontait la guerre civile.

Remis de son émerveillement, il retourne à la réalité et remarque aussitôt que les portes sont fermées. Antoine et Cléopâtre ne se rendront pas comme à Péluse.

Il ordonne donc aux troupes de prendre leurs quartiers sur une petite hauteur à proximité de l'Hippodrome. Autant se méfier. Même si une sortie des assiégés est fort improbable, il choisit une position surélevée et, par conséquent, mieux défendable, puis déploie la cavalerie devant lui tandis que ses combattants montent un grand campement avec des palissades et des fossés.

8 heures
La dernière victoire de Marc Antoine

Marc Antoine n'a pas perdu une miette des mouvements des troupes adverses. En meneur d'hommes expérimenté, il comprend que les légionnaires de son rival sont éreintés après ces longues journées de marche. Il décide donc de tenter quelque chose. Sa cavalerie est cachée à l'extérieur des murailles, non loin de l'Hippodrome. Le temps de rejoindre ses hommes en sortant par une porte secondaire, il se coiffe de son casque puis regarde ses soldats, à qui il dit quelques mots choisis (pas le temps pour de grands discours). Et il part à l'attaque.

La cavalerie d'Octavien, chargée de défendre le reste des troupes, est totalement prise de court. Elle est écrasée par cet assaut inattendu et forcée de prendre la fuite, en laissant peut-être des morts derrière elle. La charge se poursuit et vise directement le campement d'Octavien, où la cavalerie ennemie s'est réfugiée. Emporté par son élan, Antoine compte peut-être briser les lignes ennemies dans un campement pas encore terminé, en semant la pagaille. L'occasion, pourquoi pas, de tuer directement son rival. Au fond, n'est-ce pas ce que faisait Alexandre le Grand lors de ses assauts ? Imaginez : Octavien éliminé, il ne resterait que lui, prêt à récupérer le pouvoir à Rome, avec Césarion à ses côtés. Ce qui justifierait la victoire de l'ancien camp des césariens.

Hélas, il n'est pas facile de prendre d'assaut un camp romain avec des cavaliers. Sans infanterie, rien à faire. Voyant la percée d'Antoine, le général Canidius ouvre les portes de la ville et envoie les troupes nécessaires pour l'aider – une manœuvre sûrement décidée à l'avance. Une fois rejoint par ses soldats à pied, Antoine passe à l'offensive. Mais dans l'intervalle, les soldats adverses sont parvenus à se retrancher et à fortifier leur installation – de façon provisoire, vu le peu de temps dont ils disposent. Et ils se défendent avec acharnement. L'assaut prend fin. Antoine fait demi-tour et regagne la ville. Non sans avoir envoyé des messages jusqu'aux positions adverses, accrochés à des flèches : il y promet au moins 1 500 drachmes à chaque soldat qui se rangera de son côté. De toute évidence, l'Égypte et Alexandrie ont la réputation d'être si riches qu'il suffit d'une simple promesse pour « acheter » un militaire. On comprend au passage quel est le seul ressort qui anime les troupes : l'argent et le butin. Comme les pirates.

L'affrontement n'a pas impliqué deux armées, mais seulement quelques centaines de cavaliers et de légionnaires. Cela a suffi pour redonner le moral à Antoine après les mauvaises nouvelles de ces derniers mois.

10 heures
Octavien réorganise ses hommes

Octavien et ses généraux sont surpris et très frappés par le coup osé d'Antoine. Eux qui s'attendaient à une résistance quasi inexistante… Au lieu de ça, l'ancien triumvir les a attaqués, mettant la cavalerie en déroute. Après l'affrontement, c'est Octavien en personne qui remet de l'ordre dans ses rangs. Mieux : il va répondre à la provocation de son ancien allié. Avec une astuce. Voilà ce que raconte Dion Cassius : « Octavien lut lui-même à ses soldats de son plein gré les billets, accusa Antoine, leur inspira la honte d'une trahison et souleva leur enthousiasme pour sa propre personne, de sorte qu'ils se montrèrent pleins de zèle à la fois par indignation contre cette tentative et pour prouver qu'ils n'avaient pas l'intention d'être lâches. »

11 heures
Antoine rejoint Cléopâtre

Marc Antoine ignore qu'il s'agit de sa dernière victoire. Pour l'heure, il semble avoir retrouvé son enthousiasme d'antan. De retour à Alexandrie, il est fêté en héros par ses soldats et par le général Canidius, puis se rend auprès de Cléopâtre au palais royal, en compagnie de certains des cavaliers qui ont participé à l'attaque avec lui. D'après Plutarque, il entre dans le bâtiment, enlace sa maîtresse, même s'il est encore vêtu de sa cuirasse, son épée au côté. Il lui présente ensuite le cavalier qui s'est battu avec un courage exceptionnel. En récompense, la reine lui offre une cuirasse et un casque en or. Malheureusement, ajoute l'auteur des *Vies parallèles*, le soldat va prendre ces cadeaux… et rejoindre les rangs d'Octavien durant la nuit.

14 heures
Au campement d'Octavien

Un épisode curieux survient peut-être en début d'après-midi. Emporté par son enthousiasme, mais aussi poussé par le rapport de forces si déséquilibré entre les deux camps, Antoine propose à Octavien de l'affronter en duel. Un signe d'une arrogance incroyable.

Comment réagit ce dernier en lisant ce message qu'un émissaire lui a remis dans sa tente ? Tout cela doit le faire sourire, très certainement. Il refuse avec son cynisme coutumier et fait dire à son rival… qu'il a plusieurs façons de mourir à sa disposition.

Le reste de la journée n'apporte aucun changement. Octavien renforce ses positions. Mais surtout, il laisse ses troupes épuisées se reposer. Comme si ses légions prenaient une grande inspiration avant l'assaut final. Ceux qui se trouvent à l'intérieur des murailles s'en rendent compte, ce qui achève de les effrayer et de les inquiéter.

Le soir tombe sur Alexandrie

Durant tout l'après-midi, depuis les palais les plus élevés de la cité et le Phare, on peut clairement voir les deux campements de l'ennemi : celui d'Octavien, à l'est, et celui de Gallus, à l'ouest. Sur la mer, on aperçoit les bateaux du camp adverse qui contrôlent le littoral. Le piège s'est refermé sur Cléopâtre et Marc Antoine. Ils sont complètement encerclés.

À ce moment-là, que se passe-t-il ? Aussi incroyable que cela puisse paraître, même si leur histoire (et leur fin) est l'une des plus célèbres au monde, nous possédons peu de sources qui nous décrivent leurs derniers jours de vie. Il n'existe guère que deux textes, celui de Plutarque et celui de Dion Cassius. Pour suivre l'enchaînement des événements et l'épilogue de notre récit, heure par hcurc, il nous faut nous conformer à leur version des faits. Tout le reste n'est qu'hypothèses, mais nous avons cherché à reconstituer ces heures de la façon la plus vraisemblable possible.

Palais royal, le soir
Le dernier banquet

Antoine a compris que son destin est scellé. Il ne verra pas le prochain hiver. Il ne verra pas grandir ses enfants, il ne verra pas son visage vieillir. Il n'a plus que quelques heures devant lui. Demain, à la même heure, il sera probablement déjà mort. On ne peut que se figurer son état d'esprit, sa colère et la profonde tristesse qu'il a dû ressentir en regardant d'un air envieux les autres. Tous ceux qui ont encore la vie devant eux. Peut-être aura-t-il songé à une dernière idée pour renverser la situation…

Signalons d'ailleurs une nouvelle erreur que nous commettons régulièrement en regardant des époques révolues avec nos yeux de femmes et d'hommes du XXIe siècle. Étant habitués à vivre longtemps, nous trouvons normal d'arriver à la vieillesse. Les façons de guérir nos problèmes de santé ne manquent pas et les maladies sont moins nombreuses qu'au temps des Romains ou des Grecs. Mais on ne vit pas vieux à l'époque de nos protagonistes : l'espérance de vie moyenne est de 41 ans pour l'homme et de 29 ans pour les femmes – un chiffre qui s'explique largement par les complications liées aux grossesses. C'est une société où les enfants sont nombreux et les vieillards une exception. Une société où la mort est cachée partout et présente au quotidien. Dans toutes les familles, on voit mourir ses frères cadets et le veuvage est loin d'être une anomalie, les couples atteignant rarement un âge avancé ensemble. Au fil des années, les épidémies, la famine, les accidents emportent des groupes d'amis et de connaissances, voire des communautés entières. Sans parler des guerres. Si la mort leur fait peur autant qu'à nous, les hommes et les femmes de cette époque ont sans doute davantage conscience de la précarité de l'existence humaine. Sont-ils plus fatalistes ? Difficile à dire. Une chose est sûre : notre siècle a effacé la mort de notre quotidien. On meurt d'événements jugés « exceptionnels » et « imprévisibles », comme des maladies, des accidents, etc. Ce qui transforme presque notre vie en une espèce de bande dessinée où la mort est refoulée, là où l'Antiquité la considère comme une triste réalité plutôt qu'une tragique exception. Au fond, c'est ainsi que vivaient nos grands-parents. C'est aussi la réalité que connaissent les peuples de nombreux pays émergents. Là où la vie est difficile, on est plus fort.

Si nous avons tendance à voir dans l'avenir un droit qui nous est acquis, jadis, ce mot avait moins de poids. Vu l'extrême facilité avec laquelle on quitte ce monde, les habitants de l'Antiquité vivent plus « au jour le jour », en appréciant chaque minute, en savourant chaque fête, chaque banquet, chaque amitié ou chaque moment en famille. La vie est rythmée par des événements très rapprochés. Puisque tout peut finir d'un instant à l'autre, ils ont (par la force des choses) une sagesse supérieure à la nôtre. C'est ce qui transparaît de leur histoire.

Maintenant, si nous regardons la vie de Cléopâtre, de Marc Antoine, de César, de Brutus, de Cassius, d'Octavien, c'est-à-dire de la classe des « leaders », on s'aperçoit que leur style de vie est encore plus extrême. Ils se lancent dans de grandes batailles, quitte à prendre des risques inconsidérés, avant de vivre une ou deux années de « rente » en jouissant d'un pouvoir immense, dans un luxe sans limites. Une période pendant laquelle ils cherchent à garder cette mainmise en s'engageant constamment dans la vie politique. Ils nouent de nouvelles alliances et entretiennent les anciennes. Mais inévitablement, de nouveaux affrontements, tout aussi décisifs, les attendent, ce qui les oblige à tout remettre en jeu… Et ainsi de suite. Par rapport à notre époque où chaque projet est mûrement réfléchi, cette existence joue toujours à « quitte ou double ». La moindre défaite revient à tout perdre, tout, y compris la vie.

Et c'est exactement ce qu'Antoine a en tête le soir du 31 juillet -30.

Il ordonne qu'on organise un banquet pour s'offrir un dernier plaisir, nous indique Plutarque : « On raconte qu'à table il ordonnait à ses serviteurs de lui redonner à boire et de s'appliquer à lui faire meilleure chère. "Car, disait-il, on ne sait si demain vous pourrez encore vous occuper de moi, et si vous ne servirez pas d'autres maîtres, tandis que moi, squelette gisant à terre, je ne serai plus rien." »

Participent au banquet ses derniers amis, ceux qui lui sont restés fidèles jusqu'au bout. Si nous ignorons leurs noms, il y a certainement Lucilius, l'ami de Brutus qu'Antoine a épargné après la bataille de Philippes. On peut penser sans trop se tromper que le fidèle général Publius Canidius est là, tout comme le rhéteur grec Aristocratès et, parmi le personnel qui sert à table, Éros, son serviteur de confiance. Il est fort probable qu'Antyllus et Césarion soient là, eux aussi. Mais surtout, il y a Cléopâtre. C'est un banquet d'adieu, à tout le monde et à la vie…

Dans un mélange de solennité et d'affection, l'atmosphère de cette dernière soirée est certainement émouvante. À en croire l'auteur des *Vies parallèles*, les invités sont profondément ébranlés par les paroles d'Antoine : « Voyant ses amis fondre en larmes à ces mots, il reprit : "Je ne vous mènerais pas à un combat où je chercherais une mort glorieuse plutôt que le salut et la victoire." »

Le biographe ajoute ensuite une anecdote, plus poétique que réaliste, pour dédramatiser le destin inéluctable qui menace le chef de guerre vaincu : « Cette nuit-là, vers minuit, alors que la ville, saisie de frayeur dans l'attente des événements, était plongée dans le silence et la consternation, on entendit tout à coup les sons harmonieux d'instruments de toute espèce et les clameurs d'une foule qui criait "Évoé !" et dansait à la façon des satyres, comme si un thiase s'élançait bruyamment. Cette foule avançait en masse à travers le centre de la ville vers la porte tournée à l'extérieur du côté où se trouvaient les ennemis, et c'est par là que le bruit devint plus fort, puis s'éteignit. Ceux qui réfléchirent sur ce signe pensèrent qu'Antoine était abandonné de [Dionysos] auquel il s'était toujours particulièrement efforcé de ressembler et de s'assimiler. »

La dernière nuit d'Antoine et de Cléopâtre

La chambre est plongée dans l'obscurité. Au fond, un balcon, baigné par le clair de lune. Cléopâtre est appuyée contre une colonne. La brise fraîche qui souffle depuis la mer agite doucement les rideaux vaporeux qui l'encadrent. Son regard fixe un point au loin, vers le large. Elle est hantée par des pensées angoissantes, tandis que mille questions sans réponse se bousculent dans son esprit.

Derrière elle, la porte s'ouvre et Marc Antoine fait son entrée dans la pièce. La reine ne le voit pas, mais elle entend ses pas et leur rythme reconnaissable entre tous. Il ne s'approche pas d'elle, pourtant. Il s'est arrêté, dans le noir, au milieu de la pièce. Cléopâtre n'est pas naïve. Au fond de son cœur, son bien-aimé a renoncé à vivre après ces derniers mots prononcés lors du banquet. Il est immobile, seul, sans espoir. Demain signera sa fin. Ou peut-être la leur. D'instinct, un immense besoin d'être protégée l'envahit. Elle se tourne vers lui avec une irrépressible envie de chaleur, de vie et d'espérance. Comme attirée par une force invisible, elle s'écarte de la colonne et se dirige vers lui. Il voit la silhouette de sa maîtresse approcher en contre-jour, si féminine, si sensuelle. Le clair de lune qui se reflète sur le sol caresse les courbes de la reine. Elle efface rapidement les derniers mètres, presque en courant. L'étreinte qui les unit est puissante, enveloppante, parfaite, comme toujours. Elle pose la joue sur le torse musclé d'Antoine. Elle sent son cœur battre fort, devine son angoisse dans ce souffle haletant. Il se rend compte d'une chose : ce n'est pas la reine d'Égypte qu'il tient dans ses bras, mais une personne fragile et vulnérable. Il essaie de la calmer avec ses caresses. Des larmes chaudes tombent sur ses bras et elle tressaille, déchirée par la souffrance. Les mots sont inutiles. Les deux amants se serrent encore plus fort. Il y a dans cette étreinte beaucoup de chaleur et de protection, mais aussi un besoin désespéré d'être tout près de l'autre.

Il est temps pour nous de les laisser.

Les sources antiques ne nous indiquent pas comment ils ont passé leur dernière nuit. Mais, face à un avenir aussi cruel qu'inévitable, ils ont sans doute cherché à se soutenir l'un l'autre. À retrouver l'état de grâce qui les a unis des années durant.

Pendant ce temps, dans le campement d'Octavien…

Non loin de là, Octavien laisse la nuit s'avancer. Une fois de plus, nous ignorons ce qui se passe dans son campement. Mais nous n'avons aucun mal à l'imaginer. Après avoir passé en revue et discuté chaque option avec ses généraux, il se trouve dans sa grande tente, entouré de ses amis. On rigole, on plaisante. Tout le monde est sûr que demain, l'histoire de Rome changera. Chacun envisage l'avenir, en buvant du vin et en se moquant de ses camarades. Octavien, comme toujours, est plus taiseux. Il boit peu, et semble presque rester à l'écart. Dans sa tête, il y a la satisfaction d'être à deux doigts d'un succès définitif. Lui aussi pense à l'après : Antoine n'est plus un problème, ne reste que Cléopâtre. Comme dans une partie d'échecs, avec le roi adverse dans un coin, il suffit de décider des derniers coups pour faire mat. Mais la partie est gagnée.

Dans le reste du campement, l'hilarité et la bonne humeur règnent. Une grande partie des légionnaires pensent à tout ce qu'ils empocheront dans une ville aussi riche qu'Alexandrie. Aux femmes qu'ils pourront violer (ils ne fixent pas tellement de limites aux violences qu'ils comptent perpétrer), aux mets raffinés dont ils se rempliront la panse après tant de jours de ration… La victoire est certaine. D'autant qu'ils sont rejoints par des déserteurs des rangs adverses, parfois au compte-gouttes, parfois en masse. Ils ont même été rejoints par le meilleur cavalier d'Antoine, celui qui avait impressionné tout le monde dans la journée par son courage…

Grâce aux déserteurs, les généraux d'Octavien reçoivent des informations précieuses. Ils savent, par exemple, qu'Antoine souhaite tenter un dernier coup d'éclat, cette fois en impliquant la flotte de Cléopâtre ancrée dans le port. C'est d'ailleurs Plutarque qui souligne le caractère indomptable de Marc Antoine, en quête d'une fin glorieuse : « Comprenant qu'il n'était pas pour lui mort plus honorable que la mort au combat, [il] résolut d'attaquer à la fois sur terre et sur mer. » L'action est prévue pour le lendemain matin. Antoine entend-il forcer le bloc naval avec les derniers navires qu'il lui reste, puis fuir en Espagne, comme on a pu l'écrire ? C'est peu probable. En réalité, la manœuvre qu'il a en tête est double : la flotte combattra en mer tandis que l'ensemble des ses troupes affrontera l'ennemi sur la terre ferme. C'est un dernier baroud d'honneur, une dernière charge. Dommage pour lui, Octavien est au courant de tout.

1er août, au matin

Dès l'aube, Antoine est à la tête de ses troupes. Il a déployé ses légionnaires sur les collines face à la ville et fait maintenant sortir les navires. Une scène spectaculaire : à coups de rames, les galères dotées de puissants rostres fendent les vagues en approchant de l'ennemi à grande vitesse. Depuis le rivage, les deux camps observent l'évolution des événements. La tension est à son comble. Soudain, coup de théâtre. Le premier navire de combat d'Antoine et de Cléopâtre, approche de l'ennemi, il est presque arrivé au contact avec une embarcation adverse… mais au lieu de poursuivre sa course pour l'éperonner, il lève les rames en signe de salutation. L'autre répond. Peu après, un autre bâtiment en fait autant, et puis encore un autre. Sous les yeux médusés d'Antoine et de ses généraux, l'ensemble de la flotte se livre à l'ennemi ! Ainsi, sur les deux flottes qui allaient s'affronter, il n'y en a désormais plus qu'une, énorme et compacte, ses proues tournées vers la ville.

L'Antiquité a beaucoup écrit sur cette trahison derrière laquelle on a imaginé la longue main de Cléopâtre. Elle aurait tenté de faire un pas vers Octavien, quitte à trahir Antoine. Les historiens estiment aujourd'hui que ces rumeurs sont plutôt le fruit de la propagande en faveur d'Octavien et qu'on les a fait circuler alors qu'il était déjà devenu Auguste. À en juger par la tournure des événements à Alexandrie, la manœuvre secrète de Cléopâtre n'était pas nécessaire pour pousser ses navires à la désertion.

On imagine sans peine la stupeur et la colère d'Antoine et de son fidèle général Publius Canidius. En réponse, ils donnent aussitôt l'ordre aux troupes d'attaquer. Mais une fois de plus, ils tombent de haut en apprenant que la cavalerie, celle qui a effectué cette charge victorieuse la veille, s'est rendue sans combattre pour passer à l'ennemi.

Dans l'intervalle, les troupes affrontent celles d'Octavien, mais sans cavalerie. En infériorité numérique et démoralisées, elles sont facilement battues.

Antoine se retire en ville en « criant à la trahison de Cléopâtre, qui l'avait livré à ceux qu'il n'avait combattus qu'à cause d'elle », raconte Plutarque.

Cléopâtre se réfugie dans le mausolée

La nouvelle que la flotte et la cavalerie se sont rendues remonte jusqu'à Cléopâtre, au palais royal. Puis c'est au tour de celle de la défaite des troupes à pied. La reine comprend que la situation est définitivement compromise et que la fin est proche. Mieux vaut ne pas s'attarder au palais. Elle prend donc le chemin du mausolée, entourée de ses deux fidèles servantes, Eiras et Charmion. L'idée est de s'enfermer dans cette dernière forteresse (qui finira par devenir son tombeau). D'après Plutarque, « craignant sa colère et son désespoir, [elle] se réfugia dans son mausolée et fit abattre les herses consolidées par des serrures et des verrous ».

C'est d'ailleurs ici qu'elle va prendre une décision qui continue de susciter de nombreuses interrogations, aujourd'hui encore. Un serviteur est chargé de porter une nouvelle terrible à Marc Antoine : « La reine est morte. » Pourquoi ?

Si l'on suit l'interprétation de Dion Cassius, cela l'aurait poussé au suicide. De son côté, la reine aurait eu davantage de chances d'être épargnée. Mais l'historien romain étant hostile à Cléopâtre, cette explication est peut-être contestable.

Les experts d'aujourd'hui ne fournissent pas de réponse unanime sur la question. Certains interprètent ce geste comme une décision claire d'abandonner Antoine pour lancer des négociations avec Octavien. De cette façon, elle aurait pu se sauver et sauver ses enfants.

D'autres préfèrent voir cette décision comme un dernier geste d'amour : pousser l'homme qu'elle aime à se suicider. Autant qu'il meure de façon honorable plutôt que d'être tué par Octavien et ses soldats. Problème : cette hypothèse n'explique pas pourquoi elle-même ne s'est pas donné la mort immédiatement après. À la place, elle a choisi d'affronter Octavien.

Et si, en réalité, ces interprétations étaient vraies toutes les deux ? Au-delà des sentiments qu'elle éprouve pour Antoine (qui reste le père de pratiquement tous ses enfants), elle pense déjà à l'avenir. Avec autant de sang-froid que de sens pratique, elle choisit la solution la plus évidente : l'amener à quitter la scène de la façon la plus honorable pour tout le monde, de manière à établir le dialogue avec un nouvel allié potentiel. Plus que pour elle-même, pour Césarion et pour l'Égypte. Elle n'a guère d'alternative, de toute façon. Si telle est sa motivation, voilà qui montre une fois de plus sa clairvoyance politique, son esprit d'initiative, mais aussi son courage : pas facile de mettre un terme à une histoire longue de onze ans de cette manière.

Nous ne saurons jamais comment les choses se sont réellement passées. Mais on peut regretter que cette incroyable histoire d'amour se referme sur une telle ambiguïté.

La mort d'Antoine

La (fausse) nouvelle du suicide de Cléopâtre a un effet dévastateur sur Antoine. Depuis des mois, des semaines, des jours et des heures, à chacune de ces défaites, de ces trahisons et de ces désertions, le ciel semble s'être progressivement refermé sur lui. La lumière semble l'avoir abandonné. Mais avec la disparition de sa bien-aimée, ce sont les ténèbres qui viennent de l'engloutir, pour de bon. Imaginez son état d'esprit. Il a tout perdu : ses troupes l'ont abandonné, le monde romain lui a tourné le dos (*tota Italia* a juré en faveur d'Octavien), son adversaire est aux portes de la ville et la femme qu'il aime n'est plus. Ce qui signifie, entre autres, qu'il a perdu le soutien de l'Égypte. Comment vous sentiriez-vous, à sa place ?

Il croit à la terrible nouvelle qu'on vient de lui annoncer. Comme le relate Plutarque, il se dit à lui-même : « Que tardes-tu encore, Antoine ? Le seul motif qui te restât pour tenir à la vie, la Fortune te l'a ravi. » Le geste qu'il s'apprête à accomplir illustre bien des choses, mais aussi la profondeur de ses sentiments pour la reine d'Égypte. Il entre dans sa chambre, dénoue sa cuirasse, la retire et la laisse tomber par terre… Toujours selon l'écrivain grec, il s'exclame : « Cléopâtre, je ne me plains point d'être privé de toi, car je vais te rejoindre à l'instant, mais de ce qu'un *imperator* comme moi se soit révélé inférieur en courage à une femme. »

L'auteur des *Vies parallèles* a théâtralisé ce moment, c'est évident. Mais au fond, l'important est de saisir le désespoir d'Antoine, prisonnier de son impuissance. Cela montre aussi (et surtout) le grand attachement entre les deux époux. Il dégaine alors un poignard et demande à son fidèle serviteur Éros de le lui planter dans le corps.

L'homme brandit la lame pour le frapper, mais dès que son maître détourne le regard, Éros se frappe lui-même, violemment, avant de s'écrouler aux pieds d'Antoine. Celui-ci le regarde, bouleversé, et tandis qu'il recueille le dernier souffle de son serviteur, il s'exclame, toujours selon Plutarque : « C'est bien, Éros. Faute d'avoir pu le faire toi-même, tu m'apprends ce que je dois faire. »

C'est un drame dans le drame. Antoine est encore plus seul, désormais. Tous ceux qui l'entouraient ne sont plus là – on ne sait pas vraiment où se trouve son fils Antyllus, vu la confusion ambiante. Au comble du désespoir, il attrape son arme et la retourne contre lui-même. Le temps de pousser un long soupir, il ferme les yeux et se plante la lame dans le ventre, d'un coup sec. Il tombe face contre terre sur un petit lit, en proie à des douleurs lancinantes. Ce n'est pas un coup mortel, mais une blessure profonde, synonyme d'une mort lente provoquée par une hémorragie, dans une souffrance atroce. Il se tord sous l'effet des spasmes et de la douleur. Puis s'évanouit.

Tout le monde le croit mort, y compris ses gardes du corps, restés dans les parages. Résultat : la nouvelle de son décès commence à se répandre. Enfermée dans le mausolée, Cléopâtre sent la confusion grandir. Tous ceux qui passent à proximité hurlent le nom d'Antoine. Elle jette un œil dehors. L'édifice n'est pas terminé, et même si les portes ne peuvent plus s'ouvrir grâce à un mécanisme particulier, il y a encore une ouverture dans le haut du bâtiment.

La reine devine ce qui s'est passé et la culpabilité commence à l'envahir. Elle charge donc Diomède, son secrétaire particulier, de lui amener le corps d'Antoine. Sans surprise, elle préfère l'avoir à ses côtés avant qu'un soldat ennemi ne le mutile en lui coupant la tête pour l'apporter à Octavien.

Quand Diomède arrive dans la pièce où le général vaincu s'est poignardé, il découvre à son grand étonnement que celui-ci n'est pas mort, au contraire. D'après Plutarque, l'hémorragie a cessé car il s'est couché à plat ventre sur le lit. Il revient à lui, mais souffre le martyre. Il prie les personnes qui l'entourent de l'achever. Hélas, tout le monde s'enfuit, la peur au ventre. Désespéré, il continue d'agoniser. À cet instant précis, Diomède fait son apparition. Il y a du sang partout. Au centre de la pièce, on aperçoit le corps sans vie d'Éros. Le visage d'Antoine est pâle comme un linge, c'est une quasi-certitude. Le secrétaire approche et l'informe que non, Cléopâtre ne s'est pas tuée. Elle est en vie et souhaite l'avoir à ses côtés.

Cette nouvelle redonne des forces à Antoine. Il essaie de se lever pour se rendre auprès de sa bien-aimée, mais il chancelle, incapable de tenir debout. Il sent sûrement ses jambes trembler et céder. Il a perdu trop de sang. Cette fois, la fin est proche. Du coup, il demande à tous ceux qui se sont rassemblés autour de lui, l'air incrédule, de l'aider à rejoindre la reine et de le hisser à l'aide de cordes jusqu'à l'ouverture devant laquelle elle s'est placée.

Si ces détails du récit de Plutarque sont véridiques, cela signifie que le lieu où Antoine s'est poignardé n'est pas si éloigné du mausolée. Ce qui soulève plus d'une question sur le couple. En apprenant la mort de Cléopâtre, pourquoi n'a-t-il pas couru voir le corps de sa compagne pour le serrer contre lui et le protéger ? Et elle ? Pourquoi s'est-elle enfermée dans le mausolée alors qu'elle le savait dans les parages ? En accourant vers elle pour en avoir le cœur net, il se serait rendu compte qu'elle n'était pas morte. Autant de questions qui resteront à tout jamais sans réponse…

Le récit de Plutarque prend soudain un tournant dramatique. Antoine est respectueusement transporté jusqu'au mausolée. Les portes ne pouvant plus être ouvertes, Cléopâtre apparaît et fait descendre des cordes afin de monter le corps jusqu'à elle, aidée par Eiras et Charmion. L'image est tragique et émouvante : « Jamais, à en croire les témoins, il n'y eut spectacle plus digne de pitié : tout souillé de sang et agonisant, il tendait les bras vers elle, tandis qu'on le hissait, suspendu en l'air. Car ce n'était pas chose aisée pour des femmes ; et Cléopâtre, agrippant la corde des deux mains, le visage tendu, le faisait monter à grand-peine, tandis que ceux qui étaient en bas l'encourageaient et partageaient son angoisse. »

Marc Antoine est taillé comme un athlète. Comment une femme aussi menue a-t-elle pu tirer un poids pareil à l'aide de simples cordes, même si deux autres personnes étaient là pour l'aider ? Le mausolée étant encore en construction, il y avait certainement des cordes pour soulever les pierres, indique Dion Cassius. On peut donc imaginer, sans trop faire d'erreur, que Cléopâtre s'est servie d'un mécanisme utilisé par les ouvriers, peut-être un treuil ou un système de poulies déjà installé pour soulever plusieurs centaines de kilos sans trop d'effort. Ce qui aurait permis à ces trois femmes au physique frêle de hisser un homme aussi costaud. Par ailleurs, on a du mal à croire qu'un blessé grave puisse être soulevé avec une corde attachée autour de la taille. Le mourant a sans doute été allongé sur une table ou quelque chose de semblable avant d'être remonté au fur et à mesure.

Mais la scène la plus déchirante est encore à venir.

Cléopâtre attrape Antoine. Aidée d'Eiras et de Charmion, elle traîne le corps à l'intérieur du mausolée, le fait allonger et déchire ses vêtements pour les poser sur lui. Si beaucoup ont vu dans ce geste l'expression du désespoir de la reine, il y a peut-être une autre explication. Et si elle avait tenté de bloquer l'hémorragie et de comprimer la blessure avec une sorte de bandage ? Elle avait des notions de médecine. Voir son amant recouvert de sang, le visage pâle, le regard absent, désormais plus mort que vif, l'entendre gémir, hurler et souffrir atrocement à cause des douleurs lancinantes qu'une blessure aussi grave peut provoquer… Tout cela était sûrement trop pour elle ! Sous le coup de cette tension accumulée depuis des jours, associée à la fin « injuste » d'Antoine, qui représente aussi la conclusion de leur histoire d'amour incroyable et pleine d'insouciance, elle lâche complètement, dans un torrent d'émotion : « Se frappant la poitrine et la meurtrissant de ses mains, tout en essuyant le sang de son visage, elle l'appelait son maître et son *imperator*. Peu s'en fallait que sa pitié ne lui fît oublier ses propres malheurs. » Il y a là toute la souffrance d'une reine, et plus juste une reine, qui laisse libre cours à sa douleur… et à son amour.

Antoine n'a plus que quelques minutes à vivre, il ne ressent plus la douleur et il a très soif, comme cela arrive souvent aux victimes d'une hémorragie violente : d'instinct, le corps réclame du liquide. Plutarque raconte : « Antoine fit cesser ses lamentations et lui demanda du vin, soit qu'il eût soif, soit qu'il espérât hâter sa délivrance. Après avoir bu, il l'exhorta à pourvoir à son salut, autant qu'elle le pourrait sans déshonneur, et, parmi les amis d'Octavien, à se fier à Proculéius plus qu'à tout autre. Pour lui, elle ne devait pas se lamenter sur ces ultimes renversements de fortune, mais l'estimer heureux pour les biens qu'il avait obtenus, lui qui avait été le plus illustre et le plus puissant des hommes et qui, aujourd'hui, avait succombé non sans noblesse, Romain, par un Romain vaincu. »

Là, son regard se voile, ses yeux perdent toute expression. Le corps est inerte, comme s'il s'était brusquement endormi. La blessure lui a fait perdre trop de sang. Pour se défendre, le cerveau a mis un terme à tout contact avec le monde extérieur : avec l'hémorragie et la chute de la pression sanguine qu'elle entraîne, il est de moins en moins irrigué en oxygène. Le voilà qui glisse peu à peu vers la mort.

Ainsi s'éteint Marc Antoine, dans les bras de Cléopâtre.

La mort fait moins peur quand on est entouré par les gens qui nous aiment. Aucun être humain ne devrait mourir seul. Après lui avoir infligé une incroyable série de revers au cours des mois écoulés, les dieux ont permis à Antoine de partir sereinement, entouré par la chaleur et les bras de la seule femme auprès de qui il s'est réellement senti vivant. Il a cinquante-trois ans.

Cléopâtre est faite prisonnière

Antoine vient de disparaître à la vue de tous au cœur du mausolée. L'un des gardes du corps, Dercétée, retourne dans la pièce où son maître a tenté de se suicider. Sur le sol, à côté du corps exsangue d'Éros, il remarque le poignard. Après l'avoir ramassé, raconte Plutarque, il le cache sous ses vêtements et se précipite au campement d'Octavien pour être le premier à lui annoncer la mort de son rival en montrant la lame ensanglantée en guise de preuve (Dion Cassius soutient pour sa part que la reine elle-même ordonne de transmettre la nouvelle à son grand ennemi, dans l'espoir d'être épargnée).

À en croire le biographe grec, Octavien aurait fondu en larmes, dévasté par la tristesse (chose assez peu crédible). Il aurait ensuite lu à son entourage des lettres que lui avait envoyées Antoine pour montrer la vulgarité et l'insolence dont avait toujours fait preuve le défunt. L'historien Giusto Traina souligne à ce propos qu'il n'a jamais cessé de dénigrer son adversaire, même après sa mort, là où un Jules César avait rendu l'honneur des armes à Pompée, hommage d'un Romain à un autre Romain. Octavien ordonne ensuite à son ami Proculéius de capturer Cléopâtre vivante. Son intention est claire : il compte s'emparer des richesses de la reine et la capturer pour qu'elle soit présente à Rome lors de son défilé triomphal.

Comme nous l'avons compris, entrer et sortir de la ville n'est qu'une simple formalité, signe que la reddition est proche, même si les troupes du vainqueur n'y ont pas encore pénétré. Pas plus que leur chef, d'ailleurs. C'est ce moment de flottement où les choses ne sont pas encore tout à fait établies : les derniers déserteurs passent à l'ennemi, les généraux se livrent sans résistance, les troupes se rendent.

Proculéius arrive au mausolée alors qu'Antoine vient d'expirer dans les bras de Cléopâtre. Il lui parle à travers les portes fermées du bâtiment. Mais la reine refuse de sortir. À en croire Plutarque, elle réclame d'avoir l'assurance que ses enfants gouverneront après elle. L'émissaire lui répond de ne pas faire confiance à Octavien. Ils parlementent un long moment, sans qu'elle cède. La négociation a dû durer des heures, car Octavien va finir par envoyer Cornelius Gallus, le poète et commandant des troupes postées à l'ouest de la ville, accompagné par un affranchi nommé Épaphrodite. Sa stratégie est claire : capturer Cléopâtre par la ruse. Fort de ses talents d'orateur lettré, Gallus va distraire la reine en se lançant dans une conversation interminable. Pendant ce temps, les deux autres, rejoints par un troisième homme, vont poser une échelle le long du mur et pénétrer en catimini par l'ouverture qui a servi à faire entrer Antoine. Ils voient forcément le corps sans vie du général vaincu qui ne peut plus défendre sa compagne, désormais. Sans un bruit, ils descendent à l'étage inférieur et parviennent jusqu'à la porte près de laquelle la souveraine converse avec Gallus. Ils approchent… En les apercevant, Eiras (ou Charmion) hurle. Cléopâtre se retourne et fait aussitôt le geste de sortir un poignard glissé dans sa ceinture pour se tuer. Mais Proculéius est plus rapide : il attrape son bras et la force à lâcher l'arme, avant de secouer sa tunique. Peut-être y a-t-elle caché des poisons. La référence de Plutarque au poison et son association à la reine sont intéressantes. Involontairement, elles donnent un indice incroyable sur la façon dont Cléopâtre mourra dans quelques jours.

La capture de la reine est le signal qu'attendait Octavien pour entrer dans Alexandrie. Ses légionnaires prennent possession de la porte du Soleil, ouvrent la porte de la Lune, et occupent l'ensemble des points stratégiques de la ville. Cette fois, il peut entrer à son tour. Mais il n'a pas oublié la réaction des habitants en voyant César : il pénètre donc au cœur de la cité en conversant d'un ton affable avec Arius Didyme, son maître de philosophie, un homme connu et estimé à Alexandrie. Il lui donne même la main droite pour souligner son importance aux yeux des citoyens.

En premier lieu, il réunit la population dans le Gymnase pour s'adresser à tout le monde. Le lieu n'a pas été choisi au hasard : c'est ici qu'Antoine a donné lecture des « donations d'Alexandrie ». Les habitants sont effrayés et terrorisés, beaucoup se prosternent. Perché sur une estrade, Octavien leur demande de se relever et les tranquillise. Ils ne sont accusés de rien, leur assure-t-il. Une manière pour lui de rendre hommage au fondateur de la ville, Alexandre le Grand, mais aussi parce qu'il admire la beauté et la grandeur de cette cité. Enfin, il souhaite contenter son ami philosophe Arius. Il s'exprime en grec afin que tout le monde le comprenne.

La présence des légions et ses mots rassurants obtiennent l'effet souhaité. Il n'y a ni révolte, ni émeute. Ce qui lui permet de visiter les lieux emblématiques de la ville, à commencer par le tombeau d'Alexandre. Cet épisode célèbre nous est relaté par Suétone : « S'étant fait montrer le sarcophage et le corps d'Alexandre le Grand, que l'on retira de son tombeau, il lui rendit hommage en plaçant sur sa tête une couronne d'or et en le jonchant de fleurs. » Dion Cassius ajoute un détail presque humoristique : tout à son envie de toucher la fragile dépouille, vieille de trois cents ans, Octavien finit, paraît-il, par lui casser le bout du nez !

On lui demande ensuite s'il souhaite voir le tombeau des Ptolémées, c'est-à-dire de la dynastie à laquelle appartient Cléopâtre. Problème : cette visite risque de le mettre dans l'embarras. Comment pourrait-il vénérer la dynastie entière puis couvrir de chaînes la dernière descendante des rois d'Égypte ? Il répond donc de manière sibylline qu'il avait voulu « voir un roi et non des morts ». On devine sans peine le destin qu'il réserve à Cléopâtre…

Si tous ceux qui sont liés à la maison des Ptolémées comprennent que c'est la fin de leur pouvoir, les Égyptiens se font le même raisonnement. Ainsi, quand on demande avec insistance à Octavien s'il souhaite visiter le temple d'Apis (le bœuf sacré), un autre lieu cher au cœur de Cléopâtre, lui répond qu'il a l'habitude d'adorer des divinités, pas des bêtes de somme…

Les funérailles d'Antoine

Octavien comprend qu'il est désormais le maître absolu de la Méditerranée et de l'ensemble du monde antique. Personne avant lui, hormis peut-être César, n'a exercé un pouvoir sur un territoire aussi vaste. Voilà peut-être pourquoi il témoigne un certain respect vis-à-vis de Cléopâtre et d'Antoine, même s'il est mort. Il permet à la reine de rester au mausolée quelques jours afin qu'elle puisse personnellement embaumer le corps de son compagnon. Pendant toute l'opération, la reine est surveillée de près. On lui accorde ce dont elle a besoin mais on lui retire les outils qu'une femme peut utiliser pour mettre fin à ses jours… Finalement, Octavien accepte qu'on célèbre les funérailles d'Antoine. Cléopâtre le fait enterrer en grande pompe, comme c'est l'usage pour les cérémonies royales, car elle a les moyens nécessaires à sa disposition. Dans une ville occupée et avec un changement au sommet du pouvoir, rares sont ceux qui participent à l'enterrement. Seuls les amis les plus intimes du couple sont présents. L'événement a certainement ravivé la souffrance insondable de la reine déchue. « L'excès de son affliction, joint à la douleur physique (car elle souffrait d'inflammation à la poitrine à la suite des coups qu'elle s'était donnés jusqu'à l'ulcération), finit par lui causer la fièvre : elle sauta sur ce prétexte pour refuser toute nourriture et se laisser mourir sans en être empêchée », ajoute Plutarque. Il y a fort à parier que ces détails « médicaux » ont été fournis à l'auteur grec par le médecin personnel de Cléopâtre, Olympos. De toute évidence, la reine se laisse aller et souhaite mourir d'épuisement. On informe tout de même le vainqueur de ces sombres projets de la reine. Il lui ordonne de manger et de soigner ses plaies. Si d'aventure elle refuse, il se vengera sur ses enfants.

La rencontre entre Cléopâtre et Octavien

Fait étonnant, il n'y a eu qu'une seule rencontre entre Cléopâtre et Octavien. Certains chercheurs se demandent même si elle a réellement eu lieu. N'est-ce pas plutôt une invention de la propagande impériale, après coup ? Ce n'est pas impossible. Octavien ne méprise pas seulement la reine, comme il peut le faire avec un rival politique : il a l'attitude typique d'un homme romain, pour qui la femme est quantité négligeable. La craint-il ? Au fond, elle a été capable d'attirer deux guerriers redoutables dans ses filets. Il aurait peut-être peur d'elle si elle avait quelque chose à offrir. Ce qui n'est plus le cas.

Quelques jours après l'enterrement, il lui rend visite. Il la trouve dans un état lamentable, allongée sur un modeste lit de camp, les cheveux en bataille et le visage ravagé par l'épuisement, la voix tremblante et les yeux gonflés. Les traces des coups qu'elle s'est donnés sur la poitrine sont encore bien visibles. Tout montre que le corps souffre autant que l'âme. Et pourtant, le charme et la beauté pleine de panache de cette femme ne se sont pas encore éteints. Octavien l'ayant invitée à s'asseoir, Cléopâtre commence à se justifier en attribuant son comportement passé à la peur que lui inspirait Antoine. Des arguments qu'il démonte point par point. Elle finit par le supplier, en se montrant très attachée à la vie. Là, elle lui remet la liste de tous ses biens. Ils ne sont évidemment pas seuls. Et quand Séleucos, l'un de ses anciens intendants, lui fait remarquer que de nombreux objets précieux manquent à l'appel, elle lui saute dessus, le tire par les cheveux et lui assène des gifles. Voyant qu'Octavien essayait de la calmer avec un sourire, elle se serait exclamée, selon Plutarque : « N'est-il pas scandaleux que tandis que toi, tu as daigné venir à moi et me parler malgré ma situation, mes esclaves m'accusent d'avoir mis de côté quelque colifichet de dame, non pas pour m'en parer assurément, malheureuse que je suis, mais afin que de petits cadeaux à Octavie et à ta chère Livie me permettent de gagner ta faveur par leur entremise et de t'adoucir ? » A-t-elle dit une chose pareille ? Sans doute pas, non, même si certains historiens, à l'image de Francesca Cenerini, estiment que cette reconstitution « romancée » pourrait cacher une négociation entre Cléopâtre et Octavien. Être mise hors du jeu ne l'aurait peut-être pas empêchée d'essayer de trouver une issue. En l'entendant, lui devine que la reine n'a pas envie de se suicider ou de renoncer à la vie. Il s'en va en assurant (formule trompeuse) qu'elle sera traitée plus généreusement qu'elle ne le pense. Sans doute songe-t-il qu'il l'a convaincue. En réalité, c'est elle qui l'a berné en lui faisant croire qu'elle aime la vie et qu'elle ne compte pas se suicider.

La mort de Cléopâtre

Après cet entretien, survenu autour du 10, voire du 12 août, Cléopâtre décide de mettre fin à ses jours et de signer la disparition de sa dynastie et d'un royaume, l'Égypte, après des millénaires d'existence. Cette décision s'explique certainement par la fin d'un monde qui n'existera jamais plus mais aussi par la perspective d'avoir à défiler enchaînée dans Rome, lors du triomphe d'Octavien. Un affront intolérable pour une reine ptoléméenne, qui n'a pas oublié ce qu'avait subi sa sœur

Arsinoé lorsqu'elle avait défilé devant ses yeux. À l'époque, elle était la maîtresse de César. Mais la goutte d'eau qui fait déborder le vase a été, paraît-il, une indiscrétion. Un jeune ami d'Octavien, nommé Cornelius Dolabella (peut-être le fils de ce célèbre consul passé maître dans l'art de changer de camp), l'informe que ce dernier compte partir pour la Syrie trois jours plus tard. Il compte l'envoyer à Rome, accompagnée de ses trois enfants. Ils attendront son retour là-bas avant de défiler lors de la marche triomphale. La décision de la reine est prise… Mais comment va-t-elle procéder ?

Là encore, nous disposons de deux versions, en partie discordantes. Un peu comme si nous allions au cinéma regarder deux films traitant le même sujet, mais tournés par deux réalisateurs différents.

Voilà ce que nous dit Plutarque.

Cléopâtre aurait demandé de porter des libations sur le tombeau d'Antoine. Ayant reçu l'autorisation d'Octavien, elle se serait rendue auprès de la sépulture avec deux servantes (Eiras et Charmion, sans doute). L'auteur grec lui prête des mots restés célèbres. Nous ne saurons jamais si elle les a prononcés. Mais ils sont crédibles : « Cher Antoine, lorsque je t'enterrai naguère, mes mains étaient encore libres. Aujourd'hui que je verse ces libations, je suis captive et surveillée, afin que je n'abîme pas en me frappant et en me lamentant ce corps esclave que l'on réserve pour le triomphe célébré sur toi. N'attends plus d'autres honneurs ou libations : ce sont là les dernières à toi offertes par Cléopâtre, que l'on emmène. Si, vivants, rien ne nous a séparés l'un de l'autre, nous risquons dans la mort d'échanger nos pays, toi, le Romain, gisant ici, et moi, hélas, en Italie. Voilà tout ce que j'aurai reçu de ton pays ! Mais, si les dieux de là-bas ont quelque force et quelque puissance, puisque ceux d'ici nous ont trahis, n'abandonne pas ta femme vivante, ne souffre pas qu'à travers moi, on triomphe de toi, mais cache-moi ici avec toi, fais-moi partager ton tombeau, car des mille maux qui m'accablent, aucun n'est aussi grand, aussi terrible, que ce peu de temps que sans toi j'ai vécu. »

Cléopâtre décore le sarcophage d'une couronne de fleurs et l'enlace, avant de regagner ce palais où elle vit en prisonnière. Là, elle ordonne à ses servantes de lui préparer un bain. Après l'avoir lavée et recouverte d'onguents, Eiras et Charmion la coiffent. Ont-elles deviné qu'elles s'occupaient d'elle pour la dernière fois ? Cléopâtre a toujours eu confiance en elles, mais sauraient-elles garder un secret pareil ? Sauraient-elles suivre leur reine dans la mort, elles qui pourraient avoir une chance de se sauver ? Il est probable que la souveraine leur confié son projet, d'autant qu'elle a besoin de leur aide.

Une fois préparée, elle demande un dernier repas d'exception.

Dans l'intervalle, un homme arrive des campagnes environnantes. Un serviteur de Cléopâtre. Il tient un panier à la main. Les gardes le regardent approcher d'un air méfiant et l'arrêtent. Où va-t-il ? Et qu'y a-t-il dans ce panier ? Il ôte le couvercle. À l'intérieur, on aperçoit des feuilles, et juste en dessous, des figues pour la reine. Énormes, bien mûres. Les gardes romains sont surpris : ils n'ont jamais vu des figues de cette taille ! Très intelligemment, le serviteur les invite à en prendre quelques-unes, mais ils refusent. Convaincus par l'air débonnaire de cet homme et par le contenu du panier, ils le laissent passer. Au même moment, la reine prend une tablette de cire fermée et scellée sur laquelle elle a écrit un message à l'intention d'Octavien et demande à ce qu'on la lui apporte. Puis elle fait sortir tout le monde, hormis Eiras et Charmion. On ferme les portes. À l'extérieur, les gardes ne se doutent pas un instant de ce qui va se passer et continuent de surveiller l'entrée.

Lorsqu'il reçoit la tablette, le destinataire est sans doute en compagnie de quelques amis et discute de tout ce qui concerne l'avenir et la gestion de l'Égypte. Il l'ouvre, peut-être distraitement, tout en finissant une phrase, ou avec une certaine curiosité. Une chose est sûre : le contenu le glace. On peut imaginer que l'assistance le voit froncer les sourcils et écarquiller les yeux. Dans ces quelques lignes, Cléopâtre lui demande d'être enterrée avec Antoine, entre autres choses. Elle veut se suicider, il le devine tout de suite. Sa première réaction est de se lever et de courir la voir. Mais au final, il décide d'envoyer des gens contrôler ce qui se passe. À leur arrivée, les émissaires voient les gardes tranquillement postés devant la porte. Tout semble normal. Lorsqu'ils ouvrent les portes, un terrible spectacle s'offre à eux. Tout a dû se dérouler très rapidement. Cléopâtre est déjà morte, allongée sur un lit doré, dans ses atours de souveraine, parée de ses attributs royaux. À ses pieds, Eiras rend son dernier souffle tandis que Charmion, déjà chancelante et la tête lourde, remet d'aplomb le diadème sur la tête de sa maîtresse. C'est la seule à être encore en vie. Plus pour très longtemps. L'un des hommes devine que tout est perdu, désigne la reine et, selon Plutarque, hurle d'un ton sarcastique à la servante : « Voilà qui est beau, Charmion ! » Le temps de répondre : « Oui. Très beau et digne de la descendante de tant de rois », celle-ci s'écroule à côté du lit, où gît le corps sans vie de sa souveraine. À ce moment précis, ce n'est pas seulement l'existence de Cléopâtre qui prend fin, mais celle d'une dynastie entière, celle des Ptolémées, qui a duré trois cents ans. C'est aussi la fin de l'hellénisme, cette époque extraordinaire marquée par une véritable effervescence culturelle, initiée avec Alexandre le Grand et comparable à notre Renaissance, avec d'innombrables esprits éclairés de la trempe de Léonard de Vinci, Michel-Ange ou Raphaël. C'est toute la lignée des souverains de l'Égypte ancienne qui ont précédé les Ptolémées qui s'est éteinte, ce monde si différent, constitué de dynasties de pharaons… 3000 ans d'histoire, tout cela a disparu. Ne restent plus que les traits pâles de Cléopâtre, la dernière reine d'Égypte. Son visage au charme légendaire est enfin détendu, comme si elle était libre.

La version de Dion Cassius est légèrement différente mais reprend les grandes lignes du récit de Plutarque, en ajoutant tout de même quelques détails curieux.

Informée du départ imminent d'Octavien, Cléopâtre parvient à faire croire à tout le monde qu'elle a accepté ce voyage humiliant à Rome et sort quelques bijoux qu'elle gardait cachés. Elle les offrira une fois qu'elle sera dans l'Urbs. Une idée astucieuse, car elle désamorce le danger d'un éventuel suicide. Mieux : ses geôliers, dont Épaphrodite, relâchent leur surveillance. Cléopâtre lui remet une lettre scellée. Elle y prie Octavien de la faire enterrer aux côtés de son bien-aimé Antoine. En réalité, ce subterfuge a pour but de la libérer de la présence du jeune homme, qui aurait pu l'empêcher d'en finir. Dion Cassius précise qu'elle porte sa plus belle tenue et qu'elle est coiffée avec un goût exquis. L'auteur conclut par une phrase aux allures d'épitaphe. Ainsi est morte la femme qui « domina les deux Romains les plus grands de son époque et se tua à cause du troisième ».

Cléopâtre a-t-elle vraiment été tuée par un serpent ?

L'une des plus célèbres énigmes de l'histoire antique concerne précisément la mort de Cléopâtre. S'est-elle servie d'un serpent ou s'est-elle empoisonnée ? Aujourd'hui encore, personne ne peut l'affirmer. Une question qui intriguait et fascinait déjà à l'époque. Plutarque et Dion Cassius avancent tous les deux l'hypothèse d'une morsure de serpent, mais aussi celle d'une épingle empoisonnée. Voici leurs versions.

Commençons par Plutarque et revenons à son récit de l'homme chargé d'apporter un panier de figues à la reine. « On dit que l'aspic avait été apporté avec ces figues, caché sous les feuilles : Cléopâtre l'avait ainsi ordonné, afin que le serpent l'attaquât sans qu'elle le sût [au moment d'attraper un fruit]. Mais, en prenant des figues, elle le vit et dit : "Le voilà donc !" et elle offrit son bras dénudé à la morsure. D'autres prétendent qu'elle gardait cet aspic enfermé dans un vase et que c'est en le provoquant et en l'irritant avec un fuseau d'or que Cléopâtre le fit bondir et s'attacher à son bras. »

Personne ne connaît la vérité, prétend pourtant le biographe, qui soumet une idée des plus intéressantes, celle d'un empoisonnement : « Le bruit a aussi couru qu'elle portait du poison dans une épingle à cheveux creuse et qu'elle cachait cette épingle dans sa chevelure, mais il ne parut sur son corps ni tache ni aucune trace de poison. »

Dion Cassius admet lui aussi que personne ne sait avec certitude comment est morte la dernière reine d'Égypte. Il écrit qu'on a simplement retrouvé de petites traces de piqûre sur son bras : « Les uns disent qu'elle approcha d'elle un aspic, introduit auprès d'elle dans un vase à eau ou peut-être parmi des fleurs. D'autres qu'elle avait enduit une aiguille qui lui servait à attacher ses cheveux d'un venin ayant un pouvoir tel qu'il n'est pas du tout nocif pour le corps habituellement mais que, s'il touche du sang, si peu que ce soit, il fait périr très rapidement et sans douleur. Jusqu'alors elle portait, dit-on, cette aiguille sur la tête comme elle en avait l'habitude, mais à ce moment-là, elle se fit une piqûre au bras et la fit pénétrer dans son sang. C'est de cette façon ou d'une autre tout à fait voisine qu'elle mourut ainsi que ses deux servantes. »

L'historien romain ajoute un autre un détail intéressant sur la manière dont on soignait les empoisonnements. À l'annonce de la nouvelle, Octavien est sous le choc et réclame de voir le corps de la défunte. Il lui fait administrer des remèdes, peut-être des antidotes, et demande l'aide des Psylles, avec l'espoir de la ramener à la vie. Les Psylles étaient une population libyenne qui vivait sur les côtes du golfe de la Grande Syrte, réputée pour son art de dresser les serpents : « [Ils] peuvent sucer le venin de tout serpent sur-le-champ, avant que la victime ne meure, et n'éprouvent eux-mêmes aucun mal, puisqu'ils ne sont mordus par aucun de ces animaux. »

Si ce récit est véridique, Cléopâtre n'est pas encore morte à l'arrivée d'Octavien et de ses hommes. On tente de la ranimer, par tous les moyens. En vain. « N'ayant pu par aucun moyen rappeler Cléopâtre la vie, [Octavien] éprouva pour elle à la fois de l'admiration et de la pitié et fut lui-même fortement affligé, comme s'il avait été privé de toute la gloire de la victoire », conclut Dion Cassius.

Que faut-il en conclure ? Cléopâtre est morte empoisonnée, toutes les sources s'accordent sur ce point. Le problème est de déterminer s'il s'agit d'un poison naturel (le venin d'un serpent, par exemple) ou d'un poison « artificiel », c'est-à-dire préparé en mélangeant plusieurs ingrédients.

À l'heure actuelle, les experts ont tendance à exclure la thèse du serpent qui, selon toute vraisemblance, aurait été un cobra égyptien (*naja haje*) et non un aspic (*vipera aspis*, une espèce commune, même dans nos contrées), comme on est généralement porté à le croire. Le cobra égyptien, certes très dangereux, ne tue pas aussitôt après la morsure, extrêmement douloureuse. Il faut de longues minutes, voire des heures entières, avant de conduire à une mort dont les signes avant-coureurs sont terribles : tremblements, sueur abondante, palpitations, paralysie partielle, vomissements, diarrhée… Une façon de s'en aller bien peu « raffinée » pour une reine et qu'on ne souhaite à personne…

Par ailleurs, certains symptômes sont très repérables, en règle générale : gonflements, hématomes, cloques sur la peau… Autant d'éléments qui n'ont pas été mentionnés par les auteurs antiques.

En réalité, nous savons que les envoyés d'Octavien arrivent rapidement et qu'ils ne distinguent pas le moindre signe d'un empoisonnement sur le corps de Cléopâtre. Sans compter que les cobras sont des serpents de grande taille (ils font entre 1,5 et 2 mètres de long). Pourquoi n'en ont-ils vu aucun dans la pièce ? Puisque Eiras et Charmion étaient mortes elles aussi, il a fallu utiliser plus d'un serpent, ne serait-ce que pour en terminer plus vite. D'après Plutarque et Dion Cassius, on n'a retrouvé que de vagues traces près des fenêtres qui donnaient sur la mer. Enfin, soulignons un aspect fondamental : un serpent n'inocule pas forcément une dose de poison suffisante pour tuer. Il arrive que la victime souffre le martyre mais qu'elle reste en vie. Avec de graves séquelles, certes, mais en vie…

Il est donc plus logique de penser que Cléopâtre ait été empoisonnée autrement. Une nouvelle hypothèse entre alors en jeu : celle d'un poison de synthèse, c'est-à-dire préparé dans ce but par quelqu'un. Et si c'était Cléopâtre en personne qui s'en était chargée ? Grâce aux sources antiques, nous savons qu'elle était une fine connaisseuse de cette question. La preuve : on a même envisagé qu'elle ait pu écrire tout un traité de pharmacologie ! On a également parlé de sa passion pour l'étude des poisons qui l'aurait même conduite, paraît-il, à assister à des expériences sur des cobayes humains. À l'heure actuelle, les experts rejettent cette image d'une Cléopâtre observant avec un plaisir sadique les effets d'un poison sur les condamnés à mort. Malgré tout, ils lui accordent de grandes compétences en la matière. Et si ce n'est pas elle qui a concocté ce mélange mortel, il s'agit peut-être de l'œuvre de son médecin personnel, Olympos. Rappelons que non loin du lieu de sa mort, on trouve le Musée, où l'on croisait des experts dans de nombreux domaines, dont les poisons. Dans ce cas, quel type de substance aurait-elle utilisé ? Les hypothèses sont innombrables. D'après l'historien grec Strabon, elle aurait aspergé son corps d'un onguent empoisonné, sans plus de précision. Mais Galien, un grand médecin de l'époque romaine, soutient qu'elle se serait d'abord mordu la peau pour s'entailler la peau puis y verser du venin de serpent. Problème : si c'était le cas, la blessure aurait été bien en évidence. Or, grâce à Plutarque, nous savons que la seule trace retrouvée sur le corps de la défunte était « deux piqûres légères, à peine distinctes ».

Tout récemment, les universitaires allemands Christoph Schäfer (historien spécialiste de l'Antiquité) et Dietrich Mebs (expert en toxicologie) ont avancé l'hypothèse que Cléopâtre aurait bu un liquide toxique à base d'opium, d'aconit et de ciguë. Un cocktail très proche de celui qui a tué Socrate, preuve qu'on connaissait des mélanges mortels à base d'espèces végétales plusieurs siècles avant celui de notre récit. Il s'agit d'ingrédients capables de faire sombrer (assez rapidement) quelqu'un dans un coma mortel, sans provoquer la moindre douleur. Si l'aconit est une plante extrêmement toxique, la ciguë paralyse le système nerveux et apporte la mort en empêchant progressivement la personne de respirer. Quant à l'opium, il empêche de sentir la douleur.

Précisons cependant que ces poisons naturels finissent souvent par laisser des traces sur le corps des victimes. À titre d'exemple, la ciguë fait pâlir la peau, qui vire au bleu, avec des taches rougeâtres dans de nombreux cas. L'aconit, lui, provoque régulièrement une éruption cutanée. Par ailleurs, le fait que ces traces n'apparaissent pas toujours, ou du moins, pas tout de suite, pourrait être compatible avec les sources antiques. Bref, tout laisserait penser que Cléopâtre a utilisé un mélange de poisons proche de celui que nous venons de décrire. Rapide, efficace, pas trop douloureux, sans trop d'effets collatéraux. Et, au bout du compte, compatible à la fois avec la rapidité à laquelle elle serait morte et l'absence de serpents dans la pièce.

Afin d'être tout à fait complet sur ce point, rappelons l'avis de l'Amércain Alain Touwaide, historien et expert en médecine antique. L'époque de Cléopâtre n'avait pas l'habitude de mélanger des poisons d'origine végétale. En revanche, nous avons la certitude qu'elle était une véritable experte en la matière.

Mais alors si ce n'est pas un serpent qui a tué la reine, comment se fait-il que cette thèse ait rencontré un tel succès, jusqu'à notre époque ?

La raison de ce succès s'explique en grande partie par la volonté de Cléopâtre de s'identifier à la déesse Isis, une divinité également liée au poison (capable de tuer, mais aussi de guérir). Pendant des siècles, les serpents (et le cobra en particulier) ont aussi été un symbole étroitement associé aux souverains égyptiens – il suffit de penser à l'uraeus en forme de cobra sur le front de notre héroïne ! Il faut ensuite ajouter qu'Octavien en personne a contribué à répandre cette légende, notamment lors de sa marche triomphale à travers les rues de Rome. D'après Plutarque, il aurait fait défiler un tableau ou une statue de Cléopâtre avec un serpent dessus.

Il est donc possible d'avancer l'explication suivante (tout à fait hypothétique puisque rien ne le prouve) : Cléopâtre a peut-être fait cacher du poison dans la pièce où elle est morte ou a chargé sa cour de le lui transmettre. Avec un peu de chance, le fameux panier de figues ne contenait pas des serpents mais des petits flacons de poison concentré, peut-être cachés dans les fruits, décrits comme étant d'une grosseur étonnante. Avant de se suicider, elle a demandé à ses fidèles de faire circuler l'histoire des serpents, parfaitement en phase avec son identification à Isis, et surtout très efficace « médiatiquement » parlant. Et elle avait raison, car on a aussitôt vu naître cette légende que nous connaissons tous aujourd'hui. Même si au fil du temps, il y a eu non plus un mais deux serpents. Quant à la morsure, elle n'était plus au niveau du bras mais du sein. Peut-être à cause de l'image sensuelle et érotique que cette reine a laissée d'elle…

« J'ai vu tes bras mordus par les serpents sacrés et ton corps absorbant la marche cachée du sommeil » : dès l'époque romaine, le poète Properce avait répandu cette idée.

L'AUBE D'UN EMPIRE

Que s'est-il passé après ?

Malgré sa haine à l'égard de Cléopâtre et l'agacement provoqué par sa mort, Octavien va respecter une grande partie des volontés de la défunte. Pour une raison bien précise : pas question de heurter la sensibilité des habitants d'Alexandrie, qui aiment beaucoup leur reine. Il organise un enterrement somptueux et accepte que son corps soit enterré à côté de celui de son amant.

En revanche, il refuse de respecter la figure de Marc Antoine, victime d'une *damnatio memoriae* : on détruit et on efface tout ce qui fait vivre son souvenir, des inscriptions aux statues, qui sont abattues. À Alexandrie, bien sûr, mais aussi à Rome et partout dans les territoires romains. Le jour même de sa naissance, le 14 janvier, doit être considéré comme un jour néfaste. Très habilement, il fait également effacer des preuves compromettantes en brûlant les archives de son rival.

Si l'Histoire poursuit son cours, Cléopâtre s'arrête là. La dernière page de son incroyable existence a été écrite. Une page pleine de force et de panache, à son image. C'est elle qui a décidé quand elle souhaitait entrer en scène et en sortir. Et surtout, comment… Une preuve supplémentaire de sa personnalité et de son indépendance exceptionnelles.

Octavien, lui, continue son voyage vers le succès. Le voilà parti en Syrie pour nouer une série d'alliances. Il jette les bases de son principat et renforce son emprise, jour après jour. Pendant ce temps, Cléopâtre est à Alexandrie, immobile, embaumée dans un sarcophage. Cette idée a quelque chose de troublant.

Selon toute vraisemblance, la reine a été préparée pour son long voyage dans l'au-delà suivant la tradition égyptienne de l'embaumement. Nous n'avons aucun détail ni aucune description de ce qui s'est passé juste après sa mort, mais le bon sens nous pousse à croire que son corps, allongé sur un lit d'or, a été rapidement momifié après la visite de son médecin personnel et celle des Romains, en l'occurrence des médecins et des membres de l'entourage d'Antoine – les uns pour s'assurer qu'elle était vraiment morte, les autres par curiosité. Cléopâtre était grecque, macédonienne, mais elle entretenait un lien fort avec les traditions égyptiennes. Tous ses ancêtres, à partir de Ptolémée Ier, ont été embaumés. Il y a donc de grandes chances pour que cela ait été la même chose pour elle.

Octavien est-il venu voir le corps de celle qu'il a tant combattue ? Impossible à dire, mais il serait tout à fait logique qu'il l'ait fait. La voir étendue, morte, représente l'aboutissement de ce combat qui les a opposés, onze années durant. Mais au fond de lui, une certaine déception a dû l'envahir : Cléopâtre n'aura pas défilé enchaînée dans Rome. Elle l'aura privé de cette satisfaction. De toute évidence, il doit profondément s'en vouloir d'avoir été berné par la reine qui a trouvé le moyen de se soustraire à son pouvoir…

En sortant, il aura accepté l'embaumement. Comme nous l'avons dit, cette décision s'explique par des raisons d'ordre public : Cléopâtre est très aimée et sa mort pourrait déclencher des révoltes. Il a donc tout intérêt à l'honorer en Égypte. Mais à Rome, où tout le monde s'attend à la voir vaincue et peut-être condamnée à mort, c'est une tout autre histoire ... La présence d'Octavien et des autres Romains autour du cadavre de la reine n'a certainement pas duré longtemps. Quelques heures, tout au plus... Gageons que son entourage l'aura pressé de lancer les rituels d'embaumement sans tarder. On est au mois d'août et la chaleur accélère la décomposition.

Les organes ont été prélevés et placés dans les vases canopes. Sauf le cerveau, écrasé et jeté, comme le veut la tradition. Et pourtant, c'est bien cet esprit extraordinaire qui a orchestré et influencé des années d'histoire... Des mains, autres que celles de César ou d'Antoine, ont massé son corps pour y appliquer des parfums et des onguents protecteurs qui feront obstacle à la décomposition liée aux bactéries.

Pendant au moins trente jours, son corps a été recouvert d'un sel spécifique, le natron, afin qu'il se déshydrate. Au bout du compte, Cléopâtre, déjà minuscule, est devenue aussi légère qu'une plume. Même si elle avait changé, par la force des choses, ses traits devaient tout de même être encore reconnaissables pour ceux qui la connaissaient, et capables de susciter une vénération et une admiration intactes. Les bandelettes sont alors venues cacher son visage aux regards et au monde, tour après tour. Puis ses mains, ses hanches et ses lèvres qui avaient rendu fous d'amour des hommes de la trempe de César et de Marc Antoine, mais pas seulement.

Nous ignorons quelles décorations ornaient sa momie et quels rites ont entouré la fermeture de son sarcophage. Nous n'avons pas non plus de témoignages sur son mausolée. À quoi ressemblaient les tombeaux des deux amants ? Personne ne peut le dire, car ils n'ont jamais été retrouvés, pas plus que leurs momies.

La tombe d'Antoine et de Cléopâtre est ainsi devenue un mythe pour les archéologues. Les médias annoncent souvent qu'elle a été retrouvée. Une nouvelle systématiquement démentie dans les jours qui suivent. Pareils à un mirage, les deux héros de notre récit recommencent à faire parler d'eux. Ils fascinent le monde entier avant de disparaître à nouveau, preuve de l'empreinte profonde qu'ils ont laissée. Leur histoire d'amour, c'est un fait, a été l'une des plus exceptionnelles de tous les temps. Dès l'Antiquité, d'ailleurs : le mythe de Cléopâtre est resté vivace, des siècles durant. Trente ans après sa mort, par exemple, on construisait encore un temple titanesque en son honneur – un projet qui n'a jamais été mené à son terme. Comme le révèle l'archéologue Duane W. Roller, son culte a survécu plus de quatre cents ans. En 373 ap. J.-C., un scribe a écrit qu'il a recouvert d'or l'image de Cléopâtre.

Quelques années plus tard, l'édit de Thessalonique de l'année 380 et les décrets de Théodose de 391 et de 392 ont affirmé que l'ensemble de l'Empire romain ne pouvait compter qu'une seule religion – en l'occurrence, le christianisme. On a donc attaqué et détruit tous les temples païens, en éradiquant les cultes non chrétiens et en tuant ou en persécutant tous ceux qui ne se conformaient pas au nouveau credo officiel.

L'ère d'Octavien commence

Cléopâtre disparue, Octavien se lance dans son ascension vers le pouvoir et initie la célébration de l'ère qui sera identifiée à sa figure. Il fonde deux cités portant le même nom, Nikopolis (littéralement « ville de la victoire »), l'une à Actium, l'autre aux abords immédiats d'Alexandrie, devant la porte du Soleil où il avait installé son campement. Au fil des générations, cette zone habitée deviendra l'un des plus beaux quartiers de la ville, à l'endroit exact où se dresse aujourd'hui celui de Ramleh.

En réalité, le début de cette domination sans partage est pavé de victimes et de sang. Publius Canidius Crassus, le fidèle général d'Antoine, est brutalement condamné à mort. Et qu'importe s'il a demandé à être gracié. Un sort différent attend Caius Sosius, le commandant de l'aile gauche de la flotte antonienne, à Actium : il obtiendra le pardon.

On finit ensuite par repérer et éliminer le dernier assassin de César en circulation : Caius Cassius Parmensis. Poète et auteur de lettre au vitriol contre Octavien, il est retrouvé à Athènes et tué. Nous sommes en 30 av. J.-C. À une immense majorité, les historiens estiment qu'à cette date, c'est-à-dire tout juste quatorze ans après la mort de Jules César, aucun de ses assassins n'est encore en vie. Ils ont tous été identifiés et tués...

Et les enfants de Cléopâtre et d'Antoine, que sont-ils devenus ? Octavien est impitoyable avec les aînés, à commencer par Césarion. Sentant la fin approcher, sa mère l'avait fait fuir en Inde, via l'Éthiopie, peu de temps avant l'encerclement final. Plutarque nous raconte comment il a trouvé la mort : « Un pédagogue, digne émule de Théodore, Rhodon, le persuada de retourner à Alexandrie, où Octavien le rappelait, disait-il, pour régner. Et comme Octavien délibérait à son sujet, on prétend qu'Arius lui dit : "Pléthore de Césars n'est pas bonne." » On a donc essayé de rejeter la faute sur le philosophe. En réalité, Octavien savait depuis le début qu'il devait tuer le fils présumé de César s'il voulait rester son seul « héritier » légitime.

Antyllus, le fils aîné d'Antoine et de Fulvia, est brutalement assassiné à son tour. Suivant un scénario qui semble se répéter, lui aussi est trahi par son précepteur, un nommé Théodore, qui révèle aux soldats d'Octavien où il se cache. Le jeune homme réussit à s'échapper mais on se lance à ses trousses. Dans sa fuite au milieu des rues d'Alexandrie, il entre dans le Caesareum et essaie de se réfugier près de la statue du divin Jules, en demandant désespérément d'être sauvé. Octavien, implacable, le fait décapiter par ses soldats. Le précepteur approche du cadavre et lui prend une pierre précieuse qu'il porte encore autour du cou. Il la cache, en la cousant dans sa ceinture. Pris sur le fait, il tente de nier l'évidence mais sera jugé et crucifié.

Les autres enfants des deux époux, eux, sont épargnés. Antonia de Trallès est sans doute déjà morte, mais sa fille Pythodoris, rappelons-le, sera « utilisée » par Octavien dans son réseau d'alliances en Orient et donnée en mariage, d'abord au roi du Pont Polémon Ier, puis à Archélaos de Cappadoce, le fils de la célèbre Glaphyra qui avait été l'une des grandes aventures amoureuses d'Antoine. En un sens, les descendants d'Antoine et ceux de Glaphyra rejoueront cette union du passé.

Le second fils qu'Antoine avait eu avec Fulvia, Iullus Antonius, est épargné et sera élevé amoureusement par Octavie. Cette femme au cœur d'or en fera autant avec les autres enfants d'Antoine et de Cléopâtre, les jumeaux « Lune » (Cléopâtre Séléné) et « Soleil » (Alexandre Hélios), mais aussi le dernier né, Ptolémée Philadelphe. Quatre enfants qui ne sont pas les siens et qui rejoindront les deux qu'elle a eus avec Antoine. De quoi peupler sa *domus* romaine d'adolescents et d'histoire.

Pour autant, on devine l'utilité de ce « vivier » pour de futures unions dynastiques. Cléopâtre Séléné deviendra plus tard l'épouse du roi de Numidie et de Maurétanie Juba II, sous le nom de Cléopâtre VIII. Ce sera la dernière souveraine de l'Histoire à porter ce nom. En revanche, on perd toute trace des deux garçons. D'après certains spécialistes, ils sont morts de maladie à Rome, à un jeune âge. Pour d'autres, ils ont suivi leur sœur Cléopâtre VIII en Afrique.

Une dernière curiosité concerne les filles d'Antoine et d'Octavie, Antonia Major et Antonia Minor. Octavie étant la sœur d'Octavien, il ne leur arrivera évidemment pas malheur, mais leur descendance est intéressante. Antonia Major deviendra la grand-mère de Néron tandis que sa cadette sera la mère de l'empereur Claude et la grand-mère de Caligula. Dans l'histoire de l'Empire romain, on retrouve l'ADN de Marc Antoine...

Enfin, afin de poursuivre la liste sanglante de ces jeunes vies sacrifiées, rappelons qu'Octavien va déjouer un complot contre lui peu après la mort de Cléopâtre. La chose est orchestrée par le fils de Lépide, Marcus Aemilius. La conjuration est démasquée à Rome par Mécène, qui le fait arrêter et conduire à Actium, où il sera condamné par Octavien.

La naissance... du mois d'août

La conquête de l'Égypte représente pour Octavien le moment culminant de son ascension vers le pouvoir. À sa demande, le jour de son entrée dans Alexandrie, le 1er août, devient un jour de fête. On donne également son nom, Auguste, au mois (alors appelé *sextilis*) pendant lequel il a conclu les guerres civiles en l'emportant sur Antoine et sur Cléopâtre qu'il a faite prisonnière. D'où le nom d'« août » que nous utilisons encore aujourd'hui pour désigner le mois le plus chaud de l'année. Une fois de plus, l'ombre de la souveraine n'est pas loin...

Octavien réussit à éviter de dangereuses révoltes parmi les habitants d'Alexandrie comme parmi les rangs de son armée, qui devait encore être payée. Il convainc les légionnaires de ne pas piller la cité en réquisitionnant les immenses richesses gardées dans le palais royal. Parmi elles, on trouve tous les biens que Cléopâtre a sortis des principaux temples de la ville. Il confisque également les biens de tous ces personnages excessivement compromis avec la cour de la souveraine. Enfin, il impose un tribut aux citoyens les plus riches, mais aussi à toute l'Égypte. De cette façon, il arrive à rassembler un butin énorme, si énorme qu'au moment où il est rapporté à Rome, comme le souligne Michael Grant, le taux normal d'intérêt sur les prêts tombe de 12 à 4 %. Grâce à ces ressources, le vainqueur parvient enfin à payer les soldats avec lesquels il a conquis Alexandrie, en évitant la mise à sac de la ville. Il satisfait aussi les vétérans d'Italie qui attendaient encore leur récompense, en leur achetant des terrains où ils pourront s'établir.

Le problème des soldats résolu, il réorganise l'ensemble des territoires conquis. Dès lors, l'histoire millénaire des royaumes égyptiens, initiée dès l'époque des pharaons, s'achève. Dorénavant, l'Égypte sera une simple province de Rome, pendant des siècles. Comme César, Octavien comprend parfaitement le risque de donner la gestion d'une contrée aussi riche à un sénateur qui se servira forcément au passage. Il confie donc l'Égypte à un homme de confiance issu de l'ordre équestre : elle sera mécaniquement une province différente des autres car confiée à un préfet. Mais c'est bien Octavien qui gérera le pays comme s'il lui appartenait, en faisant passer une loi qui interdira aux sénateurs de se rendre sur place. Bref, il transforme l'Égypte en une espèce de « compte courant » qui alimente sa fortune personnelle et son pouvoir. Le premier de ces « vice-rois » est Cornelius Gallus, le chef de ses troupes à l'ouest d'Alexandrie. L'homme qui s'était entiché de l'actrice Lycoris, qui a manifestement fait un très mauvais calcul en le quittant.

Le grand triomphe

Effet d'une de ces curieuses coïncidences de l'Histoire, la nouvelle de la mort d'Antoine et de Cléopâtre est lue à Rome par le consul alors en charge : Marcus Cicéron, le fils du grand orateur assassiné par Antoine, justement.

Le sénat accorde à Octavien des honneurs spéciaux en récompense des victoires à Actium et en Égypte. On lui dresse deux arcs de triomphe, l'un à Brindisi et l'autre à Rome, à côté du temple de César. On construit aussi une nouvelle tribune, les célèbres Rostres d'Auguste, décorée des éperons des navires coulés à Actium.

Le 11 janvier -29, en symbole de la paix retrouvée, on referme les portes du temple de Janus, à Rome. La guerre est finie.

Octavien continue son voyage en Moyen-Orient pour réorganiser son réseau d'alliances. En un sens, il réaffirme le système créé par Antoine. Il rentre ensuite à Rome : nous sommes le 13 août -29. Plus d'un an s'est écoulé depuis sa victoire sur Cléopâtre. Il est désormais le maître absolu. Il célèbre trois grands triomphes, le premier commémorant ses guerres en Illyrie, le deuxième la bataille navale d'Actium et le troisième la conquête de l'Égypte. Lors de cette cérémonie, on fait même défiler des hippopotames et des rhinocéros, des animaux inconnus à Rome. Ce qu'avait fait César avec les girafes.

Parmi les prisonniers, on compte également Cléopâtre Séléné et Alexandre Hélios. Si leur mère ne s'était pas suicidée, elle aurait été avec eux, enchaînée. Et au fond, symboliquement, elle est présente sur ce grand tableau porté sur un char durant le défilé. Elle y est représentée allongée sur une banquette, sur le point de mourir, avec un serpent…

À la fin du triomphe, le butin est acquis par Rome. Une partie est placée dans certains temples pour remercier les dieux. Parmi eux, le grand temple de Jupiter, Junon et Minerve, sur le Capitole, mais aussi, ironie du sort, celui dédié à César, devenu une divinité après sa mort. Parmi ces objets venus d'Égypte, beaucoup avaient appartenu à la reine Cléopâtre. Dion Cassius a affirmé, avec une pointe subtile d'ironie, que cela lui a permis d'être paradoxalement glorifiée par Rome, en dépit de sa défaite et de sa capture. Outre ses bijoux exposés dans certains des lieux de culte les plus importants de la ville, elle-même apparaît sous la forme d'une statue en bronze doré dans le temple de Vénus, au cœur du Forum de César…

À y regarder de plus près, il a raison. Nous ne savons pas à quoi ressemblait cette statue, perdue lors des siècles qui ont suivi. Mais nous pouvons l'imaginer à l'aube, dans Rome, enveloppée dans le silence du temple de Vénus dont les portes sont encore fermées. Dans la faible clarté d'une lumière qui commence à inonder ce lieu sacré, elle apparaît dans toute sa sensualité. L'or semble offrir un éclat idéal à ce qu'a été cette extraordinaire volonté de vivre qui l'animait. Le visage exprime de la douceur, de la sérénité. Peut-être une tristesse voilée, aussi. Le regard, lui, est tourné vers un horizon fuyant, très lointain, comme si elle voulait se perdre dans des sensations et des souvenirs aussi doux qu'apaisants.

Cléopâtre n'a pas seulement conquis Rome. Elle a conquis l'éternité.

CONCLUSION

La vie de Cléopâtre est celle d'une femme qui a été capable, comme peu d'autres, d'influencer le cours de l'Histoire. Au début de notre voyage, nous nous sommes demandé quel poids elle a eu, par sa présence, dans ces années cruciales pour l'Antiquité. Maintenant que nous avons mis le point final au récit de son existence, nous pouvons affirmer que son absence aurait probablement donné naissance à un monde bien différent de celui que nous lisons dans les livres d'histoire. C'est grâce à elle qu'Antoine a choisi la « focalisation orientale » de son pouvoir, une décision qui a eu pour point d'orgue une relation de onze ans, trois enfants et un détachement progressif de Rome. Et c'est précisément cette décision qui a accentué la rivalité (de toute façon inévitable ?) avec Octavien, dont les conséquences ont été Actium, la conquête d'Alexandrie et le suicide de deux amants. Ce parcours a laissé Octavien seul, sans rivaux, et avec la possibilité de jeter les bases de l'Empire romain. Ce que sa longévité humaine et politique lui a permis de réaliser.

Alors interrogeons-nous. Que se serait-il passé si Cléopâtre n'avait pas existé ? L'affrontement avec Marc Antoine aurait sans doute été plus ardu en l'absence d'une « ennemie » sur laquelle rejeter la faute en créant un consensus. N'oublions pas non plus l'immense charisme de son adversaire qui n'aurait pas vécu à Alexandrie mais à Rome, d'où il aurait tout contrôlé. Militairement parlant, les choses se seraient passées autrement. Rien ne dit qu'Octavien aurait eu la possibilité de l'emporter et de dominer la scène pour ensuite fonder son principat, préambule à l'Empire. Certes, le concept d'empereur n'était pas une nouveauté. Avec César, déjà, on devinait que les jours de la République étaient comptés et que l'ère d'un homme seul aux commandes était arrivée. Un modèle qui se prolongera avec des dizaines d'empereurs au fil des siècles. L'histoire aurait-elle été si différente, du coup ? Peut-être. En tout cas, ce ne serait pas « cette » histoire que nous connaissons et qui a conduit à l'Empire romain. Autant dire aux fondements du monde occidental d'aujourd'hui.

Cléopâtre a été comme un catalyseur dans les réactions chimique. C'est-à-dire qu'elle a permis d'« accélérer » un processus devenu inévitable de l'Antiquité. Mais elle l'a fait de façon particulière, en laissant un « produit » vraiment extraordinaire au terme de cette opération : Octavien, peut-être le seul qui était capable de fonder un empire.

Si ce point de vue est juste, dans ce cas le monde moderne occidental doit beaucoup à une femme.

Un autre aspect apparaît tout aussi clairement à la fin de notre long récit sur la dernière reine d'Égypte. Cléopâtre était une femme moderne projetée dans l'Antiquité. Et c'est justement sa modernité qui a changé l'Histoire.

Seule au milieu des hommes, dans un monde dominé par les hommes, comment a-t-elle fait pour ne pas être balayée en un rien de temps ?

On nous a donné d'elle l'image d'une femme sensuelle, capable de séduire des personnages de grande valeur, comme César et Antoine, avec un corps et des atouts féminins « bien particuliers ». Mais oublions ce cliché machiste produit par une culture patriarcale romaine, par des auteurs antiques ainsi qu'une propagande qui lui était hostile. Cléopâtre, nous l'avons vu, avait un charme réel, mais elle a un physique très éloigné du stéréotype de la *femme fatale**. Difficile de croire qu'elle a conquis les chefs de guerre romains par sa seule sensualité. D'autant que c'est une vision très réductrice : il ne s'agissait pas d'envoûter quelqu'un lors d'un banquet. Nous parlons de jeux de pouvoir de très haut niveau sur l'échiquier international de l'époque ! L'amour et la séduction n'ont pas cours, il n'est question que d'alliances politiques et d'intérêts financiers.

Dans cette optique, Cléopâtre avait un autre genre de sex-appeal. C'était la souveraine d'un royaume puissant, et surtout immensément riche. En un sens, son charme est celui qu'on peut trouver à une riche héritière. Tous les hommes qui ont marqué sa vie, de César à Marc Antoine en passant par Octavien, lorgnaient en réalité les richesses de son royaume plus que son corps... Comme des chasseurs de dot, ils savaient que cette fortune sans limites et la puissance de sa flotte étaient essentielles pour lever des légions, remporter des batailles et, par conséquent, conquérir le pouvoir et Rome. Les trois personnages que nous venons de citer ont poursuivi cet objectif avec elle.

C'est là que l'habileté de Cléopâtre est entrée en jeu. Celle d'une femme sachant user à la perfection de cette « force d'attraction » sur les autres, à des fins propres à son royaume (afin de consolider sa place sur le trône), et sur l'échiquier méditerranéen (en élargissant les frontières de l'Égypte de façon exceptionnelle).

L'idée, alimentée par la propagande romaine, qu'elle y soit parvenue en se servant de son corps est évidemment réductrice et blessante. À certains moments, son physique a été un atout important, comme quand elle est subitement apparue devant César après avoir été transportée dans un sac. Ou à son arrivée à Tarse sous les traits d'Aphrodite. Mais en vérité, plus que son corps, son principal atout a été son cerveau, avec ses idées, son talent stratégique, ses projets...

Tout cela est également le fruit du lieu où elle est née : Alexandrie, le cœur de l'hellénisme. Cléopâtre a grandi en se nourrissant d'une culture magnifique, qui permettait à une femme (surtout d'ascendance royale) de se faire une place. Les connaissances qu'elle a acquises étaient considérables. Cultivée, elle pratiquait plusieurs langues, elle a appris l'art de parler en public et les techniques pour dialoguer efficacement, une carte précieuse pour s'imposer dans les entretiens diplomatiques, lorsqu'elle avait face à elle des hommes puissants habitués à la force, mais qui n'avaient pas son niveau d'éloquence. L'un des rares hommes (et peut-être le seul) à avoir su lui tenir tête aura été Octavien.

Pour autant, tout ce qu'Alexandrie a apporté à Cléopâtre ne peut pas entièrement expliquer son succès sur la scène politique et diplomatique. Derrière, il y a bien autre chose : l'intelligence de cette femme. Différente des autres, curieuse, assoiffée de connaissances, experte dans différents domaines du savoir de son époque. Dans le reste de l'Histoire, aucune autre souveraine n'a été comme elle, hormis peut-être Élisabeth Ire, mais avec une personnalité bien différente.

Si la capitale égyptienne et l'hellénisme ont joué un rôle précieux dans son succès, Cléopâtre leur a largement rendu la pareille. À travers sa capacité à nouer des alliances et à s'assurer la protection des Romains les plus puissants de son époque, elle a aidé l'Égypte et la culture hellénistique à survivre. Et à ce propos, à quoi aurait ressemblé la Méditerranée antique si elle n'avait pas perdu à Actium ? Si elle avait vaincu Octavien ? La question mérite d'être posée. La région aurait été non plus romano-occidentale, comme sous l'influence d'Octavien, mais davantage gréco-orientale, avec de fortes influences hellénistiques qui auraient pu se refléter jusqu'à nos jours dans notre mode de vie. Ce n'est toutefois qu'une hypothèse.

L'hellénisme a été un moment de grâce dans l'histoire de l'humanité. Par son niveau de culture, il n'est guère comparable, toutes proportions gardées, qu'à la Renaissance et aux Lumières. Ce courant a vu le jour avec Alexandre le Grand et s'est achevé avec Cléopâtre. Beaucoup de choses relient ces deux personnages. Tous les deux passeront à la postérité avec une image de souverains jeunes, fascinants, toujours capables de mettre leur vie en jeu et animés par le rêve d'un grand royaume hellénistique. Ils sont également enterrés à Alexandrie, tout près l'un de l'autre. Et dans les deux cas, leurs tombeaux ont disparu…

En réalité, le vrai charme de Cléopâtre réside dans l'ouverture culturelle de l'hellénisme, et certainement pas dans cette puissance de séduction trouble, envoûtante et dangereuse que lui ont accolée les Romains.

Nous tenons peut-être la véritable signification de Cléopâtre dans l'Histoire. Une reine très à son aise dans le jeu des alliances, c'est indéniable, mais rusée et même cynique dans la gestion du pouvoir. Sans quoi, comment aurait-elle pu survivre à ce moment de l'Antiquité ?

Elle a été également capable de se faire une place grâce à la sève culturelle de son monde. Une femme avec une mentalité différente, indépendante et moderne. Cette modernité qui lui a justement permis de changer l'Histoire. De même que la base de l'empreinte qu'elle a laissée sur les siècles postérieurs est peut-être bien le triomphe de sa culture, l'hellénisme, celle de son succès en tant que reine est cette mentalité « moderne », inconcevable pour nombre de ses contemporaines. N'est-ce pas cette idée moderne qui a changé l'histoire de l'Antiquité ? On aime à le penser.

On a dit que Cléopâtre a conquis Rome en séduisant ses chefs de guerre. En réalité, nous l'avons vu, Rome a fini par la vaincre. Mais la souveraine a triomphé d'une autre manière. Elle a été vaincue en tant que reine, mais elle l'a emporté en tant que femme. Et c'est ainsi que l'Histoire se souviendra d'elle, pour l'éternité.

REMERCIEMENTS

L'écriture de ce livre est le fruit d'un travail de longue haleine, avec une masse d'informations à recouper et de nombreuses heures passées en bibliothèque à la recherche de textes antiques, de données historiques, d'hypothèses interprétatives et de découvertes archéologiques – bref, des éléments susceptibles d'éclairer notre parcours.

Je l'avoue sincèrement : cet ouvrage n'aurait jamais vu le jour sans l'incroyable travail d'un chercheur hors pair, Emilio Quinto. Ensemble, nous avons passé des heures à parler de Cléopâtre, parfois jusqu'au bout de la nuit !

Retracer ces quatorze années si cruciales dans l'histoire de l'Antiquité n'a pas été facile. Et cela n'aurait pas été possible sans l'expertise et les corrections de trois grands spécialistes de l'histoire romaine.

Je remercie donc Romolo Augusto Staccioli pour ses suggestions toujours précises et pour son immense connaissance du monde romain. Un amoureux de l'Histoire à l'enthousiasme communicatif !

Je suis également reconnaissant à Giovanni Brizzi de m'avoir aidé à mieux comprendre plusieurs aspects surprenants de l'histoire romaine que je ne connaissais pas, à commencer par l'univers militaire, dont il est le plus éminent spécialiste en Italie.

Je remercie sincèrement Francesca Cenerini qui n'a pas ménagé ses efforts pour m'aider à cerner précisément la figure de Cléopâtre ainsi que de nombreux épisodes liés à la période si complexe qui a marqué la fin de la République et le début de l'époque d'Auguste.

J'adresse ma profonde reconnaissance à Letizia Staccioli, dont la grande compétence, la rigueur et l'enthousiasme ont accompagné la naissance de cet ouvrage. Retracer ce moment parmi les plus tortueux de l'histoire de l'Antiquité n'aurait pas été possible sans elle.

Ce voyage dans l'Histoire a évidemment nécessité de rassembler une grande quantité de données d'informations sur la vie quotidienne de Cléopâtre, sur Alexandrie et sur l'Égypte des Ptolémées. J'ai pu compter sur le concours et sur l'aide ô combien précieuse d'une équipe d'égyptologues, que je tiens à remercier sincèrement.

Je dois également beaucoup à Patrizia Segre, mon éditrice, pour son professionnalisme comme pour la patience sans faille avec laquelle elle a attendu le fruit de mes travaux.

Comme vous l'imaginez sans doute, le texte que vous venez de lire est le résultat d'un grand travail d'écriture réalisé par une équipe de très haut niveau. Un grand merci à Sabrina Annoni, Alessandra Roccato, Frida Sciolla et, bien entendu, Laura Donnini, qui a su diriger avec toute son expérience un groupe de femmes d'aujourd'hui lancées à la recherche d'une grande femme de l'Antiquité.

Merci aux membres du Studio Leksis pour les précieuses suggestions qu'ils ont su me donner.

Pour finir, ma dernière pensée est pour celle qui nous a permis d'entreprendre ce voyage hors normes dans l'Antiquité. Celle qui nous a appris tant de choses, y compris sur nous-mêmes, et sans qui nous serions tous bien différents : Cléopâtre.

CARTES

La Méditerranée au temps de Cléopâtre

DACIE
ILLYRIE
DALMATIE
THRACE
MER NOIRE
MACÉDOINE
Philippes
GRÈCE
Brindisi
PONT
ARMÉNIE
MER ÉGÉE
Pharsale
MER
IONIENNE
Actium
Golfe de Corinthe
Athènes
Pergame
CAPPADOCE
MÉDIE
Patras
Corinthe
Samos
ÉPHÈSE
Cydnus
PÉLOPONNÈSE
Tarse
PARTHIE
Modon
Xanthe
CILICIE
Antioche
Ténare
RHODES
SYRIE
Euphrate
CRÈTE
CÉLÉSYRIE
CHYPRE
PHÉNICIE
Béryte
Damas
MÉDITERRANÉE
PALESTINE
Jéricho
Jérusalem
Cyrène
MER MORTE
Alexandrie
Paraitonion
Péluse
Massada
Héliopolis
CYRÉNAÏQUE
Memphis
NABATHÉE
Nil
Dendérah
Thèbes
Hermonthis
Éléphantine
Syène
Philae
MER ROUGE

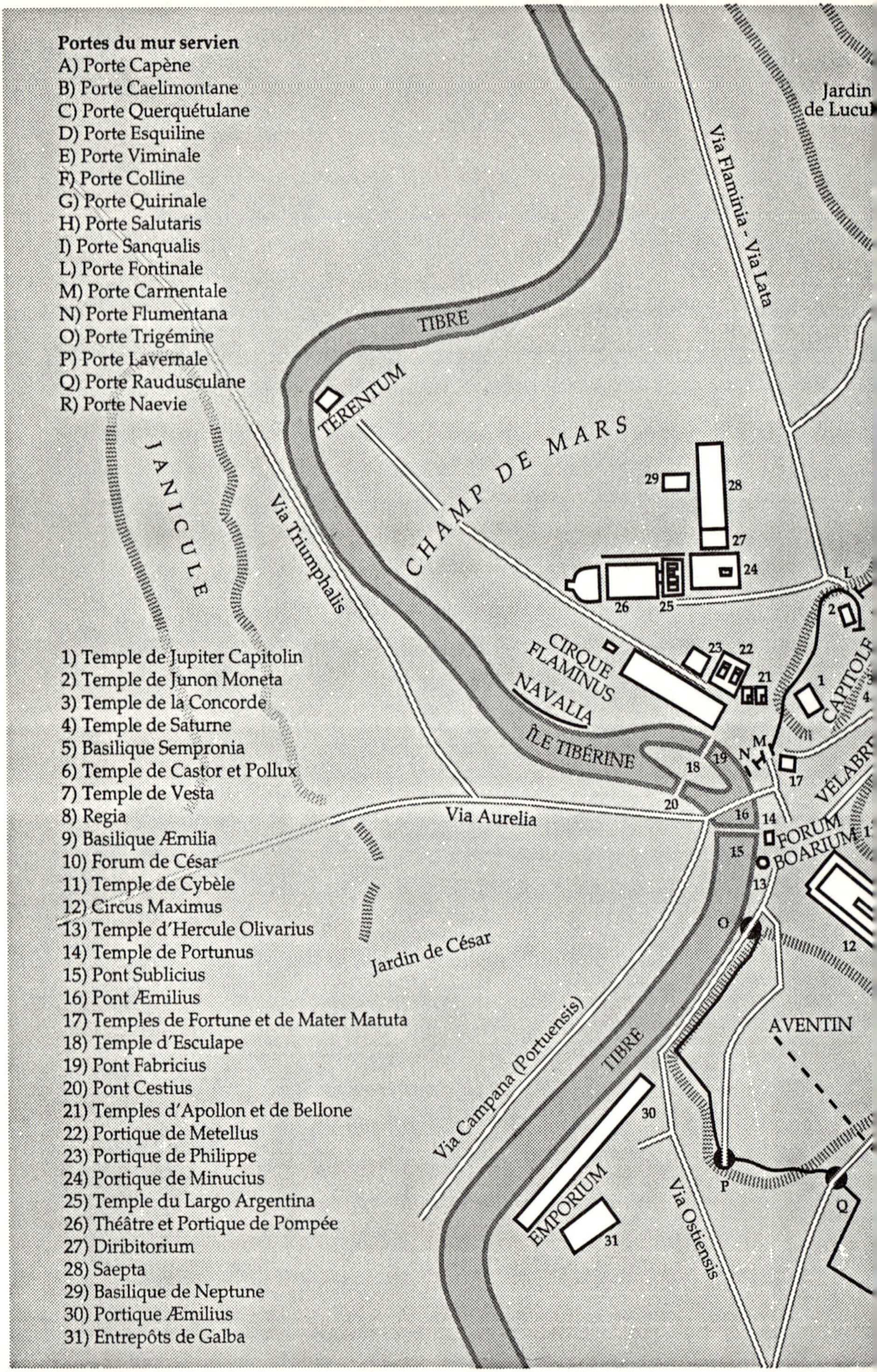

Portes du mur servien
A) Porte Capène
B) Porte Caelimontane
C) Porte Querquétulane
D) Porte Esquiline
E) Porte Viminale
F) Porte Colline
G) Porte Quirinale
H) Porte Salutaris
I) Porte Sanqualis
L) Porte Fontinale
M) Porte Carmentale
N) Porte Flumentana
O) Porte Trigémine
P) Porte Lavernale
Q) Porte Raudusculane
R) Porte Naevie
1) Temple de Jupiter Capitolin
2) Temple de Junon Moneta
3) Temple de la Concorde
4) Temple de Saturne
5) Basilique Sempronia
6) Temple de Castor et Pollux
7) Temple de Vesta
8) Regia
9) Basilique Æmilia
10) Forum de César
11) Temple de Cybèle
12) Circus Maximus
13) Temple d'Hercule Olivarius
14) Temple de Portunus
15) Pont Sublicius
16) Pont Æmilius
17) Temples de Fortune et de Mater Matuta
18) Temple d'Esculape
19) Pont Fabricius
20) Pont Cestius
21) Temples d'Apollon et de Bellone
22) Portique de Metellus
23) Portique de Philippe
24) Portique de Minucius
25) Temple du Largo Argentina
26) Théâtre et Portique de Pompée
27) Diribitorium
28) Saepta
29) Basilique de Neptune
30) Portique Æmilius
31) Entrepôts de Galba
JANICULE
Via Triumphalis
TIBRE
TERENTUM
CHAMP DE MARS
Via Flaminia - Via Lata
Jardin
de Lucul
CIRQUE
FLAMINUS
NAVALIA
ÎLE TIBÉRINE
Via Aurelia
CAPITOLE
VÉLABRE
FORUM
BOARIUM
Jardin de César
Via Campana (Portuensis)
TIBRE
AVENTIN
EMPORIUM
Via Ostiensis

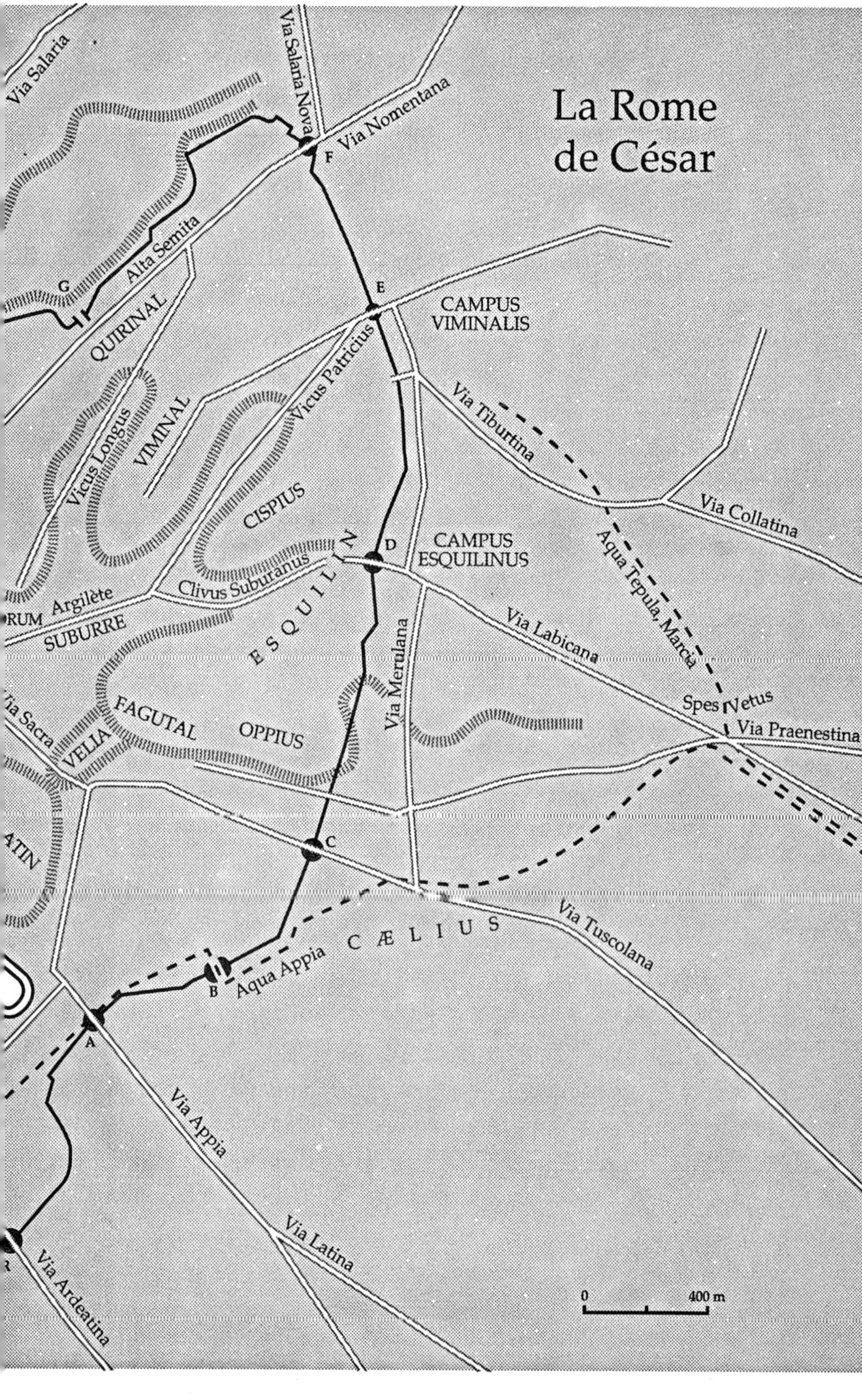

La Rome de César
Via Salaria
Via Salaria Nova
Via Nomentana
F
G
Alta Semita
QUIRINAL
E
CAMPUS VIMINALIS
Vicus Patricius
Via Tiburtina
Vicus Longus
VIMINAL
CISPIUS
D
CAMPUS ESQUILINUS
Via Collatina
Aqua Tepula, Marcia
Clivus Suburanus
Argilète
RUM
SUBURRE
ESQUILIN
Via Merulana
Via Labicana
Spes Vetus
Via Praenestina
Via Sacra
FAGUTAL
VELIA
OPPIUS
ATIN
C
CÆLIUS
Via Tuscolana
Aqua Appia
B
A
Via Appia
Via Latina
Via Ardeatina
0
400 m

Alexandrie au temps de Cléopâtre

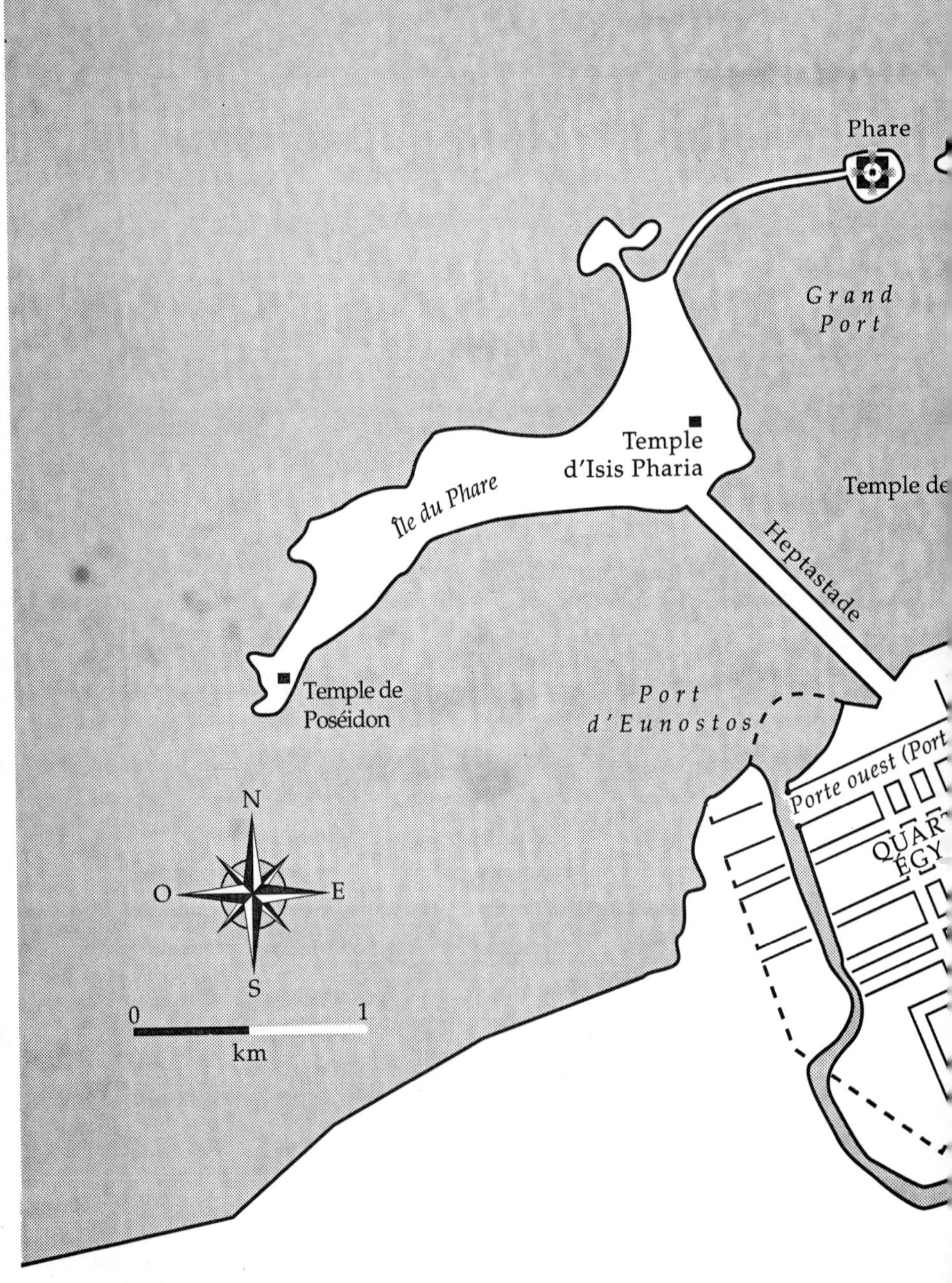

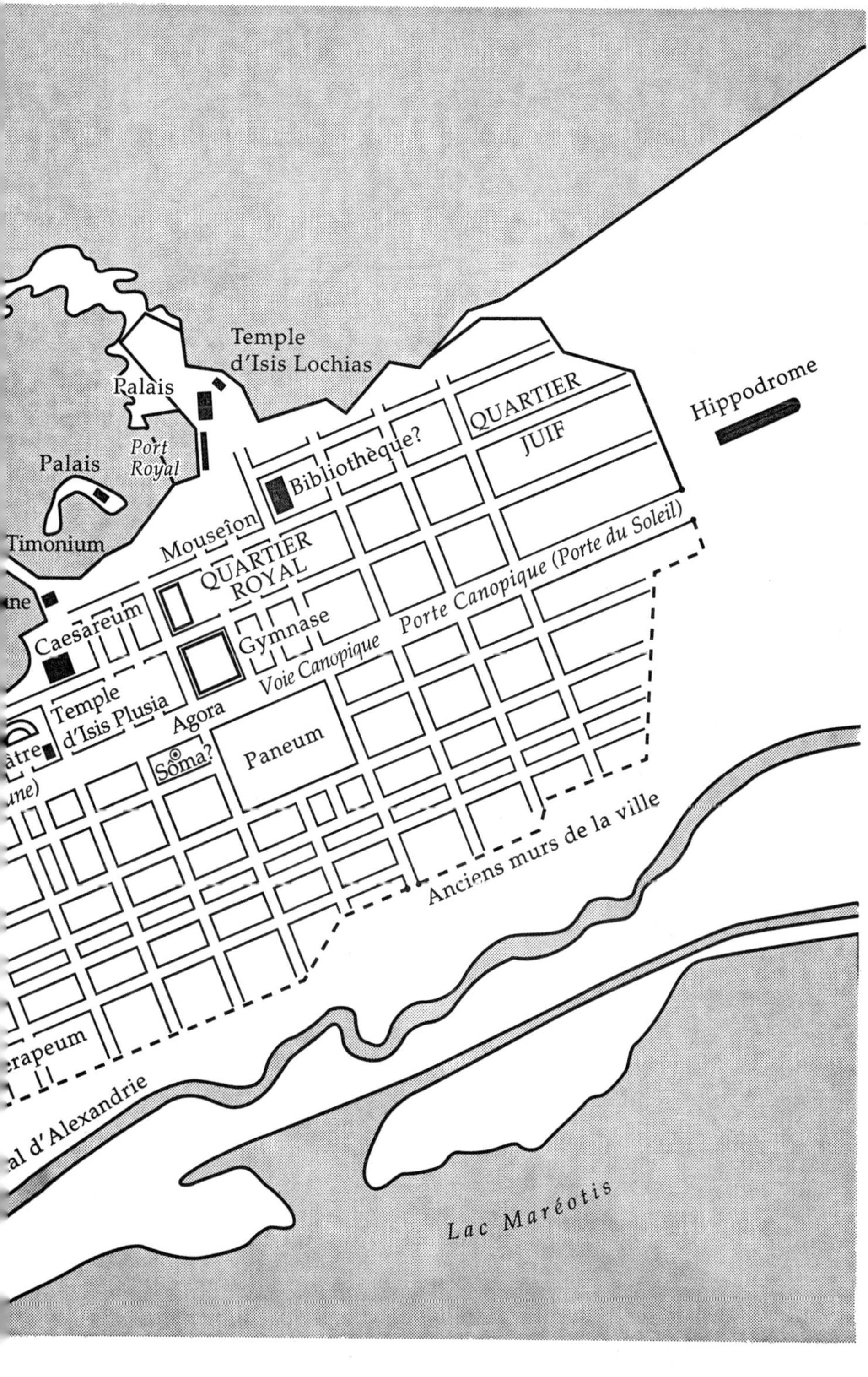

Temple
d'Isis Lochias
Palais
Port
Royal
Palais
Timonium
Hippodrome
QUARTIER
JUIF
Bibliothèque?
Mouseîon
QUARTIER
ROYAL
Caesareum
Gymnase
Temple
d'Isis Plusia
Agora
Voie Canopique
Porte Canopique (Porte du Soleil)
Paneum
Sôma?
Anciens murs de la ville
erapeum
al d'Alexandrie
Lac Maréotis

RÉFÉRENCES DES CITATIONS

Les éditions utilisées dans le texte sont indiquées dans la bibliographie.

Sources antiques :

Appien, *Histoire romaine, Guerres civiles* (livres XII-XVII).

II, 90 ; II, 117 ; II, 144 ; II, 145 ; II, 146 ; II, 147 ; IV, 5 ; IV, 6 ; IV, 11 ; IV, 20 ; IV, 23 ; IV, 30 ; IV, 37 ; IV, 40 ; IV, 63 ; IV, 82 ; IV, 128 ; V, 1 ; V, 8 ; V, 58.

Dion Cassius, *Histoire romaine.*

XLI, 54, 1 ; XLII, 34, 4-5 ; XLII, 34, 6 ; XLII, 35, 1 ; XLII, 35, 2 ; XLII, 35, 2-3 ; XLIV, 11, 2-3 ; XLIV, 17, 1 ; XLIV, 34, 7 ; XLIV, 42, 5 ; XLIV, 43, 1 ; XLIV, 49, 1-3 ; XLIV, 49, 4 ; XLVII, 31, 5 ; XLVII, 43, 3 ; XLVII, 44, 1-4 ; XLVII, 49 ; XLVIII, 8, 2 ; XLVIII, 10, 4 ; XLVIII, 24, 2 ; XLVIII, 44, 5 ; L, 32, 2, 5-7 ; L, 33, 3 ; L, 33, 4 ; L, 34, 2-5 ; 35, 2-4 ; LI, 9, 3 ; LI, 10, 3 ; LI, 14, 1-3 ; LI, 14, 4 ; LI, 14, 6 ; LI, 15, 4 ; LI, 16, 5.

Lucain, *La Guerre civile* (*La Pharsale*).

VIII, v. 667-691 ; X, v. 479 ; X, v. 189-191 ; X, v. 360 ; X, v. 107-171.

Nicolas de Damas, *Vie d'Auguste.*

XXIII ; XXIV ; XXIV ; XXVI.

Pline l'Ancien, *Histoire naturelle.*

IX, 58.

PLUTARQUE, *Alexandre-César* (*Vies parallèles*, IX).

César, XLIX, 3 ; LXIII, 2 ; LXIII, 3 ; LXIII, 4 ; LXIII, 6 ; LXIII, 7 ; LXIII, 8 ; LXIV, 6 ; LXVI, 8 ; LXVI, 9 ; LXVI, 10 ; LXVI, 11 ; LXVII, 3.

— *Démosthène-Cicéron* (*Vies parallèles*, XII).

Cicéron, XLVIII, 4-5.

— *Démétrios-Antoine* (*Vies parallèles*, XIII).

Antoine, IV, 1-4 ; IV, 4 ; IV, 5-6 ; X, 5-6 ; XXIV, 1 ; XXIV, 2-3 ; XXV, 2 ; XXV, 3-4 ; XXV, 4-6 ; XXVI, 2 ; XXVI, 6 ; XXVI, 7 ; XXVII, 1-4 ; XXVIII, 1-2 ; XXVIII, 6 ; XXIX, 3-4 ; XXIX, 7 ; XXX, 1-3 ; XXXVI, 1 ; LIII, 5-11 ; LVII, 4-5 ; LXIV, 3-4 ; LXIX, 1, 7 ; LXXIIFÉI, 5-6 ; LXXIV, 2-3 ; LXXV, 2 ; LXXV, 3 ; LXXV, 4-6 ; LXXVI, 3 ; LXXVI, 4 ; LXXVI, 5 ; LXXVI, 6-7 ; LXXVI, 9 ; LXXVII, 3-5 ; LXXVII, 5-6 ; LXXVII, 6-7 ; LXXXI, 4-5 ; LXXXII, 1 ; LXXXII, 3-4 ; LXXXIII, 6-7 ; LXXXIV, 4-8 ; LXXXV, 8 ; XXXVI, 1-3 ; LXXXVI, 4-5 ; LXXXVI, 5.

— *Dion-Brutus* (*Vies parallèles*, XIV).

Brutus, VIII, 2 ; IX, 7-8 ; XV 2-3 ; XV, 4 ; XV, 9 ; XX, 5-6 ; XXXI, 4-5 ; XLI, 7-8 ; XLIII, 4-5 ; XLIII, 8 ; XLIV, 2 ; L, 8-9.

PROPERCE, *Élégies*.

Livres III, XI, v. 53-54.

SUÉTONE, *Vies des douze Césars, César-Auguste*.

César, LII ; LVI ; LXXXI ; LXXVI ; LXXXI ; LXXXII ; LXXXIII ; LXXXIV ; LXXXV.

Auguste, IV ; XV ; XVIII ; LXIX.

VELLEIUS PATERCULUS, *Histoire romaine*.

II, 67, 1-2 ; II, 74, 3 ; II, 79, 5.

Virgile, *Bucoliques*.

Églogue IV.

Sources modernes :

Bar hebraeus, *Historia compendiosa dynastiarum*.

Bengtson (H.), « Marcus Antonius », *in* Brambach (J.), *Kleopatra und ihre Zeit*.

Brambach (J.), *Kleopatra und ihre Zeit*.

Brizzi (G.), « La bataille d'Actium », *in* Gentili (G.) [dir.], *Le Mythe Cléopâtre*.

Carandini (A.), *Angoli di Roma*.

Cardini (F.), « Romani o musulmani : chi distrusse la biblioteca di Alessandria ? ».

Syme (R.), *La Révolution romaine*.

Traina (G.), *Marco Antonio*.

BIBLIOGRAPHIE

Sources antiques :

Appien, *Histoire romaine, Guerres civiles* (livres XII-XVII), éd. de P. Goukowsky et de M. Étienne-Duplessis, Paris, Les Belles Lettres, 5 vol., 2008-2013.

Athénée, *Les Deipnosophistes*, éd. de A.-M. Desrousseaux, Paris, Les Belles Lettres, 2002.

César, *Guerre civile*, éd. de P. Fabre et A. Balland, Paris, Les Belles Lettres, 2 vol., 2003.

— *Guerre des Gaules*, éd. de A. Balland et L.-A. Constans, Paris, Les Belles Lettres, 2 vol., 2013-2014.

Cicéron, *Correspondance*, éd. de L.-A. Constans et J. Beaujeu, Paris, Les Belles Lettres, 11 vol., 1996-2018.

— *De la divination*, éd. de G. Freyburger et J. Schied, Paris, Les Belles Lettres, coll. « La roue à livres », 1992.

— *Philippiques* (*Discours*, XIX-XX), éd. de A. Boulanger et P. Wuilleumier, Paris, Les Belles Lettres, 2 vol., 2002-2018.

Diodore de Sicile, *Bibliothèque historique*, éd. de A. Cohen-Skall, P. Goukowsky *et al.*, Paris, Les Belles Lettres, 14 vol., 1989-2018.

Dion Cassius, *Histoire romaine*, éd. de M.-L. Freyburger, J.-M. Roddaz *et al.*, Paris, Les Belles Lettres, 8 vol. 1991-2014.

Flavius Josèphe, *Contre Apion*, éd. de T. Reinach, Paris, Les Belles Lettres, coll. « Classiques en poche », 2018.

— *Les Antiquités juives*, éd. de E. Nodet, Paris, Éditions du Cerf, 5 vol., 1992-2010.

Florus, *Tableau de l'histoire du peuple romain, de Romulus à Auguste*, éd. de P. Jal, Paris, Les Belles Lettres, 2002.

HÉRODOTE, *Histoires*, éd. de P.-E. Legrand, Paris, Les Belles Lettres, 9 vol., 2003.

HORACE, *Odes et Épodes*, éd. de F. Villeneuve, Paris, Les Belles Lettres, 2017.

— *Satires*, éd. de F. Villeneuve, Paris, Les Belles Lettres, 2018.

LUCAIN, *La Guerre civile* (*La Pharsale*), éd. de A. Bourgery et M. Ponchont, Paris, Les Belles Lettres, 2 vol., 2013-2018.

MARTIAL, *Épigrammes*, éd. de H. J. Izaac, Paris, Les Belles Lettres, 3 vol., 2002-2018.

Mirabilia Urbis Romae.

NICOLAS DE DAMAS, *Histoires, Recueil de coutumes, Vie d'Auguste, Autobiographie*, éd. de M. Casevitz et A. Cohen-Skalli, Paris, Les Belles Lettres, coll. « Fragments », 2011.

OROSE, *Histoires*, éd. et trad. de M.-P. Arnaud-Lindet, Paris, Les Belles Lettres, 3 vol., 1991-1992.

OVIDE, *Les Amours*, éd. de H. Bornecque, Paris, Les Belles Lettres, 2012.

— *Les Fastes*, éd. de R. Schilling, Paris, Les Belles Lettres, 2011-2013.

PHILON D'ALEXANDRIE, *Legatio ad Caium*, éd. de A. Pelletier, Paris, Éditions du Cerf, 1972.

PLINE L'ANCIEN, *Histoire naturelle*, trad. É. Littré, Paris, Les Belles Lettres, 2016.

PLUTARQUE, *Agésilas-Pompée* (*Vies parallèles,* VIII), éd. de É. Chambry et R. Flacelière, Paris, Les Belles Lettres, 2003.

— *Alexandre-César* (*Vies parallèles*, IX), Paris, Les Belles Lettres, 2012.

— *Démosthène-Cicéron* (*Vies parallèles*, XII), Paris, Les Belles Lettres, 2003.

— *Démétrios-Antoine* (*Vies parallèles*, XIII), Paris, Les Belles Lettres, 2003.

— *Dion-Brutus* (*Vies parallèles*, XIV), Paris, Les Belles Lettres, 2003.

Porphyrion, *Comentarii in Horatii Flacci carmina.*

Procope de Césarée, *Histoire des Goths*, éd. de J. Auberger et D. Roques, Paris, Les Belles Lettres, 2015.

Properce, *Élégies*, éd. de S. Viarre, Paris, Les Belles Lettres, 2005.

Pseudo-César, *Guerre d'Alexandrie*, éd. de J. Andrieu, Paris, Les Belles Lettres, 2002.

Quinte-Curce, *Histoire d'Alexandre*, trad. A. Flobert, Paris, Gallimard, coll. « Folio », 2007.

Salluste, *La Conjuration de Catilina*, éd. de A. Ernout, Paris, Les Belles Lettres, coll. « Classiques en poche », 2012.

Sénèque, *Consolations* (*Discours*, III), éd. de R. Waltz, Paris, Les Belles Lettres, 2015.

— *Lettres à Lucilius*, éd. de F. Préchac et H. Noblot, Paris, Les Belles Lettres, 5 vol., 2017-2018.

Stace, *Silves*, éd. de H. Frère et H. J. Izaac, Paris, Les Belles Lettres, 2 vol., 2003.

Strabon, *Géographie*, éd. de G. Aujac, R. Baladié et F. Lasserre, Paris, Les Belles Lettres, 13 vol., 2003-2018.

Suétone, *Vies des douze Césars, César-Auguste*, éd. de H. Ailloud, Paris, Les Belles Lettres, coll. « Classiques en poche », 2013.

Varron, *Économie rurale*, éd. de J. Heurgon et C. Guiraud, Paris, Les Belles Lettres, 2 vol., 1997-2002.

— *La langue latine*, éd. de P. Flobert, Paris, Les Belles Lettres, 2002.

Velleius Paterculus, *Histoire romaine*, éd. de J. Hellegouarc'h, Paris, Les Belles Lettres, 2 vol., 2002.

VIRGILE, *Bucoliques*, éd. de E. de Saint-Denis, Paris, Les Belles Lettres, coll. « Classiques en poche », 2002.

VITRUVE, *De l'architecture*, éd. de P. Gros, Paris, Les Belles Lettres, 2015.

Sources modernes :

AMERIO (M. L.), *Storie di proscritti*, Palerme, Sellerio, 1990.

BAR HEBRAEUS, *Historia compendiosa dynastiarum*.

BOWMAN (A. K.), *Egypt after the Pharaohs. From Alexander to the Arab Conquest (332 BC-AD 642)*, Oxford, Oxford University Press, 1990 [1986].

BENGTSON (H.), « Marcus Antonius », *in* BRAMBACH (J.), *Kleopatra und ihre Zeit*.

BRAMBACH (J.), *Kleopatra und ihre Zeit : Legende und Wirklichkeit*, Munich, Callwey, 1991.

BRADFORD (E.), *Cleopatra*, Londres, Penguin Books, 2000 [1971].

BRIZZI (G.), *Le guerrier de l'Antiquité classique, de l'hoplite au légionnaire*, trad. Y. Le Bohec, Paris, Éditions du Rocher, 2004.

— « La bataille d'Actium », *in* GENTILI (G.) [dir.], *Le Mythe Cléopâtre*.

CADARIO (M.), « Le vrai visage de Cléopâtre », *in* GENTILI (G.) [dir.], *Le Mythe Cléopâtre*.

CANFORA (L.), *Augusto, figlio di Dio*, Rome-Bari, Laterza, 2015.

— *Jules César, le dictateur démocrate*, trad. C. Paul-Maier et S. Pittia, Paris, Flammarion, 2012 [2001].

— *La prima marcia su Roma*, Rome-Bari, Laterza, 2007.

— *La véritable histoire de la bibliothèque d'Alexandrie*, trad. J.-P. Manganaro et D. Dubroca, Paris, Desjonquères, 1988.

Cantarella (E.), *L'aspide di Cleopatra*, Milan, Feltrinelli, 2012.

Carandini (A.), *Angoli di Roma : Guida inconsueta alla città antica*, Rome-Bari, Laterza, 2016.
— *Le case del potere nell'antica Roma*, Rome-Bari, Laterza, 2010.

Cardini (F.), « Romani o musulmani : chi distrusse la biblioteca di Alessandria ? », www.avvenire.it, 27 juillet 2009.

Casson (L.), *Travel in the Ancient World*, Baltimore-Londres, The Johns Hopkins University Press, 1994 [1974].

Cenerini (F.), « Cléopâtre VII », *in* Gentili (G.) [dir.], *Le Mythe Cléopâtre*.
— *La donna romana*, Bologne, Il Mulino, 2009.

Chamoux (F.), *Marc Antoine, dernier prince de l'Orient grec*, Paris, Arthaud, 1986.

Coarelli (F.), *Rome*, trad. F. Leroy, Paris, Nathan, 1979.

Cresci Marrone (G.), *Marco Antonio. La memoria deformata*, Naples, Edises, 2013.

Faoro (D.), *Praefectus, procurator, praeses. Genesi delle cariche presidiali equestri nell'Alto Impero Romano*, Milan, Le Monnier, 2011.

Fletcher (J.), *Cleopatra the Great. The Woman behind the Legend*, New York, Harper Perennial, 2012.

Gentili (G.) [dir.], *Le Mythe Cléopâtre*, catalogue de l'exposition à la Pinacothèque de Paris, Montreuil-Paris, Gourcuff Gradenigo-Pinacothèque de Paris, 2014.

Giardina (A.) [dir.], *Roma antica. I luoghi della politica*, Rome-Bari, Laterza, 2014.
— *Roma antica. Storia di Roma dall'antichità a oggi*, Rome-Bari, Laterza, 2000.

Grant (M.), *Cleopatra*, Londres, Phoenix Press, 2000 [1972].

Grimal (P.), *Cicéron*, Paris, Tallandier, 2012 [1984].

Meadows (A.), « Sins of the fathers. The inheritance of Cleopatra, last queen of Egypt », *in* Walker (S.) et Higgs (P.) [dir.], *Cleopatra of Egypt*.

Paoli (U. E.), *Vita romana. La vie quotidienne dans la Rome antique*, éd. revue et augmentée par J. Rébertat, Paris, Desclée de Brouwer, 1955.

Parenti (M.), *L'assassinat de Jules César. Une histoire populaire de l'ancienne Rome*, trad. A. Mercadé et D. Sillou, Paris, Delga, 2016.

Pareti (L.), *Storia di Roma e del mondo antico*, vol. IV, Turin, UTET, 1955.

Pisani Sartorio (G.), *Mezzi di trasporto e traffico*, Rome, Quasar, 1988.

Pitassi (M.), *Le navi da guerra di Roma*, Gorizia, LEG Edizioni, 2013.

Quilici (L.), *Le strade. Viabilità tra Roma e Lazio*, Rome, Quasar, 1991.

Roller (D. W.), *Cleopatra. A Biography*, Oxford, Oxford University Press, 2010.

Salza Prina Ricotti (E.), *Amori e amanti a Roma tra Repubblica e Impero*, Rome, L'Erma di Bretschneider, 1992.

Sampoli (F.), *Le grandi donne di Roma antica. Le diciannove donne che hanno avuto un ruolo al centro del potere nell'antica città eterna*, Rome, Newton Compton, 2011.

Schäfer (C.), *Kleopatra. Gestalten der Antiken*, Darmstadt, Wissenschaftliche Buchgesellschaft, 2006.

Schiff (S.), *Cléopâtre*, trad. L. Decréau, Paris, Flammarion, 2016 [2012].

Shakespeare, *Antoine et Cléopâtre*, trad. Y. Bonnefoy, Paris, Gallimard, coll. « Folio Théâtre », 1999.

— *Jules César*, trad. Y. Bonnefoy, Paris, Gallimard, coll. « Folio Théâtre », 1995.

Sheppard (S.), *Actium 31 BC. Downfall of Anthony and Cleopatra*, Oxford, Osprey Publishing, 2009.

Spinosa (A.), *Cesare, il grande giocatore*, Milan, Mondadori, 1997.

— *Cleopatra, la regina che ingannò se stessa*, Milan, Mondadori, 2017.

Strauss (B.), *La Mort de César*, trad. C. Meyer, Paris, Albin Michel, 2018.

Staccioli (R. A.), *Roma di ieri, Roma di oggi*, Rome, Roma Amor, 1990 [1980].

— *Vivere a Roma 2000 anni fa. Le opere e i giorni degli antichi*, Rome, Archeoroma, 1991.

Syme (R.), *La Révolution romaine*, trad. S. Stuvéras, Paris, Gallimard, coll. « Bibliothèque des histoires », 2016 [1967].

Traina (G.), *Marco Antonio*, Rome-Bari, Laterza, 2003.

Volkmann (H.), *Cleopatra. A Study in Politics and Propaganda*, Londres, Elek Books, 1958.

Walker (S.) et Ashton (S.-A.), *Cleopatra*, Londres, Bristol Classical Press, 2006.

Walker (S.) et Higgs (P.) [dir.], *Cleopatra of Egypt. From History to Myth*, catalogue de l'exposition au British Museum, Londres, The British Museum Press, 2001.

Weill Goudchaux (G.), « *Cleopatra's Subtle Religious Strategy* », *in* Walker (S.) et Higgs (P.) [dir.], *Cleopatra of Egypt*.

Wilkinson (T.), *The Rise and Fall of Ancient Egypt*, Londres, Bloomsbury, 2010.

Composé et édité par HarperCollins France.

Achevé d'imprimer en septembre 2019

FIRMIN-DIDOT

à Mesnil-sur-l'Estrée (Eure)

Dépôt légal : octobre 2019.

Pour limiter l'empreinte environnementale de ses livres, HarperCollins France s'engage à n'utiliser que du papier fabriqué à partir de bois provenant de forêts gérées durablement et de manière responsable.

Imprimé en France